"十二五"国家重点图书出版规划项目

交通运输建设科技丛书·水运基础设施建设与养护

长江黄金水道建设关键技术丛书

长江三峡—葛洲坝水利枢纽通航关键技术及应用

齐俊麟 等 著

内 容 提 要

本书为《长江黄金水道建设关键技术丛书》之一，主要依托近几年长江三峡—葛洲坝水利枢纽通航管理科研成果，对枢纽通航调度、通航安全保障、船闸运行维修以及锚地建设等方面的关键技术进行了探索与研究。书中着重介绍了船舶过坝运输组织与信息化技术、船闸关键设备技术与快速检修技术、枢纽航道通航安全监管与保障技术、待闸锚地与助导航设施工程建设实践等。本书总结提炼的三峡枢纽通航管理的一些成功经验及技术成果，将为三峡—葛洲坝水利枢纽通航安全和长江黄金水道建设提供有力的技术支撑。

本书可供从事港口与航道工程和水利工程的规划、设计、施工、运行、管理以及科研人员使用，也可供高等院校相关专业师生参考。

Abstract

As one of the *Key Techniques for Construction of the Yangtze Golden Waterway Book Series*, this book explores and researches key techniques for the Three Gorges-Gezhou Dam shipping scheduling, shipping safety guarantee, lock operation and maintenance and anchorage construction, which are based on research results of the Three Gorges-Gezhou Dam hydro-junction shipping management in recent years. It emphatically introduces transportation organization and information techniques when ships passing the dam, techniques for key lock devices rapid maintenance, shipping safety supervision and security techniques, anchorage area and help navigation facilities construction. Some successful experience and technical results of the Three Gorges Project shipping management, which are summarized in this book, will provide strong technical support for the Three Gorges-Gezhou Dam hydro-junction shipping safety and the Yangtze golden waterway construction.

This book can serve as reference for those engaged in port and waterway engineering planning, design, construction, operation, management and scientific research, as well as teachers and students in colleges and universities.

图书在版编目 (CIP) 数据

长江三峡—葛洲坝水利枢纽通航关键技术及应用 / 齐俊麟等著 . -- 北京：人民交通出版社股份有限公司，2015.12

（长江黄金水道建设关键技术丛书）

ISBN 978-7-114-12612-3

Ⅰ . ①长… Ⅱ . ①齐… Ⅲ . ①三峡水利工程 - 水利枢纽 - 通航 - 技术②葛洲坝水库 - 水利枢纽 - 通航 - 技术 Ⅳ . ① U64

中国版本图书馆 CIP 数据核字 (2015) 第 270780 号

长江黄金水道建设关键技术丛书

书　　名：长江三峡—葛洲坝水利枢纽通航关键技术及应用

著 作 者：齐俊麟　等

责任编辑：张　斌　司昌静

出版发行：人民交通出版社股份有限公司

地　　址：（100011）北京市朝阳区安定门外外馆斜街 3 号

网　　址：http://www.ccpress.com.cn

销售电话：（010）59757973

总 经 销：人民交通出版社股份有限公司发行部

经　　销：各地新华书店

印　　刷：北京盛通印刷股份有限公司

开　　本：787 × 1092　1/16

印　　张：22.75

字　　数：500 千

版　　次：2015 年 12 月　第 1 版

印　　次：2015 年 12 月　第 1 次印刷

书　　号：ISBN 978-7-114-12612-3

定　　价：80.00 元

《交通运输建设科技丛书》
编审委员会

《长江黄金水道建设关键技术丛书》审定委员会

《长江黄金水道建设关键技术丛书》
主要编写单位

交通运输部长江航务管理局

交通运输部水运科学研究院

南京水利科学研究院

交通运输部长江口航道管理局

交通运输部天津水运工程科学研究院

中交第二航务工程勘察设计院有限公司

武汉理工大学

重庆交通大学

长江航道局

长江三峡通航管理局

长江航运信息中心

上海河口海岸科学研究中心

《长江黄金水道建设关键技术丛书》
编写协调组

组　长　杨大鸣（交通运输部长江航务管理局）

成　员　高惠君（交通运输部水运科学研究院）

裴建军（交通运输部长江航务管理局）

丁润铎（人民交通出版社股份有限公司）

本书编写委员会

主　　任　齐俊麟

副主任　王向东　郑　雁

委　　员（按篇章顺序）

王　伟　南　航　杨　利　周建武　王忠民

潘　诚　郑　雁　陈明华　阮　峻　陈　鹏

张义军　皮　雳　程升鹏　童　庆　刘振嘉

廖　源　冉晓俊　张　勇　陈玲玲

审查人员　周红春　王晓春　王向东　金　锋　覃祥孝

陈国仿　曾　维　李乐新　陈　坤　周建武

卢　俊　曾晓俊　陈　轩　彭开持

总　序

近年来，交通运输行业认真贯彻落实党中央、国务院“稳增长、促改革、调结构、惠民生”的决策部署，重点改革力度加大，结构调整积极推进，交通运输科技攻关不断取得突破，促进了交通运输持续快速健康发展。目前，我国公路总里程、港口吞吐能力、全社会完成的公路客货运量、水路货运量和周转量等多项指标均居世界第一。交通运输事业的快速发展不仅在应对国际金融危机、保持经济平稳较快发展等方面发挥了重要作用，而且为改善民生、促进社会和谐做出了积极贡献。

长期以来，部党组始终把科技创新作为推进交通运输发展的重要动力，坚持科技工作面向需求，面向世界，面向未来，加大科技投入，强化科技管理，推进产学研相结合，开展重大科技研发和创新能力建设，取得了显著成效。通过广大科技工作者的不懈努力，在多年冻土、沙漠等特殊地质地区公路建设技术，特大跨径桥梁建设技术，特长隧道建设技术，深水航道整治技术和离岸深水筑港技术等方面取得重大突破和创新，获得了一系列具有国际领先水平的重大科技成果，显著提升了行业自主创新能力，有力支撑了重大工程建设，培养和造就了一批高素质的科技人才，为交通运输科学发展奠定了坚实基础。同时，部积极探索科技成果推广的新途径，通过实施科技示范工程，开展材料节约与循环利用专项行动计划，发布科技成果推广目录等多种方式，推动了科技成果更多更快地向现实生产力转化，营造了交通运输发展主动依靠科技创新，科技创新服务交通发展的良好氛围。

组织出版《交通运输建设科技丛书》，是深入实施创新驱动战略和科技强交战略，推进科技成果公开，加强科技成果推广应用的又一重要举措。该丛书分为公路基础设施建设与养护、水运基础设施建设与养护、安全与应急保障、运输服务和绿色交通等领域，将汇集交通运输建设科技项目研究形成的具有较高学术和应用价值的优秀专著。丛书的逐年出版和不断丰富，有助于集中展示和推广交通运输建设重大科技成果，传承科技创新文化，并促进高层次的技术交流、学术传播和专业人才培养。

今后一段时期是加快推进“四个交通”发展的关键时期，深入实施科技强交战略和创新驱动战略，是一项关系全局的基础性、引领性工程。希望广大交通运输科技工作者进一步解放思想、开拓创新，求真务实、奋发进取，以科技创新的新成效推动交通运输科学发展，为加快实现交通运输现代化而努力奋斗！

王昌顺

2014年7月28日

序

（为《长江黄金水道建设关键技术丛书》而作）

河流，是人类文明之源；交通，推动了人类不同文明的碰撞与交融，是经济社会发展的重要基础。交通与河流密切联系、相伴而生。在古老广袤的中华大地上，长江作为我国第一大河流，与黄河共同孕育了灿烂的华夏文明。自古以来，长江就是我国主要的运输大动脉，素有“黄金水道”之称。水路运输在五大运输方式中，因成本低、能耗少、污染小而具有明显的优势。发展长江航运及内河运输符合我国建设资源节约型、环境友好型社会以及可持续发展战略的要求。目前，长江干线货运量约 20 亿 t，位居世界内河第一，分别为美国密西西比河和欧洲莱茵河的 4 倍和 10 倍。在全面深化改革的关键期，作为国家重大战略，我国提出“依托长江黄金水道，建设长江经济带”，长江黄金水道又将被赋予新的更高使命。长江经济带覆盖 11 个省（市），面积 205.1 万 km^2，约占国土面积的 21.4%。相信长江经济带的建设将为“黄金水道”带来新的发展机遇，进一步推动我国水运事业的快速发展，也将为中国经济的可持续发展提供重要的支撑。

经过 60 余年的努力奋斗，我国的内河航运不断发展，内河航道通航总里程达到 12.63 万 km，航道治理和基础设施建设不断加强，航道等级不断提高，在我国的经济社会发展中发挥了不可估量的作用。长江口深水航道工程的建成和应用，标志着我国水运科学技术水平跻身国际先进行列。目前正在开展的长江南京以下 12.5m 深水航道工程的建设，积累了更多的先进技术和经验。因此，建设长江黄金水道具有先进的技术积累和充足的实践经验。

《长江黄金水道建设关键技术丛书》围绕“增强长江运能”这一主题，从前期规划、通航标准、基础研究、航道治理、枢纽通航，到码头建设、船型标准、安全保障与应急监管、信息服务、生态航道等方面，对各项技术进行了系统的总结与著述，既有扎实的理论基础，又有具体工程应用案例，内容十分丰富。这套丛书是行业内集体智慧之力作，直接参与编写的研究人员近 200 位，所依托课题中的科研人员超过 1 000 位，参与人员之多，创我国水运行业图书之最。长江黄金水道的建设是世界级工程，丛书涉及的多项技术属世界首创，技术成果总体处于国际先进水平，其中部分成果处于国际领先水平。原创性、知识性和可读性强为本套丛书的突出特点。

该套丛书系统总结了长江黄金水道建设的关键技术和重要经验，相信该丛书的出版，必将促进水运科学领域的学术交流和技术传播，保障我国水路运输事业的快速发展，也可为世界水运工程提供可资借鉴的重要经验。因此，《长江黄金水道建设关键技术丛书》所总结的是我国现代水运工程关键技术中的重大成就，所体现的是世界当代水运工程建设的先进文明。

是为序。

南京水利科学研究院院长
中国工程院院士
英国皇家工程院外籍院士　张建云

2015年11月15日

前　言

长江三峡河段上起庙河、下至中水门，全长59km，横亘着相距38km的三峡、葛洲坝两座大型水利枢纽。三峡水利枢纽通航建筑物为双线五级船闸和升船机，葛洲坝水利枢纽通航建筑物为三线单级船闸。长江三峡河段是长江黄金水道的关键水域，是实现长江航运发展目标、保障流域经济社会可持续发展的重要组成部分。长江三峡通航管理局是经交通运输部批准设立的具有行政管理职能的事业单位，是交通运输部长江航务管理局设在宜昌主管长江三峡河段通航业务的专门机构，负责长江三峡河段安全、海事、航道、调度、通信、锚地等航运行政管理以及三峡—葛洲坝水利枢纽通航建筑物及其配套设施的日常运行维护管理工作，以“服务三峡工程、确保航运畅通”为己任，实行以船闸、航道畅通为基础，以船舶调度、海事管理为手段的综合运行管理模式。三峡通航十多年来，长江三峡通航管理局围绕着提升管理水平、挖掘通航潜力、保障安全畅通、提高通航保障能力等方面，开展了大量广泛、深入的研究工作，取得了丰富的成果并得到了转化应用，为长江三峡河段通航安全畅通提供了有力的技术支撑，为促进长江流域区域经济发展和长江黄金水道建设的快速发展发挥了积极作用。

本书凝聚了近几年长江三峡通航管理局的科研成果及工程实践经验，共4篇：第1篇“长江三峡—葛洲坝水利枢纽通航调度关键技术”，主要总结分析了通航调度信息化、两坝船闸匹配运行及三峡升船机投入运用后的联合调度、船闸停航修理期的通航组织等技术；第2篇“长江三峡—葛洲坝水利枢纽两坝船闸运行维修关键技术”，主要总结分析了葛洲坝船闸集中控制系统改造工程实践及关键技术，船闸关键设备如人字门合拢对位检测装置、闸室禁停区域船舶越界探测系统、液压启闭机等改进及优化，船闸设备快速检修技术等；第3

篇“长江三峡—葛洲坝水利枢纽航道通航安全保障关键技术”，主要总结分析了三峡船闸过闸船舶吃水控制标准、三峡坝区船舶污染防治、船舶防风与通航管制以及载运危险货物船舶过闸组合方案等技术；第4篇“长江三峡枢纽锚地工程建设及关键技术应用”，主要总结分析待闸锚地布局及总平面布置、助导航设施形式及布设、锚地通信及监控等。

本书由长江三峡通航管理局组织编写，由于时间仓促、范围广、内容多，加之编者水平有限，书中谬误与不足之处在所难免，敬请同行与读者批评指正。同时，向参与本书编写、修改、审查、制图、编辑的有关技术人员表示衷心感谢！

作　者

2015年9月

目 录

第 1 篇　长江三峡—葛洲坝水利枢纽通航调度关键技术

第 2 篇　长江三峡—葛洲坝水利枢纽两坝船闸运行维修关键技术

第3篇　长江三峡—葛洲坝水利枢纽航道通航安全保障关键技术

第4篇　长江三峡枢纽锚地工程建设及关键技术应用

第 1 篇

长江三峡—葛洲坝水利枢纽通航调度关键技术

1 长江三峡通航调度信息化

1.1 概述

通航调度是三峡河段通航指挥中最为重要的业务应用之一，直接影响船舶通过三峡、葛洲坝两座船闸以及三峡河段是否便捷、高效。为了提高三峡河段通航调度工作的效率，实现通航调度网络化与信息化，先后建设了三峡通航调度、三峡通航 GPS 综合应用、安全监管等信息系统，为船舶调度、远程申报、信息交互、远程监控、安全监管等方面提供全面的信息来源和软件支撑，使三峡通航调度工作更加高效、公开、快捷与安全。

1.2 枢纽通航调度系统关键技术

通航调度系统是通航调度信息化中的关键应用系统，主要负责核心软件功能，通过其中调度系统和三峡通航 GPS 综合应用系统的综合应用，创新性地实现了船舶远程申报、终端数据统一以及各类辅助信息的共享应用。

1.2.1 三峡通航调度系统

三峡—葛洲坝水利枢纽通航调度系统是为了实现两坝通航“统一调度、联合运行”，提高三峡和葛洲坝船闸的通过能力，综合管理三峡大坝和葛洲坝两大水利枢纽的通航设施，实现船舶过闸便捷、通畅和有序，确保三峡通航“安全、有序、畅通”而建设的业务应用系统。该系统主要功能是船舶过闸计划的编制、发布、执行、调整和综合查询。调度系统体系结构由 B/S 和 C/S 的混合架构组成，整体可以归结为 3 个逻辑层次，自上而下分别为表示层、应用层和数据层，详见图 1–1。

1.2.2 三峡通航 GPS 综合应用系统

三峡通航 GPS 综合应用系统是船舶监管系统中水上动态管理和交通组织的重要系统之一。该系统主要功能是对入网船舶航行情况进行实时监控，能及时将船舶发出的遇险或故障求助信息通知相关单位和人员；能为航行船舶提供天气、水情、航道等各类通航信息，向调度、海事、航道、锚地等管理部门提供船舶的各类数据和船舶的动态信息，实现船舶的远程申报和计划接收。其中，GPS 船载终端作为船上信息综合应用的平台，具备 GPS

卫星定位、导航、航行信息上报和通航管理信息的接收等功能。GPS 综合应用系统通过 CDMA 无线网络与 GPS 船载终端进行信息交互。GPS 船载终端与调度系统的信息交互由 GPS 系统与调度系统的通信接口完成，详见图 1-2。

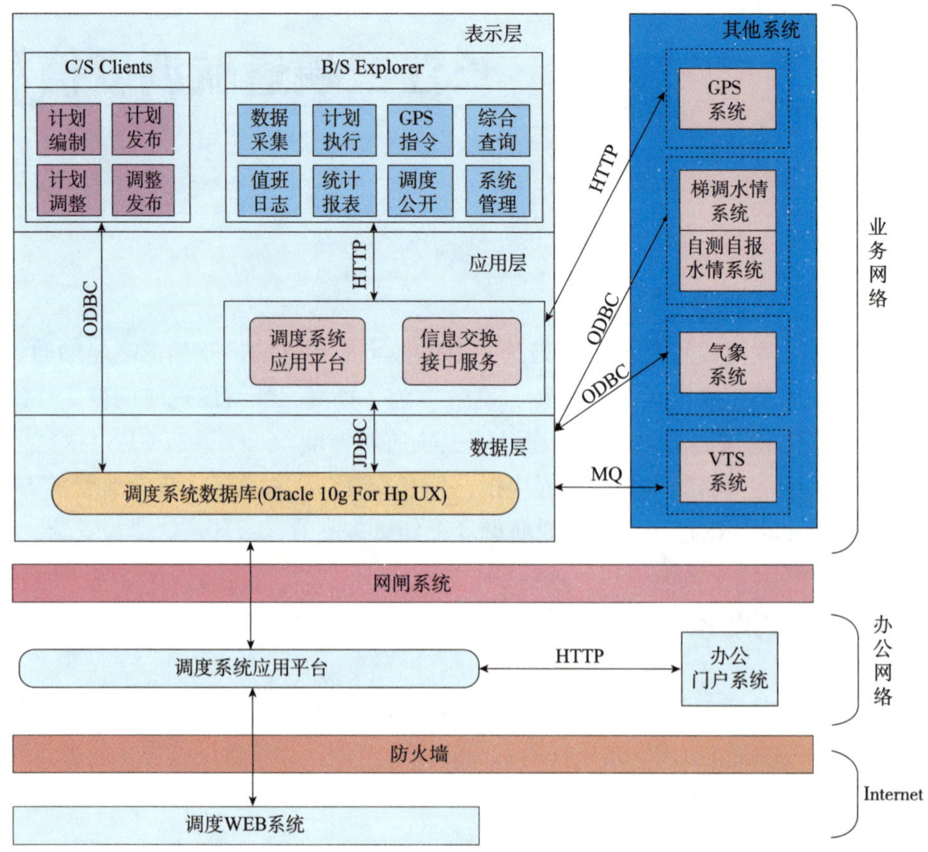

图 1-1　调度系统体系结构

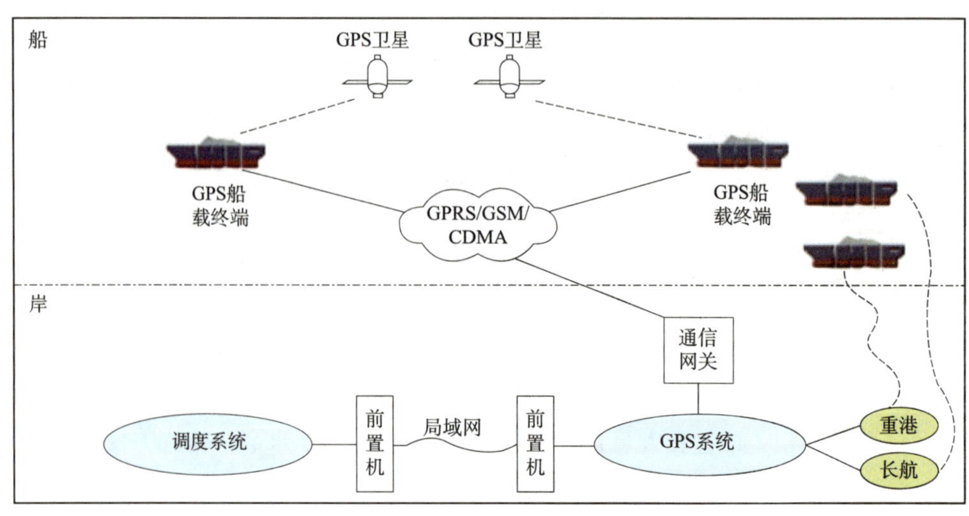

图 1-2　调度系统和 GPS 综合应用系统互联结构

GPS综合应用系统与调度系统通过数据交换实现数据共享，较好地实现了调度系统与GPS系统之间过闸申报、取消申报、到锚确认、船舶实时信息、计划发布、调度指令、广播指令、船舶列表指令、船舶基本资料更新、船舶GPS设备更新、GPS主动请求船舶基本资料等信息交换，详见表1–1。

调度系统与GPS综合应用系统主要交换内容　　表1–1

序号	名　称	简 要 说 明	备　　注
1	过闸申报	GPS船载终端向GPS系统发送过闸申请，GPS系统转发给调度系统	调度系统反馈成功或失败（含原因）信息给GPS系统，GPS系统转发给船端
2	取消申报	GPS船载终端向GPS系统发送取消过闸申请，GPS系统转发给调度系统	调度系统反馈成功或失败（含原因）信息给GPS系统，GPS系统转发给船端
3	到锚确认	GPS船载终端向GPS系统发送到锚确认信息，GPS系统转发给调度系统	反馈成功、失败的信息给GPS系统
4	船舶列表指令	GPS系统向调度系统发送请求（按过闸方式或计划闸次号列出船舶）	调度系统反馈船舶列表给GPS系统
5	船舶GPS设备更新	GPS系统向调度系统发送船舶的GPS_ID	调度系统反馈成功或失败（含原因）信息给GPS系统
6	船舶实时信息	调度系统向GPS系统发送船舶列表	GPS系统反馈船舶的动态信息给调度系统
7	计划发布	调度系统向GPS系统发送计划简表、计划详表、排挡图，GPS系统向所有船舶（或计划内船舶）转发计划信息	即时反馈，延时反馈
8	调度指令	调度系统向GPS系统发送指令，GPS根据船舶SHIP_ID转发指令信息	即时反馈
9	广播指令	调度系统向GPS系统发送指令，所有GPS船舶转发指令信息	即时反馈，延时反馈
10	船舶基本资料更新	调度系统新增、修改船舶基本资料时，向GPS系统发送相关信息	无反馈信息
11	GPS主动请求船舶基本资料	GPS系统根据船舶SHIP_ID主动向调度系统发送请求，调度系统向GPS系统反馈该船的基本信息	无反馈信息
12	调度系统主动请求GPS_ID	调度系统根据船舶的SHIP_ID主动向GPS系统发送请求，GPS系统向调度系统反馈该船的GPS_ID	无反馈信息
13	GPS反馈指令	针对向多船发送信息的指令，例如计划信息、广播执行等，调度系统发送给GPS系统指令后，GPS系统即时反馈该指令是否收到的信息给调度系统；另外，在GPS系统向船载终端下发指令后，将发送的情况延时反馈给调度系统	无反馈信息

1.2.3 远程过闸申报

三峡通航GPS综合应用系统为过闸船舶提供了新型的过闸申报方式，通过与通航调度系统的协同工作，共同实现了船舶的远程过闸申报功能。利用 GPS 系统搭建的船—岸信息交换平台，将 GPS 系统获取的船舶航行位置信息与船舶过闸申报信息进行实时关联，按照船舶过闸相关规程实时编制船舶过闸计划，实现了两个系统的信息联动。实行船舶远程申报、到锚确认、实时调整、及时发布、阳光公开的新模式，改变了传统的到锚申报方式。

（1）主要流程

当船舶需要过闸时，通过 GPS 船载终端填写过闸申报表单（图 1–3），逐项填写完成提交后，终端利用 CDMA 无线及专线传输通道发送表单信息。GPS 应用系统中心接口服务器接收到数据并进行解析后，通过调度系统与 GPS 应用系统接口将解析后的数据传输到调度系统。调度系统接收信息后，首先对申报信息进行符合性检查，不符合时，将错误提醒信息发至 GPS 应用系统，GPS 应用系统则将该信息下发给 GPS 终端，终端显示该错误提醒信息，此时船员需要根据该信息提醒重新填写申报信息，然后再次上传，当上传信息经过调度系统核查通过后，则下发成功申报信息。随后，将验证该船船位是否在到锚区域内，如果是在到锚区域内，调度系统下发到锚信息给 GPS 应用系统。在进行到锚确认后，船舶申报信息可进入计划编排。在整个申报流程中发起点为 GPS 船载终端，信息处理点为调度系统，而信息流须通过调度系统与 GPS 应用系统的互联通道。

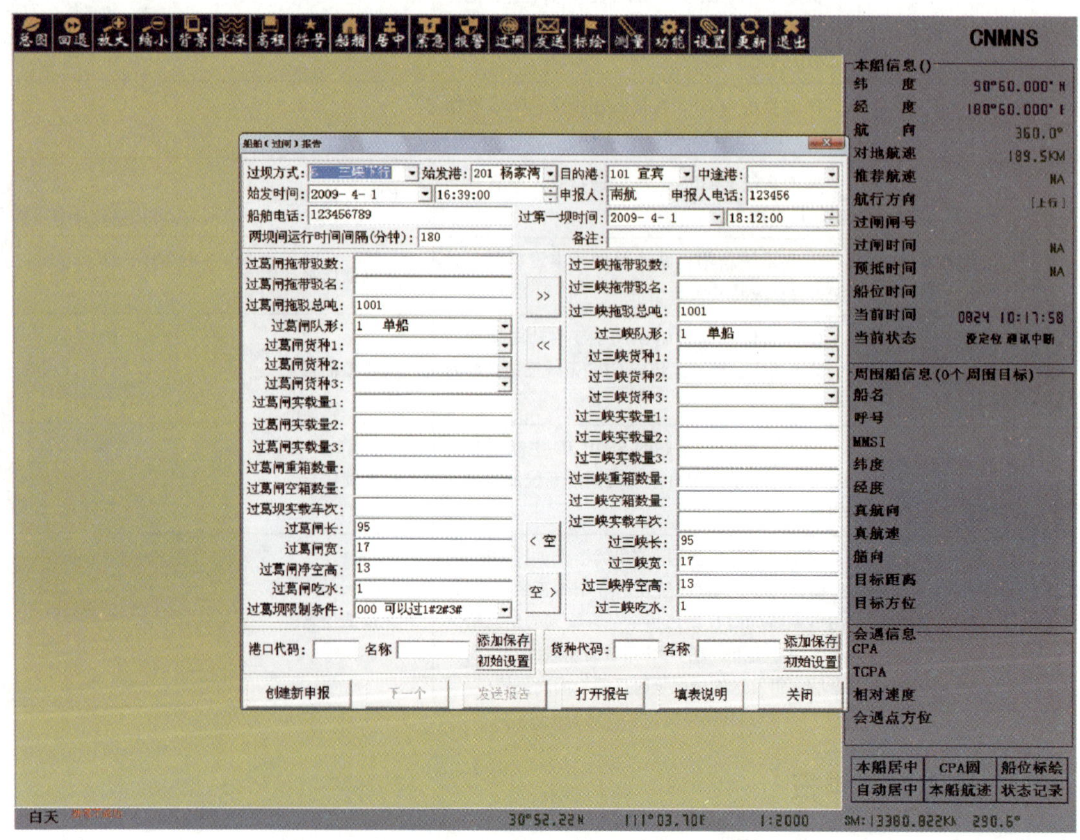

图 1–3　过闸申报表单

船舶过闸申报流程见图 1–4。

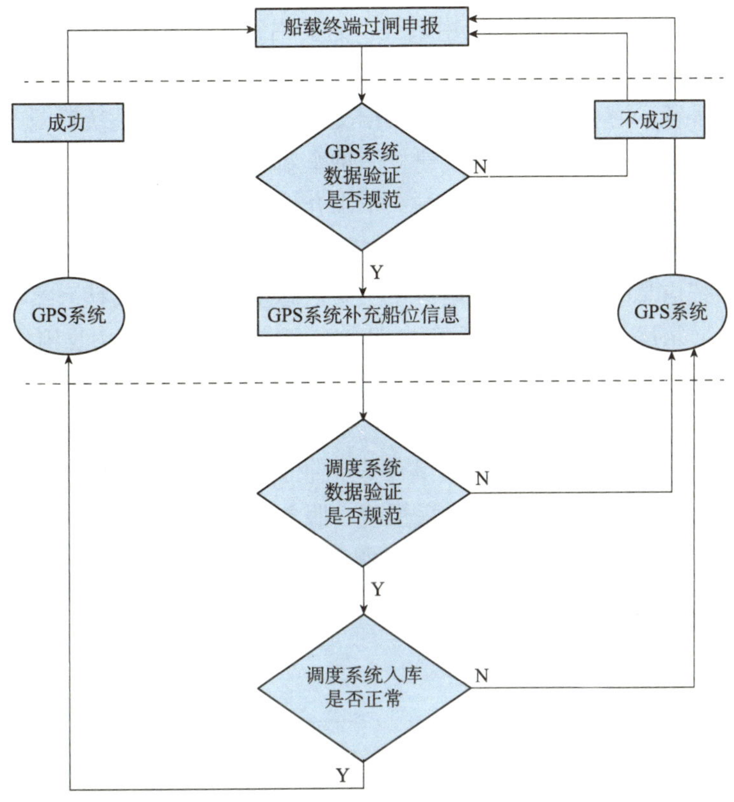

图 1–4　船舶过闸申报流程

（2）关键技术

远程过闸申报关键技术，一是通过接口进行数据分析转换，实现船舶远程申报数据实时接入到中心 GPS 应用系统，同时将终端的数据实时传递到调度业务系统；二是通过无线网络、数据转换、数据校核等各项技术的综合应用，实现无线到有线的无缝衔接和各系统的无缝协同，从而达到船舶远程申报的综合应用需求。

1.2.4　船载终端标准

船载终端标准是为了规范三峡通航 GPS 综合应用系统的船载终端设备制造和生产的技术要求，以适应通信信息技术发展及通航管理和服务需要而制定的专项技术标准。该标准主要规定了船载终端的功能要求、技术要求和数据通信协议，适用于航行在长江（三峡）水域的各类船舶的 GPS 定位产品。

该标准的制定、颁布，使得三峡通航 GPS 综合应用系统能够统一对外接口，规范了数据接入，同时也使得终端设备的制造可以统一、规范，能够避免设备接入的混乱和重复的投入建设。

该标准主体内容有：基本功能、助航功能、扩展功能、船载终端构成、系统性能要求、接口技术要求、电子江图数据及数据安全标准、通信协议、形式检测、功能检测、性能检测等。

1.2.5　信息共享交互

通航调度系统是一个综合业务应用系统，需要用到其他各个系统的数据，包括 VTS、GPS、水情、气象等，而其他系统之间也会产生数据的相互交换。为了解决多个系统之间数据共享交换的难题，避免产生一对一的数据交换方式严重占用系统资源、增加系统关联复杂性、影响系统稳定性等问题，需要建立一种全新的数据交换方式，即各个系统之间不再进行一对一的数据交换，而是都通过与一个中介性质的系统进行交互来完成数据的获取和发送，这样可以极大地简化系统结构，提高数据交换的效率和可靠性。

通航调度系统信息的共享交互也是基于三峡信息化架构总体设计来实现的。三峡信息系统总体架构由展示层、核心应用层和面向服务（SOA）的核心能力层组成，详见图 1–5。核心应用层包括通航调度系统、GPS 定位、数字航道系统、船舶交通管理系统（VTS）、气象系统、水情系统等所有重要的业务系统。SOA 核心能力层由企业服务总线、服务管理以及组合服务运行引擎 3 部分组成。其中，企业服务总线是 SOA 核心能力层的一个中心组件，负责接入各种服务资源，通过采用统一服务接口使得各种服务或应用与服务之间可以相互方便访问，以星形结构替代原来各服务之间的点对点结构，优化系统连接架构，降低系统集成的复杂度。

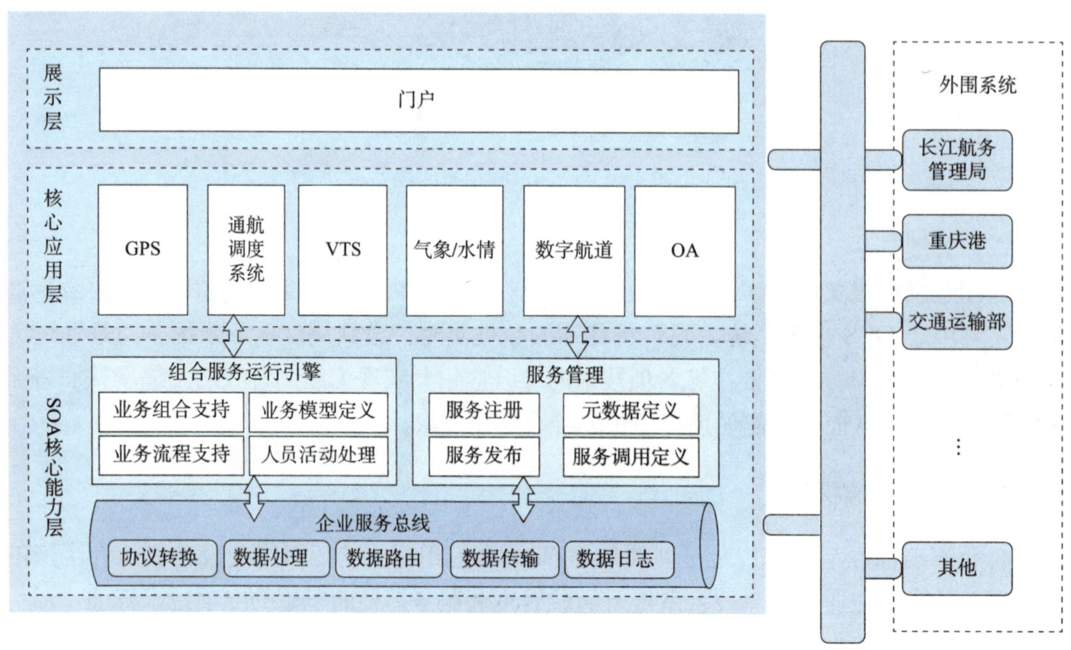

图 1–5　三峡信息系统总体架构

关键技术如下：

融合可扩展标记语言（XML）与面向服务的体系结构（SOA）技术，构建开放性的数据交换系统，详见图 1–6。各个业务系统通过企业服务总线技术（ESB）和数据仓库技术（ETL）软件将数据抽取到数据仓库中，数据仓库通过企业服务总线提供的统一接口将数据展现给用户。所有对数据仓库的访问需要通过统一身份认证平台和权限控制来保证安全访问。同时，采用单点登录及Portal技术来实现系统的集成，简化用户访问和登录各个业务系统和数据仓库。

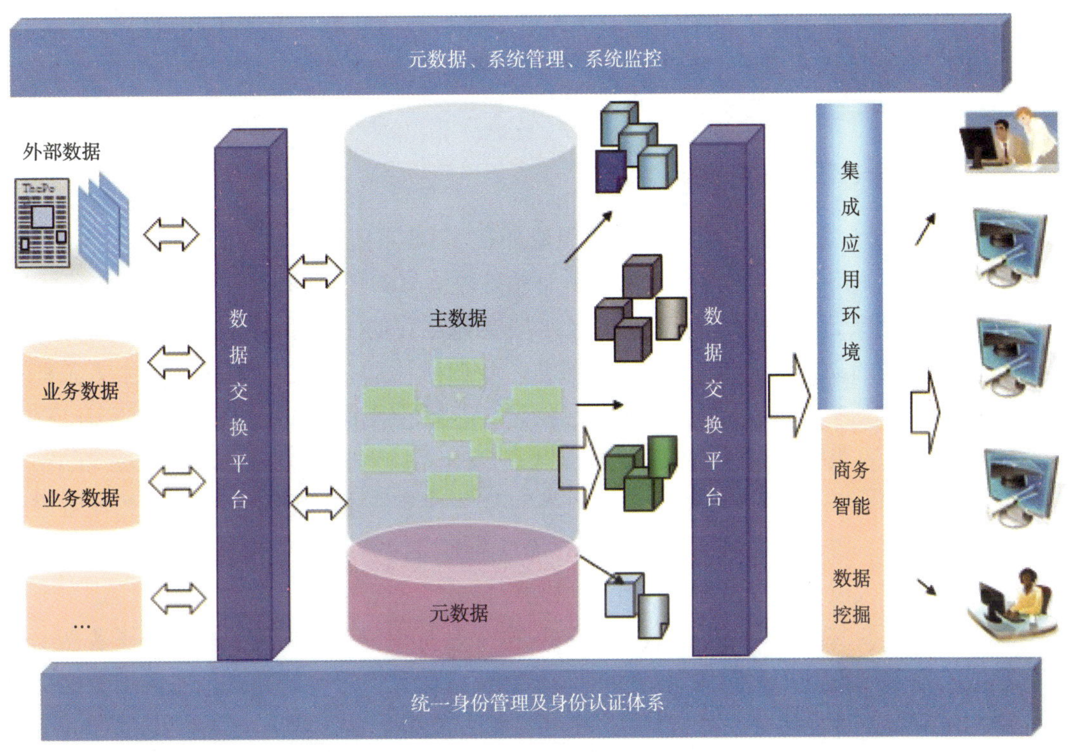

图1-6 信息交换技术架构

企业服务总线的Web Service以简单对象访问协议（SOAP）作为安全通信的基础，以XML为跨平台数据交换的技术，建立提供数据交换接口标准和服务标准，实现数据封装、交换和共享，提供互操作性，为各应用系统提供跨网络、跨操作系统和跨数据库的透明的数据交换，从而实现各个应用系统之间的数据互访。

ETL数据集成方式支持大批量的数据交换，并且在交换之前可以做数据的质量分析，并且于交换过程中可以设置清洗、转换规则，保证进入目标库的数据是有用的，这种方式特别适合于数据仓库类型的应用。

数据交换系统设计将充分运用面向服务（SOA）集成思想，以保持架构的稳定性和可扩展性。总体架构设计中，数据交换接口尽量通过服务封装、服务注册和服务调用来实现。目前，SOA架构已逐渐成为主流的应用技术，存在的性能和复杂性等问题也得到极大改善，同时SOA架构还解决了很多其他的问题，减少了各个应用系统之间的耦合层度，并可以方便地实现各个业务系统之间的互联。

1.3　安全监管系统关键技术

安全监管系统是通航调度信息化的重要组成部分，它为通航调度指挥提供了直观、实时的监控信息和数据支撑，包括主动监控、船舶监控、视频监控等，为保障三峡河段通航安全和船舶航行安全发挥了重要作用。在充分考虑三峡通航的实际需求和特点的基础上，其系统建设主要在应用融合、综合 CCTV 应用等几个方面进行了针对性的分析、开发，实现了综合安全监管应用的要求。

1.3.1　VTS 与 GPS 应用融合

VTS 与 GPS 应用融合主要是为了实现船舶在 VTS 系统的自动标识（图 1–7），解决三峡河段在没有 AIS 信息来源时对 VTS 中船舶监控信号实现自动标识的难题。

VTS 系统对管理方来讲是一种对辖区水域实施监管的主动手段，通过雷达实时监控覆盖范围内船舶的动态，通过 VHF 系统报告、呼叫确认后在中心交通显示器上人工标识来实施监控，但因水域环境影响，在船闸、桥区、港区、锚泊区以及部分水域仍存在盲区，信号时有时无、丢失频繁，人工标识工作量大。GPS 系统对管理方来讲是一种被动的监管手段，需要在船上安装 GPS 终端设备，监控对象为装有终端并正常运行的船舶，监控范围是电信无线网络覆盖的范围。系统监控的优点是对监控船舶属性不需人工标注操作，缺点是对没装终端或没有开启终端的船舶无法监管。

关键技术：要实现自动标识，主要是实现两个系统中位置数据的关联，解决数据误差问题。我们通过选取同一时钟源进行时钟同步以及搭建交换平台的方式，实现了数据交换的实时和可靠，通过优化关联分析算法、分析数据权重等方法，解决了误差和关联的问题，融合效果得到明显提高，实现了船舶自动识别，大大减少了交管人员的手工标注工作量。

1.3.2　模拟及数字 CCTV 视频监控综合应用

CCTV 视频监控系统能够提供实时、直观的三峡河段各个区域的监视画面，是三峡河段通航调度指挥的重要安全监视手段。因此，建设了大量的 CCTV 监控点。由于技术的进步和发展，先后建成了模拟 CCTV 系统和数字 CCTV 系统。由于系统模式不同，显示的方式也不尽相同，这造成了监管人员需要频繁地切换监视软件来监视不同区域的通航情况。为此，我们搭建了综合监控平台，将信号进行转换，实现了统一的平台显示，极大地方便了监管人员的日常安全监视工作。CCTV 视频监控系统结构见图 1–8。

CCTV 视频监控系统主要由前端采集设备、视频信号传输、监控中心平台、终端用户 4 个部分构成。外场监控站采集的视频图像信号在现场进行编码数字化后，通过有线、无线网络就近接入长江三峡通航管理局局域网，在中心平台上对视频信号的存储、调用、上传实行统一管理。授权用户通过该平台实现视频资源的访问与控制。

前端采集设备包括视频采集设备（如摄像机、镜头）、通信控制设备（如防护罩、云台和解码器）、视频编码设备及相关配套设备等，主要完成视频／音频信号采集及编码工作，并适配不同传输通道，将音频、视频传送至中心平台。

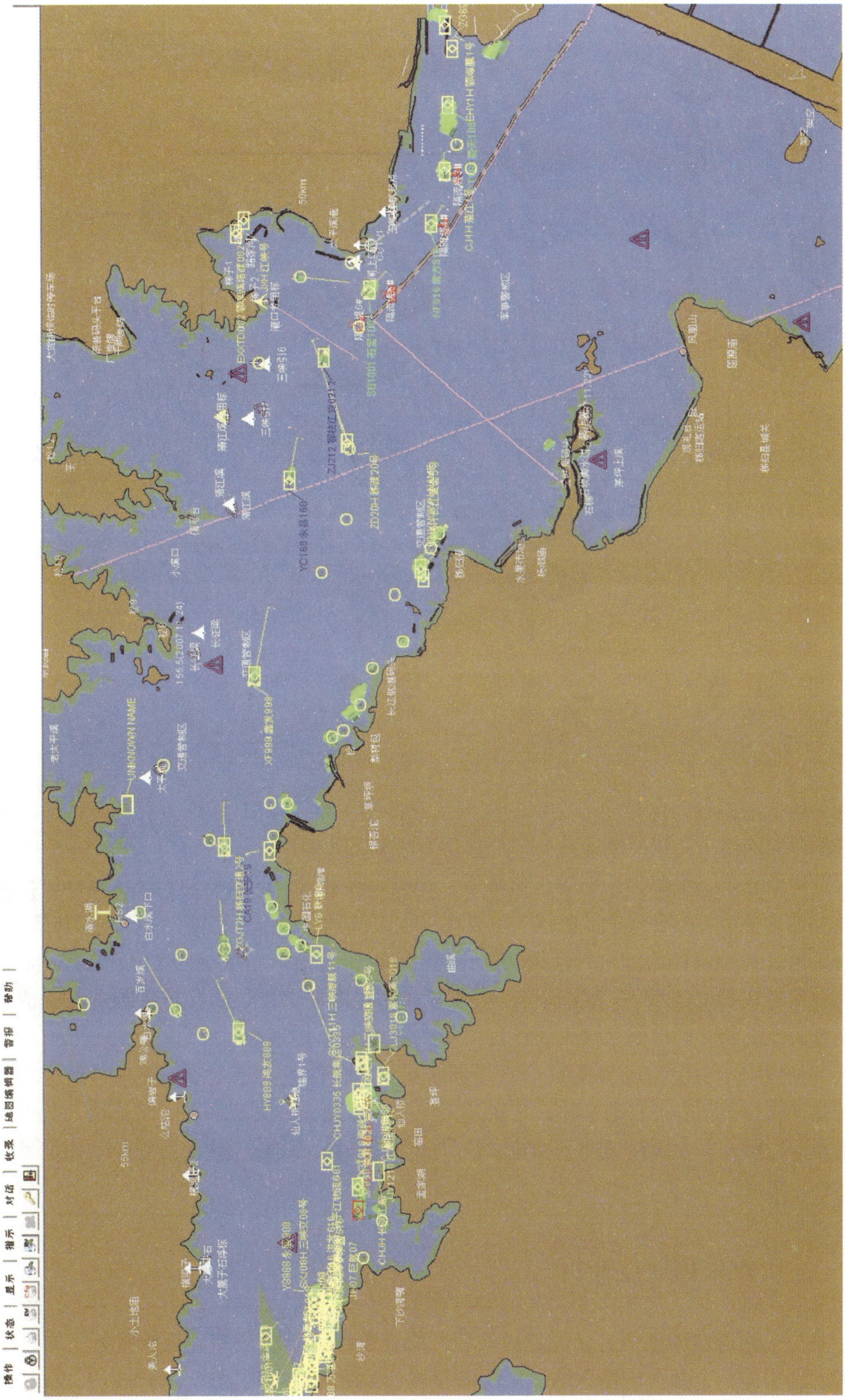

图 1-7 信号自动标识

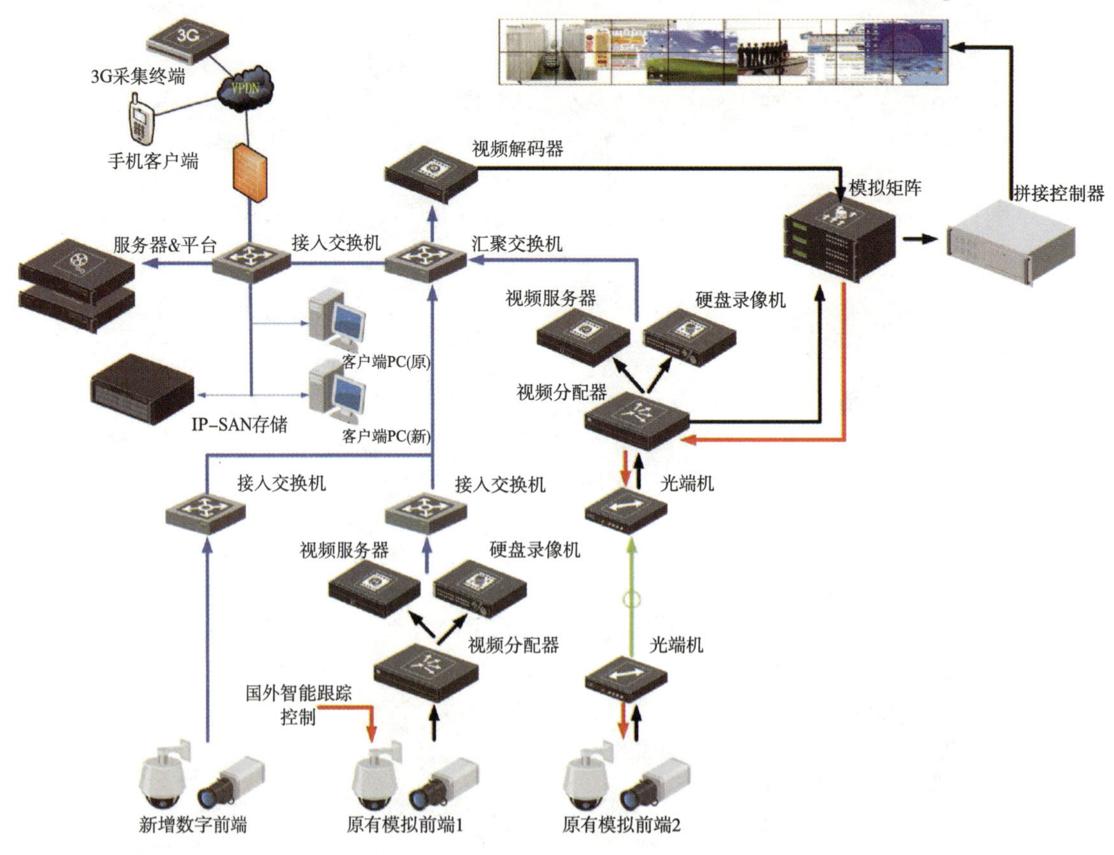

图 1-8 CCTV 视频监控系统结构

外场监控站点与监控中心之间的视频信息传输主要采取 IP 网络方式进行传输，视频信号的传输网络由长江三峡通航管理局提供有线和无线网络。

监控中心平台主要由中心管理服务器、流媒体服务器、网络存储系统、移动监控接入网关等设备及相关的平台软件组成，主要实现视频信号的展示、存储、管理、上传等功能。中心采用 IP-SAN 的方式进行视频录像的集中存储。监控中心设在三峡通航指挥中心。

在保持模拟 CCTV 子系统运行、操作模式不变的前提下，对监控系统进行改造，通过硬盘录像机将其监控信号接入新建数字 CCTV 视频监控系统。

关键技术：在保持现有模拟 CCTV 系统运行、操作模式不变的前提下，通过配置硬盘录像机将模拟信号进行数字化，再通过系统的对应配置和参数调整，将其接入数字系统的集中监控平台，实现模拟信号和数字信号的无缝衔接，实现三峡河段视频监控信号的初步整合与集成。

1.4 运用效果和效益分析

长江三峡通航调度信息化的建设按照“综合管理、融合应用、优质服务”的思路去思考、去实施，走融合应用之路，从通信和信息网络的融合到调度、GPS 以及 VTS 系统等业务数据应用的融合，产生了全新的三峡通航调度管理理念和新的通航管理流程及方式，推进了传统通航管理的变革。

1.4.1 船闸通过效率显著提高

通过通航调度系统与GPS综合应用系统的信息交互融合，实现了一种新的船舶过闸申报方式——远程申报计划新模式，彻底改变了以往到锚申报、人工记录排闸的模式。这种方式是利用搭建的船—岸信息交换平台，将获取的船舶航行位置信息与船舶过闸申报信息进行实时关联，优化调度决策，实现船舶远程申报、自动到锚确认、及时发布信息、过闸阳光公开，有效缩短了船舶申报时间。系统的综合应用使各级管理人员能够全面、准确、迅速地获取信息，船舶过闸更加便捷、通畅和有序，三峡船闸、葛洲坝船闸的通过能力得以有效提升。

1.4.2 安全防控能力明显增强

VTS系统、GPS综合应用系统以及各种CCTV设备在辖区内的融合应用，为管理人员提供了多种手段，通过雷达主动监测信息和GPS应用系统信息的融合，初步实现了三峡辖区的综合监管模式，预防预控能力得到了增强，交通事故明显减少。系统投入初期就产生了巨大的安全效益，以2008年前后三峡河段辖区事故统计为例，同比安全事故下降46%左右。

2 三峡—葛洲坝两坝船闸匹配运行

2.1 概述

随着三峡水利枢纽的建成和全面发挥效益，辖区水域的通航环境更加复杂多变。库区水位因防洪的需要，年变幅达 30m；三峡电站的调峰运行、两坝间曲折航道，使两坝间水位变动频繁并且流态复杂；葛洲坝坝下航道受清水下泄、河床下切的影响，枯水期有效航深不足。此外，船闸检修、突发设备故障、异常气候、汛期大流量、枯水期的吃水控制、船型的大型化、货物结构的多元化等问题，对通航的影响也日益突出。科学把握通航发展规律，主动适应通航环境变化，充分利用现有的通航设施设备，有效缓解各种矛盾，做好两坝船闸匹配运行，有利于充分发挥枢纽通航的综合效益。

两坝船闸运行不匹配是指两坝船闸受多种因素影响，如一坝船闸检修停航、通航流量等，致两坝船闸运行失衡、效率降低等。所谓匹配运行就是采取多种措施，尽力克服各种因素影响，实现两坝船闸运转均衡、高效，衔接有序，达到通航效率最大化。

2.2 通航设施和通航指挥信息化系统运用基本情况

2.2.1 船闸

三峡河段分布着三峡和葛洲坝两座大型水利枢纽，两座枢纽相距 38km。其中，船闸是水利枢纽的重要组成部分。

（1）三峡船闸

三峡船闸是三峡水利枢纽船舶过坝的主要设施，其最大运行水头 113m，为双线五级船闸。两线船闸平行布置，中心线相距 94m。三峡船闸每线主体段由 6 个闸首和 5 个闸室组成，总长 1 621m。闸室平面有效尺寸为 280m × 34m × 5m（长 × 宽 × 最小槛上水深）。三峡船闸上下游航道包括上游连接段、上游引航道、上下游导航墙和靠船墩、下游引航道、下游连接段等部分，其中上游引航道及其连接段长 3 333.8m，下游引航道及其连接段长 4 377.0m。三峡船闸及引航道最大通航流量为入库 56 700m^3/s、出库 45 000m^3/s。2003 年 6 月，三峡船闸投入试通航。

三峡船闸设计水平年为 2030 年，年单向货运量 5 000 万 t。2010 年三峡船闸总货运量 7 910.7 万 t，2011 年突破亿吨。目前，在不考虑其他因素影响下，三峡南北线船闸饱和运行，日均可运行 31 个有载闸次。2008—2010 年三峡船闸运行基本情况统计见表 2-1。

2008—2010 年三峡船闸运行基本情况统计 表 2-1

年份	南线船闸						北线船闸					
	闸次	艘次	运量（万 t）	气象停航（h）	水文停航（h）	检修保养停航（h）	闸次	艘次	运量（万 t）	气象停航（h）	水文停航（h）	检修保养停航（h）
2008	4 231	27 399	3 240	138.65	0	29.5	4 380	27 534	2 112.4	139	0	44.5
2009	3 987	25 988	3 189.4	180.23	93.25	70.33	4 144	26 398	2 977.9	138.09	109.83	27.66
2010	4 658	28 713	4 235.3	47.1	169.6	71	4 714	28 868	3 675.4	77.55	162.67	85

（2）葛洲坝船闸

葛洲坝水利枢纽建成于 1981 年，位于长江上游里程 8.5km 处，通航建筑物按“一体两翼，两线三闸”的原则布置，左线为三江航道和二、三号船闸，右线为大江航道和一号船闸。

葛洲坝三江下引航道设计最低通航水位 39.0m，设计最小航道水深 4.5m。葛洲坝一号船闸及大江航道目前最大实际通航流量为 35 000m³/s。葛洲坝三江航道最大通航流量为 60 000m³/s。黄柏河下泄流量达到 7 000m³/s 时，葛洲坝三江停航。

三江航道上下均设导航墙和靠船墩，大江航道上下仅设导航墙。

葛洲坝船闸为三线一级三座船闸，分别是一、二、三号船闸。一号船闸位于葛洲坝水利枢纽大江航道上，闸室长 280m、宽 34m，通航净空 18m。二、三号船闸位于葛洲坝水利枢纽三江航道上，二号船闸闸室长 280m、宽 34m，闸室南北墙各设 12 个浮式系船柱。三号船闸闸室长 120m、宽 18m，闸室南北墙各设 7 个浮式系船柱，通航净空均为 18m。

葛洲坝一号船闸年双向通过能力 2 000 万 t，远期为 5 000 万 t，葛洲坝二号船闸年双向通过能力 2 000 万 t，葛洲坝三号船闸年双向通过能力 500 万 t。2010 年，葛洲坝船闸实际通过货物 8 240.5 万 t；2011 年，葛洲坝三座船闸货运量突破亿吨大关，实际通过量已超过葛洲坝设计通过能力。目前，在不考虑其他因素影响下，葛洲坝一、二号船闸可保证日平均运行 30 个有载闸次，三号船闸可日平均运行 36 个有载闸次，按常规可折合成一、二号船闸标准闸次约 6 个（根据 2010 年统计年报可知：2010 年，葛洲坝一、二号船闸闸室面积利用率为 72%，葛洲坝三号船闸闸室面积利用率为 49.0%，用葛洲坝一、二号船闸闸室有效利用面积除以葛洲坝三号船闸闸室有效利用面积，折算成闸次数量为 6.3 个，一般情况下取整数 6），即葛洲坝船闸日平均运行有载标准闸次约 36 个。葛洲坝一、二号船闸以及葛洲坝三号船闸 2008—2010 年运行统计见表 2-2 和表 2-3。

2008—2010 年葛洲坝一、二号船闸运行统计　　表 2-2

年份	一号船闸						二号船闸					
	闸次	艘次	运量（万 t）	气象停航（h）	水文停航（h）	检修保养停航（h）	闸次	艘次	运量（万 t）	气象停航（h）	水文停航（h）	检修保养停航（h）
2008	3 241	18 991	2 598	123.9	541	40	4 381	27 712	2 396	111.1	0	48.17
2009	2 914	16 425	2 624.5	228.9	454	19.83	4 459	28 597	3 165.7	216.7	0	26
2010	3 554	19 437	3 574.8	176.4	412	51	4 983	30 584	3 853.2	174.2	0	23

2008—2010 年葛洲坝三号船闸运行统计　　表 2-3

年　份	三号船闸					
	闸次	艘次	运量（万 t）	气象停航（h）	水文停航（h）	检修保养停航（h）
2008	9 374	12 488	623.1	115.2	0	35.5
2009	9 014	11 894	686.5	182.7	0	1 022
2010	9 531	11 656	812.5	88.5	0	908.5

（3）两坝船闸对匹配运行的影响

①两坝船闸实际通过能力对匹配运行的影响。

从设计通过能力看，三峡船闸的设计通过能力略大于葛洲坝船闸，但考虑设计时所处的年代及对未来发展速度预测的误差，在这里不做主要依据。从 2008—2010 年运行情况看，三年来，两坝船闸在运行基本趋于饱和的情况下，三峡船闸和葛洲坝船闸在过闸艘次、运行闸次、过闸运量等指标方面相比（表 2-1 ～表 2-3），葛洲坝船闸均略大于三峡船闸。但在实际运行过程中，不考虑其他诸多因素影响，葛洲坝船闸日运行有载闸次数折合成二号船闸标准闸次数约为 36 闸次，大于三峡船闸日运行有载闸次数 31 闸次。由此可见，从宏观上看，两坝船闸通过能力不匹配客观存在，主要矛盾集中在三峡船闸。

②葛洲坝船闸通航设施现状对两坝船闸匹配运行的影响。

葛洲坝一号船闸上下游均无靠船墩，一号船闸上下导航墙分别长 135m、390m；二号船闸上下游均设靠船墩，上下导航墙分别长 193m、240m，仅此和三峡船闸对比，葛洲坝船闸坝前水域船舶临时靠泊待闸的功能明显差于三峡，势必导致葛洲坝船闸单闸次运行周期加长，整个船闸运行效率降低。

另外，三江航道因河床下切、枯水期三江维护水深受限也影响了葛洲坝船闸的正常运转。葛洲坝一号船闸因位置原因，其最大通航流量为 35 000m^3/s，与三峡船闸及引航道最大通航流量为入库 56 700m^3/s 或出库 45 000m^3/s 相比，仍标准偏低。由此从微观上看，特定时间段内或季节性的两坝船闸运行不匹配客观存在，但主要矛盾集中在葛洲坝船闸。

2.2.2 锚地

(1) 锚地基本情况

与两坝船闸配套的锚地主要包括葛洲坝水利枢纽待闸锚地和三峡水利枢纽待闸锚地。其基本情况见表 2-4、表 2-5。

葛洲坝水利枢纽待闸锚地适用条件和基本情况　　表 2-4

序号	名　称	范　围	运用水位（m）	容　量
1	平善坝锚地	长江上游航道里程 17.20 ~ 19.70km 左岸，水域长 2 500.00m、宽 200.00m	62.50 ~ 66.50	锚趸 12 艘 抛锚 8 艘
2	黄柏河锚地	葛洲坝上游三江左岸黄柏河水域内，长江溪桥内侧至朱家岗码头与夜明珠码头连线，面积约为 2.00km^2	62.50 ~ 66.50	停靠中小型船舶 110 ~ 120 艘
3	中水门锚地	长江上游航道里程 3.50 ~ 4.50km 左岸，长 1 000.00m、宽 200.00m 渐变至 80.00m	38.00 ~ 47.00	1000 吨级以上船舶 45 艘
4	艾家河锚地	长江中游航道里程 608.00 ~ 618.00km，长 10.00km，含临江坪、磨盘溪、艾家河、渔洋溪干散货锚地和陈家河危险品锚地	38.00 ~ 58.00	停靠大型船舶 150 艘

三峡水利枢纽待闸锚地适用条件和基本情况　　表 2-5

序号	名　称	范　围	运用水位（m）	容　量
1	庙河危险品锚地	长江上游航道里程 61.00 ~ 61.20km 左岸柳林溪溪口内 1 000.00m 水域	145.00 ~ 175.00	10 艘
2	杉木溪化学危险品锚地	长江上游航道里程 58.30 ~ 58.59km 右岸杉木溪溪口内 400.00m 水域	145.00 ~ 175.00	4 艘
3	兰陵溪油类危险品锚地	长江上游航道里程 57.30 ~ 57.60km 右岸兰陵溪溪口内 600.00m 水域	145.00 ~ 175.00	靠船墩 8 艘 丁靠 8 艘
4	沙湾锚地	长江上游航道里程 55.90 ~ 57.10km 右岸一侧，水域长 1 100.00m、宽 130.00m	145.00 ~ 175.00	不超过 100 艘
5	仙人桥锚地	长江上游航道里程 54.50 ~ 56.00km 处右岸一侧的仙人桥水域内，靠船墩外侧水域长 300.00m、宽 100.00m，内侧水域长 300.00m、宽 70.00m	145.00 ~ 175.00	不超过 24 艘
6	乐天溪锚地	上锚地位于长江上游航道里程 37.92 ~ 38.72km 处左岸，水域长 800.00m、宽 185.00m；下锚地位于长江上游航道里程 36.00 ~ 37.50km 处左岸，水域尺寸 820.00m × 175.00m+760.00m × 200.00m	62.50 ~ 66.50	不超过 60 艘

（2）锚地对两坝船闸匹配运行的影响

由于近年长江航运的迅猛发展，船舶过闸需求剧增，受诸多外部条件的影响，三峡坝上现有锚地功能得不到充分发挥，导致三峡坝上锚地容量明显不足。此外，最远的庙河危险品锚地距三峡船闸 14.5km，最近的仙人桥锚地距三峡船闸 9.4km，因锚地距三峡船闸较远，中间缺少应急停泊锚地，下行船舶发航后或上行船舶出闸后，有很多不确定因素给现场通航调度、交通组织带来影响。

两坝间锚地的主要功能是利用锚地容量合理调控两坝船闸匹配运行。目前，因长江溪桥的通航净空只有 12m，而船舶大型化发展，使黄柏河锚地功能日渐削弱，乐天溪锚地经过整治后，容量有所增加，但随着升船机建成投入运行，经过功能调整，容量是否满足要求还有待进一步验证。

葛洲坝船闸下游锚地停靠水域广、锚泊条件好，但由于分散且离船闸距离达 50.0km，船舶发航后，有很多不确定因素给现场通航组织带来困难。中水门锚地距葛洲坝船闸 4.0km 左右，离船闸距离较近，容量适中，锚泊水域条件好，但一般只作为船舶过闸前的临时集结地，特别是在当前船舶积压常态化的情况下，其功能受容量限制，更多的是作为应急停泊和船舶过闸前的临时集结地。

因此，三峡坝上、葛洲坝坝下锚地受容量和距离限制，给两坝船闸匹配运行带来了影响，而两坝间锚地主要受其容量、锚泊水域环境影响，其调节功能受限，影响了两坝船闸匹配运行。

2.2.3　通航指挥信息化系统

（1）通航指挥信息化系统基本情况

通航指挥信息化系统主要包括：三峡—葛洲坝船舶交通监管系统（VTS 系统），三峡—葛洲坝水利枢纽通航调度系统（TSS 系统），长江三峡水上 GPS 综合管理系统（GPS 系统）。该系统于 2008 年 5 月相继投入运行，各子系统间关系见图 2-1。

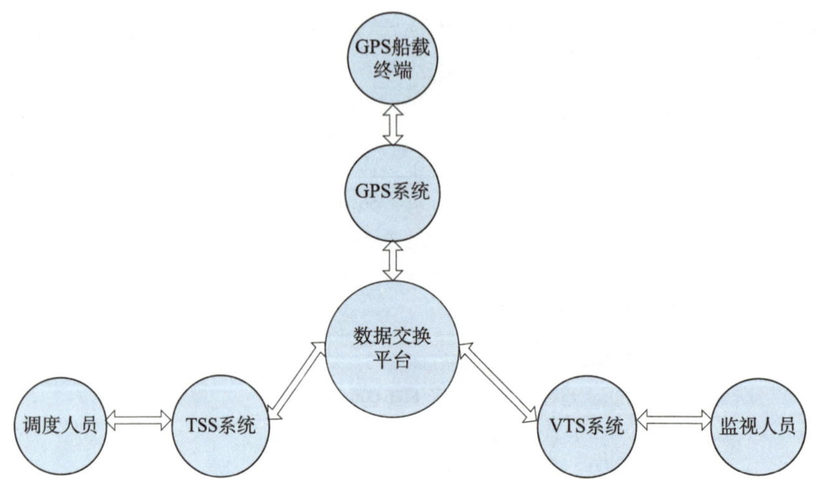

图 2-1　VTS 系统、TSS 系统、GPS 系统之间的关系

三峡—葛洲坝船舶交通监管系统（VTS 系统）实现了对船舶的实时捕获和可视化显示，实现了船岸通信、判断船舶之间相互运动趋势与自动报警，能实现值班员实时监控船舶交通流，开展交通管理与服务的应用要求。船舶视频监控（CCTV）系统作为雷达监控的有效补充，能实现对重点区域和雷达监控盲区的辅助监控。监管系统通过与调度系统数据交换，实现了船舶申报基本数据、船舶闸次计划状态的显示，有助于值班员了解船舶信息，判断船舶交通态势。

三峡—葛洲坝水利枢纽通航调度系统（TSS 系统）实现了数据采集与维护、计划编制、计划发布、计划执行和调整、统计分析、综合查询等功能，是水上动态管理和交通组织的重要支撑。调度系统数据库实际上充当了监管系统、GPS 系统底层数据库的角色。

长江三峡水上 GPS 综合管理系统（GPS 系统）能独立实现对入网船舶的即时信息定位、船岸信息互通。通过与调度系统的连接，在中心和入网船舶之间实现了发送和接收过坝申报、到锚确认、发送和接收计划、发布和接收服务信息的功能；通过与监管系统的数据交换，实现了船舶的即时定位、自动识别和可视化显示。

通过数据交换，TSS 系统、VTS 系统、GPS 系统形成了一个有序运行的整体，构成了三峡 VTS 系统平台。三峡 VTS 系统平台集通航信息采集处理、船舶流的交通组织与监控、对内对外信息服务于一体，通过实时监控，直观地掌握船舶动态，及时纠正违章船舶行为，保障通航安全，通过获取准确的船舶信息，组织实施船舶调度计划，实现均衡、有序的过坝交通组织。

（2）通航指挥信息化系统在两坝船闸匹配运行中的主要作用

①适时掌控辖区通航态势；

②延伸调度水域；

③实现精细调度；

④拓展通航管理的预见性；

⑤提高辖区通航效率。

综上所述，船闸的实际通过能力、船闸及其配套设施、锚地容量、锚地水域环境及到坝前距离影响两坝船闸匹配运行，而通航指挥信息化系统在两坝船闸匹配运行中可以发挥巨大的作用。

2.3 影响两坝船闸匹配运行的主要因素

通过实际运行状况归纳分析，除去客观存在，影响两坝船闸匹配运行的因素主要集中在过闸船舶交通流、异常气象、吃水控制、汛期流量、船闸检修等方面。本节主要针对这些因素对两坝船闸匹配运行的具体影响做出分析。

2.3.1 过闸船舶交通流

过闸船舶交通流的密度、方向、时间对两坝船闸匹配运行有较大影响。

（1）昼夜内船舶交通流对两坝船闸匹配运行的影响

在一个昼夜内，船舶交通流对两坝船闸匹配运行的影响主要有两个方面：一是某个时段内船舶交通流密度对两坝船闸匹配运行的影响；二是某个时段内船舶交通流方向对两坝船闸匹配运行的影响。

以葛洲坝坝下、三峡坝上为例，上下行到锚时间按每日分时段统计，2010 年过闸船舶见表 2–6。

2010 年过坝船舶分段到锚时间统计（不计驳船艘次）　　表 2–6

时间段	过坝船舶（艘次）			比例（%）	
	葛洲坝坝下	三峡坝上	小计	占全天比例	上下比例
00：00 ~ 02：00	1 562	1 891	3 453	6.14	82.60
02：00 ~ 04：00	1 270	1 657	2 927	5.20	76.64
04：00 ~ 06：00	1 144	1 513	2 657	4.73	75.61
06：00 ~ 08：00	2 020	1 954	3 974	7.07	103.38
08：00 ~ 10：00	4 260	3 115	7 375	13.12	136.76
10：00 ~ 12：00	4 074	2 877	6 951	12.37	141.60
12：00 ~ 14：00	2 609	2 161	4 770	8.49	120.73
14：00 ~ 16：00	2 750	2 283	5 033	8.95	120.46
16：00 ~ 18：00	2 812	2 360	5 172	9.20	119.15
18：00 ~ 20：00	2 720	2 356	5 076	9.03	115.45
20：00 ~ 22：00	1 965	2 463	4 428	7.88	79.78
22：00 ~ 24：00	1 817	2 579	4 396	7.82	70.45
合计	29 003	27 209	56 212	100.00	—

从表 2–6 可以看出，全天船舶到锚特点明显：每日 8：00 ~ 12：00 是船舶到锚高峰期，占全天的 25.49%，而 2：00 ~ 6：00 是船舶到锚最低时期，占全天的 9.93%。另外，每日 20：00 至次日 06：00 下行到锚船舶数多于上行到锚船舶数，当日 6：00 ~ 20：00 上行到锚船舶数多于下行到锚船舶数。也就是说，每日 8：00 ~ 12：00 在船闸正常运行情况下，不管采取 4h、8h 还是 24h 计划，由于船舶过闸计划安排的迟滞性，两坝船闸每日最早从 14：00 开始进入满负荷运行状态。20：00 后受船舶交通流方向和密度影响，合理利用锚地容量，特别是利用两坝间的锚地容量调节两坝船闸运行态势，是两坝船闸匹配运行的关键。一般是葛洲坝船闸主动适应三峡船闸，才能确保两坝船闸均衡运转，衔接有序。

（2）季节性船舶交通流对两坝船闸匹配运行的影响

季节性船舶交通流对两坝船闸匹配运行的影响也体现在两个方面：一是季节性船舶交通流密度对两坝船闸匹配运行的影响；二是季节性船舶交通流方向对两坝船闸匹配运行的影响。

以 2010 年为例，按月份分航向统计三峡船闸申报过闸艘次，见表 2–7。

2010 年三峡月度过坝船舶统计　　表 2–7

月　份	过坝船舶（艘次）			比　率（%）	
	上行	下行	小计	占全年比例	上下行比例
1 月	3 033	2 956	5 989	10.25	102.6
2 月	1 527	1 595	3 122	5.34	95.7
3 月	2 105	2 148	4 253	7.28	98.0
4 月	2 376	2 551	4 927	8.43	93.1
5 月	2 882	2 969	5 851	10.01	97.1
6 月	2 635	2 682	5 317	9.10	98.2
7 月	1 742	1 809	3 551	6.08	96.3
8 月	2 346	2 322	4 668	7.99	101.0
9 月	2 247	2 461	4 708	8.05	91.3
10 月	2 687	2 390	5 077	8.69	112.4
11 月	2 712	2 519	5 231	8.95	107.7
12 月	2 897	2 861	5 758	9.85	101.3
合计	29 189	29 263	58 452	100	—

从表 2–7 可以看出，过坝船舶交通流密度在每年 12 月至次年 1 月最大，占全年的 20.1%。次之，每年 5 ~ 6 月占全年的 19.11%，而 2 月仅占全年的 5.34%。春节期间，受中国传统习俗的影响，船舶交通流密度明显小于平时，节后受工厂、矿山、码头开工的影响，船流密度渐缓增大，在主汛期前恢复正常，而在主汛期，受大流量的影响，过坝船舶交通流密度也相对较小，主汛期后又恢复正常。上下行方向船流密度的不均衡分布也异常明显，2 ~ 7 月下行船流密度明显大于上行，而从当年 10 月至次年 1 月上行船流密度明显大于下行，交通流密度季节性不均衡的特征明显。交通流密度季节性不均衡对两坝船闸匹配运行的影响还取决于两坝船闸实际通过能力的不匹配，并且船流密度的方向性差异加剧了这种不均衡性。解决这一问题的办法是在充分发挥锚地功能的前提下，通过转换三峡船闸的运行方式（换向）或启动客船应急翻坝来主动适应船流的变化。

2.3.2 异常气象

三峡成库后，辖区河段的通航受大风大雾等天气的影响日趋严重，特别是对船舶过闸的交通组织方面的影响尤为突出。总体上，大风对三峡船闸运行影响较大，而雾情对葛洲坝船闸运行影响较大，不同的异常气象，造成两坝船闸运行不均衡。在出现风或者雾等异常气象时，因其区域变化特点，并非同时作用于两坝船闸，对两坝船闸匹配运行的影响情况复杂。一般来看，异常气象出现得更靠近某一坝时，该坝运行受到的影响是直接和明显的。尽管对另一坝船闸运行没有直接影响，但会带来间接和迟滞性的影响。

（1）大风

①大风条件下辖区通航控制标准。

《三峡工程初期运行期通航管理办法》及其补充管理办法规定：当三峡或葛洲坝船闸闸区水域风力达到或超过 6 级并持续 10min 以上时，船闸停止运行；当三峡或葛洲坝船闸闸区以外水域风力达到或超过 6 级并持续 10min 以上时，有风航段船舶停航。

②大风对两坝船闸匹配运行的影响。

根据辖区水域大风分布特点和大风条件下的辖区通航控制标准，可以总结出区域大风对船闸运行的影响，详见表 2–8。

大风对船闸运行的影响　　表 2–8

起风区域	三峡船闸		葛洲坝船闸		
	南线	北线	一号船闸	二号船闸	三号船闸
三峡坝上	停航	停航	控制运行	控制运行	控制运行
三峡闸区	停航	停航	控制运行	控制运行	控制运行
两坝间	短时间控制运行	短时间控制运行	短时间控制运行	短时间控制运行	短时间控制运行
葛洲坝闸区	控制运行	控制运行	停航	停航	停航
葛洲坝坝下	控制运行	控制运行	停航	停航	停航

注：短时间控制运行能利用的配套锚地少，而控制运行能利用的配套锚地多。

（2）大雾

①大雾条件下辖区通航控制标准。

《三峡工程初期运行期通航管理办法》及其补充管理办法规定：当三峡或葛洲坝船闸闸区水域能见距离不足 1 000m 时，船舶下行停止过闸；当能见距离不足 500m 时，船舶停止过闸。三峡或葛洲坝船闸闸区以外水域能见距离不足 1 000m 时，有雾航段下行船舶停航；当能见距离不足 500m 时，有雾航段船舶停航。

②大雾对两坝船闸匹配运行的影响。

根据大雾的分布特点及规律和大雾条件下辖区通航控制标准，可以总结出区域大雾对船闸运行的影响，详见表 2–9。

大雾对船闸运行的影响　　表 2–9

起风区域	三峡船闸		葛洲坝船闸		
	南线	北线	一号船闸	二号船闸	三号船闸
仙人桥	停航	停航	控制运行	控制运行	控制运行
太平溪	停航	停航	控制运行	控制运行	控制运行

续上表

起风区域	三 峡 船 闸		葛洲坝船闸		
	南线	北线	一号船闸	二号船闸	三号船闸
三峡闸区	停航	停航	控制运行	控制运行	控制运行
黄陵庙	停航	停航	短时间控制运行	短时间控制运行	短时间控制运行
石牌	短时间控制运行	短时间控制运行	短时间控制运行	短时间控制运行	短时间控制运行
南津关	控制运行	控制运行	停航	停航	停航
葛洲坝闸区	控制运行	控制运行	停航	停航	停航
庙嘴	控制运行	控制运行	停航	停航	停航
宜昌港区	控制运行	控制运行	停航	停航	停航

注：短时间控制运行能利用的配套锚地少，而控制运行能利用的配套锚地多。

（3）大风大雾条件下对两坝船闸匹配运行的影响

大风大雾条件下，船闸运行被迫中断或被控制，从而造成大量船舶积压或滞留。而近年来，随着西部经济发展及黄金水道建设的推进，三峡货运需求畅旺，船闸通过量大幅攀升，过闸船舶量呈现“井喷”，两者相互影响。另外，大风大雾天气发生的不确定性和船闸运行的不间断性之间的矛盾等，给两坝船闸匹配运行带来巨大影响，主要表现在以下方面：

①单次停航时间大幅延长，停航频率增加，导致两坝船闸运行不匹配；

②风雾异常天气发生的区域和时间的不确定性影响两坝船闸的匹配运行；

③风雾碍航天气时，计划编制与船闸运行的时间差影响两坝船闸的匹配运行。

2.3.3 吃水控制

（1）船闸吃水控制标准

①三峡船闸的吃水控制标准。依据长江航务管理局《关于三峡船闸船舶过闸吃水控制问题的请示》（三峡航安〔2010〕139 号）的批复：三峡船闸过闸船舶最大吃水控制标准，当最小槛上水深 5.5m 及以上时按 4.2m、最小槛上水深 5.0 ~ 5.5m 时按 4.0m 控制通过三峡船闸的船舶最大吃水。

②葛洲坝船闸的吃水控制标准。依据川江及长江中游航道船舶吃水控制标准，船舶吃水控制富裕水深，普通货物船舶按照航道维护水深减去 0.2m 控制，装有危险品船舶按照航道维护水深减去 0.3m 控制。在实际运用中，一要基于航道无障碍底高程，二要考虑二号、三号船闸同时泄水时产生的往复流的影响，两条件应综合考虑。

（2）不同吃水控制标准的运行时间

①三峡船闸不同吃水控制标准的运行时间见表 2-10。

三峡船闸不同吃水控制标准的运行时间　　表 2-10

时间段	4 月 1 日～ 5 月 31 日	6 月 1 日～ 9 月 30 日	10 月 1 日～ 10 月 20 日	10 月 20 日至次年 4 月 1 日
天数（d）	61	122	20	162
最小槛上水深（m）	5.25	5.50	5.25	5.50
船舶吃水控制（m）	4.0	4.2	4.0	4.2

②葛洲坝船闸不同吃水控制标准的运行时间见表 2-11。

葛洲坝船闸不同吃水控制标准的运行时间　　表 2-11

时间段	1 ～ 3 月、12 月			6 月 15 日～ 9 月 15 日		
闸别	一号船闸	二号船闸	三号船闸	一号船闸	二号船闸	三号船闸
天数（d）	121	121	121	92	92	92
最小槛上水深（m）	上闸首 5.5 下闸首 5.5	上闸首 4.5 下闸首 5.0	上闸首 6.0 下闸首 3.5	5.5	5.5	5.5
船舶吃水控制（m）	4.2	4.0	3.0	4.2	4.2	3.2

注：受葛洲坝三江河床下切和枯水期葛洲坝三江下引航道维护水深限制，葛洲坝二号船闸船舶过闸吃水，按照 3.2 ～ 4.0m 控制；葛洲坝三号船闸船舶过闸吃水按照 2.6 ～ 3.0m 控制。其他时间按葛洲坝水利枢纽航道的维护水深减去富裕水深进行控制。

（3）不同吃水控制标准对船闸匹配运行的影响

在枯水期，吃水超过 3.8m 均需经过大江，只能通过一号船闸。2010 年过闸船舶实际吃水超过 3.8m 的比例达 16.59%，而这些船舶因其大型化，平均闸次通过的艘次不足 3 艘。而吃水 4.2m 以下时，船舶基本无碍地通过三峡两线船闸，适量小船可以“插档”。葛洲坝本来就形成了三江“吃不饱”、大江“吃不了”的局面，作为承担葛洲坝水利枢纽 50% 以上通过量的主力船闸——葛洲坝二号船闸，枯水期承担的通过量不到 45%，葛洲坝二号船闸在通航中的优势作用没有明显发挥，造成葛洲坝船闸的实际通过能力萎缩，明显影响两坝船闸运行的匹配。

2.3.4　汛期流量

（1）船闸通航流量标准及汛期大流量条件下两坝间限航流量标准

①船闸及引航道通航流量标准。

依据《三峡（初期运行期）—葛洲坝水利枢纽通航调度规程》，船闸及引航道最大通航流量为：葛洲坝一号船闸及大江航道目前最大实际通航流量为 35 000m^3/s；葛洲坝三江航道，通过葛洲坝二号、三号船闸的船舶最大通航流量为 60 000m^3/s；三峡船闸及引航道最大通航流量为 56 700m^3/s。

②汛期大流量条件下两坝间限航流量标准见表 2-12。

汛期大流量条件下两坝间限航流量标准　　表 2-12

实际流量（m^3/s）	控制标准（m^3/s）	备　注
$25\ 000 \leqslant Q < 30\ 000$	单船上行 270kW 以上，下行 200kW 以上；船队上下行均为 486kW 以上	夜间船队不安排
$30\ 000 \leqslant Q < 35\ 000$	单船上行 368kW 以上，下行 270kW 以上；船队上行 588kW 以上，下行 486kW 以上	当流量达到 30 000m^3/s 以上时，不安排上行危险品船舶过闸；当流量达到 30 000m^3/s 时，葛洲坝一号船闸夜间不运行
$35\ 000 \leqslant Q < 40\ 000$	单船上行 440kW 以上，下行 368kW 以上；船队上行 1 655kW 以上，下行 588kW 以上	当流量在 35 000m^3/s 及以上时，危险品船舶和船队不安排过闸（包括一级、二级）；当流量达到或超过 35 000m^3/s 时，两坝间的载货汽车滚装船停止作业
$40\ 000 \leqslant Q < 45\ 000$	单船上行 630kW 以上，下行 440kW 以上；船队上下行均在 1 655kW 以上	当流量达到或超过 40 000m^3/s 时，两坝间的汽渡船停止作业
$45\ 000 \leqslant Q < 60\ 000$	—	两坝间继续停航，葛洲坝二号、三号船闸运行，且只安排过葛洲坝一坝船闸

（2）汛期大流量条件下两坝间限航标准对两坝船闸匹配运行的影响

①三峡船闸最大通航流量为现有船队单向通行时 56 700m^3/s，万吨级船队双向通行时 45 000m^3/s；葛洲坝三江引航道及二号、三号船闸的最高通航流量为 60 000m^3/s。葛洲坝三江引航道及二号、三号船闸的最高通航流量大于三峡船闸的最高通航流量标准。当三峡入库流量达到 56 700m^3/s 时，三峡船闸停航而葛洲坝二号、三号船闸仍处于通航状态，只要有船申请过坝就可以安排计划。

②三峡船闸最大通航流量为现有船队单向通行时 56 700m^3/s，而葛洲坝大江引航道及一号船闸最高通航流量为 35 000m^3/s。当流量达到 35 000m^3/s 时，葛洲坝船闸只有二号、三号船闸运行。三峡船闸的通过能力大于葛洲坝船闸的通过能力，三峡、葛洲坝船闸的通过能力不相匹配。

③当两坝间流量大于 45 000m^3/s 时，三峡、葛洲坝两坝间水域处于停航状态，而葛洲坝二号、三号船闸和三峡南北线船闸仍处于通航状态。

（3）汛期大流量条件下一号船闸运行对两坝船闸匹配运行的影响

①当三峡出库流量在 10 000 ~ 15 000m^3/s 时，葛洲坝一号船闸因受航道通航自然环境的影响，部分小功率船舶（队）上行航行困难，只能改走三江航道。葛洲坝一号船闸为照顾部分大吃水船舶，采取集中运行定时换向的运行方式。换向一次闸次间隔时间增加 60min，定时换向给船闸运行效率带来一定影响。

②三峡出库流量在 15 000 ~ 25 000m^3/s 时，葛洲坝大江下引航道水流条件较为复杂，绝大部分船舶上行困难，葛洲坝一号船闸采取单向下行的运行方式。因葛洲坝一号船闸上引航道无船舶靠泊设施且水流湍急，船舶下行进一号船闸时很容易形成淌航的紧迫局面。为避免紧迫局面的形成，目前在加强船舶安全提示的同时，只有适当延长船闸运行的闸次间隔时间。一般情况下，闸次间隔时间增加 20min。

③当三峡出库流量在 25 000 ~ 35 000m³/s 时，葛洲坝一号船闸仍然采取单向下行的运行方式，但受夜间葛洲坝大江航道通航环境的影响，船闸运行只能采取闸等船的运行方式，船闸运行效率更低。采用闸等船运行方式，一号船闸闸次间隔时间要增加 60min。流量在 30 000 ~ 35 000m³/s 时，为确保通航安全，葛洲坝一号船闸夜间基本不运行。一号船闸不运行，葛洲坝船闸的通过能力大约降低 40%。

（4）大流量条件下，不同船型、不同功率、不同装载的船舶对两坝船闸匹配运行的影响

葛洲坝上行船舶在不同船型、不同功率、不同装载情况下，当流量达到 25 000m³/s 时，喜滩航速为 1.6 ~ 6.5 节，两坝间船舶航行用时在 127 ~ 243min 之间。

三峡下行船舶在不同船型、不同功率、不同装载情况下，当流量达到 25 000m³/s 时，喜滩航速为 6.3 ~ 13.1 节，两坝间船舶航行用时在 90 ~ 147min 之间。

葛洲坝上行船舶在不同船型、不同功率、不同装载情况下，当流量达到 30 000m³/s 时，喜滩航速为 3.0 ~ 6.0 节，两坝间船舶航行用时在 140 ~ 224min 之间。

三峡下行船舶在不同船型、不同功率、不同装载情况下，当流量达到 30 000m³/s 时，喜滩航速为 8.9 ~ 13.5 节，两坝间船舶航行用时在 90 ~ 126min 之间。

葛洲坝上行船舶在不同船型、不同功率、不同装载情况下，当流量达到 35 000m³/s 时，喜滩航速为 2.3 ~ 4.9 节，两坝间船舶航行用时在 154 ~ 283min 之间。

三峡下行船舶在不同船型、不同功率、不同装载情况下，当流量达到 35 000m³/s 时，喜滩航速为 9.0 ~ 14.3 节，两坝间船舶航行用时在 87 ~ 131min 之间。

当流量在 35 000 ~ 45 000m³/s 时，两坝间葛洲坝上行船舶随着流量的增加，航速越来越慢，不同类型、不同主机功率的船舶在两坝间航速和航行时间差距越来越大，最大时船队在两坝间的航行时间达到 330min，喜滩航速只有 0.8 ~ 1.5 节，航速最快的客班轮在两坝间的航行用时将近 180min，航速为 2.5 ~ 4.0 节。

当流量在 35 000 ~ 45 000m³/s 时，两坝间三峡下行船舶随着流量的增加，航速越来越快，不同类型、不同主机功率的船舶在两坝间航速和航行时间差距越来越小，三峡下行船舶在两坝间的航行时间在 80 ~ 110min 之间，航速为 12.0 ~ 15.0 节。

2.3.5　船闸检修

（1）船闸检修对两坝船闸匹配运行的影响

①船闸检修概述。

实施船闸检修，是为排除设备故障、消除设备设施安全运行隐患、维护设备设施技术性能完好及安全稳定运行而必须采取的措施。

船闸运行中，可能突发各类设备设施故障或紧急事故，需要进行检修排除。如船闸金属结构、机电设备长期运行，会出现磨损、老化、变形、锈蚀，需要进行检修处理或更换；船闸水工建筑物长期运行，可能出现裂缝、渗漏、缺损，需要检查、修复、补强。[1]

②船闸检修的分类。

船闸检修分类见表 2-13。

船闸检修分类 表2-13

分类方式	分类	定　义	检修周期	检修工期
按照检修拆检范围和恢复性能的性质	小修	针对设备运行状况及检查中发现的问题，拆卸、检查、调整、修复、更换有关零部件，以恢复设备正常功能；对水工建筑物裂缝、结构性局部渗漏及局部缺损进行处理、修补	不定	不定
	项修	对状态劣化和性能明显下降，已达不到使用要求的设备总成、重要部件、结构部位及其他项目进行有针对性的拆卸修理	不定	不定
	大修	对设备的全部或大部分部件解体，进行基准修复、结构修复和补强，全部更换或修复失效零部件、整体调试、外观翻新，对水工建筑物系统性、大面积结构修补和渗漏处理	6～8年	不定
按照整体检修范围、停航时间长短及计划性	月度修理	根据设备修理计划或设备状况，定期进行集中检查和局部修理	每月一次	不定
	专项修理	通过工程项目立项程序有计划实施的修理或技术改造工程	不定	不定
	岁修	排干船闸，集中检查维修水下设备设施，同时实施必须在停航状态下才能进行的水上维修项目	一年一次	10～20d
	扩大性岁修	分项修理工程较多、轮换或成批拆卸修理重型设备及进行工程量较大的结构修理修补、停航施工时间较长的船闸计划性修理	6～8年	不定
	应急抢修	船闸发生设备设施紧急事故或重大故障，影响船闸运行安全和正常使用时采取的非计划性检修处理工程措施	不定	不定

按照整体检修范围、停航时间长短及计划性分类方式，目前三峡和葛洲坝船闸修理实践中，葛洲坝船闸计划性大修每6年一次，三峡船闸实行岁修制度，尚未进行计划性大修。

按照检修对通航的影响，船闸检修可分为停航检修和不停航检修。停航检修是必须在停航状态下实施的检修处理工程措施。不停航检修是可在船闸运行状态下进行的设备修理，主要是对辅助设备进行修理。

尽管不停航检修能在船闸运行状态下进行，但仍然不可避免地影响船闸运行效率。这种影响可能表现在两方面：一是影响船闸设备设施运行效率，延长完成既定动作的运行时间（如对单边充泄水闸阀门检修导致的充泄水时间延长）；二是影响船舶进出闸及在闸室内的集泊、系缆（如对系船柱的检修）。由于不停航检修范围小，持续时间短，这种影响可不予考虑。

单坝船闸停航检修大幅降低通过能力，造成两坝通过能力极不对等，对两坝船闸匹配运行的影响是显而易见的。

（2）停航检修对匹配运行的影响

①故障停航抢修。

葛洲坝船闸运行初期，受限于当时的建设技术、工艺水平，船闸机电设备突发故障较多，故障停航率较高，给船闸运行带来了一定的影响。运行以来葛洲坝船闸经持续改造、修理，设备的技术性能及安全可靠性极大提高，故障停航率显著下降，目前单闸年均故障停航时间不超过 20h。

三峡船闸运行初期故障率较高，一些故障需要停航进行检修处理。2003 年发生停机故障 1 484 次，2004 年发生 448 次，2005 年发生 115 次，2006 年发生 68 次，2007 年发生 64 次。经过综合整治和缺陷处理，同类型故障逐年大幅降低，船闸设备运行状况明显提高，月停机故障次数下降到每月 1 ~ 2 次，故障停航发生率保持在较低的水平，目前年均故障停航时间不超过 30h。

故障停航往往是不可预见的，造成的直接影响是暂时的，可能只是几个小时或几十个小时。但在目前通航需求高涨、运行压力大、运行潜力已经充分发挥的情况下，出现故障停航抢修时，正常通航的单坝船闸必须以抢修船闸为基准，校核和调整其运行频次，否则，会形成大量船舶在两坝间滞留，带来安全隐患。由此产生的船舶短期集聚和滞后影响，需要通过几天甚至是几十天才能消化。

②月度停航检修。

船闸月度修理一般每月一次，时间不定，从近年月度修理实际情况看，一般短则 4h，长则 1d。从单一船闸月度修理情况看，同故障停航抢修一样，船闸月度修理造成的直接影响是暂时的，带来的滞后影响需要较长时间才能消化。

但是，由于每座（线）船闸每月均会开展月度修理，而且船闸月度修理由各船闸自主做出计划安排，报主管部门进行批准。两坝船闸做出修理计划安排时，缺乏统筹性的计划，各个船闸孤立开展月度修理，停航时间上系统统筹不足，不能有效地集中开展修理，两坝船闸运力呈钟摆式变化，造成船闸停航的累积性影响。

③专项修理。

专项修理一般通过工程项目立项程序有计划地组织实施，一般持续几天到十几天，时间跨度较长，对通航影响较大。有专项修理的船闸与另一单坝船闸的运行不匹配是必然的。

④船闸大修。

葛洲坝船闸每 6 年大修一次，各船闸间隔 2 年轮替大修。船闸大修持续时间长，对船闸运能影响极大。由于大修带来的单坝船闸瓶颈，会致使三峡全线通航受到影响。以 2005 年一号船闸大修为例，大修 76d，减少运能折合 988 闸次。

三峡船闸尚未进行过大修，但三峡船闸在 2006 年 9 月 15 日至 2007 年 4 月 30 日开展的完建施工，其停航规模、影响程度与大修相仿。现行开展的岁修工作，也给航运带来极大影响，通过三峡船闸运能大幅缩减，不足正常运行的 40%，不满足两坝船闸匹配运行条件。

2.4　两坝船闸匹配运行关键技术及应用

影响两坝船闸匹配运行的因素有的可以通过系列通航调度技术，即分段控制技术和船闸运行方式优化技术的灵活应用，来消除或减小其影响程度；有的因素是客观存在的，在现有的条件下，也能通过船舶的主动适应和相关设施的优化利用，即单坝船闸运行效率提升技术减小其影响。

2.4.1　分段控制技术及应用

分段就是将辖区水域（包括宜昌港）分成三峡坝上、葛洲坝坝下及三峡—葛洲坝之间3段，并根据风、雾异常气候影响的具体水域，再把上述3段分为仙人桥、太平溪、三峡船闸闸区、乐天溪、石牌、南津关、葛洲坝船闸闸区、庙嘴、中水门及以下9段。分段控制技术指部分航段停航情况下，采取提前储备、应急停泊、临时调整的技术手段进行管理控制，保证其他航段继续正常通航的技术方法。分段控制技术是在两坝船闸统一指挥、联合运行的基础上实行的。

分段控制技术主要遵循的原则是：确保安全，能通则通，分段控制，饱满运行。

分段控制技术适用范围是：大风、大雾等异常碍航气候条件下两坝船闸的匹配运行。

分段控制的主要技术手段有：提前储备，应急停泊，临时调整。

（1）提前储备

提前储备指预见性地将一定数量待闸船舶提前调度至某水域集结，错开可能发生异常气象条件影响通航的水域，消除或减少其对两坝船闸匹配运行的影响。

①提前储备启动条件。

A. 通过预报或观察分析，辖区或宜昌港区某航段范围内可能有浓雾等碍航情况出现。

B. 闸区通航状况良好。

C. 其他水域具备通航条件。

②提前储备应用的关键点。

A. 时机把握。提前储备的时机把握较难，过早，影响正常通航；太迟，无法实现提前储备功能。因此，当某航段出现能见度不良，且有扩大趋势时，应迅速做出判断，并及时联系待闸船舶，了解锚地容量情况和靠船墩、导航墙的船舶动态，掌握船闸运行态势，果断做出决定。

B. 船舶数量控制。储备的船舶数量和锚地容量情况、靠船墩及导航墙的船舶动态、船闸运行态势息息相关。一般以锚地储备3闸次、靠船墩储备1闸次为宜，三峡船闸还可以在导航墙增加1闸次。

C. 水域选择。葛洲坝坝下在中水门锚地、一号船闸导航墙、三江下游靠船墩等水域作为提前储备地点。该水域的选择，可以减少中水门锚地以下，即宜昌港区至临江坪锚地范围的浓雾影响。

两坝间可以选择平善坝锚地、乐天溪锚地、二号和三号船闸上游靠船墩及三峡船闸下游导航墙和靠船墩作为提前储备水域。选择平善坝锚地作为提前储备水域，可以缓解平善坝锚地以上水域的风雾影响，选择二号、三号船闸上游靠船墩可以缓解南津关以上水域的风雾影响。同样，选择乐天溪锚地，可以缓解乐天溪锚地以下水域的风雾影响；选择三峡船闸下游导航墙和靠船墩作为提前储备水域，可以缓解包括乐天溪锚地以下水域的风雾影响。

三峡坝上锚地水域离三峡船闸水域较远，故不做选择。只有三峡上游导航墙和靠船墩作为提前储备水域，可以减少三峡坝上仙人桥、太平溪水域的风雾影响。

③系统应用的技术支持。

A. 适时通过 VTS 系统中的气象子系统，掌握发生风雾的区域、程度。

B. 通过 VTS 系统了解提前储备锚泊水域的船舶动态和锚泊、靠泊状态。

C. 通过 TSS 系统确定提前储备船舶名单，并通过 GPS 系统群发短消息告之提前发航的原因及发航后锚泊、靠泊水域。

D. 通过 GPS 系统适时跟踪提前储备船舶的发航动态。

E. 通过 VTS 系统和 GPS 系统适时监控提前储备水域的船舶动态和锚泊、靠泊秩序。

提前储备能产生的效果见表 2–14。

提前储备应用效果　　表 2–14

区　域		储备闸次数（次）	减缓停航时间（min）
葛洲坝坝下	二号船闸下靠船墩	1	90
	一号船闸下导航墙	1	90
	中水门锚地	3	270
葛洲坝坝上	二号船闸上靠船墩	1	90
	平善坝锚地	3	270
三峡坝上	南线上靠船墩及导航墙	2	180
	北线上靠船墩及导航墙	2	180
三峡坝下	南线下靠船墩及导航墙	2	180
	北线下靠船墩及导航墙	2	180
	乐天溪锚地	3	270

（2）应急停泊

应急停泊指船闸在运行过程中，因突发的大风、大雾天气造成部分航段停航，出闸船舶不能正常、有效地通过，只能利用靠船墩、导航墙、锚地、应急停泊区等通航配套设施，供出闸船舶临时停靠或锚泊，减缓船闸停航时间。

①应急停泊启动条件。

A. 闸区通航状况良好。

B. 某区间水域异常，而其他水域具备通航条件。

C. 靠船墩、导航墙、锚地、应急停泊区具备应急停泊条件。

②应急停泊应用的关键点。

A. 时机把握。应急停泊对应的是突发的异常情况影响了船舶、船闸的正常运行。因此，在发生异常气象的征兆时，要提前做好准备，及时了解所处水域的通航状况，一旦发生异常气象，影响船舶、船闸的正常运行，就能迅速发出应急停泊指令。

B. 水域选择。应急停泊水域应具备：一是就近，便于快速到达；二是安全，有可靠的停、靠泊设施，不影响其他船舶的航行；三是具备一定的停、靠泊容量，不会造成拥堵、碰撞等事故的发生。

C. 交通组织。当需要做出应急停泊决定时，要保证不发生交通混乱的局面，必须做到：一是延缓后续进闸船舶的发航、进闸；二是出闸船舶以安全航速有序到达应急停泊水域；三是关注应急停泊水域秩序。

③系统应用的技术支持。

A. 通过 VTS 系统中的气象子系统，适时掌握发生风雾的区域、程度。

B. 通过 VTS 系统提前了解应急停泊水域的船舶动态和锚泊、靠泊状态。

C. 通过 VTS 系统和 GPS 系统适时监控应急停泊水域的船舶动态和锚泊、靠泊秩序。

D. 通过 GPS 系统群发短消息告之当前异常气候发生的水域和影响程度。

应急停泊应用效果见表 2-15。

应急停泊应用效果 表 2-15

区　域		应急停泊闸次数（次）	减缓停航时间（min）
葛洲坝坝下	二号船闸下靠船墩	1	90
	一号船闸下导航墙	1	90
	中水门锚地	3	270
葛洲坝坝上	二号船闸上靠船墩	1	90
	平善坝锚地	3	270
三峡坝上	南线上靠船墩及导航墙	2	180
	北线上靠船墩及导航墙	2	180
三峡坝下	南线下靠船墩及导航墙	2	180
	北线下靠船墩及导航墙	2	180
	乐天溪锚地	3	270

（3）临时调整

临时调整主要包括两方面：一方面是一坝船闸运行受阻，而另一坝船闸及相关水域通航状况良好时，可以通过增补计划的方式，将仅过一坝船舶集中通过；另一方面是计划闸次调整，主要体现在葛洲坝船闸，即预知某下行闸次船舶出闸在未来可能受阻，提前改变闸次运行计划，先放下行闸次计划船舶，再放上行闸次计划船舶，为上行出闸船舶提供更多临时靠泊水域。

临时调整和锚地、靠船墩、导航墙的容量相关，同时也和在锚过一坝的船舶数量相关，产生的效益及对两坝船闸的匹配运行修正作用也更加明显。

①临时调整启动条件。

A. 有待闸船舶。

B. 闸区通航状况良好。

C. 部分区间航道具备通航条件。

②临时调整应用的关键点。

A. 时机把握。临时调整有两方面：一是针对计划增补，主要是提前把握计划进度，充分考虑增补的船舶从发航到进闸需要的时间，做好计划发布；二是针对计划闸次前后调整，主要是根据大风大雾发生的水域、时间、计划执行进度、锚地容量等进行的随机调整。

B. 数量控制。计划增补时，仅过单坝船舶数量有限，而且不涉及在两坝间待闸，可以不考虑其影响。对过两坝船舶，一定要考虑待闸锚地容量。葛洲坝以靠船墩停靠 1 闸次、平善坝锚地停靠 3 闸次为宜；三峡以导航墙、靠船墩各停靠 1 闸次、乐天溪锚地停靠 3 闸次为宜。

C. 交通组织。计划增补时，充分考虑增补的船舶从发航到进闸需要的时间，保证船闸运行不出现断档。计划调整时，要求闸次航向的改变不影响后续闸次在靠船墩的靠泊，在靠船墩、导航墙靠泊的船舶应留有有效航宽，保证出闸船舶有效通过。

③系统应用的技术支持。

A. 通过 VTS 系统中的气象子系统，适时掌握发生风雾的区域及程度。

B. 通过 VTS 系统和 TSS 系统掌握辖区运行态势和计划执行进度。

C. 通过 TSS 系统确定临时调整的闸次和船舶名单，并通过 GPS 系统群发短消息告之提前调整的原因和调整后船闸的运行方式。

D. 通过 GPS 系统适时跟踪临时调整后的船舶发航动态。

E. 通过 VTS 系统掌控的通航态势和 TSS 系统中申报的适航船舶对临时调整进行修正。

2.4.2　船闸运行方式优化技术及应用

船闸运行方式优化技术区别于正常情况下的船闸运行方式的应用，是指因通航环境发生变化，造成区域性交通流密度和方向失衡或部分船舶过闸受限的情况下，通过改变船闸的运行方式，也就是通过三峡船闸换向和船闸分流，达到辖区水域通航效率最大化所采取的技术。

船闸运行方式优化技术遵循的原则是：均衡高效，安全有序。

船闸运行方式优化技术适用范围有：枯水期葛洲坝三江航道吃水受限、大流量限航、船舶交通流不均、船闸检修等。

船闸运行方式优化主要技术手段有换向和分流两种。

（1）换向

船舶交通流季节性不均、异常气象、船闸检修等情况下，交通流密度和方向失衡，造成两坝船闸运行不匹配，为缓解船闸运行压力，调节船舶流向不均，实现三峡、葛洲坝船闸均衡运转，最大限度地发挥船闸的通过能力，一般采取三峡船闸换向运行。

①三峡船闸换向运行的启动条件。

A. 船舶过坝需求不均，上下航向需求之差大于 100 艘次，一边满负荷运行，一边吃不饱。

B. 三峡、葛洲坝两坝枢纽船闸因气象原因，单向运行时间超过 24h。

C. 三峡船闸一线检修，另一线单线运行超过 48h。

②三峡船闸换向运行的关键点。

A. 换向时机的把握。当船舶过坝需求不均并呈上升趋势时，通航管理部门统计人员应根据船舶过坝需求申报过闸计划数量，结合过坝货物流向进行分析，判断未来一周及今后一段时间过闸需求状况，上报领导决策层面。当船闸运行出现供需不均时，应统计最近一周船闸运行数据，结合船舶申报需求进行分析，建议领导决策层启动船闸换向运行。当船舶过坝需求上下航向需求之差大于 100 艘次时，应立即启动换向运行。

B. 换向时间长短的控制。船闸换向运行时间长短应根据待闸船舶数量、船舶过闸需求、船闸运行工况及运行方式决定。当船闸两个航向的船舶需求相等或大致相等时应停止换向运行，确保两坝船闸匹配运行，均衡运转，最大限度地发挥通过能力。

C. 换向时的交通组织。三峡河段枢纽交通组织主要包括枢纽断面翻坝运输和船舶过闸调度组织。当船闸需要换向运行时，通航管理部门应协调联系相关部门启动客船及过坝要求时间紧、区间往返频率高的短途船舶实施翻坝转运。翻坝转运的启动应在船闸换向运行前 8h 进行。翻坝转运结束时间应适当延长，确保船闸换向运行的疏散效果，最大限度地发挥三峡水利枢纽断面的通过能力，真正实现船闸供需平衡，运转协调高效。

当换向前最后一艘船舶进入首级闸室时，通知另一航向即将进闸的第一个闸次的船舶发航到靠船墩待闸，对照闸室排挡图，前 3 艘船舶靠靠船墩前排，后几艘船舶靠靠船墩后排，并靠宽度控制在 50m 以内。当换向前最后一闸次船舶移泊至末级闸室完毕时，通知另一航向第二个闸次船舶到靠船墩待闸。

D. 计划编制。船闸换向前后两个闸次计划不宜安排船队和干舷较高的船舶，船舶数量要适度控制，不宜超过 7 艘，充分考虑船舶会让时船闸引航道的宽度、靠船墩船舶靠泊宽度和靠泊难易程度。

计划编制时要考虑两坝间锚地容量，乐天溪锚地和平善坝锚地的船舶停泊数量控制在 3 个闸次为宜，最多不能超过 4 个半闸次；优先过连续两坝的船舶；危险品船舶过坝计划宜安排在第 2 个闸次以后；三峡两线船闸同向运行时进闸时间宜适当错开。

③系统应用的技术支持。

A. 利用 TSS 系统中的统计功能和预测分析功能，对系统中的船舶申报进行统计、分析，确定船闸换向的临界点。

B. 通过 GPS 系统的远程申报和 TSS 系统中已有的到锚船舶，预测换向时间的长短。

C. 根据 TSS 系统中的船舶申报信息，通过计划编制，合理调控换向运行的均衡性和两坝间锚地待闸船舶数量。

D. 利用 GPS 系统群发短消息，告之船方船闸换向详细信息，并提醒船方提前做好相应准备。

通过 VTS 系统掌控辖区运行态势，并根据实际情况，对船闸运行状况进行调整。

（2）分流

因汛期的大流量限航标准，造成大量小功率船舶积压和不同等级船舶滞留，或因汛期流量陡涨陡落以及枯水期大江、三江的吃水控制，大量大吃水船舶在葛洲坝过闸受阻，造成两坝运行不匹配，此时应采取集中放行或专闸通过的通航调度方式。其中，集中放行包括小功率船大量积压下的集中放行和不同限航标准下同等级船舶的集中放行。

①分流的启动条件。

A. 当三峡下泄流量达到或超过 25 000m^3/s 临界值时。

B. 在三峡下泄流量达到或超过 25 000m^3/s 持续 3d 以上后，流量回落至 25 000m^3/s 以下。

C. 在三峡下泄流量达到或超过 25 000m^3/s 后，根据流量预报，有短暂流量回落至 25 000m^3/s 以下，又迅速回升至 25 000m^3/s 以上时。

D. 流量陡涨或陡落时（陡涨、陡落至流量日变幅超过 5 000m^3/s）。

E. 大江、三江吃水控制标准和三峡吃水控制标准不同时。

②分流应用的关键点。

A. 分流时机的把握。根据流量预报，在流量未达到 25 000m^3/s 以前，先集中安排小功率船舶过闸。在三峡下泄流量达到或超过 25 000m^3/s 临界值时，严格按照限航标准分流。在三峡下泄流量达到或超过 25 000m^3/s 持续 3d 以上后，或在三峡下泄流量达到或超过 25 000m^3/s 后，根据流量预报有短暂流量回落至 25 000m^3/s 以下，又迅速回升至 25 000m^3/s 以上时，及时和长江防总或梯调联系，提前安排计划，抓住时间间隙，集中放行小功率船，进行分流。流量陡涨或陡落时，通过提前的计划调整实现分流。

B. 分流控制。当流量达到不同等级时，对单船、船队的限航控制标准均有明确规定，严格参照执行。同时，也要根据实际运行中积累的经验，对主机功率在 200kW 以下的小船以及机驳船队过闸特别是在夜间要从严控制。对船舶尺寸较大而且满载的船舶的吃水要严格核查落实。分流时，尽量安排相同类型船舶同时过闸。

C. 船舶动态观察。不同船舶对通航环境的适应程度不同，因此从锚地发航开始到船舶离开辖区水域，要全程无缝跟踪，对船舶的航路、航速、航向要密切关注，保持联系渠道畅通，以便出现异常情况时及时掌握并同时上报，确保船闸运行不断不乱。

D. 计划衔接与调整。不同流量标准对船舶的两坝间的航行用时、船舶在锚地的靠泊或锚泊有不同的影响。因此，在流量达到或超过 25 000m^3/s 时，在平善坝锚地以不停靠船舶为佳，南线下行过两坝船舶尽量安排直接通过葛洲坝，有特殊情况须在两坝间待闸的船舶可安排到二号船闸，在靠船墩待闸。上行过两坝时，小功率船宜直接安排过闸。乐天溪锚地待闸船舶控制在 2 闸次内为宜。

不能通过三江的大吃水船舶，集中安排通过两坝。

流量陡涨或陡落时，及时将不符合通航条件的船舶取消计划，保留申报，等待后续安排。

2.4.3　单坝船闸运行效率提升技术及应用

单坝船闸运行效率提升技术是指通过通航设施的优化利用及过闸船舶的主动适应来提高单坝船闸的通航效率，实现两坝船闸匹配运行。

单坝船闸运行效率提升技术遵循的原则是确保安全、兼顾效率。

单坝船闸运行效率提升技术适用范围是船舶积压常态化。

单坝船闸运行效率提升技术的主要手段有导航墙待闸、同步移泊和客船翻坝。

(1) 导航墙待闸

导航墙是位于船闸引航道内，直接和闸首相连，引导船舶进出闸室的通航建筑物，具有应急停泊的功能。实际运用中，利用其应急停泊的功能，停靠一定数量的待闸船舶，缩短船舶进闸距离，节约船舶进闸时间，缩短闸次运行周期，达到提高通航效率的目的。以三峡船闸导航墙待闸缩短进闸距离折算为例进行说明（表 2–16）。

三峡船闸导航墙待闸缩短进闸距离折算　　表 2–16

方　向	靠船墩待闸距离（m）	导航墙待闸距离（m）	每闸节约时间（min）	年折合闸次数（闸次）
南线上游	580	0	6	312.9
北线下游	730	0	8	418.9

注：节约时间以距离差除以单船进闸速度（参考调度规程规定的船舶进闸速度），折合闸次数按节约时间乘以年运行闸次再除以每闸次运行时间 90min 计算。导航墙待闸距离忽略，计为 0。

导航墙待闸应用的关键点如下：

①导航墙的应急停泊设施安全有效。导航墙具有应急停泊功能，但要考虑其系船柱的牢固程度、数量。因为导航墙附近的充水、排水口，因充泄水造成的额外拉力对停靠船舶有影响，所以导航墙的应急停泊设施应该安全有效。

②导航墙待闸船舶数量科学合理。不同船闸的导航墙长度不一样，同一船闸上下游的导航墙长度也不一样。导航墙的长度及船舶的长度决定了导航墙待闸船舶数量。一般二号船闸上下游导航墙以各停靠 2 排 4 艘为宜，一号船闸以下游停靠 1 闸次船舶、上游停靠 2 排 4 艘为宜。三峡南线船闸上游导航墙及其连接趸船满足停泊 1 个闸次船舶，北线船闸下游导航墙及连接趸船满足停泊 1 个闸次船舶。

③导航墙待闸船舶的排挡。导航墙待闸船舶排挡主要以闸室排挡图为参考依据，但同时考虑安全和效率。因此，一般是选择尺寸相差不大、操控性能好、能同步进闸的船排在最前面，后面再依次而定。

(2) 同步移泊

在船舶进出闸时，同步移泊可以有效减少船舶进出闸的时间，提高船闸的运行效率。

同步移泊应用的关键点如下：

①待闸船舶停泊地点的选择。充分利用船闸导航墙、导航墙连接趸船、靠船墩及待闸锚地，让不同闸次船舶在上述待闸地点同步移泊。一般情况下，船闸同向运行时，船闸导航墙及导航墙连接趸船可以停泊 1 个闸次的船舶，船闸靠船墩可以停泊 1 个闸次的船舶，船舶待闸锚地有 1 个闸次船舶准备起锚进入引航道。

②船舶类型的选择。采用同步移泊进出闸方式时，在计划编排上最好安排船舶干舷高度基本相同的船舶同步移泊。

(3) 客船翻坝

客船翻坝，即客船抵达三峡坝上客运港口，旅客下船，改用汽车运输至宜昌或两坝间目的地的运输模式。这样可以减少船舶积压、缓解通航的紧张局势，最大限度地发挥三峡水利枢纽断面的通过能力。2010 年三峡过闸客船翻坝折算见表 2–17。

2010 年三峡过闸客船翻坝折算　　表 2–17

航　　向	过闸客船数（艘）	折合闸次数（闸次）
上行	2 216	583.2
下行	2 223	585

注：过闸客船数不包括 2010 年度翻坝的客船数，折合闸次按过闸客船面积除以闸室面积的 75%。

水路客运周期长，正逐步淡出客运行业，因三峡大坝的建设现有的水路客运主要以旅游为主。因此，客船大型化、舒适化成为客船新的发展方向，其过坝方式也从原来的过两坝发展为过三峡一坝，而且过坝时间相对集中。通过表 2–17 可以看出，客船建立长期翻坝机制，可以有效缓解三峡船闸的通航压力，为实现两坝船闸匹配运行提供基础。

①客船翻坝应用的关键点。

A. 时机把握。当三峡坝上、葛洲坝坝下积压船舶总数超过 300 艘时，或三峡船闸需停航检修超过 12h 时，可以向相关单位提出客船翻坝申请，并准备组织实施。

B. 组织协调。当准备启动客船翻坝时，一方面须提前与客船公司取得联系，并充分协调，有效调整其作业安排；另一方面要科学组织，提高船闸运行效率，尽量压缩客船翻坝时间。

②系统应用的技术支持。

A. 利用 TSS 系统中的统计功能和预测分析功能，对系统中的船舶申报进行统计、分析，确定客船翻坝的临界点。

B. 利用 GPS 系统群发短消息，告之船方客船翻坝的详细信息，并提醒船方提前做好相应准备。

C. 通过 VTS 系统加强翻坝码头及附近相关水域通航秩序的监管。

D. 利用 GPS 系统适时掌握翻坝客船动态。

3 三峡升船机投入运行后的两坝联合调度

3.1 概述

对三峡通航乃至长江航运而言，升船机运行是一种全新的模式，其运行条件、运行工况和船闸迥异，通行船舶类型、尺度、所载货种要求也不一样，作为快速通道运用时，调度原则也与船闸有所区别。

根据三峡工程建设计划，三峡升船机投入运行后，将与三峡双线五级船闸共同构成三线过坝通道，并和葛洲坝三线通道联合运行，两坝联合调度运行环境复杂。三峡升船机如何运行、三峡升船机和三峡船闸如何协同、三峡和葛洲坝三线通道如何匹配，这些都是升船机投入运行后两坝联合调度的重要课题。

本章主要阐述升船机运行后的两坝联合调度方案，其中涉及升船机的相关调度原则、运用方式等，可供升船机投入运行后参考。

3.2 两坝通航设施运用条件

3.2.1 三峡升船机

（1）通航条件

①通航水位。

上游最高通航水位：175.0m。

上游最低通航水位：145.0m。

下游最高通航水位：73.8m。

下游最低通航水位：62m。

②最大通航流量。

最大通航流量为三峡入库 56 700m^3/s。

（2）通航尺度

①承船厢有效尺度。

三峡升船机承船厢有效尺度（有效长度、有效宽度和水深）：长 120m、宽 18m、水深 3.5m。

②船舶集泊平面尺度。

船舶集泊平面尺度是枢纽通航调度的习惯性称谓，指的是船闸内集泊的船舶（一艘或多艘客货单船、船舶队）的总长和总宽（含停泊间隔长度和宽度）。《船闸总体设计规范》（JTJ 305—2001）和《内河通航标准》（GB 50139—2014）给出的是同一闸次过闸船队或船舶最大总长度及同一闸次过闸船舶并列停泊于闸室的最大总宽度的概念。

对同一闸次过闸船队或船舶最大总长度及同一闸次过闸船舶并列停泊于闸室的最大总宽度，《船闸总体设计规范》（JTJ 305—2001）和《内河通航标准》（GB 50139—2014）有明确的计算公式：

$$L_k = L + L_f \tag{3-1}$$

$$\begin{cases} \text{顶推船队} & L_f \geqslant 2+0.06L \\ \text{拖带船队} & L_f \geqslant 2+0.03L \\ \text{货船和其他船舶} & L_f \geqslant 4+0.05L \end{cases}$$

式中：L_k——船闸有效长度；

L——同一闸次过闸船队或船舶最大总长度。当一闸次只有 1 个船队或 1 艘船舶单列过闸时为设计最大船队或船舶的长度，当一闸次有 2 个或多个船队、船舶纵向排列过闸时，则为各最大船队或船舶的长度之和加上各船队、船舶间的停泊间隔长度；

L_f——富裕长度。

$$B_k = \Sigma B_s + B_f \tag{3-2}$$

$$B_f = \Delta B + 0.025\ (n-1)\ \Sigma B_s \tag{3-3}$$

式中：B_k——船闸有效宽度；

ΣB_s——同一闸次过闸船舶并列停泊于闸室的最大总宽度。当只有 1 个船队或 1 艘船舶单列过闸时则为设计最大船队或船舶宽度；

B_f——富裕宽度；

ΔB——富裕宽度附加值。当 $\Sigma B_s < 7\text{m}$ 时，$\Delta B \geqslant 1\text{m}$，当 $\Sigma B_s > 7\text{m}$ 时，$\Delta B \geqslant 1.2\text{m}$；

n——过闸时停泊在闸室的船舶列数。

上述公式适用于船闸，但在《内河通航标准》（GB 50139—2014）总则中明确提出，升船机的规划和设计亦可参照执行。

根据公式，可计算得出通过升船机的船队或船舶最大总长度及通过升船机的船队或船舶最大总宽度的具体值。

相关参数取值：升船机有效长度 120m，有效宽度 18m；船舶并列停靠时，按最多不超过 2 列计，n 取 2 或 1；ΔB 取 1.2m。

计算得出，通过升船机的顶推船队最大总长度为 111.32m，拖带船队最大总长度为 114.56m，通过升船机的单船最大总长度为 110.47m；通过升船机的船队或船舶最大总宽度，船舶 2 列时为 16.39m，船舶 1 列时为 16.8m。

根据公式中规定，同一闸次过闸船队或船舶最大总长度“当一闸次只有 1 个船队或 1 艘船舶单列过闸时，为设计最大船队或船舶的长度”。在《长江三峡水利枢纽初步设计报告》之“升船机运行工艺和通过能力”部分中明确提出，升船机“设计最大船队长度115m”[2]。虽然没有明确升船机最大船队宽度和船舶宽度，但考虑到设计代表船型客货轮的主要尺度为84.5m×17.2m×2.65m，其宽度值17.2m大于计算值，可视为设计最大船队或船舶宽度。因此，对通过升船机的船队或船舶，界定其最大总长度为船队115m、单船110m，最大总宽度为17.2m。

③通过三峡升船机船舶或船队最大吃水。

《船闸总体设计规范》（JTJ 305—2001）和《内河通航标准》（GB 50139—2014）明确指出，船闸门槛最小水深不应小于设计船舶或船队满载时最大吃水的1.6倍。对升船机船厢水深和船舶最大吃水的倍比关系，国内暂无明确标准。如果依据船闸吃水标准，在升船机门槛最小水深已经确定为3.5m的情况下，计算得出船舶或船队最大吃水为2.187 5m。按此标准控制，目前过坝的绝大多数船舶将无法通过升船机。从国外经验看，德国升船机门槛最小水深与船舶或船队吃水比一般为1.25。如参照德国通航标准计算，通过三峡升船机的船舶或船队最大吃水为2.8m。

在确定通过三峡升船机的船舶或船队最大吃水时，可以参考《内河通航标准》（GB 50139—2014）对于航道富裕水深的相关规定：

$$H = T + \Delta H \tag{3-4}$$

式中：H——航道水深；

T——船舶吃水；

ΔH——富裕水深，包含船舶航行下沉量和不触底安全富裕量。

富裕水深取值详见表3-1。

航道富裕水深取值 表3-1

航道等级	Ⅰ级	Ⅱ级	Ⅲ级	Ⅳ级	Ⅴ级	Ⅵ级	Ⅶ级
富裕水深（m）	0.4～0.5	0.3～0.4	0.3～0.4	0.2～0.3	0.2～0.3	0.2	0.2

注：卵石和岩石质河床富裕水深值应另加0.1～0.2m。

可以将升船机视为类似卵石和岩石质河床，其富裕水深在表3-1取值基础上加0.1～0.2m，即升船机富裕水深为0.4～0.6m。考虑升船机运行过程中承船厢可能出现的误载（±10cm），以及受三峡水利枢纽运行影响升船机引航道内非恒定流水面波动（±20cm），升船机富裕水深取值应为0.7～0.9m。据此计算，通过升船机的船舶最大吃水为2.6～2.8m。

就设计文件看，设计代表船型吃水分别为：单船2.65m，船队2.78m≈2.8m。鉴于升船机对船队或船舶进出的速度限制更加严格，根据此速度下船舶下沉量的一般规律，在顾及能通过升船机的船舶数量的情况下，可以考虑将通过升船机的船舶或船队最大吃水定为2.8m。

④通过三峡升船机的船舶水面以上高度。

通过三峡升船机的船舶水面以上高度不得超过18.0m。

3.2.2　三峡船闸

（1）通航条件

①通航水位。

上游最高通航水位：175.0m。

上游最低通航水位：145.0m。

下游最高通航水位：73.8m。

下游最低通航水位：62.0m。

②最大通航流量。

最大通航流量为三峡入库 56 700m³/s。

（2）通航尺度

①闸室有效尺度。

三峡船闸闸室有效尺度为长 280m、宽 34m、槛上最小水深 5m。

②船舶集泊平面尺度。

目前执行的调度规程规定，三峡船闸船舶集泊平面尺度为：长不大于 266m、宽不大于 32.8m，此标准出台在《内河通航标准》（GB 50139—2014）、《船闸总体设计规范》（JTJ 305—2001）颁布之前。《长江三峡水利枢纽初步设计报告》之“通航建筑物规模”中规定：三峡船闸设计船队远景最大尺度 264m×32.4m×2.8m。对通过三峡船闸的船队和船舶最大尺度可考虑据此作为标准，但考虑到长江航务管理局按照长 266m、宽 32.8m 的船舶集泊平面尺度推广新标准船型，因此，仍暂定长 266m、宽 32.8m 的集泊平面尺度。

③通过三峡船闸船舶或船队最大吃水。

根据颁布执行的《三峡船闸过闸船舶吃水控制标准关键技术研究》成果，一般根据最小槛上水深分布情况，实施分段控制。汛期和枯水期库区高水位运行时，最大吃水 4.2 ~ 4.3m，其余时间常年最大吃水控制标准为 3.9 ~ 4.0m。

④通过三峡船闸船舶水面以上高度。

通过三峡船闸船舶水面以上高度不得超过 18.0m。

3.2.3　葛洲坝船闸

（1）通航条件

①通航水位。

葛洲坝水利枢纽水库上游最高通航水位为 66.5m，最低通航水位为 63m。水位最大日变幅小于 3.0m，最大小时变幅小于 1.0m。

葛洲坝水利枢纽下游大江航道船闸、三江航道及船闸最高通航水位分别为 48.5m（资用吴淞，下同）和 54.5m，葛洲坝水利枢纽下游最低通航水位按庙嘴水位 38.5m 控制。

②通航流量。

一号船闸设计最高通航流量为 35 000m³/s，通航后受限于航道水流条件，实际控制流量为 20 000m³/s。2006 年实施了下游航道河势调整工程，即在一号船闸下导航墙下偏左建设900m长的江心堤，以改善电站尾水对大江下游航道内水流条件的不良影响，同时拦阻部分大江电站下泄泥沙进入大江下游航道。2007年汛期实船试验表明，大江航道及船闸通航流量可提高到35 000m^3/s的设计流量。大江一号船闸设计最低通航流量3 200m^3/s。

三江二号、三号船闸最高通航流量为60 000m^3/s，设计最低通航流量为3 200m^3/s。葛洲坝通航以来，受清水下泄、河床下切影响，对应庙嘴38.5m水位时，已不能保证船闸最小槛上水深。在保证最小槛上水深时，对应流量一般在5 500m^3/s左右。

（2）通航尺度

①闸室有效尺度。

葛洲坝一号、二号船闸闸室有效尺度为长280m、宽34m，槛上最小水深分别为5.5m和5m。

葛洲坝三号船闸闸室有效尺度为长120m、宽18m，槛上最小水深3.5m。

②船舶集泊平面尺度。

同三峡船闸集泊平面尺度确定原则，葛洲坝船闸平面尺度仍沿袭以往数据。葛洲坝一号、二号船闸闸室船舶集泊的最大平面尺度不得超过长266m、宽32.8m；葛洲坝三号船闸闸室船舶集泊的最大平面尺度不得超过长118m、宽17.2m。

③通过葛洲坝船闸船舶或船队最大吃水。

汛期，葛洲坝船闸吃水控制标准按照三峡船闸吃水控制标准进行控制。

枯水期，当葛洲坝坝下庙嘴水位在39m以上时，三江下引航道当前维护标准为4.0m，葛洲坝一号、二号、三号船闸下游门槛底高程分别为33.5m、34m和35m。葛洲坝一号船闸吃水控制标准参照三峡船闸吃水控制标准进行控制。葛洲坝二号、三号船闸参照卵石和岩石质河床富裕水深取值，实行动态吃水控制。当葛洲坝庙嘴水位在40.0m及以上时，通过葛洲坝二号船闸的船舶吃水控制在4.0m以内，三号船闸吃水控制在3.5m以内；当葛洲坝庙嘴水位在39.5m以上不足40.0m时，通过葛洲坝二号船闸的船舶吃水控制在3.8m以内，三号船闸吃水控制在3.3m以内；当葛洲坝坝下庙嘴水位在39m以上不足39.5m时，通过葛洲坝二号船闸的船舶吃水控制在3.3m以内，三号船闸吃水控制在2.8m以内。

④通过葛洲坝船闸的船舶水面以上高度。

通过葛洲坝船闸的船舶水面以上高度不得超过18.0m。

3.2.4　锚地

与两坝船闸配套的锚地主要包括三峡水利枢纽待闸锚地和葛洲坝水利枢纽待闸锚地。其待闸锚地适用条件和基本情况见前章表2-4和表2-5。

三峡蓄水后，长江三峡通航管理局辖区水域形成三峡坝上库区、两坝间、葛洲坝坝下3段不同锚泊条件的锚地和通航河段。三峡坝上、葛洲坝坝下及两坝间各锚地水域运用条件不同、容量不一，距坝前距离也不同。

三峡坝上有庙河危险品锚地、杉木溪危险化学品锚地、兰陵溪油品锚地、沙湾锚地、仙人桥锚地。其中，最远的庙河危险品锚地距三峡船闸14.5km，最近的仙人桥锚地距三峡船闸9.4km。各锚地的容量目前仅能满足正常状态下的船舶待闸需要。

两坝间有平善坝锚地、黄柏河锚地、乐天溪锚地。其中，平善坝锚地距葛洲坝船闸 8.7km，乐天溪锚地距三峡船闸 7.8km，黄柏河锚地内有上行过三峡的船舶和下行过葛洲坝的船舶，距三峡大坝约 38.0km，距葛洲坝较近。两坝间锚地的主要功能是利用锚地容量，合理调控两坝船闸运行，其调节功能受容量限制。

葛洲坝坝下有艾家河锚地和中水门锚地。其中，艾家河锚地距葛洲坝 50.0km 左右，中水门锚地距葛洲坝 4.0km。坝下锚地容量基本能满足船闸运行需要。

3.3　两坝通航设施联合运用方式

3.3.1　两坝通航设施基本运用方式

（1）三峡船闸

三峡船闸是三峡水利枢纽船舶过坝的主要设施。三峡船闸主要采用双线异向连续运行、双线同向运行和单线定时换向运行 3 种方式。正常情况下，三峡船闸以双线异向连续运行为主。但由于气象、水情、设备故障、航道等原因影响，造成船流方向失衡，在坝上或坝下有大量过闸船舶积压、滞留时，采取一线换向双线同向运行方式。换同向运行时间长短主要依坝上或坝下过闸船舶积压、滞留的数量灵活掌握。由于船闸检修、设备故障等原因造成一线船闸不能正常运行时，一般采用单线定时换向运行方式。由于三峡船闸是多级船闸，换向运行损耗时间较长（五级运行时，换向一次所需时间为 145min；四级运行时，换向一次所需时间为 95min；运用闸次间隔时间，四级为 210min、五级为 240min）。频繁换向严重影响通航效率，为提高船闸的运行效率，应尽量减少船闸换向运行频次，所以一般采用昼夜换向一次的模式。

根据库水位和下游水位的不同，三峡船闸分别采用四级不补水、五级补水和五级不补水方式运行。

①库水位在 145.0 ~ 152.4m 时。

库水位在 145.0 ~ 148.25m 时，下游水位按设计 62 ~ 73.8m 范围自由变化，三峡船闸可采取四级不补水方式运行。

库水位在 148.25 ~ 152.4m 时，下游水位按设计 62 ~ 73.8m 范围自由变化，船闸五闸室稳态运行水位可能会超过设计的五闸室最高运行水位，此时三峡船闸只能采用五级补水方式运行，船闸二闸室需要补水。

②库水位在 152.4 ~ 156m 时。

当控制下游水位在 65.6 ~ 69.34m 变化时，三峡船闸可采用四级不补水方式运行。

当下游水位低于 65.6m 时，三峡船闸阀门运行水头可能会超过设计值 45.2m，此时三峡船闸只能采用五级补水方式运行，船闸二闸室需要补水。

当下游水位高于 69.34m 时，三峡船闸四闸室稳态运行水位可能会超过设计的四闸室最高运行水位，此时三峡船闸只能采用五级补水方式运行，船闸二闸室需要补水。

③ 156 ~ 175m 水位组合时。

此水位组合时采用五级运行。库水位 156 ~ 165.75m 时，第二闸室需要补水，最大补水厚度为 13.35m，库水位 165.75m 以上时，第二闸室不需要补水。

三峡船闸各年通航天数比较稳定。除完建期外，三峡船闸年通航天数均超过初步设计确定的 335d，近年来年通航天数为 350d 左右，通航率一般可达 96%（2012 年三峡南线船闸首次岁修，加之大流量、浓雾等因素影响，年通航天数降至 337d，通航率略低），详见表 3-2。

2003—2014 年三峡船闸通航率统计（单位：%）　　表 3-2

船闸＼年份	2003	2004	2005	2006	2007	2008	2009
南线	90.90	98.47	98.47	71.34	90.79	97.98	95.98
北线	98.23	93.73	99.03	99.13	71.01	97.85	96.85
双线	94.57	96.1	98.75	85.24	80.9	97.92	96.42
船闸＼年份	2010	2011	2012	2013	2014	平均	
南线	95.98	98.76	89.08	97.47	97.08	93.20	
北线	95.53	98.87	94.51	92.84	97.08	94.33	
双线	95.76	98.82	91.8	95.15	97.08	93.77	

根据多年统计，南北线船闸平均通航率分别为 93.20%、94.33%，均远高于初步设计通航率 84.13% 的指标。三峡两线船闸在正常情况下采取单向连续过闸的运行方式，一线上行，一线下行。在不同水位条件下，采取四级或五级运行方式。三峡船闸实际日工作时间为 24h，日运行闸次数 =24×60/ 闸次间隔时间。闸次间隔时间主要由船闸人字门启闭时间、输水时间、进闸时间以及船舶移泊时间构成。目前，五级运行状态下人字门启闭时间一般为 17min，充泄水时间一般为 22min，四级运行时分别为 14min 和 23min，船舶进闸时间一般为 30 ~ 40min，移泊时间为 20min。在现有设计工况下，人字门启闭时间、输水时间总体达到设计水平，无法缩短。当前船型运行组合状态下，实际四级运行一般不超过 17 闸次，五级运行情况下一般不超过 16 闸次。2012 年以来，在过闸需求旺盛的前提下，三峡两线船闸四级运行条件下日运行可达 33 闸次，五级运行情况下日运行可达 31 闸次。

（2）三峡升船机

设计明确，三峡升船机一般采用迎向运行方式，船舶通过三峡升船机设计历时 40min。按照设计日运行 22h 计算，理论上三峡升船机日最大运转次数为 33 次。考虑到船舶进出升船机和系缆、解缆用时，三峡升船机运行初期，预计日最多运转次数为 29 次。单向运行时，设计按日过坝换向 4 次核定，日运行厢次数 27 次。

（3）葛洲坝船闸

葛洲坝一号船闸上下游均无靠船墩，上下导航墙分别长 135m、390m，在船闸上下游口门分别有充水口、泄水口，对船舶停靠有一定影响。因葛洲坝大江航道水流条件较差，依据《三峡—葛洲坝水利枢纽通航管理办法》规定，从巷子口至卷桥河实施单向通航控制。2008 年以前，葛洲坝一号船闸年通航率最高仅为 86.4%，2008 年以来，葛洲坝大江通航流量由 20 000m^3/s 提高到 35 000m^3/s，年通航天数增加，通航率提高到 90% 以上。

葛洲坝一号船闸可采用迎向运行方式或单向运行方式。迎向运行时，虽可减少设备的运行次数，减少设备运行消耗和节约水资源，但因航道内没有靠船墩加之巷子口至卷桥河单向通航控制，进闸船舶需要等出闸船舶驶出大江上（下）游航道后才能进入待闸，耗时较长，运行效率较低。单向运行时，船舶一次过闸时间为 90min 左右，日均运行约 16 闸次。迎向运行时，下行换上行闸次间隔时间约为 150min，上行换下行闸次间隔时间约为 120min。

考虑到以上因素，同时顾及汛期大江水流条件以及枯水期大江、三江航道水深，葛洲坝一号船闸在汛期主要采取单向下行的运行方式，在枯水期以单向运行、定时换向的运行方式集中放行大吃水船舶，日均闸次数在 14 个左右，详见表 3–3。

2003—2014 年葛洲坝船闸通航率统计（单位：%）　　表 3–3

年份	2003	2004	2005	2006	2007	2008	2009
一号船闸	54.25	69.95	53.70	73.56	86.40	96.20	91.27
二号船闸	87.95	95.90	99.18	93.52	82.77	95.37	96.26
三号船闸	96.16	70.49	87.12	96.13	95.60	97.97	87.01
年份	2010	2011	2012	2013	2014	平均	
一号船闸	92.35	94.21	75.49	96.39	96.30	87.35	
二号船闸	97.16	95.12	96.72	98.00	92.72	93.33	
三号船闸	97.72	92.83	96.07	98.17	98.17	92.29	

葛洲坝二号船闸和葛洲坝三号船闸位于葛洲坝水利枢纽左侧的三江人工航道上，航道水流条件较好。引航道全长 6.4km，其中，上游引航道全长 2.5km，下引航道全长 3.9km。二号船闸上下游均设有 9 个靠船墩，三号船闸上下游均设有 6 个靠船墩，船舶在上下游引航道内可以直接会船。

正常情况下葛洲坝二号船闸年通航率均在 95% 以上。葛洲坝三号船闸是客船、公务船及小型货船过坝的快速通道，正常情况下年通航率在 96% 左右。

葛洲坝二号船闸一般采取与葛洲坝一号船闸互补的方式运行。但当流量达到 35 000m^3/s 及以上，一号船闸停航时，葛洲坝二号船闸采取单向运行定时换向或迎向运行的方式。葛洲坝二号船闸迎向运行时，船舶靠船墩待闸，一次过闸时间 90min 左右，日均运行 16 闸次；单向运行时，船舶可在导航墙待闸，一次过闸时间 85min 左右，日均运行可达 17 闸次。葛洲坝三号船闸一般以迎向运行为主，根据船舶流向和流量可以采取连续多个闸次单向运行的方式，迎向运行时，船舶一次过闸时间 30min 左右，单向运行时，一次过闸时间 40min 左右。一般情况下，三号船闸日均运行可达 40 闸次。

3.3.2　三峡船闸与三峡升船机协同运行方式

（1）适宜通过三峡升船机的船舶尺度

通过三峡升船机的船舶在尺度上应满足以下条件：单船船长不大于 110m（目前几乎无船队过坝，未考虑船队），船宽不大于 17.2m，吃水不大于 2.8m。

上述标准均为单项最大标准。实际能通过三峡升船机的船舶不可能几项指标均达到极限尺度。按设计要求，通过三峡升船机的船舶，总排水量不得超过 3 000t。在此条件下，通过三峡升船机不同类型、不同平面尺度的船舶，对应不同的吃水要求。本节对此专题分析，确定 3 000t 总排水量下，适宜通过三峡升船机的不同类型船舶的最大吃水标准，供升船机船舶调度参照。

①客船。

A. 长江水系标准型客船。

目前，长江水系普通客船标准船型主尺度系列（2010 年修订版）见表 3–4。

长江水系普通客船标准船型主尺度　　表 3–4

船型分级（载客位）	总长 L_{OA}（m）	船宽 B（m）	设计吃水（m）	参考设计载客量（人）	参考主机功率（kW）	备注
330	45.0	8.2	1.4	330	258×2	在参考主机功率下，对应船舶设计吃水的设计航速为 25km/h
200/240	65.8	11.2	2.1	190/242	470×2	在参考主机功率下，对应船舶设计吃水的设计航速为 27km/h
350/460	75.8	12.8	2.1	348/460	552×2	
500/670	87.0	14.4	2.4	506/666	662×2	

这些标准船型的客船长、宽、吃水等尺度均满足通过三峡升船机要求，且满载排水量远小于 3 000t。

B. 实际过坝客船。

近年三峡实际过坝客船的主尺度及排水量情况见表 3–5。

实际过坝客船主尺度和排水量　　表 3–5

船长（m）	船宽（m）	满载吃水（m）	满载排水量（t）	代表船舶
60 ~ 72	11.2 ~ 11.6	2.1	786 ~ 981	云锦、云绣、海内观光
74 ~ 86	13.2	2.1	1 176	长航江山、长江之星、国宾系列
87 ~ 90	14.8	2.4	1 449	世纪之星、凯琳、维多利亚系列
87 ~ 90	16.4 ~ 16.8	2.65	1 747 ~ 1 871	长江公主、长江明珠、神州
90 ~ 92	16.4 ~ 17.2	2.7	1 802 ~ 2 403	长江探索、东方皇帝、凯娅、凯莎
98 ~ 108	16.4 ~ 17.2	2.6	2 105 ~ 2 423	长江壹号、凯蒂、凯娜
108	16.8 ~ 17.2	2.6	2 642	世纪宝石、世纪钻石
120 ~ 130	**17.2 ~ 19.2**	**2.7–2.9**	**3 380 ~ 3 853**	仙娜、世纪天子
130 ~ 150	**17.2 ~ 25**	**2.7–2.9**	**4 052 ~ 5 212**	黄金系列、总统系列

注：加粗加黑标记为该项数据不满足通过三峡升船机要求。

从表 3-5 可以得出，目前实际过坝客船中，长度 108m 及以下、船宽 17.2m 及以下的客船，其满载吃水均低于 2.7m，且满载排水量均低于 3 000t，满足通过三峡升船机的要求。船长超过 108m 的现有客船，从尺度和排水量上看，不满足通过三峡升船机要求。

由此可得出：

a. 符合长江水系标准船型主尺度系列的标准型客船，在尺度和排水量上，满足通过三峡升船机要求。

b. 目前实际过坝客船中，船长不大于 108m，船宽不大于 17.2m 的船型，在尺度和排水量上，满足通过三峡升船机要求。

②商品汽车运输船。

A. 长江水系标准型商品汽车运输船。

根据《交通运输部关于公布长江水系过闸运输船舶标准船型主尺度系列及有关规定的公告》(交通运输部公告 2012 年第 69 号)，通过长江干线船闸的内河滚装货船（商品汽车运输船）标准船型主尺度见表 3-6。

长江水系商品汽车运输船标准船型主尺度 表 3-6

船型名称	B_{OA} (m)	L_{OA} (m)	参考设计吃水 (m)	参考载车位级 (辆)	适用航域
长江水系货滚 -1	16.3	85 ~ 88	2.0 ~ 2.2	300	长江干线
长江水系货滚 -2	17.2	92 ~ 95	2.0 ~ 2.4	400	长江干线
长江水系货滚 -3	17.2	99 ~ 110	2.4 ~ 2.6	600	长江干线

这些标准型的商品汽车运输船的长、宽、吃水等尺度均满足通过三峡升船机要求，且满载排水量远小于 3 000t。

B. 实际过坝商品汽车运输船。

近年三峡实际过坝商品汽车运输船的主尺度及排水量情况见表 3-7。

实际过坝商品汽车运输船主尺度和排水量 表 3-7

船长（m）	船宽（m）	满载吃水（m）	满载排水量（t）	代表船舶
68 ~ 83	13.2 ~ 15.5	2.45 ~ 2.6	1 453 ~ 1 572	长航江胜、安达 4 号
84.5	17.2	2.6	1 764	长航江安、长航江瀚
85 ~ 88	15.8 ~ 16.8	2.2 ~ 2.5	1 644	民勤、民俭
89.5	16.8	2.7	1 935	长航江兴
99.3	17.2	2.68	2 496	民宪、民铎
107	**19.2**	2.7	2 905	长航江吉、长航江发
110 ~ 120	**19.2**	**3 ~ 3.2**	**3 808 ~ 5 212**	民联、民福

注：加粗加黑标记为该项数据不满足通过三峡升船机要求。

从表 3-7 可见：目前实际过坝商品汽车运输船中，船长 100m 以下，且船宽 17.2m 及以下的船型，其满载吃水均低于 2.8m，总排水量均低于 3 000t，可以通过三峡升船机。

船长超过 110m 的现有商品汽车运输船型，在尺度和排水量上不满足通过三峡升船机要求。

由此可得出：

a. 符合长江水系标准船型主尺度系列的标准型商品汽车运输船，在主尺度和排水量上，满足通过三峡升船机要求。

b. 目前实际过坝商品汽车运输船中，船长不大于 100m，船宽不大于 17.2m 的船型，在尺度和排水量上，满足通过三峡升船机要求。船长超过 100m 的现有船型，在尺度和排水量上，不满足通过三峡升船机要求。

③集装箱船。

A. 长江水系标准型集装箱船。

根据《交通运输部关于公布长江水系过闸运输船舶标准船型主尺度系列及有关规定的公告》（交通运输部公告 2012 年第 69 号），通过长江水系船闸、升船机等通航建筑物（不含三峡升船机）的内河集装箱船标准船型主尺度要求见表 3-8（长江水系集 -12 以上系列船舶的平面尺度、吃水及排水量均符合通过升船机要求，且实际没有在长江干线运营，未在表中列出）。

长江水系集装箱标准船型主尺度　　　　表 3-8

船型名称	B_{OA} (m)	L_{OA} (m)	参考设计吃水 (m)	参考载箱量级 / 最大载箱量 (TEU)	适用航域
长江水系集 -1—长江水系集 -12	略	略	略	略	略
长江水系集 -13	13.8	74 ~ 76	3.3 ~ 3.5	100	合裕线
长江水系集 -14		75 ~ 88	2.2 ~ 3.5	150	长江干线、嘉陵江、岷江
长江水系集 -15		72 ~ 88	3.0 ~ 3.4	156	赣江
长江水系集 -16	15.0	85 ~ 88	2.8 ~ 3.5	200	长江干线、湘江土谷塘航电枢纽以下、赣江
长江水系集 -17	16.3	85 ~ 88	2.8 ~ 4.3	250	长江干线、湘江土谷塘航电枢纽以下、赣江
长江水系集 -18		105 ~ 110	2.8 ~ 4.3	300	长江干线
长江水系集 -19	17.2	105 ~ 110	3.0 ~ 4.3	350	长江干线

这些标准船型集装箱船的长度、宽度均满足通过三峡升船机要求。长江水系集 -17 及以下序列船型，只要吃水不大于 2.8m，在主尺度和排水量上，满足通过三峡升船机要求。长江水系集 -18、集 -19 型船，需要综合考虑其排水量和吃水。根据计算和调查，长江水系集 -18 型船吃水不大于 2.2m 时，长江水系集 -19 型船吃水不大于 2.0m 时，在尺度和排水量上，满足通过三峡升船机要求。

B. 实际过坝集装箱船。

2013—2014 年三峡实际过坝集装箱船的主尺度及排水量见表 3-9。

实际过坝集装箱船主尺度和排水量　　表 3-9

船长（m）	船宽（m）	满载吃水（m）	满载排水量（t）	代表船舶
130	16.2	**3.3 ~ 5**	1 746 ~ 9 118	航旭 26、航旭 28、航旭 29
112	17.2	1.9	2 903	民模、民仁、民权、民本
		2.0	**3 046**	
107 ~ 110	17.2	2.1	**3 124**	长航集运 0316、长航集运 0328
		2.0	2 965	
100 ~ 107	16.1 ~ 16.3	2.2	2 986	港盛 1502、重轮 J3011、航旭 802
		2.3	**3 135**	
95 ~ 98	16.2 ~ 16.5	2.4	2 915	江集运 1265、港盛 1013
		2.5	**3 044**	
85 ~ 92	16.2 ~ 16.5	2.8	2 858	港盛 1016、港盛 1011、港盛 1000
		2.9	2 978	
	13.8 ~ 14.8	2.8	2 812	中远 01 ~ 10，长航渝集 9 ~ 20
		2.9	2 919	
85 以下	14 以下	2.8	2 646 以下	涪港 812、安吉 802、长航渝集 1 ~ 8

注：加粗加黑标记为该项数据不满足通过三峡升船机要求。

船长 92m 以下、宽度 16.5m 及以下船型，吃水不大于 2.8m 时，总排水量低于 3 000t，满足通过三峡升船机要求。

船长 92 ~ 100m、宽度 16.5m 及以下船型，吃水不大于 2.4m 时，总排水量低于 3 000t，满足通过三峡升船机要求。

船长 100 ~ 110m、宽度 16.3m 及以下船型，吃水不大于 2.2m 时，总排水量低于 3 000t，满足通过三峡升船机要求。

船长 100 ~ 110m、宽度 17.2m 及以下船型，吃水不大于 2.0m 时，总排水量低于 3 000t，满足通过三峡升船机要求。

由此可得出：

a. 符合长江水系标准船型主尺度系列的标准型集装箱船，长江水系集 -17 及以下序列集装箱船，吃水不大于 2.8m 时，在尺度和排水量上，满足通过三峡升船机要求。长江水系集 -18 型集装箱船，吃水不大于 2.2m 时，长江水系集 -19 型集装箱船，吃水不大于 2.0m 时，在尺度和排水量上，满足通过三峡升船机要求。

b. 目前实际过坝集装箱船中，船长 92m 以下，宽度 16.5m 及以下船型，吃水不大于 2.8m 时，在尺度和排水量上，满足通过三峡升船机要求。船长 92 ~ 100m、宽度 16.5m 及以下船型、吃水不大于 2.4m 时，船长 100 ~ 110m、宽度 16.3m 及以下船型、吃水不大于 2.2m 时，船长 100 ~ 110m、宽度 17.2m 及以下船型、吃水不大于 2.0m 时，在尺度和排水量上，满足通过三峡升船机要求。

④普通货船。

A. 长江水系标准型普通货船。

根据《交通运输部关于公布长江水系过闸运输船舶标准船型主尺度系列及有关规定的

公告》（交通运输部公告 2012 年第 69 号），通过长江水系船闸、升船机等通航建筑物（不含三峡升船机）的内河普通货船标准船型主尺度要求详见表 3-10（长江水系货 -15 以上系列船舶，平面尺度、吃水及排水量均符合通过升船机要求，但实际少有在长江干线运营，未在表中列出）。

长江水系普通货船标准船型主尺度 表 3-10

船型名称	B_{OA} (m)	L_{OA} (m)	参考设计吃水 (m)	参考载货吨级 (t)	适用航域
长江水系货 -1—长江水系货 -15	略	略	略	略	略
长江水系货 -16	11.0	55 ~ 67	2.2 ~ 2.6	1 000	长江干线、嘉陵江、岷江
长江水系货 -17		53 ~ 56	2.3 ~ 2.9	1 000	乌江
长江水系货 -18		52 ~ 64	1.6 ~ 2.4	500 ~ 1 000	湘江、沅水中下游
长江水系货 -19		50 ~ 58	1.6 ~ 1.9	500	江汉运河—汉江丹江口枢纽以下、汉江丹江口枢纽以下—河口段、汉江安康—白河
长江水系货 -20		56 ~ 64	2.0 ~ 2.2	800	江汉运河—汉江丹江口枢纽以下、汉江丹江口枢纽以下—河口段
长江水系货 -21		56 ~ 65	2.0 ~ 2.5	800 ~ 1 000	赣江
长江水系货 -22		60 ~ 65	2.0 ~ 2.5	800 ~ 1 000	信江
长江水系货 -23		53 ~ 55	3.0 ~ 3.2	1 000	合裕线
长江水系货 -24	13.0	60 ~ 75	2.2 ~ 3.0	1 500	长江干线、嘉陵江、岷江 乌江白马枢纽以下
长江水系货 -25		61 ~ 76	2.1 ~ 2.6	1 000 ~ 1 500	湘江土谷塘航电枢纽以下
长江水系货 -26		61 ~ 68	2.0 ~ 3.3	1 000 ~ 1 500	江汉运河—汉江王甫洲枢纽以下、汉江王甫洲枢纽以下—河口段、赣江
长江水系货 -27		57 ~ 65	1.9 ~ 3.3	1 000 ~ 1 500	信江
长江水系货 -28		58 ~ 60	3.2 ~ 3.4	1 500	合裕线
长江水系货 -29	13.8	72 ~ 88	2.4 ~ 3.5	2 000 ~ 2 500	长江干线、嘉陵江、岷江
长江水系货 -30		72 ~ 84	2.4 ~ 2.9	1 500 ~ 2 000	湘江土谷塘航电枢纽以下
长江水系货 -31		70 ~ 80	2.2 ~ 2.4	1 500	江汉运河—汉江王甫洲枢纽以下、汉江王甫洲枢纽以下 - 河口段
长江水系货 -32		70 ~ 85	3.0 ~ 3.4	2 000 ~ 2 500	赣江
长江水系货 -33		68 ~ 73	3.3 ~ 3.5	2 000	合裕线
长江水系货 -34	15.0	82 ~ 88	2.8 ~ 3.5	2 000 ~ 3 000	长江干线、湘江土谷塘航电枢纽以下、赣江、信江
长江水系货 -35	16.3	82 ~ 88	3.3 ~ 4.3	2 500 ~ 3 500	长江干线、湘江土谷塘航电枢纽以下、赣江
长江水系货 -36		90 ~ 105	4.1 ~ 4.3	**3 500 ~ 5 000**	长江干线
长江水系货 -37		**125 ~ 130**	**4.1 ~ 4.3**	**5 500 ~ 6 000**	长江干线

注：加粗加黑标记为该项数据不满足通过三峡升船机要求。

长江水系货 -35 及以下序列标准船型，只要吃水不大于 2.8m，在尺度和排水量上，满足通过三峡升船机要求。长江水系货 -36 型普通货船，根据计算和调查，吃水不大于 2.3m 时，排水量不超过 3 000t，此时在尺度和排水量上，满足通过三峡升船机要求。长江水系货 -37 型普通货船，在尺度和排水量上，不满足通过三峡升船机要求。

B. 实际过坝普通货船。

近年三峡实际过坝普通货船的主尺度及排水量情况详见表 3-11。

实际过坝普通货船主尺度和排水量　　　　表 3-11

<table>
<tr><th>船　宽（m）</th><th>船　长（m）</th><th>满载吃水（m）</th><th>满载排水量（t）</th></tr>
<tr><td rowspan="2">17.2</td><td rowspan="2">110 ~ 115</td><td>1.9</td><td>2 953</td></tr>
<tr><td>2.0</td><td>3 096</td></tr>
<tr><td rowspan="2">17.2</td><td rowspan="2">105 ~ 110</td><td>2.1</td><td>3 132</td></tr>
<tr><td>2.0</td><td>2 974</td></tr>
<tr><td rowspan="8">16.2</td><td rowspan="2">100 ~ 105</td><td>2.3</td><td>2 924</td></tr>
<tr><td>2.4</td><td>3 068</td></tr>
<tr><td rowspan="2">105 ~ 110</td><td>2.2</td><td>2 986</td></tr>
<tr><td>2.3</td><td>3 135</td></tr>
<tr><td rowspan="2">92 ~ 98</td><td>2.4</td><td>2 915</td></tr>
<tr><td>2.5</td><td>3 044</td></tr>
<tr><td rowspan="2">90</td><td>2.6</td><td>2 958</td></tr>
<tr><td>2.7</td><td>3 084</td></tr>
<tr><td rowspan="2">14.8</td><td rowspan="2">82 ~ 88</td><td>2.8</td><td>2 862</td></tr>
<tr><td>2.9</td><td>2 979</td></tr>
<tr><td>14.8 以下</td><td>82 以下</td><td>2.8 以下</td><td>小于 3 000</td></tr>
</table>

注：1. 总排水量数据，根据船舶过坝实绩资料和装载水尺表获取，同型船舶中取大值。

2. 加粗加黑标记为该项数据不满足通过三峡升船机要求。

船长 88m 及以下、船宽 14.8m 及以下的船型，吃水不大于 2.8m 时，总排水量低于 3 000t，满足通过三峡升船机要求。

船长 90m、船宽 16.2m 的船型，吃水不大于 2.6m 时，总排水量低于 3 000t，满足通过三峡升船机要求。

船长 92 ~ 950m、船宽 16.2m 的船型，吃水不大于 2.4m 时，总排水量低于 3 000t，满足通过三峡升船机要求。

船长 100 ~ 110m、船宽 16.2m 的船型，吃水不大于 2.2m 时，总排水量低于 3 000t，满足通过三峡升船机要求。

由此可得出：

a. 符合长江水系标准船型主尺度系列的标准型普通货船，长江水系货 -35 及以下序列普通货船、吃水不大于 2.8m 时，在尺度和排水量上，满足通过三峡升船机要求。长江水系货 -36 型普通货船，吃水不大于 2.3m 时，在尺度和排水量上，满足通过三峡升船机要求。

b. 目前实际过坝普通货船中，船长 88m 及以下、船宽 14.8m 及以下的船型，吃水不大于 2.8m 时，在主尺度和排水量上，满足通过三峡升船机要求。船长 90m、船宽 16.2m 的船型、吃水不大于 2.6m 时，船长 92 ~ 950m、船宽 16.2m 的船型、吃水不大于 2.4m 时，船长 100 ~ 110m、船宽 16.2m 的船型、吃水不大于 2.2m 时，在主尺度和排水量上，满足通过三峡升船机要求。

⑤实际过坝不同类型船舶平面尺度和吃水的对应关系。

由统计分析可以得出，在 3 000t 总排水量条件下，适宜通过三峡升船机的不同类型船舶平面尺度和吃水的对应关系见表 3-12。

排水量≤3 000t时实际过坝不同类型船舶平面尺度和吃水对照 表3-12

船舶类型	船长（m）	船宽（m）	吃水（m）	满载排水量（t）
客船	87	14.8	满载（2.4）	1 449 < 3 000
	108	16.8	满载（2.6）	2 453 < 3 000
	108	17.2	满载（2.6）	2 642 < 3 000
商品汽车运输船	85 ~ 88	16.3	满载（2.2）	1 644 < 3 000
	92 ~ 95	17.2	满载（2.4）	1 935 < 3 000
	99 ~ 110	17.2	满载（2.6）	2 496 < 3 000
集装箱船	107 ~ 110	17.2	2.0	2 965 < 3 000
	100 ~ 107	16.2	2.2	2 986 < 3 000
	95 ~ 98	16.2	2.4	2 915 < 3 000
	85 ~ 92	16.2	2.8	2 858 < 3 000
		14.8	2.8	2 812 < 3 000
	87.6	13.8	2.8	2 423 < 3 000
普通货船	105 ~ 110	17.2	2.0	2 974 < 3 000
	105 ~ 110	16.2	2.2	2 986 < 3 000
	100 ~ 105	16.2	2.3	2 924 < 3 000
	92 ~ 98	16.2	2.4	2 915 < 3 000
	90	16.2	2.6	2 958 < 3 000
	82 ~ 88	14.8	2.8	2 862 < 3 000

（2）适宜通过三峡升船机的船舶类型

在两坝联合调度实际工作中，一般对船舶作如下分类：

第一类：特殊任务船舶，如警卫任务船舶、公务船、军事运输船舶、载运重点急运物资船舶、抢险救灾物资船舶等；

第二类：客运船舶；

第三类：商品汽车运输船舶；

第四类：集装箱快班轮；

第五类：载运危险货物船舶；

第六类：普通干散货船。

其中，第一类至第四类船舶，根据目前执行的两坝联合调度的相关原则，属于优先过坝船舶。

对过坝船舶，遵循以上分类方法。其中，2013—2014 年的特殊任务船、客船、商品车运输船、集装箱船、载运危险品船和普通干散货船等船舶过坝艘次数量相差不大。全年上下过坝艘次基本平衡，但是因上下过坝船舶载重系数相差较大，适合过升船机的上下行船舶艘次将出现较大变化。分类后整理统计数据见表 3-13。

2013—2014 年三峡过坝船舶分类统计（单位：艘次）　　表 3-13

分　类		上　行	下　行	小　计
特殊任务船	2013	91	69	160
	2014	79	69	148
客船	2013	1 286	1 245	2 531
	2014	1 321	1 331	2 652
商品汽车运输船	2013	456	459	915
	2014	454	450	904
集装箱船	2013	939	1 118	2 057
	2014	940	1 125	2 065
载运危险品船	2013	2 295	2 359	4 654
	2014	2 347	2 359	4 706
普通干散货船	2013	17 688	17 576	35 264
	2014	17 066	16 979	34 045
总计	2013	22 755	22 826	45 581
	2014	22 207	22 313	44 520

①特殊任务船。

特殊任务船主要包括执行警卫任务、公务、军事运输、鲜活货、载运重点急运物资、抢险救灾物资等的船舶，统计情况见表 3-14。

2012—2014 年三峡过坝特殊任务船舶数据统计　　表 3-14

年份	特殊任务船全年实际过坝（艘次）	符合通过升船机要求的特殊任务船（艘次）	所占比例（%）	平均艘次（艘次 /d）	占升船机年饱满运行厢次数比例（%）
2012	135	134	99.26	0.4	1.21
2013	160	151	94.38	0.45	1.36
2014	148	119	80.41	0.36	1.09
平均	148	135	91.35	0.40	1.22

特殊任务船属于优先过坝船舶，三峡升船机投入运行后作为快速通道运用时，时效保证性较高，而且特殊任务船中绝大部分满足通过三峡升船机尺度和排水量要求。因此，特殊任务船非常适宜通过三峡升船机。

②客船。

客船对过坝时效性要求高，在两坝联合调度中属于优先过坝船舶。由于三峡船闸闸次间隔时间较长，而三峡升船机作为客船快速通道用，因此，客船作为一种船舶类型比较适宜通过升船机。

但是，随着客船的旅游化、大型化发展，目前实际过坝客船中，能够通过三峡升船机的客船总艘次数较少。具体数量规模见表 3–15。

2012—2014 年三峡过坝客船数据统计　　表 3–15

年份	全年三峡实际过坝客船（艘次）	符合通过升船机要求的客船（艘次）	所占比例（%）	平均艘次（艘次 /d）	占升船机年饱满运行厢次数比例（%）
2012	1 937	1 122	57.90	3.35	10.15
2013	2 531	1 236	48.80	3.69	11.18
2014	2 652	1 229	46.34	3.67	11.12
平均	2 373	1 196	50.40	3.57	10.82

③商品汽车运输船。

商品汽车运输船对过坝时效性要求高，在两坝联合调度中属于优先过坝船舶。一般来说，商品汽车运输船吃水较小，交通运输部发布的长江水系商品汽车运输船标准船型均能通过三峡升船机，目前实际过坝商品汽车运输船中近半数能通过三峡升船机。因此，商品汽车运输船作为一种船舶类型适宜通过三峡升船机，统计情况见表 3–16。

2012—2014 年过坝商品汽车运输船数据统计　　表 3–16

年份	全年实际过坝商品汽车运输船（艘次）	符合通过升船机要求的船舶（艘次）	所占比例（%）	平均艘次（艘次 /d）	占升船机年饱满运行厢次数比例（%）
2012	937	434	46.32	1.3	3.94
2013	915	368	40.22	1.1	3.33
2014	904	354	39.16	1.06	3.20
平均	919	385	41.89	1.15	3.49

④集装箱船。

集装箱船对过坝时效性要求高，在两坝联合调度中属于优先过坝船舶。交通运输部发布的长江水系集装箱船标准船型在吃水符合要求下均能通过三峡升船机。因此，集装箱船作为一种船舶类型比较适宜通过升船机，统计情况见表 3–17。

2012—2014 年过坝集装箱船数据统计　　表 3–17

年份	三峡实际过坝集装箱船（艘次）	符合通过升船机要求的集装箱船（艘次）	所占比例（%）	平均艘次（艘次 /d）	占升船机年饱满运行厢次数比例（%）
2012	2 054	499	24.29	1.49	4.51
2013	2 531	362	14.30	1.08	3.27
2014	2 652	189	7.13	0.56	1.71
平均	2 412	350	14.51	1.04	3.16

⑤载运危险品船。

A. 载运易燃易爆危险品船。因易燃易爆危险品运输的特殊性，为确保枢纽安全，根据国家有关部门要求，目前载运易燃易爆危险品船实行“集中过闸、集中维护”。载运易燃易爆危险品船过闸时，闸区实施交通管制，武警消防、公安、海事和船闸安全管理人员进行闸面现场安全监护。载运易燃易爆危险品船通过三峡河段时，交管部门全程跟踪监护，海巡艇全程跟踪维护。按照目前的运行规模，载运易燃易爆危险品船若通过三峡升船机，升船机至少需要连续运行十多个厢次，连续运行十余小时，事实上成为了“分散过坝”，与“集中过闸、集中维护”的管理要求相悖，但是将大幅增加通航安全风险。

《长江三峡水利枢纽初步设计报告》（枢纽工程）之“枢纽消防设计”中，对三峡升船机建筑物危险性分类及耐火等级作出划分，见表 3-18。

三峡升船机建筑物危险性分类及耐火等级划分　　表 3-18

部位	提升主体框架	机房	控制室	主电室	操作室	油泵房
火灾危险性类别	丁	丁	丙	丙	丙	丙
耐火等级	一	二	二	二	二	二

三峡升船机虽然具有较高的耐火等级，但在“枢纽消防设计”中明确指出：“过坝船只，尤其是载运易燃易爆危险品船只过坝时，在高空发生失火或爆炸，不仅会危及通航建筑物，甚至会影响大坝的安全，提升钢丝绳、钢构件在 300℃ ~ 600℃时其强度急剧下降而变形，并且高空疏散与扑救困难，将造成严重后果”。

B. 载运非易燃易爆危险品船。目前过坝的非易燃易爆危险品，大多属于《水路包装危险货物运输规则》界定的第 5 类、6 类、8 类危险品，主要性质为强氧化性或腐蚀性。考虑到升船机船厢主体为钢结构，不同于船闸闸室的混凝土结构，且船厢内水体总量远小于船闸，对防腐蚀、防氧化的要求高，此类船舶从三峡升船机通过，极不利于升船机结构安全。

因此，虽然在相关设计文献中未明确列出禁止载运危险品船通过升船机，但在升船机运行调度时，不宜安排载运危险品船通过三峡升船机。

⑥普通干散货船。

根据上述相关结论，特殊任务船、客船、商品汽车运输船、集装箱船，作为特定的船舶类型，适宜通过三峡升船机，载运危险品船不宜通过三峡升船机。

而几类适宜通过三峡升船机的船舶类型，在实际过坝船舶中，满足通过三峡升船机要求（尺度和排水量要求）的船舶，其总量规模较升船机饱满运行尚有较大差距，详见表 3-19。

满足通过升船机要求的几类船舶过坝数量规模　　表 3-19

船舶类型 / 年份	特殊任务船（艘次）	客船（艘次）	商品汽车运输船（艘次）	集装箱船（艘次）	共计（艘次）	平均艘次（艘次 /d）	占升船机年饱满运行厢次数比例(%)
2012	134	1 122	434	499	2 189	6.5	19.80
2013	151	1 236	368	362	2 117	6.3	19.15
2014	119	1 229	354	189	1 891	5.6	17.11
平均	135	1 196	385	350	2 066	6.13	18.69

在现有船型条件下，若三峡升船机仅仅通过特殊任务船、客船、商品汽车运输船、集装箱船，远不能满足升船机饱满运行的要求，不利于升船机运行效益的发挥。因此，三峡升船机在通过符合要求的特殊任务船、客船、商品汽车运输船、集装箱船之外，还应通过部分普通干散货船，为三峡船闸分流，提高三峡水利枢纽总体通过能力，详见表3–20。

符合通过升船机要求普通干散货船数量规模　　表3–20

年份	全年实际过坝普通干散货船（艘次）	符合通过升船机要求的普通干散货船（艘次）	所占比例（%）	平均艘次（艘次/d）	占升船机年饱满运行厢次数比例（%）
2012	34 754	7 705	22.20	23	69.70
2013	35 264	6 687	18.96	19.9	60.30
2014	34 045	4 901	14.40	14.6	44.33
平均	34 688	6 431	18.54	19.16	58.11

⑦结论。

从船舶类型看，适宜通过三峡升船机的有特殊任务船、客船、商品汽车运输船、集装箱船。

符合通过三峡升船机要求的上述4类船舶过坝数量远不能满足升船机饱满运行，因此，除安排符合通过三峡升船机要求的前述4类船舶外，三峡升船机还应分流部分普通干散货船，详见图3–1。

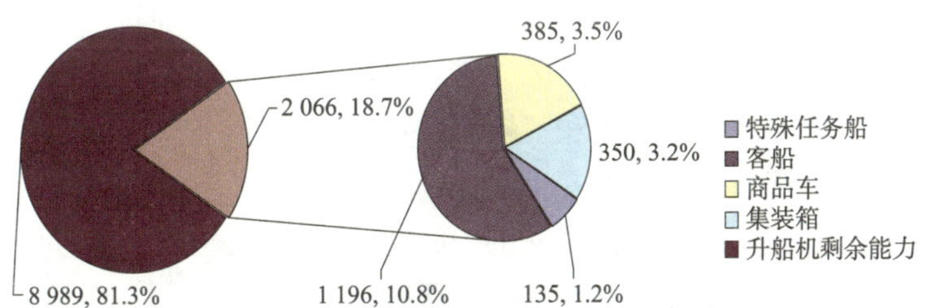

图3–1　安排4类船舶时的升船机运行饱和度

除安排符合通过三峡升船机要求的前述4类船舶外，即使让符合通过三峡升船机要求的普通干散货船也全部通过三峡升船机，就2012—2014年数据看，升船机运行饱和度分别为89.5%、79.6%、59.7%。随着船舶大型化发展，满足通过升船机条件的船舶艘次数呈下降趋势，详见图3–2。

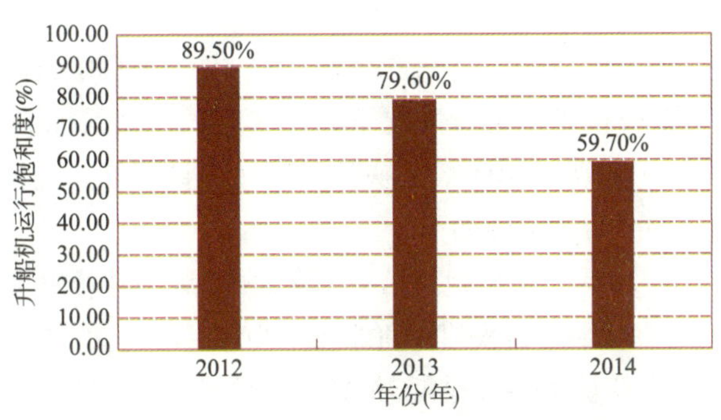

图3–2　符合通过升船机要求的所有船舶数量规模

（3）三峡升船机分流方式

①三峡升船机应用功能。

三峡升船机的应用功能定位，关系到三峡—葛洲坝梯级枢纽联合调度原则的确定，关系到对通过三峡升船机的船舶的选择，进而关系到三峡升船机的分流方式。

三峡升船机设计文献中，对三峡升船机的功能有简单的描述，在《长江三峡水利枢纽初步设计报告》（枢纽工程）中，将三峡升船机定位为“枢纽运行期作为三峡水利枢纽的快速过坝通道”，明确通过船舶“永久期以客货轮过坝为主”[2]。

2011 年，三峡船闸船舶货运量突破亿吨，三峡船闸提前 19 年达到设计通过能力。2012 年以后三峡河段船舶积压渐成常态化，平均待闸时间达到 40h 以上。面对日趋严峻的通航形势，如何挖掘现有通航建筑物的通过能力，最大限度发挥枢纽通航效率，缩短船舶待闸时间，成为通航管理机构的首要课题。结合当前三峡通航形势，预估三峡升船机投入运行后，将发挥两种应用功能：

A. 快速通道功能。快速通道功能是由三峡升船机的运行特性决定的，也是经设计文献明确界定的。三峡升船机运转快、过坝间隔时间短，能实现船舶快速过坝。当三峡总体通过能力（三峡船闸 + 三峡升船机）大于过坝需求时，为维护过坝公平，三峡升船机仅发挥快速通道功能，安排优先过坝船舶。此时的调度应以确保重点为优先原则，安排需要快速过坝的船舶从三峡升船机通过。

B. 协同疏散功能。在船舶积压常态化情况下，当三峡总体通过能力（三峡船闸 + 三峡升船机）明显低于过坝需求时，或因风、雾、大流量、船闸故障碍航等突发情况，造成船舶大量滞留情况时，即便三峡船闸和三峡升船机饱满运行，仍有大量船舶待闸。此时三峡升船机在发挥快速过坝通道功能，安排优先过坝船舶后，还应协同三峡船闸，尽量疏散船舶。此时的调度应以船舶疏散为优先原则，同时兼顾过坝公平，能通过三峡升船机的船舶按照时间顺序排队，尽量安排从三峡升船机通过。

三峡升船机的应用功能，决定了三峡升船机的运行模式，暂将其命名为快速通道分流方式、协同疏散分流方式。

②快速通道分流方式。

A. 方式选取时机。三峡升船机投入运行后，在三峡总体通过能力（三峡船闸 + 三峡升船机）大于通过需求、三峡船闸运行不饱满、船舶无积压时，采取快速通道分流方式，三峡升船机仅发挥快速通道功能，分流优先过坝船舶。

B. 简易判断标准。为便于判断，三峡总体通过能力按船闸和升船机能安排的船舶艘数计算。三峡船闸和三峡升船机正常运行情况下，三峡船闸按当前标准，日均运行 16 闸次，平均每闸次按照 2014 年 4.2 艘船舶计；三峡升船机按设计标准，迎向运行 33 厢次，平均每厢次 1 艘船舶计。以下行为例说明如下：

三峡下行总体通过能力 = 三峡船闸下行安排船舶艘数 + 升船机下行安排船舶艘数

三峡船闸下行安排船舶艘数 =16 × 4.2 ≈ 67 艘

升船机下行安排船舶艘数 ≈ 33/2=16.2 艘

三峡下行总体日通过能力 =67+16.2 ≈ 83 艘

即：当下行待闸船舶数＜ 83 艘时，三峡升船机采用快速通道分流方式。

C. 分流船舶类型。采取快速通道分流方式时，只保证优先过坝船舶快速过坝，主要分流以下船舶类型：

第一类：特殊任务船舶，如警卫任务、公务、军事运输、鲜活货、载运重点急运物资、抢险救灾物资等船舶；

第二类：客船；

第三类：商品汽车运输船；

第四类：集装箱船。

D. 调度原则。采取此种分流方式，遵循重点优先的调度原则，只保证优先过坝船舶快速过坝。从 2012—2014 年 3 年实际过坝 4 类船舶平均数量看，能通过三峡升船机的此类船舶数量较少，升船机闲置时间较长。

③协同疏散分流方式。

A. 方式选取时机。三峡升船机投入运行后，当三峡过坝需求大于三峡总体通过能力（三峡船闸 + 三峡升船机），船舶出现积压时，或因风、雾、大流量、船闸故障碍航等突发情况，造成船舶大量滞留时，即便三峡船闸和三峡升船机饱满运行，仍有船舶待闸。此时三峡升船机在发挥快速过坝通道功能，安排优先过坝船舶后，还应尽量疏散普通干散货船。

B. 简易判断标准。特殊情况下，因风、雾、大流量、船闸检修停航等造成船舶滞留时，应择机启动协同疏散分流方式。正常通航情况下，船舶达到严重积压状态，应从快速通道分流方式转换到协同疏散分流方式。

即：当下行待闸船舶数≥ 83 艘时，三峡升船机采用协同疏散分流方式。

C. 分流船舶类型。

第一类：特殊任务船舶，如警卫任务、公务、军事运输、鲜活货、载运重点急运物资、抢险救灾物资等船舶；

第二类：客运船舶；

第三类：商品汽车运输船；

第四类：集装箱船；

第五类：符合通过三峡升船机要求的所有普通干散货船。

D. 调度原则。采用协同疏散分流方式，应以船舶疏散为优先原则，同时兼顾过坝公平，安排优先过坝船舶后，富余的能力，能通过三峡升船机的船舶按照时间顺序排队，尽量安排从三峡升船机通过。

3.3.3 三峡与葛洲坝通航设施联合运用方式

（1）两坝通航设施联合运用的基本原则

三峡—葛洲坝水利枢纽通航设施联合运用一般遵循“统一调度、联合运行、安全高效、均衡运转”的原则。

统一调度是指三峡、葛洲坝两座枢纽通航建筑物及配套设施采取统一的交通组织模式，由通航管理部门实施协同一致的调度组织和调度管理。

联合运行是指三峡水利枢纽通航建筑物和葛洲坝水利枢纽通航建筑物及配套设施调度组织运行相互联系、互相关联、互为作用。

安全高效是指三峡水利枢纽通航建筑物和葛洲坝水利枢纽通航建筑物及配套设施运行要做好既保障安全又将通航效率发挥到最大。

均衡运转是指三峡水利枢纽通航建筑物和葛洲坝水利枢纽通航建筑物及配套设施在运行过程中要统筹兼顾（单坝均衡、两坝匹配），运行平稳，安全有序。

（2）汛期联合运行方式

汛期一般为 6 ～ 9 月。

葛洲坝一号船闸及大江航道最大通航流量为 35 000m^3/s；葛洲坝三江航道，通过葛洲坝二号、三号船闸的最大通航流量为 60 000m^3/s 或黄柏河洪水流量 7 000m^3/s。三峡升船机、三峡船闸及引航道最大通航流量为三峡入库 56 700m^3/s 或三峡出库 45 000m^3/s。在汛期大流量条件下，根据通航设施最大通航流量标准，船闸及升船机采取的运行控制不同。

当三峡出库流量大于 15 000m^3/s 小于 25 000m^3/s 时，两坝通航设施正常运行，葛洲坝船闸总体通过能力大于三峡，相较于三峡的富裕能力，可用于满足只通过葛洲坝一坝船舶的需要。该流量级下，船舶不受功率及单位马力拖带量限制，当过坝需求旺盛时，通航瓶颈在三峡。此时，三峡船闸正常饱满安排，南线下行，北线上行。升船机迎向运行为主，根据船舶待闸情况，发挥不同的分流功能，当三峡总体通过能力大于通过需求时，仅发挥快速通道分流功能，分流优先过坝船舶；船舶出现积压时，发挥协同疏散分流功能，在放行优先过坝船舶外，所有能通过升船机的普通干散货船根据时间顺序安排。葛洲坝一号船闸单向下行，对应葛洲坝二号船闸以上行为主（下行只放行船队、特种船舶和载运易燃易爆危险品船舶）；三号船闸迎向运行为主和升船机匹配，富裕能力安排只过葛洲坝一坝船舶。

当三峡出库流量大于 25 000m^3/s 小于 35 000m^3/s 时，两坝通航设施正常运行，葛洲坝船闸总体通过能力大于三峡，富裕能力一般能满足只过葛洲坝一坝的船舶需要。该流量级下，船舶受功率及单位马力拖带量限制，上行限制标准更严格，一般的上行闸次相对较少。当过坝需求旺盛且符合要求的船舶较多时，三峡船闸正常饱满安排，南线下行，北线上行。升船机迎向运行为主，根据船舶待闸情况，发挥不同的分流功能，当三峡总体通过能力大于通过需求时，仅发挥快速通道分流功能，分流优先过坝船舶；当三峡总体通过能力低于通过需求时，发挥协同疏散分流功能，在放行优先过坝船舶外，所有能通过升船机的普通干散货船根据时间顺序安排。葛洲坝一号船闸单向下行，考虑航道水流条件和没有靠船墩等因素，适当延长闸次间隔时间，对应葛洲坝二号船闸以上行为主（下行只放行船队、特种船舶和载运易燃易爆危险品船舶）；三号船闸迎向运行为主和升船机匹配，富余能力安排只过葛洲坝一坝船舶。

当葛洲坝入库流量大于 35 000m^3/s 小于 45 000m^3/s 时，葛洲坝一号船闸停止运行，葛洲坝二号船闸、三号船闸迎向运行为主，安排连续通过两坝的船舶，兼顾只通过葛洲坝一坝的船舶。此时三峡通过能力大于葛洲坝船闸，三峡船闸的运行方式、计划安排、运行节奏以与葛洲坝二号船闸、三号船闸匹配运行为主，三峡升船机只发挥快速过坝通道功能，安排优先过坝船舶。

当葛洲坝船闸入库流量达到 45 000m^3/s 以上时，三峡船闸及三峡—葛洲坝两坝间航道停航度汛，葛洲坝水利枢纽只有三江航道及二号、三号船闸运行，二号、三号船闸只安排上下通过葛洲坝一坝的船舶。

(3) 枯水期联合运行方式

枯水期一般为 12 月至次年 3 月。

葛洲坝二号、三号船闸通航吃水受限，成为影响两坝通航设施通过能力发挥的瓶颈。此时两坝通航设施联合运用，其关键点在于一号船闸的运用。

一号船闸实行单向运行、上行为主、定时换向的运行方式，以集中放行通过三江受限的大吃水船舶，吃水控制标准根据三峡船闸吃水控制标准而调整。考虑到换向对一号船闸通航效率的影响，尽量减少换向次数，一般昼夜换向 1 次，且换向时间相对固定，上行闸次一般安排在白天，下行闸次一般安排在夜间。

二号、三号船闸根据庙嘴水位，实行动态吃水控制。当葛洲坝坝下庙嘴水位在 39.0m 以上不足 39.5m 时，三江下引航道维护标准 4.0m，减去富裕水深 0.5m 及泄水波影响 0.2m，通过二号船闸的船舶最大吃水控制在 3.3m 以内，三号船闸吃水控制在 2.8m 以内。当葛洲坝庙嘴水位在 39.5m 以上不足 40.0m 时，葛洲坝二号船闸吃水控制一般在 3.8m 以内，三号船闸吃水控制一般在 3.3m 以内。当葛洲坝庙嘴水位在 40.0m 及以上时，葛洲坝二号船闸吃水控制一般在 4.0m 以内，三号船闸吃水控制一般在 3.5m 以内。

二号船闸配合一号船闸采取异向的单向运行、定时换向运行方式，放行符合三江吃水控制标准的船舶，以保证船流通过两坝的均衡。船队和上下行易燃易爆危险品船均安排从二号船闸通过。

三号船闸和升船机匹配运行。三号船闸较升船机的富余能力，安排只通过葛洲坝一坝的船舶。

三峡船闸正常饱满安排。北线上行，南线下行，下行通过两坝的大吃水船舶，三峡南线船闸相对集中放行并和一号船闸换向下行时机衔接，避免在两坝间长时间待闸。升船机迎向运行为主，根据船舶待闸情况，发挥不同的分流功能，当三峡总体通过能力大于通过需求时，发挥快速通道分流功能，分流优先过坝船舶。当三峡总体通过能力低于通过需求时，发挥协同疏散功能，在放行优先过坝船舶外，所有能通过升船机的普通干散货船根据时间顺序安排。

(4) 丰水期联合运行方式

丰水期，指排开枯水期、汛期等特定水文条件下的通航时期，一般为 4 ~ 5 月、10 ~ 11 月。此时期三峡出库流量一般在 10 000m^3/s 左右，水流条件较好。

丰水期三峡船闸正常饱满安排，南线下行，北线上行。升船机迎向运行为主，根据船舶待闸情况，发挥不同的分流功能。当三峡总体通过能力大于通过需求时，仅发挥快速通道分流功能，分流优先过坝船舶；当三峡总体通过能力低于通过需求时，发挥协同疏散分流功能，在放行优先过坝船舶外，所有能通过升船机的普通干散货船根据时间顺序安排。

丰水期葛洲坝一号、二号、三号船闸运行方式，除通过二号、三号船闸的船舶无须实施相对严格的吃水控制外，一般和枯水期联合运用方式相同。考虑到两坝间航路改革和分道通航实行后的船舶习惯，为尽量减少航路交叉，减少隐患，葛洲坝一号船闸以单向下行为主匹配南线运行，二号船闸以单向上行为主匹配北线运行（下行船队、特种船舶和载运易燃易爆危险品船舶从二号船闸通过），葛洲坝三号船闸迎向运行，匹配升船机运行，兼顾只过葛洲坝一坝的船舶。

3.4　应用前景

本章提出的三峡升船机的通航尺度、适宜通过三峡升船机的船舶尺度、船舶类型、三峡升船机的分流方式，明确了升船机调度的主要问题，能为升船机的调度和升船机投入正常运行后的两坝联合调度提供借鉴和参考。

4 三峡—葛洲坝船闸停航修理期通航组织

4.1 概述

长江三峡河段坐落着三峡和葛洲坝两座大型水利枢纽，三峡双线五级船闸、葛洲坝三座船闸相距 38km，是贯穿东中西部地区的咽喉要道。长江三峡通航管理局（以下简称三峡通航局）对三峡—葛洲坝水利枢纽船舶过闸实行统一调度、联合运行。

2003 年以来船闸货运量年均增幅超过 16%，2011 年三峡船闸、葛洲坝船闸货运量双双突破亿吨，其中三峡船闸上行过闸货运量达到 5 534 万 t，实现年设计单向通过量 5 000 万 t 的目标，通过能力基本饱和。

为保证船闸的安全运行，必须对船闸设备设施进行定期保养和修理，但如果维修停航时间较长，在过闸需求趋于饱和的状态下，将会对航运造成较大影响。

葛洲坝三座船闸每 6 年开展一次计划性大修，三峡船闸于 2012 年、2013 年进行了计划性停航检修。尽管通航管理部门采取各种积极措施，包括安排三峡与葛洲坝船闸大修同期实施，但检修期间仍出现了 774 艘（2012 年）和 709 艘（2013 年）的船舶积压，2012 年 3 ~ 4 月过闸平均待闸时间达到 3d，最长待闸时间达 15d。

从目前主要过闸船型和船舶大型化趋势来看，葛洲坝三号船闸和升船机在两坝枢纽通过能力中所发挥的作用有限。因此，本章通过分析葛洲坝一号、二号船闸和三峡南北两线船闸停航检修期通过能力与船舶过闸需求的基本情况，提出两坝船闸不同组合停航检修方式下的通航组织对策。

4.2 船闸停航检修现状

4.2.1 船闸停航检修

船闸停航检修工期主要是根据检修项目情况确定。葛洲坝船闸最长的停航检修时间约为 105d，经过充分优化后可控制在 50 ~ 60d，相对较短的时间为 20 ~ 30d [3]。在目前过闸需求旺盛，船舶待闸已呈常态的情况下，开展较长时间的停航检修将进一步加剧辖区船舶积压状况，增加通航安全管理压力。

（1）葛洲坝船闸检修情况

葛洲坝船闸实际执行的维修类别，目前是在 1990 年的葛洲坝工程运行管理领导小组（现为三峡—葛洲坝梯级枢纽调度协调领导小组）会议上确定并经以后的领导小组会议逐步规范的，分为一般性维修、常规性大修及更新改造、计划性大修和抢修。葛洲坝船闸计划性大修周期从 1990 年起规定为每 6 年一次，详见表 4-1。

葛洲坝船闸检修模式分类　　表 4-1

序号	检修类型	主要内容	周期	实施方式	通航影响
1	计划性大修	对单座船闸的设备设施全面系统的修理	6 年	申报审批、自行组织	停航
2	常规性大修	单台套设备的大修	1 年	总额控制、申报审批、公开招标	不停航
	更新改造	设备设施的技术改造	1 年	总额控制、申报审批、公开招标	一般不停航
3	维护性修理	日常维护性修理	1 年	总额控制、自行安排	不停航
4	抢修	应急事件处理	不定	事后申报、据实结算	不定

1983—2012 年，组织实施的葛洲坝船闸计划性大修工程共计 16 次，其中一号船闸停航大修 4 次，二号船闸停航大修 5 次，三号船闸停航大修 7 次。2003 年以来，葛洲坝共组织实施了 5 次计划性停航大修工程，详见表 4-2。

2003—2012 年葛洲坝船闸计划性大修工程　　表 4-2

序号	工程名称	工期安排	项目数及完成情况	重要检修项目
1	2003 年度三号船闸	前期：自 2003 年 8 月 29 日～12 月 30 日；停航期：2004 年 1 月 9 日～4 月 22 日，历时 105d；后期：2004 年 4 月 23 日至 7 月底	共 33 项，前期完成 5 项，停航期完成 24 项，后期完成 4 项	人字门顶、底枢修理，人字门启闭机修理，输水廊道修补，人字门门体喷锌防腐
2	2005 年度一号船闸	前期：2005 年 8 月 1 日～9 月 23 日（汛期停航）；停航期：2005 年 11 月 1 日～2006 年 1 月 25 日，历时 86d；后期：2006 年 2 月 13 日～4 月 30 日	共 35 项，前期进行 2 项，停航期完成 29 项，后期完成 4 项	人字门门体喷锌防腐，右下人字门顶、底枢修理，人字门启闭机修理，闸室底板结构缝渗漏处理
3	2007 年度二号船闸	前期：2006 年 11 月 6 日～2007 年 1 月 14 日；停航期：2007 年 3 月 1 日～4 月 19 日，历时 50d；后期：2007 年 5 月 21 日～6 月 28 日	共 30 项，前期完成 5 项，停航期完成 23 项，后期完成 2 项	人字门顶、底枢修理，人字门启闭机修理，输水廊道破损修补
4	2009 年度三号船闸	前期：2009 年 10 月 15 日～11 月 5 日；停航期：2009 年 11 月 22 日～2010 年 2 月 5 日，历时 75d；后期：2010 年 3 月 1 日～3 月 30 日	共 22 项，前期完成 2 项，停航期完成 17 项，后期完成 3 项	人字门门体喷锌防腐，人字门顶、底枢修理，闸室底板结构缝渗漏处理
5	2012 年度一号船闸	前期：2012 年 12 月 5 日～2013 年 2 月 28 日；停航期：2012 年 3 月 7 日～4 月 30 日，历时 55d；后期：2012 年 5 月 1 日～6 月 21 日	共 22 项，前期完成 2 项，停航期完成 17 项，后期完成 3 项	人字门顶、底枢修理，人字门启闭机修理，闸室底板纵缝及观测廊结构缝渗漏处理，浮式系船闸加高土建主体工程

葛洲坝船闸计划性大修工程具有工期紧、任务重、交叉项目多、安全风险大等特点，历次大修都是全局性的重要工作。1990—2012 年葛洲坝三座船闸计划性大修检修时间情况见表 4–3。

1990—2012 年葛洲坝船闸计划性大修停航检修时间情况　　表 4–3

序号	大修名称	停航检修时间(d)	项目数量	
			停航项目数量(项)	非停航项目数量(项)
1	1991 年三号船闸计划性大修	73	30	0
2	1993 年一号船闸整顿性大修	69	39	0
3	1994 年二号船闸计划性大修	105	53	0
4	1997 年三号船闸计划性大修	100	36	11
5	1999 年一号船闸计划性大修	99	34	2
6	2001 年二号船闸计划性大修	85	32	4
7	2003 年三号船闸计划性大修	105	24	9
8	2005 年一号船闸计划性大修	86	27	6
9	2007 年二号船闸计划性大修	50	23	7
10	2009 年三号船闸计划性大修	75	17	5
11	2012 年一号船闸计划性大修	55	17	5

可以看出，葛洲坝船闸自 1990 年正式确立计划性大修模式开始，至 2003 年所实施的 7 次计划性大修中，各船闸停航检修天数在 69 ~ 105d 之间，检修项目数量为 24 ~ 53 项。一方面，检修项目的数量较大说明每次大修对船闸运行设备设施缺陷进行了较为集中的处理；另一方面，检修时间也反映了检修时过闸压力不大的实情，反映了当时社会经济水平的状况以及长江水运的需求情况。

2004 年以后，长江航运发展更为迅速，过闸运量逐年猛增，船闸计划性大修对通航的影响越来越大。为适应长江航运的发展，减少停航检修对通航的影响，长江三峡通航管理局提出了快速检修的理念，不断创新船闸大修模式。2009 年由交通运输部投资的三峡船闸检测维修基地工程开工建设，彻底改变了原有的传统船闸检修手段，提高了船闸大修的效率和质量。2004—2012 年共进行了 4 次计划性大修，停航检修时间较以往大幅缩减。在计划性大修检修项目变化不大的情况下，通过技术和管理创新，2007 年葛洲坝二号船闸大修时间已经首次缩短至 50d，2012 年葛洲坝一号船闸停航检修时间已减少到 55d。尽管如此，随着过坝船舶需求越来越大，停航检修给两坝船闸通航带来压力也越来越大。在 2012 年实施的一号船闸计划性大修和同步实施的三峡南线船闸岁修期间，虽然船闸管理部门科学调度，船闸运行争分夺秒，现场保障全力以赴，仍然造成了大量船舶积压，给沿江经济的发展和船东利益带来了较大影响。

（2）三峡船闸检修情况

自 2003 年三峡船闸试运行以来，其检修模式尚处于探索阶段。三峡水利枢纽运行管理部门分别于 2012 年和 2013 年对三峡南北两线船闸采用 20d 的停航岁修方式进行检修实践。

4.2.2　通航管理

（1）调度组织流程

在船舶过闸交通组织总体原则指导下，三峡—葛洲坝水利枢纽船舶交通组织遵照统一调度、统一指挥、联合运行的原则，过闸组织实行“先到先过、重点优先”和昼夜连续运行调度方式。多年来，船舶交通组织流程不断优化，船闸运行和船舶过坝效率显著提高。船舶过闸流程一般分为申报过闸计划、待闸、按计划过闸等几个环节，详见图 4–1。

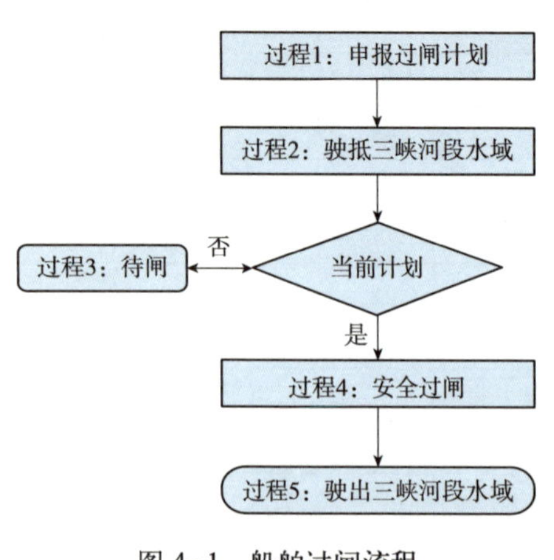

图 4–1　船舶过闸流程

（2）检修期间船舶积压状况

2007 年以前，一旦出现船舶积压现象，能在较短的时间内疏散完毕，近年来因检修停航造成船舶积压疏散难度有所增大。

①三峡船闸完建期船舶积压及疏散情况。

2006—2007 年三峡船闸完建施工，期间三峡船闸日均来船 150 艘次，最多造成 584 艘船舶积压，复航后仅用了约 10d 时间就基本恢复了正常通航秩序，详见图 4–2。

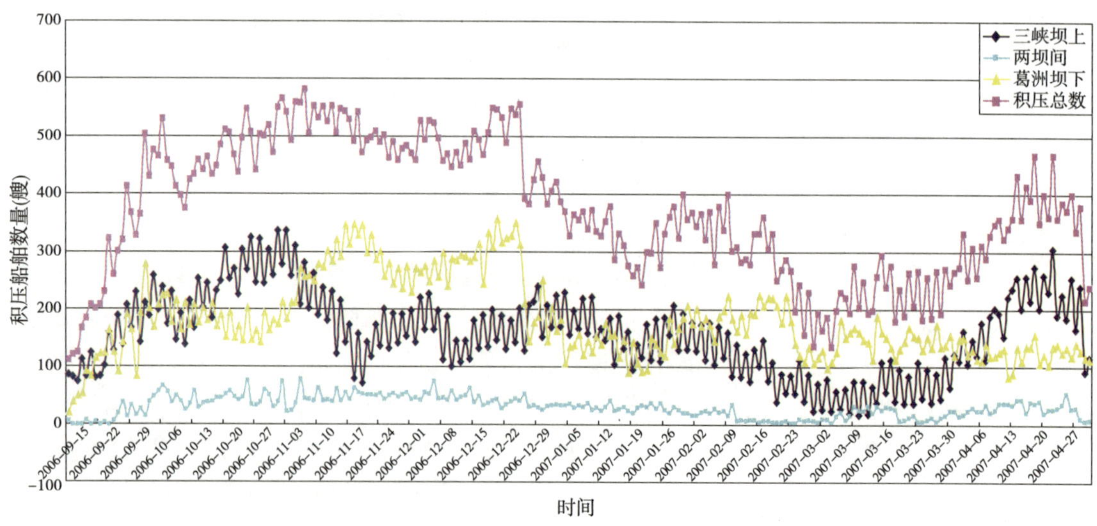

图 4–2　2006—2007 年三峡船闸完建期积压船舶数量统计

② 2012 年两坝检修期间船舶积压情况。

2012 年受经济大形势影响，过闸需求略有下降，日均来船约为 121 艘次，检修开始坝区待闸船舶数量开始增加。3 月 15 日起，开始启动三峡坝区水域船舶滞留应急联动机制，积压船舶增长的速度放缓，在三峡南线船闸完成检修前（3 月 23 日）达到最大值 774 艘，最长待闸时间达到 15d。三峡船闸复航后，通过能力增加，船舶积压呈现下降趋势（图 4–3），两坝船闸全部复航后用了约 25d 的时间才将积压船舶基本疏散完毕。

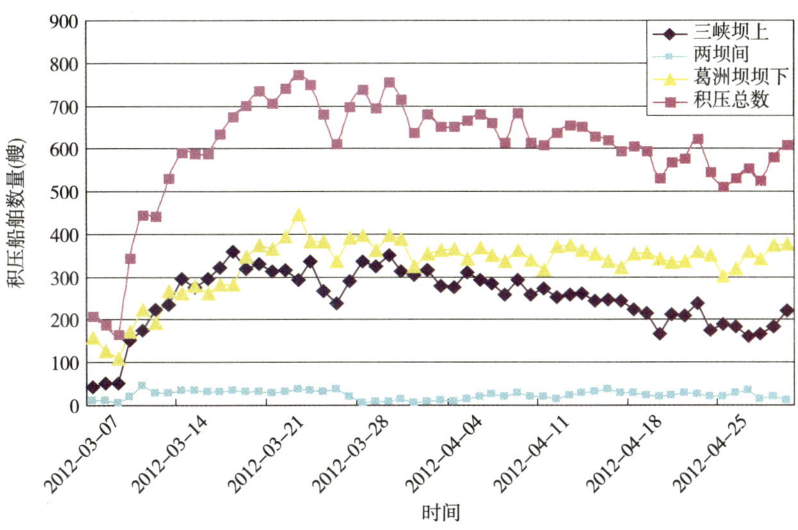

图 4-3　2012 年两坝检修期间积压船舶数量统计

检修结束后，4 月底开始，三峡水域出现季节性大雾天气。4 月 30 日 20：00 起，浓雾频繁出现，两坝船闸因浓雾停航达到历史最大值，平均每天因浓雾停航的时间超过 10h。大雾天气严重影响船舶通航，给疏通积压船舶带来更大的困难，复航前期积压船舶呈现增长态势，于 5 月 6 日达到最大值 753 艘。三峡通航局协调三峡翻坝转运协调领导小组对通过三峡船闸的短线客船旅客继续翻坝转运，对下行过闸船舶继续实施分段签证，取得了显著效果。5 月 12 日起，坝区大雾天气情况开始好转，船舶积压有所缓解，至 5 月 25 日基本疏散完毕，详见图 4-4。

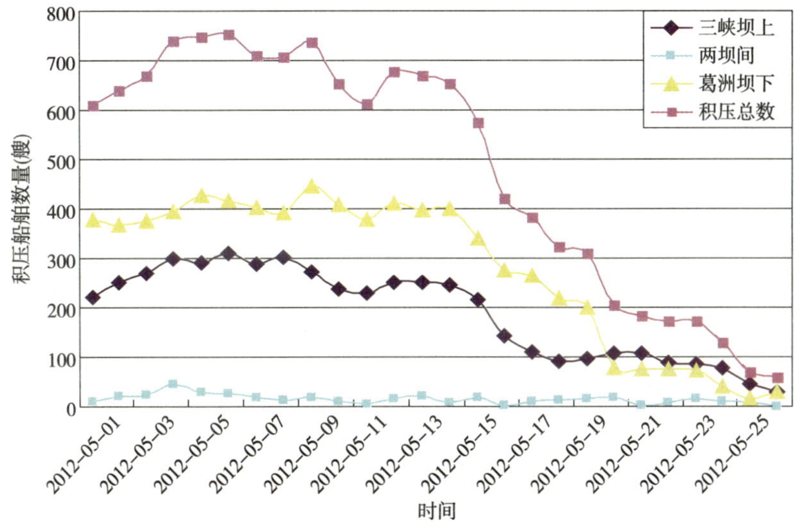

图 4-4　2012 年 5 月因恶劣气候导致积压船舶数量统计

③ 2013 年三峡北线船闸岁修期间船舶积压情况。

北线船闸岁修自 2013 年 3 月 2 日开始，期间，积压船舶数量变化规律与 2012 年检修期间类似，前期增长较快，采取联动措施后增速放缓，并呈现下降趋势（图 4-5）。3 月 7 日，三峡大坝以上待闸船舶达到 201 艘（葛洲坝以下待闸 55 艘），三峡通航局及时按照预案要求，向长江航务管理局呈报了三峡坝区水域船舶滞留应急联动申请。3 月 18 日，坝区积压船舶数量达到 665 艘，自当日 12：00 时起，长江航务管理局启动了三峡坝区水域船舶滞留应急联动机制，待闸船舶数量增速放缓，3 月 20 日达到 709 艘的最大值后，呈现下降趋势，3 月 22 日 8：00 时，三峡北线船闸复航，三峡坝区待闸船舶数量为 608 艘，复航后受恶劣气候的影响总体上较 2012 年同期要少，至 4 月 11 日 15：00，坝区待闸船舶数量降至 25 艘（三峡坝上 4 艘，两坝间 4 艘，葛洲坝下 17 艘），积压船舶基本疏散完毕。

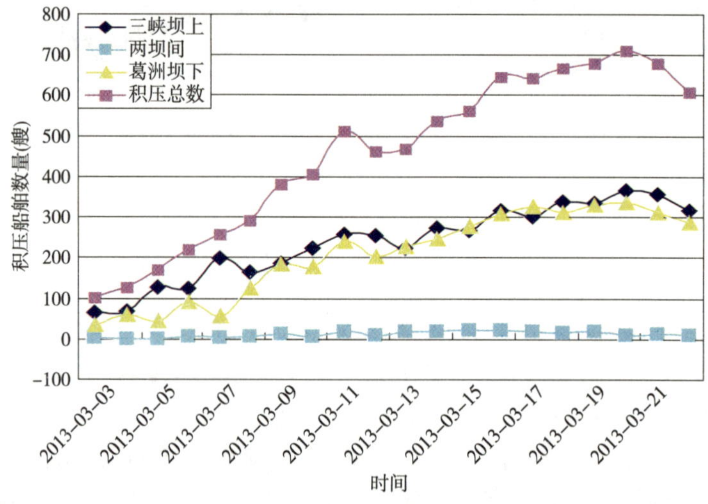

图 4-5　2013 年三峡船闸岁修积压船舶数量统计

船舶待闸时间的增加、积压常态化和积压船舶疏散难度的增大，反映出船舶过坝需求增加与通过能力不足的矛盾。

4.3　船闸检修时机选择与优化

4.3.1　停航检修时机的确定现状

葛洲坝船闸检修一般的立项过程为上年度 10 月由三峡通航局组织立项申报，报中国长江电力股份有限公司审批，上年年底至当年年初，中国长江电力股份有限公司完成项目内容及费用批复，然后开展大修非停航期检修及停航期检修准备工作（1 ~ 1.5 年），经综合考虑相关因素后确定检修时机，并报上级批准后实行，一般安排在 11 月至次年 5 月之间实施。

三峡船闸大修目前以“岁修”方式进行，目前已进行的计划性停航检修一般安排在春节后至 3 月之间完成。

4.3.2　检修项目对停航检修时机的要求

（1）水位要求

设计停航检修对船闸下游水位要求：葛洲坝二号、三号船闸水位不高于 46m；葛洲坝一号船闸水位不高于 45.5m；三峡船闸水位不高于 67.3m。

（2）天气要求

少雨雪。

（3）检修组织要求

宜选择满足检修水位要求、对船闸通航影响最小的时间段实施。尽量不安排在春节等长假时间段，避免外协及外请用工工作不易开展。

（4）水工设施检修要求

应尽量在低温季节，有利于水工设施检修。

4.3.3 航运因素对合理确定检修时机的需求

船闸检修停航，枢纽通过能力下降至 50% 以下，会带来船闸通过能力与过闸需求不相适应、船舶积压更显突出、管理压力陡增等问题。2012—2014 年三峡船闸和葛洲坝船闸开展了 3 次较长时间的停航检修，造成船闸附近水域出现大量船舶积压。

（1）过闸按季节需求

每年年初，三峡—葛洲坝水利枢纽过闸需求处于低迷时期，3 月开始进入稳步回升期。一般过闸船舶数量及货物运量于每年 4 ～ 6 月达到一次高峰，主汛期略有下降，9 ～ 12 月迎来第二轮高峰。

在不同的季节，过闸需求是不同的，掌握过闸船舶艘次及运量的按月变化规律可以为合理安排船闸检修时间提供有力依据。

①过闸船舶艘数需求。

根据过闸船舶艘数月变化统计分析，每年 2 ～ 3 月（春节期间）过闸船舶艘数一般低于其他各月，汛期略低于平常，受船舶大型化影响，各月过闸船舶艘数呈逐年下降趋势。

随着沿江高速、宜万铁路及三峡专用翻坝高速公路的陆续开通，2010 年起过闸客船下降速度加剧。2009 年及以前每年通过三峡船闸的客船约 5 800 艘次，主要包括普通客船、客货船和旅游客船等，随后出现明显下降，2012 年仅为 1 948 艘次。2013 年以后旅游船舶数量又出现上涨趋势。客船过闸艘次较多的时段相对集中于 4 ～ 6 月、9 ～ 11 月。每年 12 月至次年 3 月、7 ～ 8 月主汛期为客船的低谷期，这与节假日、旅游季节、气候等密切相关。

三峡船闸检修期间一般实施短线客船翻坝转运，长线客船所占比例较少，整个检修期间一般每 2d 一艘，可忽略不计。因此，分析非客运船舶过闸需求更能直观地体现过闸需求分布。扣除 2008 年、2009 年受经济发展影响因素和 2012 年检修及大流量等因素，近年来船舶过闸需求按月分布状况见表 4–4、图 4–6。

过闸货船需求按月分布统计（单位：艘次） 表 4–4

年 \ 月	1 月	2 月	3 月	4 月	5 月	6 月	7 月	8 月	9 月	10 月	11 月	12 月	合计
2008 年	4 811	3 098	3 663	4 658	4 794	4 493	4 169	3 737	4 480	4 426	3 750	3 443	49 522
2009 年	3 253	2 726	3 450	3 811	4 411	3 799	3 578	3 215	4 152	4 171	4 305	5 053	45 924
2010 年	5 609	4 107	3 616	4 525	4 562	4 980	3 588	4 372	4 676	4 443	4 697	4 739	53 914

续上表

年＼月	1 月	2 月	3 月	4 月	5 月	6 月	7 月	8 月	9 月	10 月	11 月	12 月	合计
2011 年	5 183	3 289	4 092	4 720	4 615	4 628	4 312	4 128	4 500	4 326	4 350	4 136	52 279
2012 年	3 578	3 440	2 854	3 364	3 679	4 162	1 920	3 100	3 963	3 945	4 002	4 308	42 315
2013 年	4 388	3 557	2 453	4 279	3 676	3 757	2 818	3 417	3 523	3 624	3 911	3 733	43 136
月均值	4 470	3 370	3 355	4 226	4 290	4 303	3 398	3 662	4 216	4 156	4 169	4 235	47 848
日均值	144	109	120	136	143	139	113	118	136	139	134	141	131

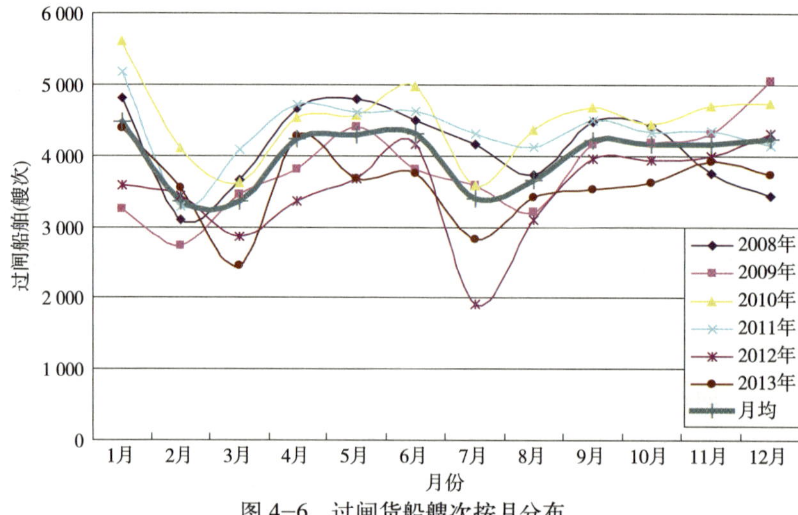

图 4-6　过闸货船艘次按月分布

②过闸货运量需求。

2003 年以来，三峡船闸过闸货运量呈逐年快速增长趋势，2011 年三峡船闸过闸货运量达到亿吨，2004—2011 年平均增长率约 16.57%，2011 年以后进入一个相对稳定期，2011—2013 年单向货运量连年实现设计水平。2003—2013 年三峡船闸过闸货运量按月分布见图 4-7。

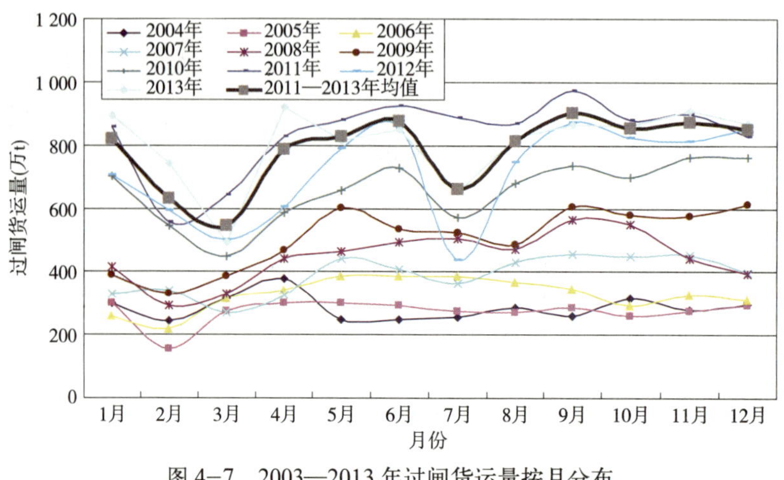

图 4-7　2003—2013 年过闸货运量按月分布

由图 4–7 可以看出，自 2003 年 7 月以来，月过闸货运量呈明显的波动上升趋势，与过闸船舶艘次规律基本一致。每年 2 月和 3 月（春节前后）过闸货运量低于其他各月，汛期过闸货运量略有下降，全年最高值一般出现在 4 ~ 6 月、9 ~ 11 月，2014 年 10 月过闸货运量最大，达到 1 062 万 t。

综上分析，从过闸船舶及货物过闸周期性需求情况来看，为尽量减少对航运的影响，船闸检修时间最好避开 4 ~ 6 月及 9 ~ 11 月。

（2）航道水文状况

①航道及船闸吃水控制情况。

葛洲坝大江航道常年维护水深 4.5m，葛洲坝一号船闸在过闸船舶吃水控制上可与三峡船闸常年相匹配，常年过闸吃水高于 4.0m。当三峡船闸槛上水深 5.5m 及以上时，可通过 4.3m 吃水的船舶。枯水期三江航道维护水深仅为 3.5m，根据有关规范要求，仅能允许吃水 3.3m 及以下的船舶通过。即使从 2014 年开始试行维护水深 4.0m，通过葛洲坝三江航道的船舶吃水一般也不大于 3.5m，葛洲坝三号船闸的吃水一般不大于 2.8m。

②过闸船舶吃水分布。

以 2013 年 4 月 1 日—2014 年 3 月 31 日过闸情况为研究对象，三峡—葛洲坝水利枢纽共计通过 46 349 个船舶单元数（艘次，船队按 1 艘计），吃水分布情况见表 4–5。

过闸船舶吃水分布情况　　表 4–5

吃　水（m）	上　行		下　行		合　计	
	数量（艘次）	占比（%）	数量（艘次）	占比（%）	数量（艘次）	占比（%）
$d \leqslant 2.8$	5 916	24.71	10 170	45.38	16 086	34.71
$2.8 < d \leqslant 3.5$	6 027	25.18	6 450	28.78	12 477	26.92
$3.5 < d \leqslant 4.0$	8 228	34.37	4 189	18.69	12 417	26.79
$d > 4.0$	3 769	15.74	1 600	7.14	5 369	11.58
合计	23 940	100.00	22 409	100.00	46 349	100.00

由表 4–5 可知，目前过闸船舶中吃水 3.5m 以上的约占 40%，尤其是上行船舶超过半数（50.11%），吃水均高于 3.5m，绝大多数的船舶只能从大江过一号船闸。因此，如果在枯水期检修一号船闸，因两坝间无转载基地，大量船舶在过闸前要在枢纽水域上下游转载，过闸船舶数量由 1 艘变为 2 艘及以上，会导致过闸船舶的需求进一步加大。

葛洲坝一号船闸通航流量为 35 000m^3/s，汛期大量时间被迫停航度汛，实际通过能力很低。如 2012 年因大流量停航达到 27d（表 4–6），是一个检修良机。但是考虑到汛期水位有可能超过下游最低检修水位，因此不予考虑。

2009—2013 年流量停航统计（单位：h）　　表 4–6

年份	南线	北线	小计	一号船闸	二号船闸	三号船闸	小计	合计
2009 年	98.25	109.83	208.08	454	0	0	454	662.08
2010 年	169.58	162.67	332.25	409	14	14	0	332.25
2011 年	0	0	0	0	0	0	0	0
2012 年	171	171	342	645	48	117	0	342
2013 年	0	0	0	160.33	16.33	16.33	192.99	192.99

4.3.4　其他因素

由于三峡河段的特殊性，检修时间的选取也要尽量避开春节、“两会”、“五一”、“十一”小长假等重点时段，一方面是减小长江航运安全的影响，另一方面是减轻重点时段长江沿线安全监管的压力。

4.3.5　时机优化

合理选择检修时机，避开运输高峰，是检修期间减少船舶积压的第一手段。每年过闸货运量及船舶在春节前后（2 ~ 3 月）需求量最低，次之为每年 7 ~ 8 月主汛期。综合船闸检修项目对时机的要求、航运需求对检修时机的要求等因素，船闸检修时间宜选在春节前后（2 ~ 3 月）。原则上实施两坝船闸同步检修，同时启动，避免重复停航。

4.4　船闸停航检修对通航的影响

船闸检修会减少正常的通航时间。如果对枢纽的某一座船闸进行停航检修，会造成该枢纽的通过能力下降，加大枢纽其他船闸通航压力。如果通过能力不能满足过闸需求，则会造成大量的船舶在枢纽水域积压待闸，增加三峡河段通航安全管理压力，并产生一系列的社会问题。

船舶积压是船闸通过能力不足产生的一种现象，理论上来讲，积压船舶数量越小越好，因此本节围绕船舶积压、船闸通过能力等状况进行影响分析。过闸需求与通过能力之间存在的缺口是船舶积压等问题的决定性因素，在不采取控制措施的前提下，缺口越大，可能导致积压的船舶数量越多。假设停航检修期间的船舶过闸需求为 A，枢纽的通过能力为 P，则检修期间枢纽水域产生的积压船舶数量 B 可用式（4−1）表示。

$$B=A-P \tag{4-1}$$

船舶积压条件下必须提供更多的水域为船舶待闸。客船积压时间过长容易诱发突发性事件，导致旅客投诉进而造成不良社会影响。危险品船舶长时间待闸是枢纽水域不容忽视的安全隐患。同时，压船易产生“连锁反应”，即船闸恢复通航后，大量船舶涌向三峡水域，通航组织压力巨大，通航管理部门不仅要紧急疏散之前积压的船舶，还要应对来船不断增加的状况，需要很长的时间才能恢复正常通航。

4.4.1　船闸通过能力

通过能力除包含检修期间船闸货运通过能力外，还包含检修期间的过船能力。前者是减少积压船舶的挖潜方向，涉及指标多，影响因素也多，无法量化研究，而后者是造成船舶积压的直接因素，便于直接估算。

《船闸总体设计规范》（JTJ 305—2001）提出的船闸单向过闸通过量计算公式为：

$$P=\frac{(n-n_0)\times N\times G\times \alpha}{2\beta} \tag{4-2}$$

式中：P——过闸货运量，t；

n——日均过闸次数，次；

n_0——非运客、货船舶过闸次数，次；

N——通航天数，d；

G——一次过闸平均吨位，t/次；

α——船舶装载系数；

β——运量不均匀系数。

按照《长江三峡水利枢纽永久船闸单项工程初步设计报告》（简称《初步设计》），相关参数选取分别为：昼夜平均工作时间22h，日平均过闸次数22.1次，非货运船舶过闸次数0（客船均通过升船机），船舶装载系数0.9，运量不均匀系数1.3，年通航天数335d。设计船型采用船队，一次过闸平均吨位10 200t/次。将上述参数代入式（4–1）则算得单向通过量为5 228万t。

停航检修期间通航船闸通过能力计算仍然可以采用式（4–2），通航天数按检修时间T取，同时也不存在按月不均衡的问题，因此运量不均衡系数β可以取1。过船能力可按式（4–3）进行计算：

$$P_s = n \times T \times L \tag{4-3}$$

式中：n——日均过闸次数，次；

T——检修时长，d；

L——单闸次过闸船舶艘次。

（1）三峡船闸通过能力指标。

检修期间的日过船能力与不停航船闸的日运行闸次数、每闸次所能容纳的船舶数量相关。在一定时期内，如果船闸管理运行技术未发生重大革新及过闸船型构成没有发生较大变化时，则检修期间日过船能力为一常数。

①日运行闸次数。

日运行闸次数 = 日运行时间 ÷ 闸次间隔时间

A. 船闸每天运行时间。

根据实际运行情况，正常时每天24h连续运行，因此在计算船闸实际日运行时间时按24h计。

B. 闸次间隔时间各参数。

三峡船闸运行采用连续运行方式，船舶过闸闸次间隔时间则主要包括1个进闸时间、1个移泊时间、首级闸室2个充泄水、相邻人字门4个开关门和2个船舶进闸及移舶间隔时间的完整运行过程。

目前，五级运行状态下人字门启闭时间一般为17min，输水时间一般为22min，四级运行状态下分别为14min和23min，船舶进闸时间一般为30～40min，移泊时间为20min。在现有设计工况下，人字门启闭时间、输水时间总体上达到设计水平，进一步缩短的空间有限。

C. 运行闸次现状。

目前通过采取五级运行导航墙待闸和四级运行一闸室待闸等措施，在实施定向运行的条件下和当前船型组合状态下，三峡每线船闸日均运行可超过 16 闸次，平均闸次间隔时间可按照 85min 控制。检修期间实行单向运行，定时换向，24h 换向 1 次，五级运行和四级运行的换向分别约需 145min 和 95min。4.3 节已经论述了汛期停航检修不可行，因此，在停航检修期间一般采用五级运行，则每天最多可运行 15.2 个闸次。

②非货运船舶艘次。

按计划，2015 年起升船机投入运行，短线客船、鲜活货船、特种任务船、公务船、工程船等可通过升船机过坝。2015 年以前，检修期间实施短线客船翻坝转运，其余几类非货运船舶所占比例甚少，因此检修期间非货船所占闸次数可按 0 取。

③单闸次过闸船舶艘次。

当前单闸次船舶艘次呈现下降的趋势，2012 年两坝船闸检修期间为 5.14 艘／闸，2013 年北线船闸岁修期间为 4.72 艘／闸。统计数据显示，检修期间的一次过闸船舶艘次与三峡船闸上一年度全年平均值接近，详见表 4-7。

三峡船闸运行以来的单闸次船舶艘次统计　　表 4-7

年份	2003 年	2004 年	2005 年	2006 年	2007 年	2008 年	2009 年	2010 年	2011 年	2012 年	2013 年
艘／闸	7.95	8.61	7.67	7.00	6.59	6.39	6.41	6.20	5.37	4.56	4.24

（2）葛洲坝船闸通过能力指标

葛洲坝一号、二号、三号船闸为单级船闸，换向所用时间短，实行迎向运行时可以有效提高船舶过闸效率。根据《三峡（初期运行期）—葛洲坝水利枢纽通航调度规程》，三峡和葛洲坝水利枢纽通航调度实行“统一调度、联合运行”的原则，葛洲坝船闸以迎向运行为主，根据三峡船闸运行方式和通航边界条件的需要进行调整。

葛洲坝一号、二号船闸长 280m，宽 34m；葛洲坝三号船闸尺度较小，长 120m，宽 18m。一号、二号船闸平面尺度与三峡船闸相当，其单闸次过闸船舶艘次可以与三峡船闸相一致。

①日运行闸次数及过船艘次。

葛洲坝二号、三号船闸位于葛洲坝水利枢纽左侧的三江人工航道上，航道水流条件较好。三号船闸上下游均设有 6 个靠船墩，船舶在上下游引航道内可以直接会船，葛洲坝三号船闸以迎向运行为主，一次过闸时间为 37.5min。葛洲坝三号船闸迎向运行时，按照 24h 昼夜运行方式。葛洲坝三号船闸日均运行为 38 闸次，通过船舶约 40 艘次。同时考虑到船舶大型化及船闸门槛水深情况，三号船闸只能通过适合的船型约 30 艘次。

葛洲坝二号船闸在迎向运行情况下，船舶一次过闸时间为 80min，日均运行 18 闸次。葛洲坝一号船闸在其上下游靠船墩待闸设施建设完成前，船舶一次过闸时间为 90min，日均运行 16 闸次，上下游靠船墩待闸设施建设完成后，与葛洲坝二号船闸相当，日均运行 18 闸次。

②非货运闸次数。

类似于三峡升船机，葛洲坝三号船闸作为快速通道，主要满足客船过闸需求，亦可通过小型货船。按照2003年以来统计数据测算，葛洲坝船闸平均每天通过客船由2004年的30艘左右，下降到2013年的3艘，主要是受沿江公路、铁路开通的影响，百姓出行方式的选择增加。如果检修期间实行短线客船翻坝，非货运闸次数也可按照0取。

（3）三峡升船机通过能力指标

根据计划，三峡升船机投入运行后将增加三峡水利枢纽的过船能力，投入5～6年后步入正常运行，同样也可能会进入周期性检修阶段。升船机平面尺度为120m×18m，与葛洲坝三号船闸相当，过闸船舶吃水暂定为2.8m。根据有关研究，升船机平均日运转次数17.36次，日均闸次数为17.36×2=34.72次，同样考虑到船舶大型化情况，检修期间每天能通过适合的船型约30艘。

4.4.2　检修期间过闸需求

2012年两坝船闸检修期间，三峡南线船闸恢复通航后，在葛洲坝一号船闸单独检修期间，葛洲坝二号、三号船闸的通过能力与过闸需求基本相当（且略大于需求），过闸船舶需求平衡于葛洲坝船闸的通过能力。

由图4–8、图4–9可以看出，近两年检修期间的船舶过闸需求并未显示出明显的规律性，检修期间每日来船量在一常数附近呈现离散分布，且随着检修时间的推移，呈现稍微下降趋势。2012年三峡船闸复航后，葛洲坝一号船闸单独检修期间，通过能力上升，过闸需求又呈现回升的趋势。

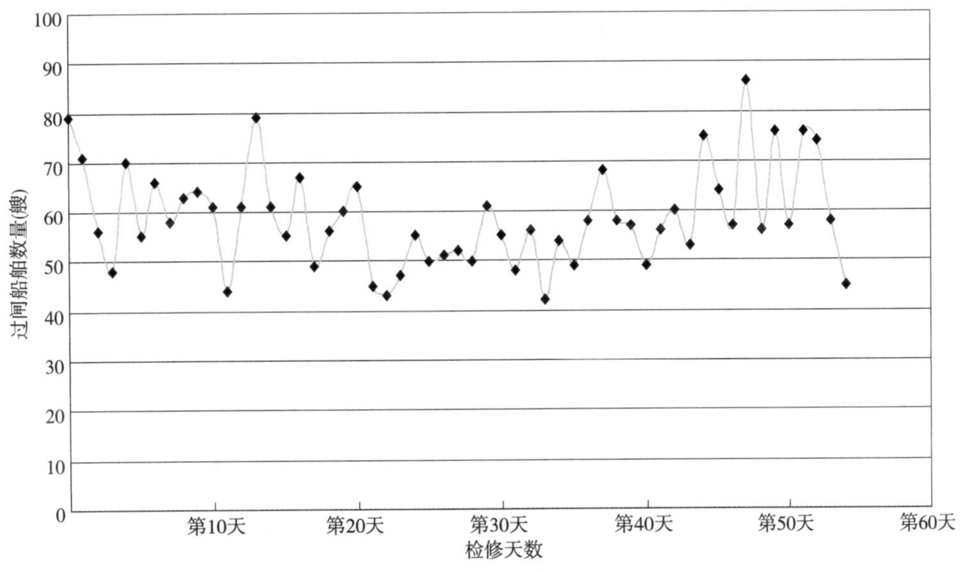

图4–8　2012年两坝船闸检修期间上行过闸船舶申报统计

船舶过闸需求主要取决于我国经济社会发展对航运经济的影响。对某一特定河段水域来说，在一定时期内，一般与常年过闸船舶的运力及其过闸频率（周期）和所处的运输季节相关。从三峡船闸完建施工期间和2012年55d检修期间情况来看，检修开始前期，待闸船舶数量快速上升，一段时间后待闸船舶数量达到一定的规模后趋稳，反映出过闸运力及船舶的过闸周期开始受到影响，进而对过闸需求产生影响。

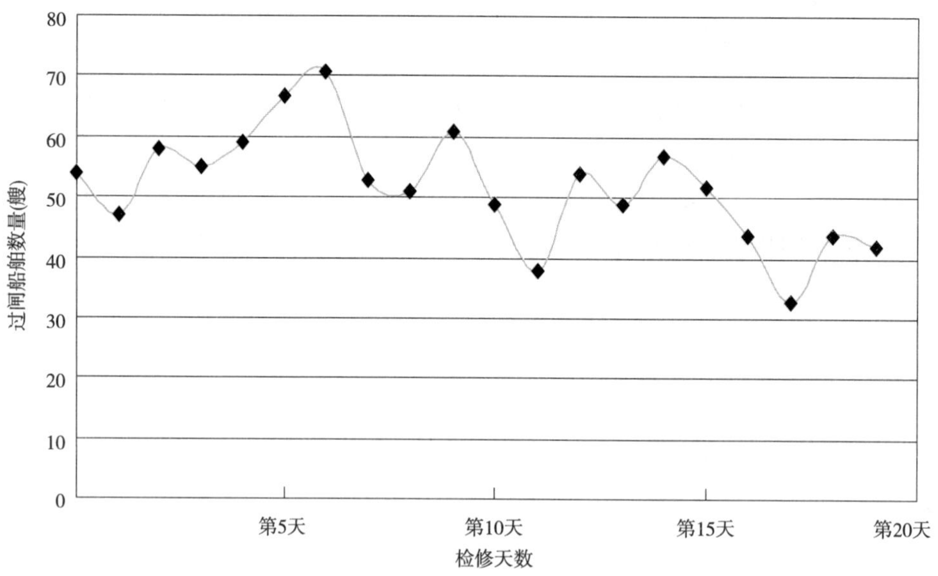

图 4-9　2013 年三峡北线船闸岁修期间上行过闸船舶申报统计

4.4.3　影响测算方法

通过三峡河段的船舶流向主要为通过三峡船闸和葛洲坝船闸进出川、渝等地的客、货船。根据统计情况，三峡船闸运行以来过闸船舶虽然艘次不断发生变化，但是参加过闸的营运船舶数量总体稳定，常年维持在 3 000 艘左右，上下行过闸船舶数量也是总体相当，因此过闸需求可按照上下行均匀分布来考虑。在船方不断建造新船的同时，老旧船经历一个淘汰的过程，因此可以通过分析船舶的过闸周期情况来确定检修期间的船舶过闸需求数量。

目前通过三峡船闸和葛洲坝船闸的货物流向总体稳定，如果航运经济没有发生“突发性”的增长或萎缩，则常年过闸船舶的运力及其过闸频率（周期）基本稳定。假设过闸船舶的航线（即航程）一定，即可推断出船舶过闸周期也一定。以常年通过两坝船闸的船舶为主，过一坝的公务船、工程船、船队等所占比例小，规律性不明显，采取按照一定比例折算的方法提出船舶过闸需求估算方法。

（1）估算模型

设常年过闸的船舶艘次为 M，正常情况下如果枢纽附近水域无船舶待闸，则平均每天过闸船舶需求为 $\sum_{j=0}^{M} 1/T_j$，T_j 为第 j 艘船舶的过闸周期。设第 i 天待闸船舶数量为 B_i，第 i 天的过船能力为 P_i，检修 $i-1$ 天后，坝区存在 B_{i-1} 艘待闸船舶，会造成后来船舶过闸周期被迫增加 B_{i-1}/P_i 天，检修第 i 天通过两坝船闸的船舶需求为 $\sum_{j=0}^{M} 1/(T_j+B_{i-1}/P_i)$ 艘次。

对检修期间不常过闸的公务船、工程船等按照一定比例进行折算。根据船闸运行组织原理，当日待闸船舶总数等于前一日的待闸船舶数量同当日过闸需求与过船能力缺口的差值之和，综合检修选取的时期（季节）等因素后，检修第 i 天的过闸需求及待闸船舶数量可通过式（4-4）进行估算：

$$\begin{cases}A_i=g\times(1+\gamma)\times\sum_{j=1}^{M}\frac{1}{(T_j+B_{i-1}/P_i)}\\B_i=B_{i-1}+A_i-P_i\end{cases}\tag{4-4}$$

式中：A_i——第 i 天的过闸需求；

B_i——第 i 天的待闸船舶数量；

P_i——第 i 天的过船能力；

T_j——船舶的平均过闸周期；

M——常年过闸的船舶数量；

g——过闸需求季节因子；

γ——检修期间公务船、工程船等不常过闸的船舶所占比例。

如果检修前夕枢纽附近水域无船舶待闸，则有$B_0=0$。γ为过闸船队、公务船、工程船及客船等船舶所占比例，即有：

$$\gamma=\gamma_1+\gamma_2+\gamma_3+\gamma_4\tag{4-5}$$

式中：γ_1——需要过闸船队所占比例；

γ_2——过一坝船舶所占比例；

γ_3——需要过闸客船所占比例；

γ_4——需要过闸工程船及公务船所占比例。

假设宣传动员工作到位，船方及时调整生产运输组织计划，检修前夕辖区无船舶积压，则有$B_0=0$。很明显，检修 N 天后，仍有$B_N=\sum_{i=0}^{N}A_i-\sum_{i=0}^{N}P_i$，与式（4-1）的原理一致。积压船舶数量 B_i 迭代收敛条件为 $A_i=P_i$，即通过能力与过闸需求相当时，积压船舶数量稳定在某一数值附近。在给定初始条件后，对式（4-4）进行迭代计算。

（2）计算参数

2011 年全年，三峡、葛洲坝货物运量突破亿吨，是运行以来达到的最大值。2011 年，三峡—葛洲坝水利枢纽船闸未发生因恶劣气候、水文及检修造成的长时间停航，但受经济大形势和汛期流量持续居高不下等因素综合影响，2012 年三峡船闸年货运量 8 611 万 t，较 2011 年下降 14.17%。因此选取 2011 年全年过闸申报情况作为样本，研究检修期间的过闸需求基础数据更具有代表性。

2011 年全年通过三峡船闸的船舶达到 55 610 艘次，过闸货运量 1.003 亿 t，其中上行 27 947 艘次，上行运量 5 534 万 t。全年过闸船舶中除去公务船、工程船、客船及船队外共有 3 150 艘货运船舶申报通过三峡船闸—葛洲坝船闸。

①常年过闸船舶及周期。

2011 年过闸船舶次数分布见图 4-10。

由图 4-10 可知，虽然 3150 艘次不同货船申请过闸，但是可分为仅过闸 1 次、2 次等多种情况。绝大多数（99% 以上）的船舶年过闸次数不大于 36 次，即船舶过闸周期一般不小于 10d。

②常年过闸船舶过闸周期分布（表 4-8）。

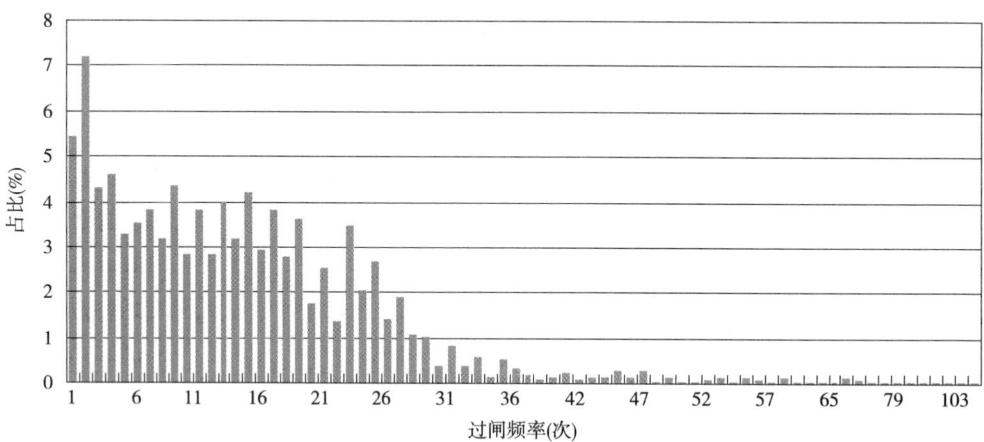

图 4-10　2011 年过闸船舶次数分布

2011 年过闸船舶周期分布　　表 4-8

序号	周期(d)	船舶数量(艘)	占比(%)	序号	周期(d)	船舶数量(艘)	占比(%)	序号	周期(d)	船舶数量(艘)	占比(%)
1	365.00	171	5.43	25	14.60	85	2.70	49	7.30	2	0.06
2	182.50	227	7.21	26	14.04	45	1.43	50	7.16	1	0.03
3	121.67	136	4.32	27	13.52	61	1.94	51	7.02	3	0.10
4	91.25	146	4.63	28	13.04	34	1.08	52	6.89	4	0.13
5	73.00	104	3.30	29	12.59	32	1.02	53	6.76	1	0.03
6	60.83	111	3.52	30	12.17	12	0.38	54	6.64	5	0.16
7	52.14	121	3.84	31	11.77	26	0.83	55	6.52	3	0.10
8	45.63	100	3.17	32	11.41	12	0.38	56	6.40	2	0.06
9	40.56	138	4.38	33	11.06	19	0.60	57	6.19	4	0.13
10	36.50	90	2.86	34	10.74	5	0.16	58	6.08	1	0.03
11	33.18	120	3.81	35	10.43	17	0.54	59	5.98	2	0.06
12	30.42	90	2.86	36	10.14	11	0.35	60	5.70	1	0.03
13	28.08	126	4.00	37	9.86	6	0.19	61	5.62	2	0.06
14	26.07	101	3.21	38	9.61	3	0.10	62	5.45	4	0.13
15	24.33	133	4.22	39	9.36	5	0.16	63	5.21	3	0.10
16	22.81	92	2.92	40	8.90	7	0.22	64	5.00	2	0.06
17	21.47	120	3.81	41	8.69	3	0.10	65	4.93	1	0.03
18	20.28	88	2.79	42	8.49	4	0.13	66	4.62	1	0.03
19	19.21	114	3.62	43	8.30	4	0.13	67	4.40	1	0.03
20	18.25	56	1.78	44	8.11	9	0.29	68	4.10	1	0.03
21	17.38	81	2.57	45	7.93	5	0.16	69	3.88	1	0.03
22	16.59	43	1.37	46	7.77	9	0.29	70	3.61	1	0.03
23	15.87	109	3.46	47	7.60	2	0.06	71	3.54	1	0.03
24	15.21	65	2.06	48	7.45	4	0.13	72	3.17	1	0.03

③船队、客船、公务船等非主要船舶占比。客船、公务船、工程船、船队等非主要过闸船舶占普通船舶比例情况见表 4–9。

2011 年非主要过闸船舶占普通船舶比例情况　　表 4–9

项目	船闸	普通货船	船队	过一坝船舶	客船	工程船及公务船	γ 取值
过闸船舶（艘次）	葛洲坝	22 441	2 476	4 420	591	25	—
	三峡	22 600	2 273	1 055	1 655	20	—
	综合	45 041	4 749	5 475	2 246	45	—
γ 参数	葛洲坝	—	0.110	0.197	0.026	0.001	0.334
	三峡	—	0.101	0.047	0.073	0.001	0.222

其中，γ_3 为需要过闸客船所占比例，表 4–9 中为正常情况下的客船占比。当整个检修期间采取短线客船翻坝时过闸的主要为长线客船，平均每天为 0.5 艘次，可按 0.008 选取，其余的参数取值范围可按表 4–9 选取。即短线客船翻坝转运条件下，葛洲坝和三峡的 γ 取值分别为 0.316（0.110+0.197+0.008+0.001）和 0.157（0.101+0.047+0.008+0.001）。

④季节因子。

季节因子与检修施工选取的时期有关，表征船舶过闸需求按时期分布。对近年来申请过闸的船舶艘数按月进行平均，各月值除以平均值则得到季节因子值，详见表 4–10。

过闸需求按月分布统计　　表 4–10

月份	1 月	2 月	3 月	4 月	5 月	6 月	7 月	8 月	9 月	10 月	11 月	12 月
g	1.22	0.84	0.87	1.04	1.04	1.09	0.89	0.96	1.04	0.99	1.02	1.00

⑤过船能力。

根据检修期间通过能力指标分析，2012—2014 年，三峡船闸一线检修期间，另一线船闸日过船能力分别约为 81.9 艘次、69.6 艘次和 64.6 艘次。由于近年来过闸船舶大型化趋势，从目前过闸的主要船型平面尺度及配载吃水情况来看，每天具备适合三号船闸尺度的船舶约为 30 艘次。因此，葛洲坝一号船闸或二号船闸检修期间，葛洲坝水利枢纽另外两座船闸的日过船能力分别约为 126.7 艘次、112.2 艘次和 106.3 艘次；葛洲坝三号船闸检修期间，葛洲坝一号船闸和二号船闸的日过船能力分别约为 193.5 艘次、164.3 艘次和 152.6 艘次。

（3）估算验证

2012—2014 年，三峡船闸和葛洲坝船闸开展了 3 次较长时间的停航检修，检修期间枢纽附近水域出现了大量船舶积压待闸现象。2012 年和 2013 年检修期间，为避免检修期间船舶过多集中在枢纽附近水域，长江航务管理部门对下行船舶实行启动三峡坝区水域船舶滞留应急联动机制二级预警，实施分段签证，申请下行过闸的船舶需求得到控制。下行船舶待闸数据无法客观反映过闸需求。因此，2012 年、2013 年检修期间仅估算验证单向待闸船舶数量，2014 年船闸检修期间估算验证上下行待闸船舶总量。

① 2012 年三峡船闸和葛洲坝船闸检修期间的待闸船舶数量。

2012 年 3 月 7 日～ 4 月 26 日葛洲坝一号船闸停航大修，工期 55d，三峡南线船闸首次实施岁修，工期 20d，与葛洲坝船闸同时启动。据表 4–10，3 月 g 取 0.87，4 月 g 取 1.04，前 20 d γ 取 0.157，前 20 d 日过船能力按 81.9 艘次取。三峡船闸检修结束后，短线客船恢复过闸，葛洲坝一号船闸单独检修了 35d，期间 γ 取 0.334，过船能力取 126.7 艘次。代入式（4–4）估算检修结束时单向待闸船舶数量为 360 艘次，与实际值 378 艘次误差约为 5%。

② 2013 年三峡北线船闸岁修期间的待闸船舶数量。

2013 年 3 月 2 日～ 21 日三峡北线船闸停航检修 20d，g 取 0.87，γ 取 0.157，过船能力按照日均 69.6 艘次取，代入式（4–4）估算检修结束时单向待闸船舶数量为 286 艘次，与实际值 285 艘次误差不到 1%。

③ 2014 年葛洲坝二号船闸检修期间的待闸船舶数量。

2014 年 2 月 5 日～ 24 日葛洲坝二号船闸停航检修 20d，g 取 0.84，客船正常过闸，γ 取 0.334，过船能力按照日均 106.3 艘次取，代入式（4–4）估算检修结束时待闸船舶数量为 344 艘次，与实际值 327 艘次误差约为 5%。

从 2012 年以来三峡和葛洲坝水利枢纽船闸检修情况来看，该方法可以比较准确地预测检修期间可能引起的待闸船舶数量，误差较小。因此可以采用式（4–4）对船闸检修期间的过闸需求和积压船舶数量进行预测，便于下一步运输组织方案的制订。远期，随着国民经济的迅速发展，新的船型投入使用，航运企业管理水平不断提高，船舶过闸周期出现较大变化或者常年过闸船舶数量与 3 150 艘相差较大时，可以通过选取新的基础数据和修正模型计算参数选取，从而较准确地对检修期间的需求和积压状况进行推算。

4.4.4 未来检修影响测算

（1）测算参数选取

单闸次过闸船舶艘次与申请过闸的船舶船型组合密切相关。根据 2012 年《长江水系过闸运输船舶标准船型主尺度系列》，主要有干散货船、化学品船、油船、驳船、集装箱船、运输客船等。在检修期间，由于通过能力受限，为减轻安全管理压力，长江三峡通航管理局想方设法多安排船舶过闸，努力提高船闸闸次利用率。上述船型组合均超过 4 艘，同时充分考虑船舶大型化的状况，尽量将大小船舶搭配过闸，可以确定检修期间的单闸次过闸船舶艘次不会少于 4 艘。因此，未来检修预测取一次过闸船舶 4.5 艘，同时升船机通航以后大量小船通过升船机快速通道过坝，三峡船闸（葛洲坝一号、二号船闸）单闸次船舶艘次可能降低至 4.2 艘左右。

①三峡船闸检修期间。

三峡船闸单独检修或两坝船闸同步检修期间，船舶无法正常通过三峡大坝，枢纽通过能力“瓶颈”在三峡大坝，对三峡船闸实行单向运行，定时换向，换向周期为 24h。三峡船闸闸次间隔时间取 85min。因此，当三峡船闸五级运行情况下，扣除换向时间约 145min，日均可运行 15.24 闸次，按照每闸次船舶 4.5 艘计算，日均可通过 68.6 艘船舶（单向 34.3 艘），要求日运行不低于 15 闸次。三峡船闸四级运行时（汛期），扣除换向时间约 95min，日均可运行 15.82 闸次，日均可通过 71.2 艘船舶（单向 35.6 艘），要求日运行不低于 15.5 闸次。升船机投入运行后，三峡船闸每闸次船舶艘次按 4.2 艘取，枯水期日均可通过船舶 94 艘，汛期四级运行状况下日均可通过船舶 96 艘次。

②葛洲坝船闸单独检修期间。

三峡南北两线船闸正常定向运行，超葛洲坝水利枢纽的通过能力。枢纽通过能力“瓶颈”转移至葛洲坝，葛洲坝船闸实行迎向运行，一号船闸闸次间隔时间约为 90min，日均运行 16 闸次，二号船闸闸次间隔时间约为 80min，日均运行 18 闸次。考虑到目前葛洲坝一号船闸靠船墩建设已列入日程，因此葛洲坝船闸检修期间，一号、二号船闸日运行闸次均按 18 闸次算。在极限运行和大型化条件下葛洲坝一号船闸可按日均 18 闸次 81 艘次、葛洲坝三号船闸日均过船按 30 艘次计，葛洲坝日均过船 111 艘次（单向 55.5 艘次）。

（2）葛洲坝一号、二号船闸单独大修对通航的影响

如果船闸检修的实施时间未定，无法确定其季节性系数，所以该系数值取 1。在无其他因素导致船闸运行率下降的前提下，葛洲坝一号（或二号）、三号船闸的日过船能力按照 111 艘次取。根据表 4–9，γ 取 0.334，根据表 4–10，需求最低月（2 ～ 3 月）季节性系数分别取 2 月 0.84 和 3 月 0.87，停航时间 20 ～ 60d，辖区可能产生的积压船舶数量见表 4–11。

葛洲坝（一号、二号船闸）单独检修期间积压船舶测算（单位：艘）　　表 4–11

正常情况				需求最低月			
检修日期	过闸需求	通过能力	积压数量	检修日期	过闸需求	通过能力	积压数量
第 1 天	164.62	111	53.62	第 1 天	138.28	111	27.28
第 2 天	159.07	111	102.32	第 2 天	136.13	111	52.41
第 3 天	155.58	111	146.09	第 3 天	134.24	111	75.65
第 4 天	152.05	111	187.95	第 4 天	132.55	111	97.02
第 5 天	148.98	111	225.93	第 5 天	131.04	111	117.24
第 6 天	146.28	111	261.21	第 6 天	129.67	111	135.91
第 7 天	143.89	111	294.01	第 7 天	128.43	111	153.34
第 8 天	141.75	111	324.85	第 8 天	127.31	111	169.65
第 9 天	139.82	111	353.67	第 9 天	126.28	111	184.93
第 10 天	138.06	111	380.73	第 10 天	125.33	111	199.26
第 11 天	136.47	111	406.02	第 11 天	124.46	111	212.72
第 12 天	135.01	111	430.21	第 12 天	123.65	111	225.37
第 13 天	133.67	111	452.88	第 13 天	122.91	111	237.28
第 14 天	132.43	111	474.31	第 14 天	122.22	111	248.05
第 15 天	131.29	111	494.06	第 15 天	121.58	111	259.08
第 16 天	130.23	111	513.83	第 16 天	120.99	111	269.07

续上表

正 常 情 况				需求最低月			
检修日期	过闸需求	通过能力	积压数量	检修日期	过闸需求	通过能力	积压数量
第 17 天	129.24	111	532.07	第 17 天	120.43	111	278.05
第 18 天	128.32	111	549.39	第 18 天	119.91	111	287.41
第 19 天	127.46	111	565.85	第 19 天	119.43	111	295.84
第 20 天	126.66	111	581.51	第 20 天	118.97	111	303.81
第 21 天	125.91	111	596.42	第 21 天	118.55	111	311.36
第 22 天	125.02	111	610.62	第 22 天	118.15	111	318.51
第 23 天	124.54	111	624.16	第 23 天	117.78	111	325.29
第 24 天	123.91	111	637.07	第 24 天	117.42	111	331.71
第 25 天	123.33	111	649.04	第 25 天	117.09	111	337.08
第 26 天	122.77	111	661.17	第 26 天	116.78	111	343.58
第 27 天	122.24	111	672.41	第 27 天	116.48	111	349.06
第 28 天	121.75	111	683.16	第 28 天	116.21	111	354.27
第 29 天	121.28	111	693.44	第 29 天	115.94	111	359.21
第 30 天	120.83	111	703.27	第 30 天	115.07	111	363.91
第 31 天	120.41	111	712.68	第 31 天	119.59	111	372.05
第 32 天	120	111	721.68	第 32 天	119.15	111	380.65
第 33 天	119.62	111	730.03	第 33 天	118.73	111	388.38
第 34 天	119.26	111	738.56	第 34 天	118.34	111	395.72
第 35 天	118.92	111	746.48	第 35 天	117.98	111	402.07
第 36 天	118.59	111	754.07	第 36 天	117.63	111	409.33
第 37 天	118.27	111	761.34	第 37 天	117.03	111	415.63
第 38 天	117.98	111	768.32	第 38 天	117	111	421.63
第 39 天	117.69	111	775.01	第 39 天	116.07	111	427.33
第 40 天	117.42	111	781.43	第 40 天	116.43	111	432.76
第 41 天	117.16	111	787.59	第 41 天	116.17	111	437.93
第 42 天	116.92	111	793.51	第 42 天	115.92	111	442.85
第 43 天	116.68	111	799.19	第 43 天	115.69	111	447.54
第 44 天	116.45	111	804.64	第 44 天	115.47	111	452.01
第 45 天	116.24	111	809.88	第 45 天	115.26	111	456.27
第 46 天	116.03	111	814.91	第 46 天	115.06	111	460.33
第 47 天	115.84	111	819.75	第 47 天	114.87	111	464.02
第 48 天	115.65	111	824.04	第 48 天	114.69	111	467.89
第 49 天	115.47	111	828.87	第 49 天	114.52	111	471.41
第 50 天	115.29	111	833.16	第 50 天	114.35	111	474.76
第 51 天	115.13	111	837.29	第 51 天	114.02	111	477.96
第 52 天	114.97	111	841.26	第 52 天	114.05	111	481.01

续上表

正 常 情 况				需求最低月			
检修日期	过闸需求	通过能力	积压数量	检修日期	过闸需求	通过能力	积压数量
第53天	114.82	111	845.08	第53天	113.91	111	483.92
第54天	114.67	111	848.75	第54天	113.78	111	486.07
第55天	114.53	111	852.28	第55天	113.65	111	489.35
第56天	114.04	111	855.68	第56天	113.53	111	491.88
第57天	114.27	111	858.95	第57天	113.42	111	494.03
第58天	114.14	111	862.09	第58天	113.31	111	496.61
第59天	114.02	111	865.11	第59天	113.21	111	498.82
第60天	113.91	111	868.02	第60天	113.11	111	500.93

由表4−11可知，正常情况下，当三峡船闸不检修，葛洲坝一号、二号船闸单独检修20d时，积压船舶数量一般不超过600艘，三峡船闸可不匹配检修。如果检修时间安排在2～3月，检修20d积压船舶数量约为300艘，检修60d积压船舶数量将控制在500艘左右。

（3）三峡和葛洲坝同步检修对通航的影响

①升船机投入运行以前。

A. 正常情况下停航检修对通航的影响。

检修期间三峡船闸日均过船能力按照四级运行时71.21艘、五级运行时68.56艘取，葛洲坝一号（或二号）、三号船闸的日过船能力按照111艘次取。据表4−9，三峡船闸检修期间γ取0.157（短线客船翻坝转运），葛洲坝船闸单独检修期间γ取0.334（客船不翻坝转运）。测算情况见表4−12。

正常情况下检修期间的船舶积压测算情况 表4−12

方案	停航时间（d）		过闸需求（艘）	过船能力（艘）			积压船舶数量（艘）	积压最大值（艘）
	三峡船闸	葛洲坝单独检修		三峡船闸	葛洲坝单独检修	过船合计		
1	20	20	2 126	1 371	—	1 371	755	836
2	20	30	3 286	1 371	1 110	2 481	805	886
3	20	50	5 580	1 371	3 330	4 701	879	960
4	20	60	6 710	1 371	4 440	5 811	899	980
5	30	20～30	2 980	2 057	—	2 057	923	1 004
6	30	50	5 203	2 057	2 220	4 277	926	1 007
7	30	60	6 319	2 057	3 330	5 387	932	1 013
8	50	20～50	4 555	3 428	—	3 428	1 127	1 208
9	50	60	5 599	3 428	1 110	4 538	1 061	1 208
10	60	20～60	5 304	4 114	—	4 114	1 190	1 271

B. 需求最低月（2 ～ 3 月）停航检修对通航的影响。

停航时间 30d 以内的安排在 2 月，超过 30d 的，在 2 月初启动，争取在 3 月全部完成。2 月检修期间季节性系数 g 取 0.84，3 月季节性系数 g 取 0.87，检修期间三峡船闸日过船能力按照 68.56 艘次取，葛洲坝一号（或二号）、三号船闸的单向能力按照 111 艘次取。三峡船闸检修期间 γ 取 0.157（短线客船翻坝），葛洲坝船闸单独检修期间 γ 取 0.334（客船不翻坝）。测算情况见表 4–13。

需求最低月开展检修积压船舶测算　　表 4–13

方案	停航时间（d）		过闸需求（艘）	过船能力（艘）			积压船舶数量（艘）	积压最大值（艘）
	三峡船闸	葛洲坝单独检修		三峡船闸	葛洲坝单独检修	过船合计		
1	20	20	1 912	1 371	—	1 371	541	622
2	20	30	2 984	1 371	1 110	2 481	503	622
3	20	50	5 230	1 371	3 330	4 701	529	622
4	20	60	6 347	1 371	4 440	5 811	536	622
5	30	20 ～ 30	2 715	2 057	—	2 057	658	739
6	30	50	4 865	2 057	2 220	4 277	588	739
7	30	60	5 961	2 057	3 330	5 387	574	739
8	50	20 ～ 50	4 260	3 428	—	3 428	832	913
9	50	60	5 267	3 428	1 110	4 538	729	913
10	60	20 ～ 60	4 996	4 114	—	4 114	882	963

根据表 4–12 和表 4–13 分析，在需求最低月（2 ～ 3 月）开展检修，积压船舶数量较正常时期下降超过 25%。各种停航组合方案下的过闸需求积压船舶变化规律见图 4–11 ～图 4–14。

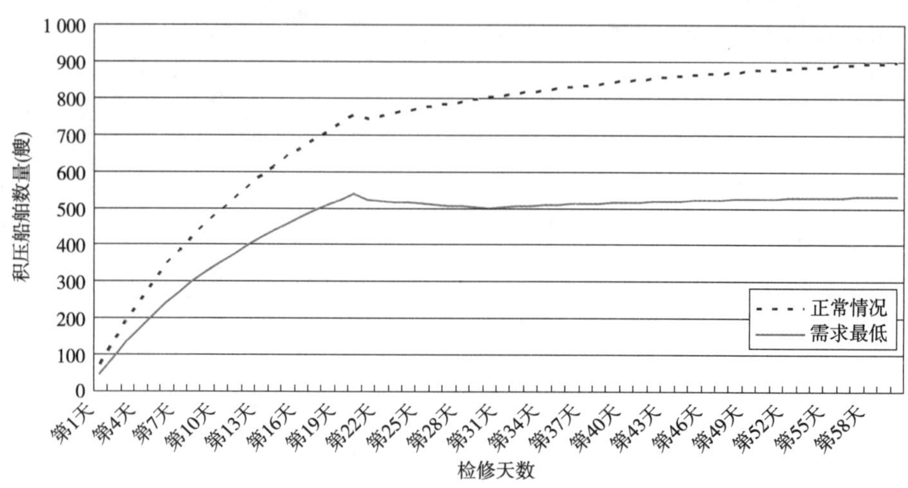

图 4–11　三峡船闸检修 20d 及葛洲坝船闸检修 20 ～ 60d

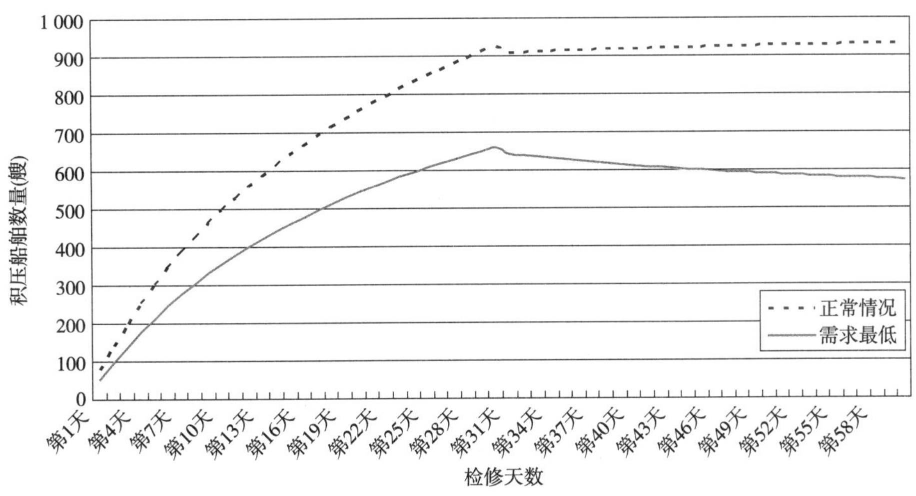

图 4-12　三峡船闸检修 30d 及葛洲坝船闸检修 30 ~ 60d

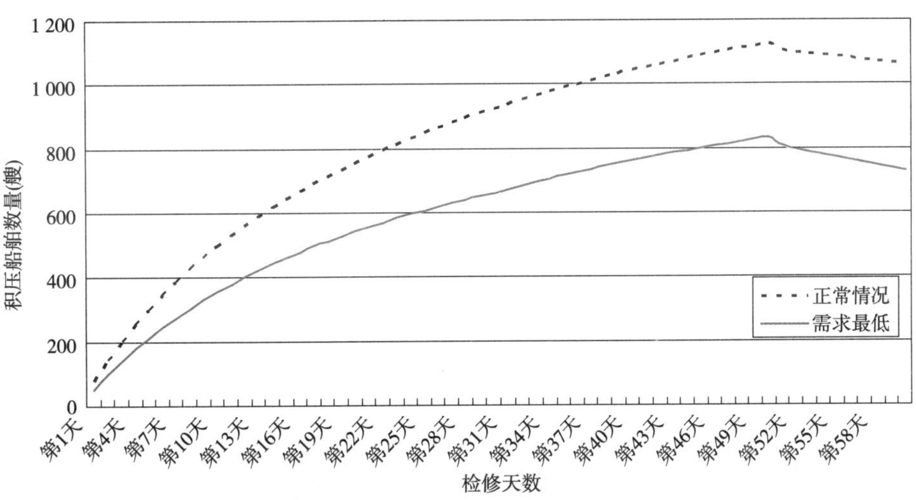

图 4-13　三峡船闸检修 50d 及葛洲坝船闸检修 50 ~ 60d

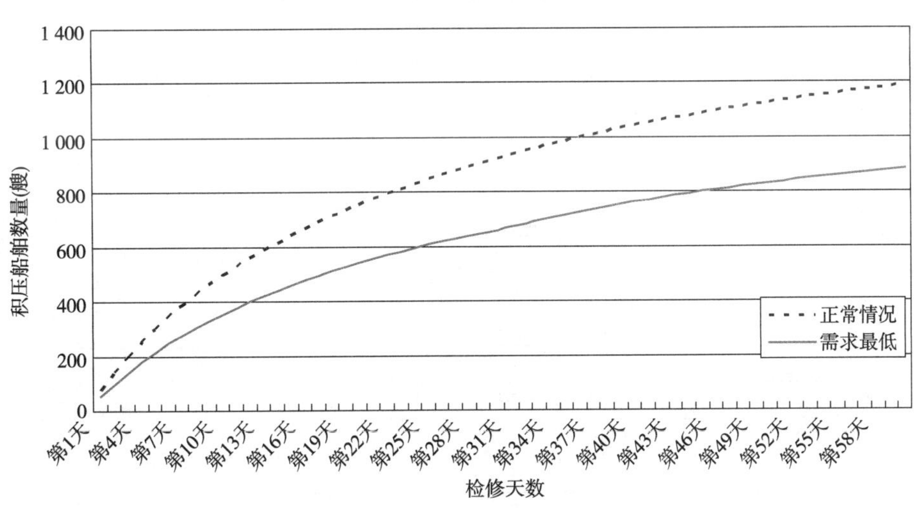

图 4-14　三峡、葛洲坝船闸检修 60d

②升船机正常运行以后。

A. 正常情况下停航检修对通航的影响。

检修期间三峡水利枢纽日过船能力按照四级运行时 96 艘次、五级运行时 94 艘次取，葛洲坝一号(或二号)、三号船闸的单向能力按照 111 艘次取。三峡船闸检修期间 γ 取 0.157，葛洲坝船闸单独检修期间 γ 取 0.334。测算情况见表 4–14。

升船机运行后正常情况下检修期间的船舶积压测算情况　　表 4–14

方案	停航时间（d）		过闸需求（艘）	过船能力（艘）			积压船舶数量（艘）	积压最大值（艘）
	三峡船闸	葛洲坝单独检修		三峡（船闸 + 升船机）	葛洲坝单独检修	过船合计		
1	20	20	2 407	1 880	—	1 880	527	608
2	20	30	3 656	1 880	1 110	2 990	666	747
3	20	50	6 027	1 880	3 330	5 210	817	898
4	20	60	7 177	1 880	4 440	6 320	857	938
5	30	20 ~ 30	3 458	2 820	—	2 820	638	719
6	30	50	5 843	2 820	2 220	5 040	803	884
7	30	60	6 997	2 820	3 330	6 150	847	928
8	50	20 ~ 50	5 458	4 700	—	4 700	758	839
9	50	60	6 624	4 700	1 110	5 810	814	895
10	60	20 ~ 60	6 430	5 640	—	5 640	790	871

与表 4–12 相比，升船机正常运行后，正常情况下三峡船闸停航检修期间，积压船舶数量较升船机运行前下降约 20%。

B. 需求最低月（2 ~ 3 月）停航检修对通航的影响。

2 月检修期间季节性系数 g 取 0.84，3 月季节性系数 g 取 0.87，检修期间 γ 取 0.157（短线客船翻坝），葛洲坝船闸单独检修期间 γ 取 0.334（客船不翻坝）。测算情况见表 4–15。

需求最低月开展检修积压船舶测算　　表 4–15

方案	停航时间（d）		过闸需求（艘）	过船能力（艘）			积压船舶数量（艘）	积压最大值（艘）
	三峡船闸	葛洲坝单独检修		三峡（船闸 + 升船机）	葛洲坝单独检修	过船合计		
1	20	20	2 168	1 880	—	1 880	288	369
2	20	30	3 343	1 880	1 110	2 990	353	434
3	20	50	5 681	1 880	3 330	5 210	471	552
4	20	60	6 818	1 880	4 440	6 320	498	579
5	30	20 ~ 30	3 165	2 820	—	2 820	345	426
6	30	50	5 507	2 820	2 220	5 040	467	548
7	30	60	6 646	2 820	3 330	6 150	496	577
8	50	20 ~ 50	5 147	4 700	—	4 700	447	528
9	50	60	6 291	4 700	1 110	5 810	481	562
10	60	20 ~ 60	6 112	5 640	—	5 640	472	553

与表 4-13 相比，升船机投入运行后，三峡船闸停航检修期间，积压船舶数量较升船机运行前下降约30%。根据表4-14和表4-15分析，升船机投入运行后，在需求最低月(2 ~ 3 月）开展检修，积压船舶数量较正常时期下降约 40%。

4.5　船舶积压应对措施

产生船舶积压的主要原因是船闸通过能力与过闸需求不相适应，因此采取措施挖掘船闸的通过能力或者合理分流减少过闸需求是减少船舶积压的有效途径。

4.5.1　最大限度地发挥船闸的通过能力

从式（4-2）船闸通过能力相关指标分析，可从以下几方面着手提高船闸通过能力。

（1）优化调度，最大限度提高两坝船闸通航效率

①合理组织，提高检修期间船闸运行效率。

优化调度，通过 GPS 系统远程计划申报、到锚确认、计划接收，实施一闸室待闸、船舶从导航墙进闸等有效措施提高船闸运行效率，确保三峡一线船闸检修期间另一线船闸五级运行时日运行不低于 15 闸次，四级运行时不低于 15.5 闸次，葛洲坝一号船闸或二号船闸日均运行不低于 17 闸次。长江三峡通航管理局密切关注枢纽水域船舶待闸情况，当枢纽通航水域船舶过坝需求严重不均，船闸运行供需不平衡的情况下，适当延长换向周期，减少检修期间换向次数，促进船流均衡，提高船闸通过能力，缓解运行压力。

②加快完善葛洲坝靠船设施。

自 1989 年葛洲坝大江航道使用以来，一号船闸的上下游引航道没有设置船舶进闸的靠船墩，过闸船舶无待闸停泊区。上行过闸船舶从艾家河锚地发航进闸、下行过闸船舶从平善坝锚地发航进闸，进闸时间较长，严重影响大江葛洲坝一号船闸通航效率的发挥。一号船闸船舶过闸闸次间隔时间高出三峡南线船闸约 30min，与三峡船闸运行不匹配。为提高葛洲坝大江一号船闸通过能力，需要在船闸上下游引航道设置船舶待闸靠泊设施，确保能满足一个闸次船舶的待闸容量。2012 年起长江三峡通航管理局在葛洲坝一号船闸上游航道增设待闸趸船供船舶待闸，为过闸船舶进闸待闸提供了极大的方便。但是，由于导航墙水域空间有限，无法会船，不能完全取代靠船墩的功能，需要尽快研究在船闸上下游水域建设靠船墩设施，以缩短船舶过葛洲坝一号船闸进闸时长，提高船闸通过能力。

（2）保证通航时间，提高大风大雾大流量条件下的通航应对能力

175m 试验性蓄水后，三峡坝区通航环境呈现新的情况，大风大雾恶劣天气对船闸运行和船舶航行造成的影响增加。

①扩容锚地，优化调度组织，实现浓雾天气条件下“能通则通、分段控制”。通过两坝间乐天溪锚地整治工程，改善两坝间通航环境，扩大两坝间锚地水域，当辖区发生大雾恶劣气候时，可以妥善应对。目前已经实现了上行船舶浓雾天气条件下“能通则通、分段控制”。按照相关统计，浓雾天气主要易发生在葛洲坝区段，从调度组织上，可通过提前准备，提前将(2 个闸次)船舶发航至中水门等待，保证天气恢复正常后葛洲坝船闸及时复航。同时，

充分发挥乐天溪锚地作用，提前将上行过两坝船舶储备（8 个闸次）在乐天溪锚地，经过精细调度组织，葛洲坝区域“扎雾”12h，可以保证在三峡北线船闸依然满负荷运行，不会出现因船舶断档而停止运行的情况。

需要加快两坝间平善坝锚地建设工程的实施，有效改善两坝间下行通过葛洲坝船闸的船舶锚泊条件，提高两坝间下行船舶锚泊能力，扩大锚泊容量，满足船舶在两坝间河段对应急、待闸停泊的锚地水域的需要。当葛洲坝区段发生大雾时，三峡船闸可以继续运行下行闸次，下行船舶出闸后在平善坝锚地、葛洲坝船闸导航墙及靠船墩待闸，以有效应对雾情天气对船闸运行和下行船舶航行的影响。

②提高过闸船舶设备配置要求。

有效应对大风大雾恶劣天气，除了制定预案、合理调度外，仍需加强研究，提高船舶抵抗恶劣气候的能力，如加强船舶配载后的稳性、强度校核等。SOLAS 公约提出了 500 总吨以上的海船强制安装配载软件的要求。考虑到三峡河段水域的重要性和敏感性，相关管理部门可以考虑将过闸船舶安装配载软件列入规范，同时将过闸船舶安装透雾设施、提高抗风浪等级等要求纳入规范，供海事部门过闸检查参考，保障安全。

（3）合理引导船型良性发展，优化船舶过闸组合，抵消大型化带来的不利影响

在大型船舶越来越多的情况下，为充分利用闸室面积，必须尽量优化过闸船型组合。在船舶过闸组织中需要打破“先到先过”排序原则 [4]，适当放开控制条件，扩大组合选船的时间范围，对过闸船舶分尺度、吨位等级等进行分开排序，抵消大型化带来的不利影响，使过闸组织更加优化、合理，以尽量提高单闸次运量。同时，要加快推广新的适合三峡水利枢纽通航建筑物通航尺度的货船标准船型，最大限度地提高一次过闸平均吨位，提高枢纽通过能力。

需要强化政策作用，引导船型健康发展。通过强化对船舶检验、发证的标准化管理，加强船型标准化宣传，引导船东新建船舶时科学决策。加强旅游船管理，尽快完善旅游船、客船船型标准系列，设计利于过闸组合或升船机分流的船型。

（4）实施三江航道和船闸改造，开展葛洲坝过闸船舶吃水研究

由于葛洲坝船闸与三峡船闸的运行条件不一样，三江航道维护水深限制已经成为枯水期两坝匹配运行的瓶颈所在。根据航道管理部门公布的航道维护水深，中水门（3.5km）至庙河（62.5km）干线航道、三峡船闸航道以及葛洲坝水利枢纽大江航道维护水深一般为 4.5m；葛洲坝水利枢纽三江航道汛期维护水深为 4.5m，中水期为 4.0 ~ 4.2m，枯水期一般为 3.5 ~ 4.0m。三江下引航道受船闸泄水影响，往复流问题比较严重。因此能通过三峡船闸的船舶不一定能过葛洲坝船闸，按照相关规范要求，三江枯水期时只能按照 3.3m 控制。由于水深受限，在大型化条件下造成部分船舶需要减载通过船闸，影响船舶装载系数指标的提升。因此，现行葛洲坝三江下引航道维护水深标准及船舶吃水控制尺度制约船舶通航及葛洲坝船闸的运行效率与通过能力，且影响两坝船闸匹配运行。过闸船舶被迫在坝前转载，会造成申请过闸的船舶数量增加，加剧坝区船舶积压形势及安全管理压力。需要开展葛洲坝船闸过闸船舶吃水控制标准研究，充分发挥葛洲坝船闸的通航效益。

提高航道水深有两个途径：一是对三江航道进行深挖，葛洲坝三江航道底高程为

34.5m，而葛洲坝二号船闸下门槛为34m，可将三江航道下挖0.5m，与二号船闸持平；二是协调中国长江三峡集团公司及中国长江电力股份有限公司，检修期间加大下泄流量，确保庙嘴水位不低于40m，确保枯水期一号船闸检修期间二号、三号船闸能与三峡船闸很好地匹配运行。

4.5.2 合理分流降低过闸需求

(1) 客船翻坝分流，降低非货运船舶所占闸次数

旅客运输具有机动、灵活、方便等特点，当前过闸旅客需求总体呈现下降趋势。可以利用新开通的三峡翻坝运输江南专用公路组织对过闸客船旅客实施翻坝转运，对客运影响较小，同时又可降低船舶过闸需求，提高船闸通过能力，减少船舶积压。如果不实施翻坝转运，在现有对客船优先过闸政策的情况下，会造成过闸需求数量有所增加。船闸检修期间的日均需求将增加为8 ~ 10艘次。因此对客船实施翻坝分流，是减少积压数量的有效措施。

(2) 发挥综合交通运输体系作用，开展货物分流

目前，三峡通过能力已经趋于饱和状态，可以从物流过坝的其他方式来着手。为避免大量物资长时间在长江沿线港口积压，影响地方经济发展，可通过货主、物流企业合理组织，沿江地方政府综合管理部门、交通运输部门、铁路部门建立沟通协调机制，发挥三峡区域综合运输体系作用，利用宜万铁路、沪渝高速对部分货物进行分流。

据统计资料，2007—2011年干散货、液体危险品货物、集装箱、滚装商品车年均增长率分别为21.04%、35.11%、8.45%、10.92%。件杂货物运量基本保持平衡，每年维持在200万t左右，主要包括机电设备、化工、轻工医药及其他工业制成品、农牧渔业产品等。这类货物一般运输距离较短，运量较少，船舶装载率低，不及总过闸物资的5%，其中，鲜活货、医药用品以及对温控有要求的化工品等均属于时效性较强的货物，存在装载要求高、时间要求紧的特点。2011年过闸件杂货物船舶构成情况见表4-16，日均过闸3.9艘次。

2011年过闸件杂货物船舶艘次情况统计（单位：艘次） 表4-16

货　种	上　行	下　行	合　计
机械、设备、电器	221	175	396
化工原料及制品	208	786	994
轻工、医药产品	9	8	17
鲜活货	0	4	4
合计	438	973	1 411
日均	1.20	2.67	3.87

可充分发挥三峡区域综合运输体系作用，利用宜万铁路、沪渝高速公路组织对部分货物实行分流，逐步形成一个“宜水则水、宜陆则陆”的区域综合运输体系。船闸运输主要集中在干散货运输上，旅客、集装箱等物资可供选择过坝的方式增加，以有效解决通过能

力与过闸运输需求不匹配问题，保障运输生产安全、有序。当前，三峡河段可考虑在不同时期、针对不同情况、对不同的船舶进行翻坝转运，主要是客船、滚装船、煤炭、集装箱等运输船舶。鉴于目前船闸通过能力不足与日益增长的运输需求之间的矛盾日趋严重，需要从中长期角度研究建设长期翻坝转运机制。

考虑到件杂货物的运量、装载率和时效性要求，现阶段可采取鼓励货主、港航企业开展件杂货物翻坝转运。相关管理部门和长江三峡集团公司应给予支持，避免其长时间在坝区积压，每天可减少过闸船舶需求数量约 4 艘。

由上级部门协调地方政府建立铁路、公路分流协调机制等措施进行应急分流，共同研究解决铁路、公路货物分流中存在的问题，缓解坝区通航压力。

（3）适当控制危险品过闸或实行危险品管道分流

由于危险品运输的特殊性，海事、公安部门在进行过闸前安检时，对查出的隐患整改难度大，危险品船舶一旦发生事故容易造成燃烧爆炸、水体污染、人员伤亡及财产损失等严重后果，并引发一系列社会问题，这对三峡通航管理的影响尤为巨大。因此，在加强源头管理和培训力度、提高危险品水路过坝运输单位的资质门槛和相关从业人员的业务能力及素质的同时，要考虑对其实施分流。目前，国内输油管道建设突飞猛进，管道运输量大，运输成本低，是危险品过坝分流的理想手段之一。针对三峡船闸通过能力基本饱和的现状，如果国家进一步优化危险品生产运输布局，加快长江沿江油品管道建设，科学引导，适当控制一级危险品的水路运输，或者实行分流，则可有效降低枢纽水域危险品事故的发生，也为进一步提高船闸运行效率，确保枢纽水域安全、稳定创造有利条件。当条件成熟，实行油品船舶分流后，平均每天可降低船舶过闸双向需求约 11 艘次。

（4）应急联动

2010 年，长航系统出台了《三峡坝区水域船舶滞留应急联动机制工作方案》，到目前为止已经多次有效应用于因三峡坝区发生大风浓雾、船闸检修等原因出现船舶积压的应对工作。通过对长江沿线各港口船舶出港签证实施控制，减少进入三峡坝区水域船舶，使坝区待闸压力、通航安全压力得到减轻。测算出正常情况下，当船闸检修 20d，升船机开通运行以前，三峡船闸检修到第 10 天时（升船机运行后约第 17 天），积压船舶数量将超过 480 艘，满足《三峡坝区水域船舶滞留应急联动机制工作方案》中三峡船闸停航检修情况启动应急联动二级预警条件，对需通过三峡—葛洲坝船闸水域的船舶采取沿途分段签证控制措施。控制三峡船闸检修期间每日抵达三峡—葛洲坝水利枢纽上下游水域的过闸船舶不超过 71 艘（升船机开通后不超过 94 艘），葛洲坝船闸单独检修期间控制每日抵达枢纽上下游水域的过闸船舶不超过 111 艘。直到检修结束，则坝区水域积压船舶将控制在 600 艘以内。

4.6　通航组织对策

为有效应对船闸检修期间通过能力严重不足问题，确保坝区通航安全、有序，降低社会影响和航运企业的经济损失，根据调研情况，过闸船舶最长的积压承受力一般不超过

10d。因此，以辖区积压船舶控制在600艘左右为目标，结合三峡过坝运输形势和三峡区域综合运输条件，假设客船翻坝作为检修期间的一项长效措施，在船闸通过能力无提高可能性的前提下提出运输组织对策。

4.6.1　停航前准备工作

①提前将停航检修期间相关方案汇编成册，印制分发宣贯。组织港航管理部门和航运企业召开宣贯大会和新闻媒体专题通气会，争取得到各方的理解、支持和配合。召开新闻媒体专题通气会，开辟三峡通航政务网站大修专栏，让社会和船方及时掌握检修及通航信息与动态。

②对外发布通告，提醒相关单位密切关注，制定对策，合理组织运输生产，提前抢运物资，以做好停航期生产应对工作。

4.6.2　不同检修组合下的应对措施

（1）决定两坝船闸同步检修的条件

由于葛洲坝船闸通过能力高于三峡船闸，为避免重复停航造成坝区水域拥堵，尽量减少停航检修对航运的影响，根据测算结论，可按照以下边界条件实施两坝间匹配检修。

①当三峡船闸开展检修时，葛洲坝船闸应匹配开展检修，以避免重复停航造成两坝运行效率下降。

②根据葛洲坝一号、二号船闸单独大修对通航的影响测算（表4−11），正常情况下，葛洲坝一号、二号船闸单独检修不超过20d时，三峡船闸可不匹配检修，检修时间超过20d时，三峡船闸需要匹配检修。如果检修时间安排在2～3月，葛洲坝船闸可单独开展停航检修60d，三峡船闸也可以不匹配开展检修。其余条件下三峡船闸应匹配检修。

（2）升船机开通运行以前的主要通航组织对策

①当三峡船闸停航天数不超过20d时，估算积压船舶数量最大为622艘，仅需采取常规（短线客船翻坝，下同）措施。

②三峡船闸停航天数达到30d时，估算积压船舶数量最大为739艘。此时，可通过件杂货物分流、优化调度组织以及启动应急联动措施来控制积压船舶数量，组织编制停航修理期客货运输组织方案，将影响降至最低。

③三峡船闸停航天数达到50d及以上时，估算积压船舶数量超过900艘，会对长江航运经济造成较严重的影响，导致船流、货流周转变慢。除组织编制停航修理期的客货运输组织方案外，还需由国家综合管理部门牵头协调相关单位、政府部门，建立应急预案，强化政策引导，采取综合运输模式，实行应急分流。

（3）升船机开通运行以后的主要通航组织对策

由表4−17可知，升船机开通运行后，正常情况下如果两坝检修时间都不超过20d，积压船舶数量约为608艘，则仅需采取常规翻坝措施即可。如果合理选取检修时机，将检修时间安排在2～3月，即使检修时间达到60d，根据测算积压船舶数量仅为553艘（表4−15），也仅需采取常规措施即可。

4.6.3　过闸船舶调度

由于船闸停航检修造成枢纽的通过能力不足进一步加剧，为减少船闸检修对地区经济的影响，保障运输生产安全有序。长江三峡通航管理局制定《三峡—葛洲坝船闸检修期船舶过闸应急调度管理办法》，确保调度组织有法可依、兼顾公平、保证效率。

（1）调度计划模式

计划编制实施 24h 计划模式，由调度系统根据船舶到锚顺序编制过闸作业计划，确保船舶过闸计划的公开、公平、公正。当待闸的一级危险品船舶可排满一闸次时安排专闸通过。为尽量均衡上下游船流，三峡一线船闸检修期间另一线船闸实行单向运行定时换向，换向周期为 24h。

为配合 24h 调度模式，将上行船舶 GPS 到锚确认线从枝城大桥下移至松滋口至罗家河连线水域，拓展上行过闸船舶待闸水域，延伸了过闸船舶调度区域锚地应用。需要进一步加强研究，将下行报告线继续上移，同时需要在报告线范围内增建锚地，使得调度水域内可以容纳更多的船舶，进一步扩大选船范围，便于编制效率更高的调度计划，提高船舶过闸效率。

（2）过闸组织原则

基本原则为：重点优先、先到先过、兼顾效率、合理调控。特殊任务船舶（如警卫任务、军事运输、抢险救灾物资等）、长线客运船舶、整船鲜活易腐货物船舶、集装箱快班轮、商品汽车滚装船优先安排过闸，其他船舶一律按先到先过的原则有序安排过闸。载运危险货物船舶集中安排过闸。对于关系国计民生的重点急运物资运输船舶，每航次须由沿江有关省（直辖市）政府指定的综合管理部门发函认可，长江航务管理局从严控制、核准，三峡通航局优先安排过闸。

4.6.4　检修期间安全保障措施

（1）加强船舶过闸前检查

普通船舶过闸“先申报、后抽查”，一级危险品船舶、二级易燃易爆危险品船舶 100% 检查，其他船舶随机抽查率不低于 5%。3000 吨级及以上的船舶在过闸前逐船、逐航次核查吃水。

（2）强化监管力度，创造良好通航环境

利用 VTS 手段对枢纽水域实施 24h 不间断监控，加密现场巡航密度，对危险品船舶实施全程维护。及时发布枢纽水域气象、水文预警信息，及时发现并纠正船舶走错航路、违章追越等行为，尽量避免紧迫局面和险情事故的发生，在上下游引航道设置现场监管点，严控进入引航道船舶的航行秩序，严禁船舶超吃水航行，有效防止碰撞、搁浅事故的发生，为船舶高效过闸提供安全保障。

（3）重点船舶过闸维护

对大型船舶、特种拖带作业船舶、一级危险品船舶实施全程维护。载运易燃易爆危险品货物船舶过闸时，船闸集控操作人员必须严格执行操作规程，全过程视频监视危险品船舶动态；值班主管控制闸区施工和动火，并安排现地值班人员现场监护载运易燃易爆危险品货物船舶过闸。一级易燃易爆危险品船舶过闸时[5]，通航指挥中心通知海事执法大队全程维护，通知坝区消防大队上闸维护，通知公安上闸维护；船闸管理部门值班主管随闸监护。严格执行待闸船舶进入或驶出锚地前报告制度，确保辖区待闸秩序稳定。强化易燃易爆危险品船舶锚地的安全监管，杜绝普通船舶和危险品船舶在锚地内混泊，确保安全。

4.6.5 强化监督管理，提高船方满意度

(1) 严格考核，最大限度地挖掘船闸通过能力

加强对运行班组考核，除去发生大风、浓雾等恶劣气候或大流量等影响外，在保证安全的前提下，确保三峡一线船闸检修期间另一线船闸五级运行时日运行不低于 15 闸次，四级运行时不低于 15.5 闸次，葛洲坝一号船闸或二号船闸日均运行不低于 17 闸次。

(2) 加强行风监督，提高船方满意度

加强葛洲坝、三峡船闸检修期间的廉政行风监管，确保检修期间的通航秩序良好和船闸的有序运行，杜绝行风违纪行为的发生，提高船方满意度。

4.7 应用效益分析

2012 年和 2015 年三峡南线船闸停航检修 20d，2013 年三峡北线船闸停航检修 20d，2012 年葛洲坝一号船闸停航检修 50d，与三峡南线船闸检修同步启动。2014 年开展了葛洲坝二号船闸大修，尤其是 2014 年葛洲坝二号船闸大修、2015 年三峡南线船闸检修安排在 1 ~ 3 月进行，是研究成果的成功运用。

4.7.1 提高船闸检修期间的船闸运行效率

对策措施贴合实际，可行性高，相关对策及建议已经在 2012—2015 年度船闸检修期间得到应用，保证了通航安全，提高了船闸停航修理期间的通航组织效率。

据运行管理预测显示，在现有条件下，三峡船闸一线检修期间另一线船闸正常通航情况下日运行为 13 闸次，葛洲坝一号船闸或二号船闸单独检修期间，另一座船闸（二号船闸或一号船闸为主力船闸）日运行约为 15 闸次。2012—2015 年船闸检修期间三峡船闸和葛洲坝船闸运行统计情况见表 4–17。

2012—2015 年三峡、葛洲坝船闸检修期间运行情况（单位：闸次）　　表 4–17

年份	2012 年	2013 年	2014 年	2015 年
检修船闸	三峡南线	三峡北线	葛洲坝 2 号闸	三峡南线
运行船闸	三峡北线	三峡南线	葛洲坝 1 号闸	三峡北线
第 1 天	17	16	18	—
第 2 天	14	14	17	—

续上表

年份	2012 年	2013 年	2014 年	2015 年
第 3 天	17	15	16	—
第 4 天	13	14	16	—
第 5 天	16	15	15	—
第 6 天	15	15	16	—
第 7 天	14	11	17	—
第 8 天	15	16	17	—
第 9 天	14	15	17	—
第 10 天	14	15	15	—
第 11 天	13	14	18	—
第 12 天	13	17	16	—
第 13 天	13	12	18	—
第 14 天	16	17	18	—
第 15 天	13	15	18	—
第 16 天	14	15	16	—
第 17 天	14	12	19	—
第 18 天	13	16	16	—
第 19 天	17	14	19	—
第 20 天	12	16	17	—
总闸次数	287	294	339	296
日均闸次	14.35	14.7	16.95	14.8
最大闸次数	17	17	19	17

据 2012 年以来检修期间运行情况显示，检修期间三峡船闸日均运行闸次数量较预计提高超过 10%，最大达到 17 个，葛洲坝船闸日均运行闸次数较预测每天增加近 2 个，最大达到 19 个。船闸运行闸次数增加，过闸船舶数量和货物通过量也会增大，进而提高检修期间货物在三峡河段水域的周转速度和航运企业效益。

（1）过闸货物平均运距

三峡船闸于 2003 年 6 月 18 日向社会船舶开放。随着国民经济、西部大开发和重庆直辖后经济的快速增长，以及水运在安全和价格上的优势，长江航运快速发展，三峡过闸货运通过量增长迅猛。

从三峡船闸过闸的分货种通过量来看，煤炭、石油、矿石、矿建材料等大宗散货完成通过量占总量的 64%，主要是从四川泸州或重庆涪陵运到长江中下游岳阳、镇江等地，平均运距 2 000km。其中，矿石通过量约占 21%，主要以重钢外贸铁矿石运进和川、贵等地的磷矿外运长江中下游地区为主，平均运距 2 200km；水泥、钢材、化肥、粮棉等其他货类完成通过量占 15%，主要运输范围为武汉至重庆，平均运距 1 000km；集装箱通过量占总量的 10%，主要是重庆、万州、涪陵、泸州等港与上海港的内支线运输，平均运距

2 200km。因此，综合统计通过三峡船闸的主要货物平均运距约为 1 900km。

（2）运输价格

根据调研情况，以普通干散货为例，2012年以前过闸船舶平均运价约为0.03元/(t·km)，近年来运价出现下降，过闸船舶平均运价约为 0.02 元 /(t · km)。

（3）经济效益

2014 年三峡船闸平均一次过闸货运量为 10 733t/ 闸，则 2014 年、2015 年船闸检修期间增加的货物通过量约为 40 万 t，创造的经济效益约为 1 500 万元。

4.7.2 减少积压船舶数量，节约船舶运输成本

预测显示，三峡船闸停航检修期间三峡河段积压船舶数量在 1 000 艘次以上，葛洲坝一号船闸或二号船闸检修期间，三峡河段积压船舶数量将达到 500 艘次以上。

统计显示（表 4–18），停航检修期间积压船舶数量较预期下降超过了 25%，船舶平均待闸时间较预期减少了 1d 以上。根据重庆市有关专家分析预测（2014 年《经济分析报告》，专送第 300 期），“一艘船在船闸等一天，成本是 1 万元”。2012—2015 年三峡船闸南线或北线船闸停航检修 20d 期间通过的船舶数量均超过 1 200 艘次，如果积压船舶数量下降，按照该成本及平均每艘船舶待闸时间减少 1d 来测算，则可创造经济效益（降低航运企业成本）1 200 多万元。

2012 年以来船闸检修期间通过的船舶艘次及船舶积压情况（单位：艘次）　　表 4–18

年份	2012 年		2013 年		2014 年		2015 年	
	过闸船舶艘次	积压船舶艘次	过闸船舶艘次	积压船舶艘次	过闸船舶艘次	积压船舶艘次	过闸船舶艘次	积压船舶艘次
第 1 天	86	211	81	101	71	142	74	111
第 2 天	75	191	73	128	82	201	49	188
第 3 天	84	166	75	170	84	262	73	221
第 4 天	68	345	69	219	94	233	92	266
第 5 天	75	446	73	256	80	228	44	341
第 6 天	84	444	78	291	101	172	66	390
第 7 天	81	531	54	382	111	194	55	476
第 8 天	81	593	79	407	94	171	80	478
第 9 天	78	589	77	512	93	246	61	500
第 10 天	81	589	81	463	108	196	74	523
第 11 天	79	635	74	467	109	221	70	576
第 12 天	71	675	87	535	109	186	66	587
第 13 天	70	701	65	560	93	193	56	618
第 14 天	77	735	57	645	93	210	70	643
第 15 天	71	707	54	642	94	247	65	679
第 16 天	80	741	74	665	113	219	71	662

续上表

年份	2012 年		2013 年		2014 年		2015 年	
	过闸船舶艘次	积压船舶艘次	过闸船舶艘次	积压船舶艘次	过闸船舶艘次	积压船舶艘次	过闸船舶艘次	积压船舶艘次
第 17 天	85	774	58	680	98	258	71	665
第 18 天	71	751	60	709	102	222	78	661
第 19 天	91	681	65	678	101	286	85	645
第 20 天	65	613	55	608	96	327	81	628
日均艘次	77.65	555.9	69.45	455.9	96.3	220.7	69.05	492.9
最大值	91	774	87	709	113	327	92	679

综上，研究成果在三峡船闸和葛洲坝船闸投入运用后，检修期间的通航管理和服务水平显著提升，具有良好的社会效益。以三峡一线船闸每年检修 20d 为例，可创造经济效益 2 700 多万元，其中货物通过量的增加可创造经济效益 1 500 万元，节约船舶待闸成本 1 200 多万元，具有较好的经济效益。

第 2 篇

长江三峡—葛洲坝水利枢纽两坝船闸运行维修关键技术

5 葛洲坝船闸“三闸一控”系统

5.1 概述

葛洲坝船闸集中控制系统改造工程简称“三闸一控”工程，是葛洲坝船闸通航 30 多年来最为重大的船闸电气自动化技改工程，是在国内外工业控制技术及信息化技术高速发展背景下的一次船闸自动化技术跨越式升级，对船闸运行效率的保障和提高具有重要意义。该工程立项的目的：一是依托高端可编程控制技术对三座船闸控制系统进行第二轮全面的升级改造，二是建立三座船闸集中控制网络和控管中心，实现三座船闸的集中远程控制。“三闸一控”的意义在于：优化运调关系，利于统一指挥；优化现场运行管理模式，节约人力资源；加强监管力度，降低安全风险；完善应急手段，降低故障停航率；实现管控一体化，提升设备管理水平。

为了能够实现“三闸一控”的最初设想，长江三峡通航管理局发挥传统优势，立足自主研究和联合攻关，先后于 2004 年和 2005 年立项开展三号船闸控制系统技术改造方案研究和葛洲坝船闸集中控管系统研究，通过 2 年左右的科研攻关形成了《葛洲坝船闸集中控管系统整体改造方案》成果，成为工程立项申报与招标设计的主要技术依据。

“三闸一控”工程以实现三座船闸统一控制和管理为目标，通过充分融合葛洲坝船闸 20 多年来的技改和多年科研攻关的成果，借鉴先进经验，融合大规模 PLC 技术、工业以太网技术等对三座船闸计算机监控系统、现场传感装置、图像监控及广播系统等进行整体升级和改造，对船闸运行工艺进行进一步优化，实现了单座船闸的全冗余热备自动控制和三座船闸集中远程控制，使船闸的运行与操作更加可靠和灵活，不间断运行能力显著提高。“三闸一控”工程正式投入运行后，葛洲坝船闸自动化控制整体水平一举赶超三峡船闸，不仅在计算机监控系统的不间断运行性能方面有所超越，而且在传感器技术的创新与应用方面更是有明显的突破和创新。

5.2 集中控制系统关键技术

5.2.1 大规模 PLC 技术及控制系统组网

葛洲坝船闸集中控制系统按照“硬件冗余、软件容错”“集中监控、危险分散”“适当的控制功能与管理功能分配”的设计思想，利用计算机技术、网络技术、控制技术，将“控制”与“管理”紧密结合，构建分层分布式集中监控系统（“控管”系统），最终实现彼此独立的 3 座船闸监控系统有机地联成一个整体。该系统分为集中控管中心控制层、船闸分控中心控制层、现地 PLC 设备控制层。系统的每层之间采用工业以太网进行通信连接，重要部位冗余配置，保证船闸集中控制系统具有较高的安全性、可靠性、实时性、可用性和开放性，而且系统还具有良好的可操作性和可维护性，结构见图 5–1。

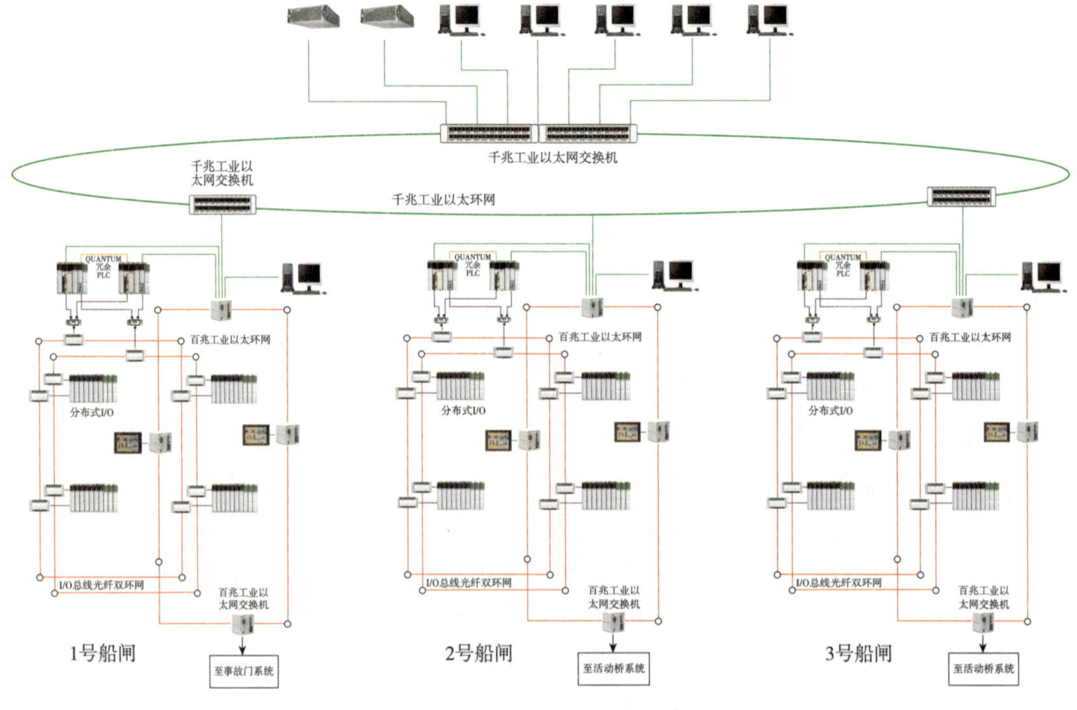

图 5–1　集中控制系统结构

第一层为集中控管层，主要指布置在控管中心的设备。控管中心计算机监控系统由中心控制网、操作员工作站、工程师工作站、I/O 服务器、数据存储服务器、管理工作站等组成。其中，1 ~ 3 号操作员工作站负责完成 3 座船闸的整体运行协调控制和监视管理；工程师工作站负责船闸计算机监控系统的软件维护和管理；数据存储服务器负责完成运行数据的归档存储；管理工作站用于船闸运行实时和历史数据的查询及趋势分析，生成和打印各项运行报表，负责设备资源管理工作。

第二层为分控中心控制层，是指分别布置在 3 座船闸集中控制室内的分控中心设备。每座船闸均设置 1 套分控中心计算机监控系统，共 3 套。每套分控中心系统包括船闸控制网、分控工作站和双机热备 PLC 系统主站等设备，实现单座船闸的整体运行协调控制和监视管理，按选定的运行程序和现地设备状态，顺序向下层现地控制站发布动作命令以及信息采集管理显示等。

第三层为现地控制层，由分布在船闸各现地控制机房的动力控制设备、各类现场传感器、开关设备、通航信号设备和 PLC 远程设备等构成。每座船闸各包括 8 套闸阀门现地控制站（二号船闸还设有防撞装置现地控制站），每个现地控制站包括现地紧急继电器手动控制设备、现地 PLC 远程 I/O 自动控制设备、触摸屏设备等，实现船闸设备现地启闭操作、状态监视和故障保护功能。

三层结构之间有明确的分工。集中控管层是 3 座船闸的一体化控管中心，主要承担 3 座船闸整体运行的协调控制和监视管理，实现葛洲坝 3 座船闸的集中监控与信息化的系统管理。分控层在集中控管层网络离线或经身份认证取得控制权时，能实现单座船闸的整体运行操作、控制和监视管理，按照运行工艺流程和现地设备状态，显示船闸的运行状态和控制船闸的运行等。现地设备的动作由现地控制层进行控制，如人字闸门、输水阀门的启闭，防撞装置的升降，通航指挥信号灯的转换，现地设备工作状态信息的采集与上送、故障保护等。

5.2.2 分层分布集散控制方式

葛洲坝 3 座船闸均为单级船闸，每座船闸既能接受控管中心设备的远方监控和操作指令实现 3 座船闸集中远程控制，又可通过分控中心计算机控制系统和现地控制系统独立完成此闸的运行控制和操作。

（1）控管中心集中监控

控管中心处于监控系统的最上层，设有 3 套操作员工作站，用于实现对 3 座船闸的独立控制。对单座船闸而言，其监控、操作权限及控制功能与分控中心对等。

控管中心除对 3 座船闸实现分别监控以外，还具有船闸运行管理功能，主要包括历史数据查询及报告、与上层信息系统接口、与工业电视监控系统接口等。

（2）分控中心监控

分控中心设有分控工作站，其监控操作与控管中心一样，在操作上均属集中监控范畴，遵循任何时刻只有一处操作控制的原则，相应权限的操作人员，可将操作权切换至分控中心，实现分控中心操作。分控中心可以控制现地站动力电源分合闸。

分控中心的监控功能基本与控管中心一致，具有单座船舶过闸调度指挥，船闸单步、联动控制，船闸运行工况监视，故障报警显示，实时趋势、历史趋势、故障与事件记录查询，系统及设备参数设置等功能。

（3）现地控制

系统设有闸门现地控制站、阀门现地控制站、二号船闸防撞装置现地控制站，采集传感器及控制反馈信息，监控现地设备运行，具有完善的故障诊断及运行保护功能，能实现无人值守的自动化运行。

闸阀门现地控制站设有触摸式图形操作面板，设有“集控—现地”、“本侧—双侧—对侧”切换按钮。现地控制站可以随时获取控制权，使单座船闸的控制方式转换为现地控制。

闸门现地控制站在现地控制方式下，通过柜门按钮或触摸屏操作，控制本闸首单侧、双侧闸门启闭，也可以通过触摸屏操作，控制本闸首阀门单侧、双侧启闭。阀门现地控制站在现地控制方式下，通过柜门按钮或触摸屏操作，控制本闸首阀门单侧、双侧启闭。防撞装置现地控制站（二号船闸）在现地控制方式下，通过柜门按钮控制防撞装置单侧、双侧升降。

阀门现地控制站设有检修控制功能，通过触摸屏设置和分控中心或控管中心操作员工作站确认，可以使阀门进入检修操作模式。在该模式下，该阀门现地检修运行与整座船闸的集控运行互不干扰。

闸阀门现地控制站触摸屏除具有现地站运行监控功能外，还具有故障报警显示、实时趋势显示、历史趋势显示、故障与事件记录、系统及设备参数设置等功能。

5.2.3　船闸控制系统不间断运行技术

作为连续运行的船闸，其控制系统不间断运行能力是关键性保障因素。“三闸一控”系统工程在设计过程中对系统的热备冗余能力进行了充分的考虑，分别从 PLC 系统组态、控制网络拓扑结构、电动机变频拖动回路以及 UPS 集中供电等环节进行了充分的考虑，使整个控制系统能够在出现故障时不出现船闸停航或碍航。

(1) PLC 的冗余热备

针对葛洲坝船闸控制设备分散、过闸运行频繁、高水头过闸过程不能中断等特殊要求，PLC 控制系统设计时在单座船闸选用一套高性能热备 PLC 主站，闸阀门现场控制站采用远程冗余 I/O 扩展站。远程 I/O 站与主站之间通过高速现场总线形成光纤双环网连接，构成分布式控制系统结构。这种结构形式特别适合船闸的分散控制要求。由于采用高速的现场总线网络通信，通信实时性大为提高。单座船闸采用一套 PLC 系统，能减少过去多套 PLC 系统之间状态信息通信的额外消耗，整座船闸的控制状态和控制过程均能高效地进行计算和判断。采用热备 PLC 主站，能有效提高系统冗余性能，不会因单个设备的故障导致系统停止运行。采用高性能 PLC，能满足船闸控制设备数量多、信号类型多、控制工艺复杂、数据量大等处理要求，满足运算和控制功能要求。采用冗余的 I/O 机架配置，能有效避免因信号采集传感器或输出通道故障导致船闸运行异常中断，实现船闸的容错功能和不间断运行。

系统选用施耐德 Modicon Quantum 140 系列 PLC。140 系列 PLC 采用主从机架统一规格的底板、电源、信号模块设计，保证热备配置下系统性能不降低。140 系列以太网模块内置 Modbus TCP/IP 通信协议，通过以太网模块实现与控管中心计算机、分控中心计算机、现地触摸屏等网络设备的以太网通信功能。PLC 主站 CPU 进行热备切换时，以太网模块 IP 地址自动切换，无须用户进行干预。

①热备冗余的 PLC 主控站。

系统在每座船闸的分控中心设置一套热备 PLC 主控站，整体采用施耐德 Unity Quantum 热备系统。热备 PLC 系统通过以太网模块连接船闸光纤控制环网交换机，与分控中心工作站、现地触摸屏、闸门控制变频器、事故门 / 活动桥系统通信。通过 RIO 处理器模块，连接光纤中继器，与现场闸阀门启闭机房内的远程 I/O 系统进行光纤总线环网通信。PLC 系统分控中心主站和闸阀门启闭机房远程 I/O 站之间采用光纤双环网通信，主站与远程站之间设有专用的协议处理器和设备器模块，通过光纤中继器构成环网结构。通信模块设计采用双通道模块，同一位置闸阀门机房的远程站通过同轴电缆连接至光纤中继器，分控中心与各闸阀门机房之间光纤中继器通过光缆连接形成双环网结构，确保通信可靠。

②冗余的子站 PLC 系统。

每座船闸设有闸门现地 PLC 系统远程 I/O 站、阀门现地 PLC 系统远程 I/O 站。每套现地远程 I/O 站由互为冗余的上下 2 套机架组成。各套机架安装相应的电源模块、通信模块、信号模块，均采用冗余一对一配置。各套 I/O 远程站与分控中心热备主站之间采用光纤双环总线网络结构。船闸分控中心的 PLC 系统结构见图 5–2。

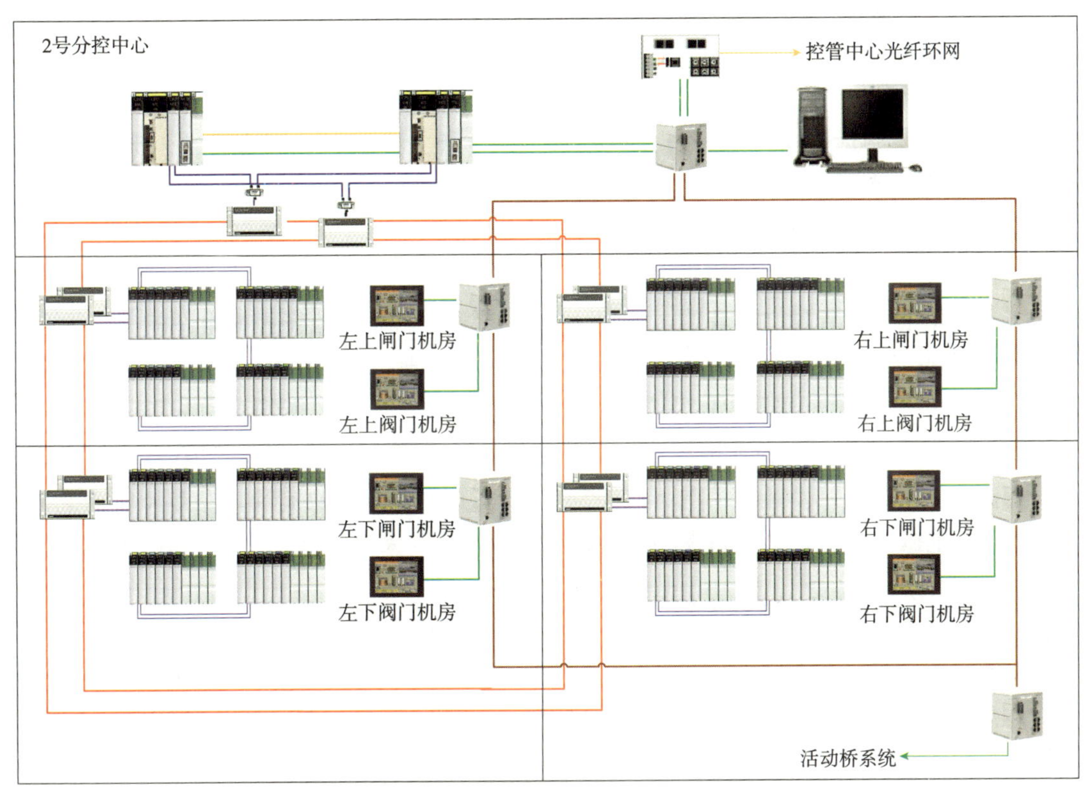

图 5–2 船闸分控中心 PLC 系统结构

(2) 双层环网拓扑结构控制网络

①千兆级闸间环形控制网络（中心控制网）。

分控中心交换机包括中心控制网交换机及船闸控制网络交换机。中心控制网交换机选用 MOXA EDS–418A 型工业级环网交换机，并与控管中心交换机通过单模光纤构成 1000M 光纤环网，提供高可靠性的工业光纤环网通信。

②百兆单闸环形控制网络。

分控中心船闸控制交换机选用施耐德 100M 工业级管理型交换机，通过光纤与闸阀门启闭机房控制柜内的控制交换机构成船闸控制光纤单环网。

③单座船闸控制网络和中心控制网之间通过分控中心的中心控制网交换机和船闸控制网交换机采用 RJ–45 双通道连接，支持冗余功能，确保 2 层网络的可靠级联。

（3）具有旁路能力的变频拖动控制回路

变频器作为主流的电机驱动与调速设备已广泛应用于机械传动系统中，但作为较为精密的电子控制装置，其检修效率会影响船闸控制系统的不间断运行能力，而采用双变频器不仅成本太高而且现场安装空间也不允许。该系统巧妙地利用了原有启闭机双速电机的电路特点，设计带旁路功能的人字门启闭机变频拖动控制回路，实现了正常工作时变频器发挥作用，而变频器故障时自动切换到旁路低速安全运行的回路，实现了高效与安全的高度契合。

①通过变频器在人字门电机拖动系统中的应用，可实时监测电机电流、功率、传动力矩，有效解决人字门四连杆传动的电气保护问题，做到人字门的安全启闭，同时也有效减小启停、变速时传动机构对人字门的冲击，实现双侧闸门的同步运行控制。

②变频器控制运行时，双速异步电动机采用 4 极方式运行，同步转速 1 500r/min，调频调速运行；旁路运行时，双速异步电动机采用 8 极方式运行，同步转速 750r/min，全压启动，额定转速运行。

（4）具有与市电互备功能的集中 UPS 供电系统

① 3 座船闸均设置独立的在线式 UPS 电源装置，实现单闸设备控制电源的集中供电。其中，UPS 的进线采用双回路 0.4kV 进线，并采用 SCHNEIDER　LV429680ATNSX12A 100A 双电源互投装置，实现双回路自投。双回路取自各船闸变电所的不同分段母线。

②控制回路供电。在各现地控制柜中均设有集中 UPS 电源和现场 220V 交流供电的双回路备自投控制回路。通常情况下，控制回路电源由 UPS 电源提供，当 UPS 电源停电或故障时，则由主回路供电电源提供，保证船闸运行数据采集和传输的电源需求。

5.2.4　船闸自动紧急关阀技术

作为一个系统，船闸出现事故时最紧急的事情是中断输水过程。为满足因 PLC 系统整体瘫痪时，仍能通过紧急工作回路关闭输水阀门，系统设计了独立的“紧急关阀”回路。

葛洲坝船闸紧急关阀需要采用加压关阀的措施，也就是系统接收到紧急关阀指令后，应通过独立于 PLC 系统以外的控制回路、设备，实施一系列分时启泵、加载、关阀、到位停机等工作。考虑到葛洲坝船闸输水阀门液压系统运行工艺较为复杂，为提高紧急关阀控制功能的灵活性、可靠性及安全性，采用施耐德 Zelio　Logic 智能继电器产品，实现紧急关阀的智能紧急控制。

5.2.5　基于链传动的船闸输水阀门开度检测装置

就大型高水头船闸而言，闸阀门位置检测与开度检测装置的合理应用在船闸控制自动化技术中占据重要的地位。由于各类型船闸闸阀门限位装置工程应用的通用性较差，国内船闸多以简易装置或自主研发装置为主。“三闸一控”系统吸收了葛洲坝船闸 30 余年传感器与传感装置的自主研发与应用经验，发明了“基于链传动的船闸输水阀门开度检测装置”（专利号：ZL201320001012.7），用于输水阀门的限位与开度检测。

该装置是一种结构简单、测量准确、易于维护、适用于交变水环境、使用寿命长的深井阀门开度检测及限位检测装置。该装置设有链轮支座、链轮、链条、配重铁、配重铁导向绳、链条牵引支架、限位开关支架、旋转编码器、电感式接近开关、限位开关感应极板。链轮支座设在井壁之上，链轮、旋转编码器安装于链轮支座上并通过弹性联轴器连接；链条搭载于链轮上，其两端垂直穿过链轮支座，一端悬垂配重铁使链条在运行过程中始终保持张紧状态，另一端通过链条牵引支架与阀门启闭吊杆连接，配重铁导向绳垂直安装于配重铁链条端两侧，用于引导限制配重铁运动轨迹。用于检测阀门开终和关终位置的电感式接近开关通过限位开关支架安装于链轮支座下方链条一侧，接近开关垂直径向中心线与链条中心线重合。开终及关终限位开关感应极板分别安装于牵引侧和配重侧的链条上，极板平面与接近开关感应面平行。

该装置工作原理是：当船闸阀门启闭机通过吊杆带动阀门门体运行时，同时带动链条做同方向往复运动，通过链传动带动链轮同方向旋转，链轮通过轴传动带动旋转编码器旋转，旋转编码器把信号传递给船闸阀门控制系统，检测出阀门运行开度；当阀门运行到开终或关终位置时，感应极板切割接近开关感应面磁力线，引发电效应，控制阀门启闭机停机，达到阀门运行限位的目的。该装置采用链传动技术将阀门垂直直线运动转化为旋转运动，带动旋转编码器旋转，实现阀门开度的检测，结构简单，运行可靠。旋转编码器及接近开关均采用 IP65 以上防护等级器件，装置主要部件为不锈钢材料，使装置可以安装于潮湿的阀门井内长时间可靠工作。该装置示意见图 5–3。

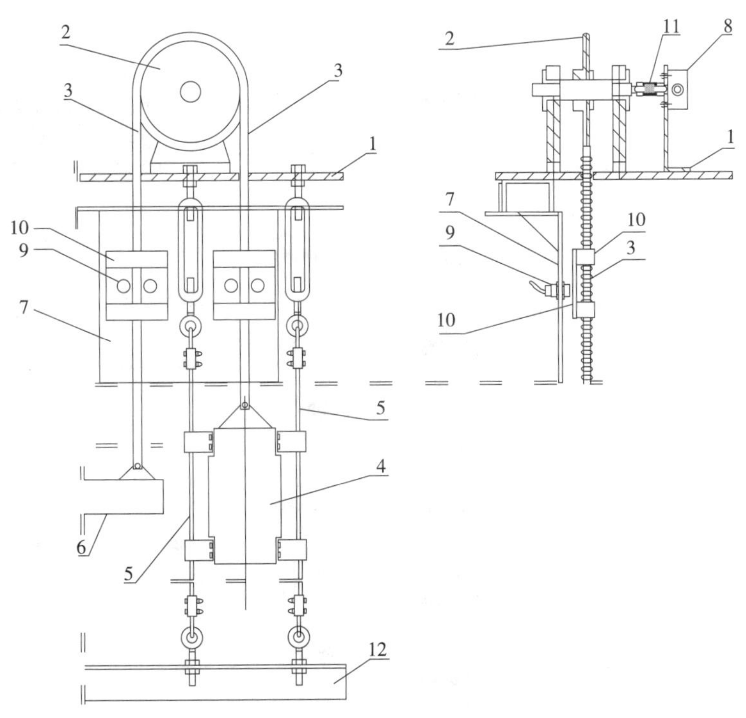

图 5–3　阀门开度检测装置

1– 链轮支座；2– 链轮；3– 链条；4– 配重铁；5– 配重铁导向绳；6– 链条牵引支架；7– 限位开关支架；8– 旋转编码器；9– 电感式接近开关；10– 限位开关感应极板；11– 弹性联轴器；12– 导向绳下固定支架

5.2.6　图像监控技术

葛洲坝船闸图像监控系统是 3 座船闸实现远程监控的眼睛，主要发挥船舶通过航道及船闸闸室的过闸远程指挥和安全监控作用，同时兼顾船闸设备运行远程巡检和闸区安防监视作用。图像监控系统采取数模结合的系统架构，以保证监控画面的清晰度和实时性，同时兼顾监控画面数据存储的安全性以及访问的便捷性。

（1）系统结构

葛洲坝船闸图像监控系统采用分级系统结构，整个图像监控系统分为控制级分区和现地级分区。控制中心设在葛洲坝船闸控管中心，负责整个系统的综合管理和远程调度。控制级设备包括模拟视频矩阵、画面分割器、RGB 矩阵、DID-LCD 大屏幕控制系统、大屏幕管理工作站、视频工作站等。现地级分区设在 3 座船闸现场，负责前端系统信号的接入和输出，并进行辖区范围内的监控与指挥工作。现地级设备包括摄像机、拾音器、视频光端机、视频分配器、视频服务器及盘柜等。各船闸分区中，船闸航道及船舶监视点的模拟视频信号先传送至各船闸的分控中心再进行视频分配（1 分 3）。第一路通过视频光端机和光缆，传输到控管中心，以供大屏幕显示系统调用；第二路接入视频服务器，通过视频服务器将模拟视频信号转化为数字信号，进行本地化存储，并接入数字系统，以供远程视频监控与录像查询；第三路接入分控中心的模拟视频矩阵，以供现地级的分控中心实时监控。各船闸分区中，闸门机房、阀门机房及船闸分控中心机房的监视点直接接入数字系统的视频服务器，通过数字系统实现数字化、存储、传输和显示功能。该系统结构见图 5-4。

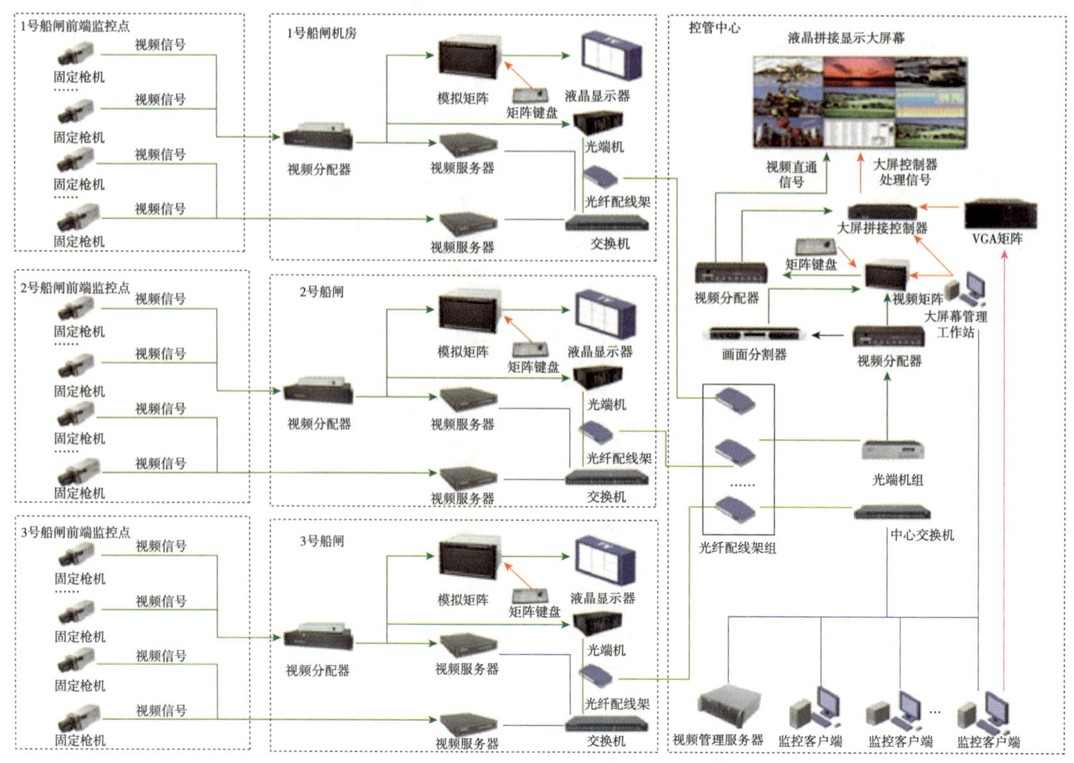

图 5-4　葛洲坝船闸图像监控系统结构

（2）控管中心大屏幕显示

葛洲坝船闸控管中心用于远程监控的主要显示设备是由 24 块 40in 按 4×6 的形式拼接布置的 DID LCD 大屏。大屏共分为 3 个监视区域，每个区域对应一座船闸，一个区域设置 2 列 4 排 8 块屏，可通过手动或自动方式实现画面切换，以满足船闸日常监控管理的工作需求。大屏有两种信号输入和显示方式：第一种是大屏幕直通模拟视频信号显示，每套 LCD 显示屏具有 1 路标准视频输入接口，可以在不依赖外部控制器的情况下直接输入并以单个屏幕为单位显示视频图像，图像格式支持 NTSC/PAL/SECAM 制式；第二种是接入拼接控制器的模拟视频信号显示，这些信号可以窗口形式同时显示于大屏幕上，视频窗口可以实现单屏显示、任意大小显示、跨屏显示、整屏漫游、任意缩放等显示功能，并且可以实现视频图像的分组切换、巡检、预案显示等功能。

5.2.7 分布式数字广播技术

（1）系统结构

船闸广播系统采用数字化广播技术，通过图像监控系统数字传输网络进行数据传输，呈分层分布式结构。各船闸的广播系统具有相对的独立性，可独立对分区内广播点进行广播。系统共分为 25 个广播分区，其中一号、二号、三号船闸分别各有 8 个分区，控管中心机房 1 个分区。系统主控设备设置在控管中心，负责整个系统的综合管理和远程调度，设备包括网络系统广播主机、前置放大器、功率放大设备、DVD 播放器、MP3 多媒体音源、语音模块、话筒及盘柜等。广播分区设在 3 座船闸现场，负责广播信号的输出，设在广播分区的监控分中心可进行辖区范围内的监控与指挥工作。广播分区设备包括网络前置放大器、分控广播主机、网络话筒、广播功放、号角喇叭及盘柜等。该系统结构见图 5−5。

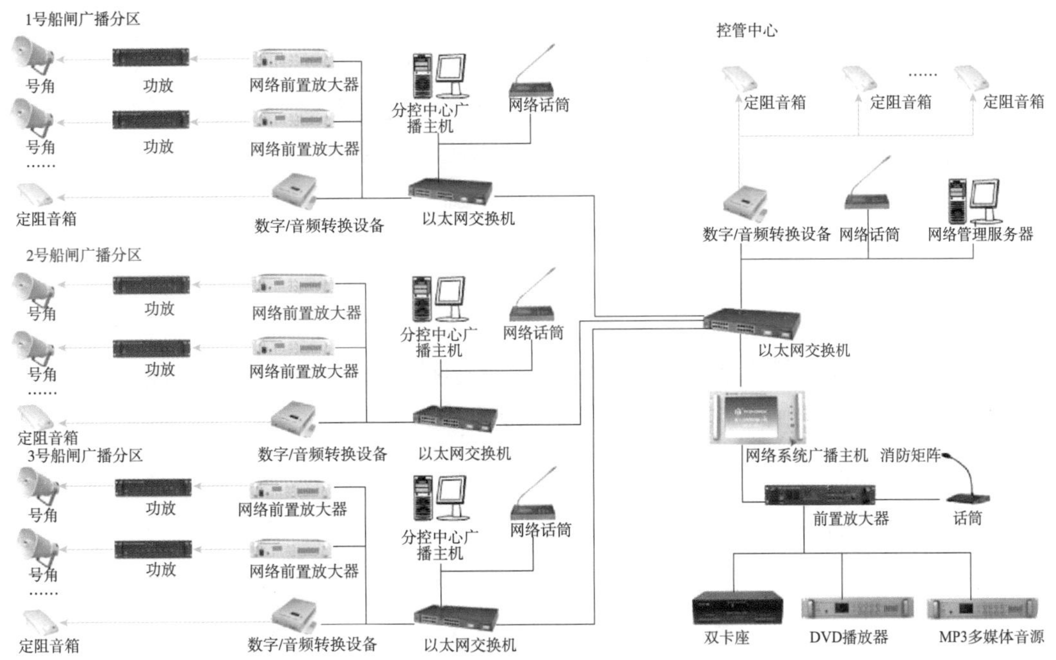

图 5−5 葛洲坝船闸广播系统结构

（2）系统功能

广播系统主要包含船闸排挡指挥日常广播和紧急广播两部分功能。日常广播和紧急广播在功能上互相独立，在设备上有机结合。紧急广播的控制具有最高优先权。系统紧急广播除进行船闸运行故障或事故紧急广播外，还留有与消防系统接口，具有智能联动自动广播功能。

5.3　葛洲坝船闸"三闸一控"工程实施

2009 年，中国长江电力股份有限公司正式批复立项实施《葛洲坝船闸集中控制系统改造工程》及配套工程《葛洲坝船闸控管中心及现地设备机房改造工程》，通过公开招标，于 2010 年 5 月正式签订改造工程施工合同，合同计划工期 23 个月。工程包括葛洲坝 3 座船闸计算机监控系统、图像监控系统、广播系统改造，以及控管中心和设备机房改造，工程直接投资共计约 2 000 万元。长江三峡通航管理局负责工程实施项目管理。

工程以先三号船闸，后一号船闸、二号船闸的顺序，分别进行非停航期及停航期施工。2011 年 3 月、8 月、11 月，先后进行三号船闸、一号船闸、二号船闸停航期设备安装与调试，分别历时 19d、15d 和 12d，节约停航工期 14d。工程于 2011 年 12 月 9 日完成交工验收，进入试运行阶段，2012 年 5 月 31 日通过竣工验收。

5.4　应用效果

葛洲坝船闸集中控制系统改造工程的实施，凸显现代工业计算机控制技术和信息化技术给船闸自动化技术进步所带来的巨大改变。一是彻底改变了船闸控制系统设备结构单一的状况，通过高度自动化的热备冗余技术大幅提升了船闸设备不间断运行的水平；二是彻底改变了原有 3 座船闸控制系统信息孤岛的尴尬状态，通过双层分布式结构的工业以太网将 3 座船闸系统连成一个可以实时进行信息交换的分布式系统；三是彻底改变了船闸拖动系统简单变速运行与电气保护的状态，通过变频控制技术大幅提升了船闸机械四连杆启闭机调速及运行安全保护的技术性能。

船闸自动控制技术及装备的进步也为船闸运行工艺的优化与完善创造了前所未有的便利条件，如船闸人字门变速运行工艺优化、人字门合拢对中检测工艺优化、自动润滑工艺优化、阀门单边检修运行工艺优化等，为提高船闸运行的安全性、可靠性发挥了巨大作用，为通航管理单位挖掘船闸通航潜力创造了更加便利的条件。

6　船闸闸室禁停区域船舶越界探测及报警系统

6.1　概述

国内船闸在设计与建设过程中，对船闸运行设备自身的运行安全非常重视，但对过闸船舶与船闸设施之间的相互安全考虑较少，对过闸船舶的状态很少考虑。船舶过闸超吃水、超高、超速等现象在国内枢纽通航中普遍存在，船舶在闸室内搁浅、船舶碰撞人字门等船闸设施的事故时有发生，不仅造成船舶及船闸设备设施的损坏，严重的可导致船闸停航，造成巨大经济损失。类似碰撞人字门这类事故，直接威胁挡水结构的安全，一旦造成闸门整体失稳破坏，后果不堪设想，社会危害极其巨大。目前，国内船闸中尚无相关成熟的检测技术和装备应用先例，相关研究也较为滞后。[6～8]

国外在这方面考虑较为成熟，作为世界航运重要通道之一的巴拿马运河船闸，采用激光扫描设备对闸室禁停线进行检测，见图 6-1。

a)

b)

图 6-1　巴拿马运河船闸禁停线激光扫描装置

6.2　船闸闸室禁停区域船舶越界探测及报警总体方案

6.2.1　基于数字图像处理的船闸闸室禁停区域船舶越界探测及报警方案

(1) 系统原理

数字图像处理（Digital Image Processing）是通过计算机对视频图像进行去除噪声、

增强、复原、分割、提取特征等的处理方法和技术，现已在航空航天、生物医学、区域安防等领域得到了广泛应用。

基于数字图像处理的船闸闸室禁停区域船舶越界探测及报警系统，采用数字图像处理技术，借助计算机强大的数据处理功能，对船闸禁停线监视摄像头视频数据进行智能分析，并根据检测工艺流程，结合船闸运行状态，对船头禁停区域监控，采用入侵检测方法实现，对船尾禁停区域监控，采用目标跟踪方法实现，从而实现对船舶过闸全过程的越界探测和报警。其基本组成见图 6-2。

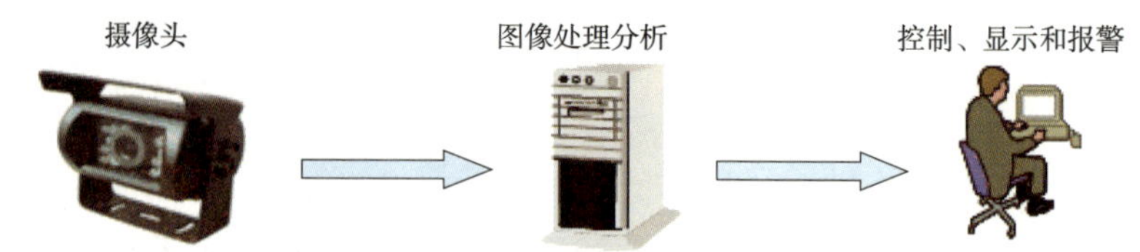

图 6-2　船闸禁停区域监控探测系统基本组成

(2) 基于数字图像处理的禁停区域探测及报警系统总体方案

①单条禁停线视频图像获取方案。

目前，船闸禁停线监控摄像头安装在禁停线附近，采用变焦镜头，船闸集控操作人员依据闸室水位情况和监控需要，人工控制监控摄像头焦距变化以改变视场范围和获得清晰影像。

由于摄像头的安装位置不允许超出闸墙边界，所以任意一个闸室禁停线摄像头都会出现盲区，盲区大小与安装位置相关。安装位置越高，靠近闸室盲区越小。为消除盲区的影响，有两种方案可供选择：一是采用双摄像头，即在闸室两侧各布置一个摄像头，这种方法可以彻底消除盲区，但需要 2 套摄像装置，同时后端设备和视频处理运算量也将成倍增加；二是通过调整安装位置，使盲区缩小到可以接受的范围。经过综合比较，选择通过调整安装位置缩小盲区的方案，布置见图 6-3。图中，在距闸墙边缘 0.5m 的位置，设置一根与闸面路灯高度基本一致、高 8m 的安装支架，摄像头中心位置按距闸墙边缘 0.3m。经计算，68m 水位盲区为 0.75m，39m 水位盲区为 1.16m。因为通过的船舶宽度均远大于这个尺寸，所以这个盲区是可以接受的。

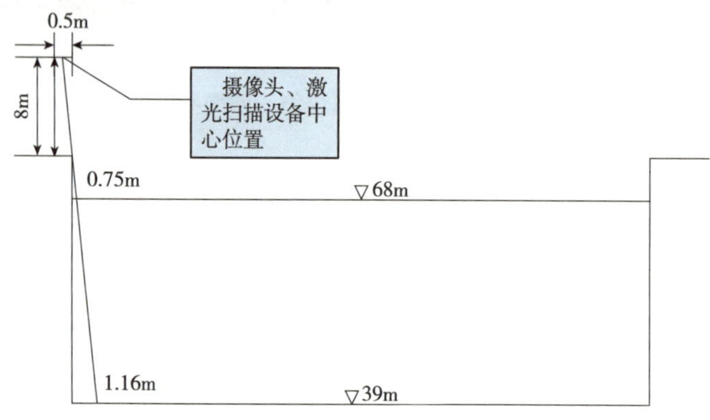

图 6-3　船闸闸室禁停区域船舶越界探测及报警系统安装布置

②系统硬件架构。

基于数字图像处理技术的船闸闸室禁停区域船舶越界探测及报警系统硬件架构见图 6-4，包括监控摄像机（6 路）、1 张多路视频采集卡和 1 台图像处理服务器。

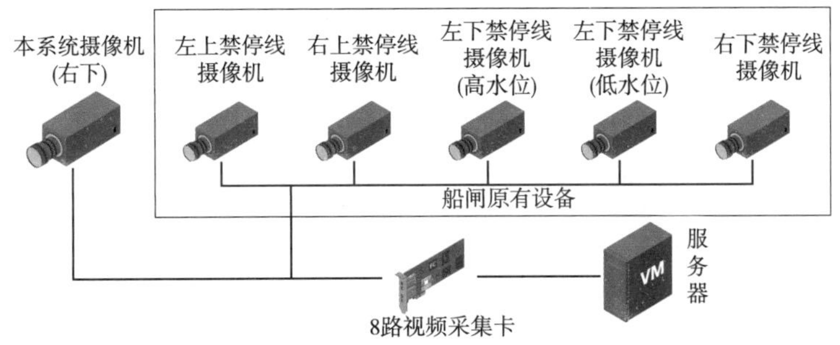

图 6-4　探测及报警系统硬件设备组成

图中的 6 路摄像机中，除按图 6-3 布置的本系统摄像机以外，其他 5 路为接入船闸现有禁停线摄像头图像。6 路图像均同时进行探测及报警运算，但在试运行报警分析中，仅分析禁停线探测及报警系统的高位摄像机的报警数据。

③运行数据获取方式。

分析葛洲坝船闸运行控制系统组成和原理，可知相关信息都存储在 PLC 内固定地址，因此只需读取对应地址的相关数据即可获取相关运行控制信号，该功能可依靠 OPC（Object Linking and Embedding for Process Control）完成，同时，为避免对运行系统造成干扰，限定该 OPC 服务为只读。

（3）系统硬件选型

①摄像机与镜头。

船闸禁停区域监控探测系统，是针对一个基本固定区域内的运动物体的探测、跟踪和判断，需要清晰的、覆盖整个监控区域的视频图像。根据光学成像原理，镜头焦距越小，视场角和景深越大，图像畸变也越大，因此，需要的是大景深、能覆盖监控区域同时畸变可以接受的摄像系统。故该系统选取三星 SHC-745 摄像机（1/2″ CCD）和腾龙 12VG412ASIR 镜头（焦距 4 ~ 12mm）组合，将焦距锁定在 4mm 广角端，满足监控探测系统需求，镜头性能见表 6-1。

腾龙 12VG412ASIR 镜头特性　　表 6-1

镜头型号			12VG412ASIR
成像器大小			1/2
交换镜头座			CS
焦距			4 ~ 12mm
光圈范围			1.2 ~ 360
视场角（水平 × 垂直）	1/2 型	Wide	93.7° ×68.9°
		Tele	31.2° ×23.4°
	1/3 型	Wide	68.9° ×51.1°
		Tele	23.4° ×17.5°
焦距范围（m）			0.3 ~ ∞

②调节装置。

由于监控摄像头需正对禁停线拍摄，因此需要对摄像头位置进行精确调整，考虑到高空作业和保证精确，为摄像头选配了最大搭载质量为 10kg 的轻载智能变速云台，见图 6–5。

③图像处理服务器。

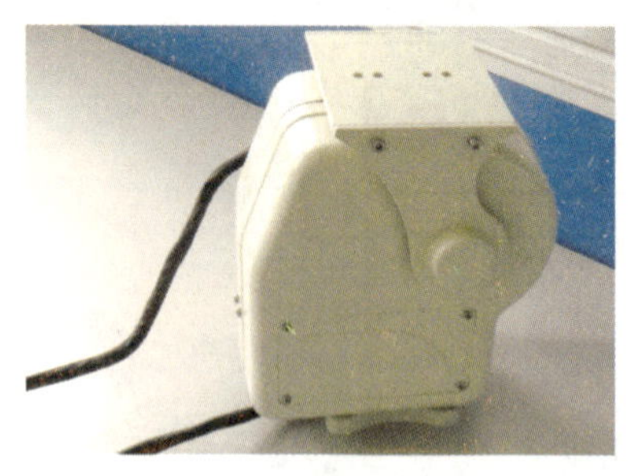

图 6–5　轻载智能变速云台

图像处理服务器选择 DELL POWEREDGE T710 高性能塔式服务器，搭载 2 片至强 6 核 X5650 芯片，16GB 内存，运算功能强大，600GB 硬盘，可进行大容量视频监控存储。

基于上述服务器，基于数字图像处理技术的船闸闸室禁停区域船舶越界探测及报警系统软件采用 Windows 2003 Server 操作系统作为系统软件的运行平台，采用 SQL Server 2000 作为系统软件的数据库平台。

6.2.2　基于激光扫描的闸室禁停区域船舶越界探测及报警方案

（1）系统原理

激光扫描技术使用激光发射器发出连续或非连续激光，并接收反馈激光信号，用以探测是否有物体进入激光扫描区域、扫描物体轮廓、测量物体与激光发射器之间的距离值等。激光扫描技术已广泛应用于制造加工、测量测绘、安全保卫等领域。

基于激光扫描的船闸闸室禁停区域船舶越界探测及报警系统，采用激光扫描测量设备，结合计算机控制技术，通过自动扫描的方式对禁停线断面进行连续扫描，实时采集禁停线断面轮廓数据，根据检测工艺流程，结合船闸运行状态，对过闸全过程的船舶越界进行检测和报警，见图 6–6。

图 6–6　基于激光扫描技术的越界探测及报警系统组成

（2）基于激光扫描技术的越界探测及报警系统总体方案

①单条禁停线激光扫描探测方案。

与视频一样，由于激光扫描装置的安装位置不允许超出闸墙边界，所以同样存在盲区的问题。巴拿马船闸采用的是对扫的方案，布置方案和盲区与前述“单条禁停线视频图像获取方案”的布置一致，并共用一个安装支架。

②系统硬件架构。

基于激光扫描技术的船闸闸室禁停区域船舶越界探测及报警系统硬件架构见图 6–7，包括激光扫描设备、数据传输网络和数据采集及处理服务器。

该系统实际安装的扫描设备为 1 台，扫描数据通过原有的安防网络（普通千兆以太网）传输。为验证多路探测及报警的处理能力和稳定性，在服务器端对扫描数据进行复用，通过一个复用程序将数据复用 5 次。

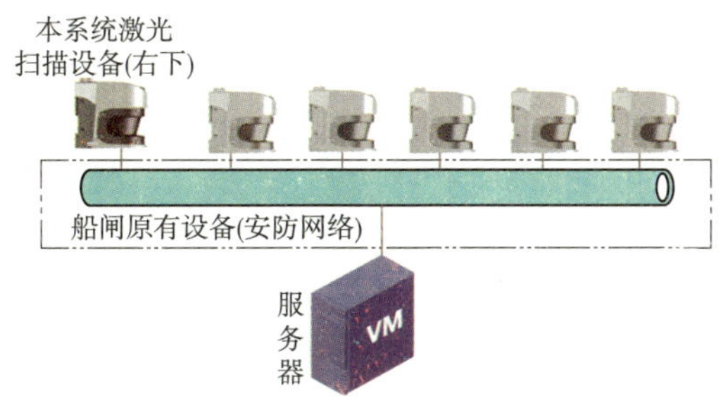

图 6-7 基于激光扫描技术的探测及报警系统硬件设备组成

③运行数据获取方式。

与视频探测及报警系统一样，激光扫描探测及报警系统也需读取船闸运行控制信号，同时还需要运行水位信息，处理方法与视频探测及报警系统一致，通过 OPC 读取运行系统对应地址的相关数据，并限定该 OPC 服务为只读。

（3）系统硬件选型

①激光扫描设备。

对激光扫描设备主要有 3 个方面的性能要求：扫描范围、扫描距离和扫描间隔，同时应该为安全激光。

扫描范围：应能够覆盖整个闸室宽度，按图 6-3 计算，扫描角度应大于 71°。

扫描距离：最远距离位置可以得到有效的测量，对船闸而言，即最低水位的最远点，按图 6-3 计算，最大距离为 52m。

扫描间隔：应小于最小物体宽度，考虑到过闸船舶最小物体为船头皮带机，一般宽度大于 0.5m，因此最大扫描间隔为不大于 0.5m。

经市场调研，选择 SICK 公司的 LMS511 高性能、远距离、室外型激光扫描雷达，其参数见表 6-2。

LMS511 高性能、远距离、室外型激光扫描雷达参数 表 6-2

类　型	高分辨率型	类　型	高分辨率型
工作范围	0.7 ~ 80m	开关量输入、输出	4/6
10% 反射率时最大范围	26m	数据接口	RS232/RS422/Ethernet/USB
扫描角度	Max：190° 可在设置参数中调整	激光等级	1 级 （人眼安全）
角度分辨率	0.167°，0.25°，0.333°， 0.5°，0.667°，1°	可设定 / 保护区域	10
扫描频率	25Hz/35Hz/50Hz/75Hz/100Hz	工作电压 / 功耗	24V DC±20% / 22W，+43W 加热器（典型值）
响应时间	10 ~ 40ms	工作温度 / 储存温度	−30° ~ +50℃ /−30° ~ +70℃
测量精度	±12mm	防护等级	IP67
光斑大小	4.7mrad（4.7mm/m）	抗环境光	70 000lx
回波次数	5	外形尺寸	160mm×155mm×185mm
激光波长	红外（905nm）	质量	3.7kg

从表中可以看出，扫描角度为最大 190° > 71°，最大工作距离为 80m > 52m，角度分辨率为 0.167°，换算为最远点的水平向扫描间隔为 201mm < 0.5m，均满足要求，同时该设备激光等级为 1 级，属于安全激光。无害免控激光器即使直视也不会损害眼睛。

②调节装置。

激光扫描断面必须与禁停线断面重合，这样就要求激光扫描雷达能在垂直轴方向和垂直于闸室中心线的水平方向进行精确调整。在早期试验中采用安装后加垫片调整的方式，但实际情况是无法调整到位，因此为激光扫描雷达配备了云台，并对云台进行改装，以满足调整要求，见图 6-8。该云台为智能中负荷变速云台，顶部承载时最大承载质量 20kg，精度为 ±0.1°。

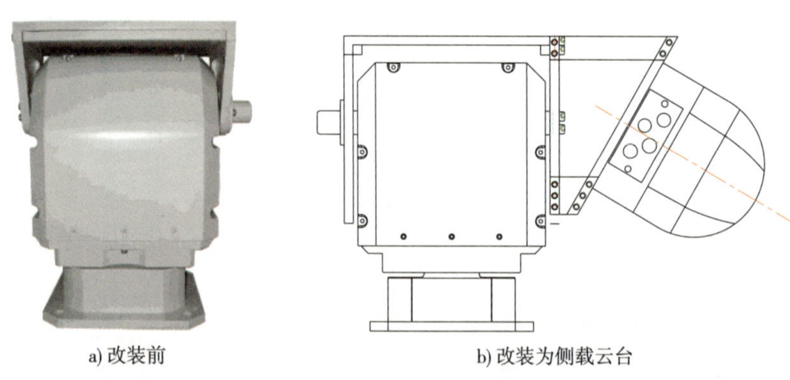

a) 改装前　　b) 改装为侧载云台

图 6-8　智能中负荷变速云台（侧载）

③数据采集及处理服务器。

由于激光扫描探头工作时会产生大量扫描数据，因此数据采集及处理服务器必须具备高速数据传输及实时处理能力。考虑到两个系统尽可能保持一致，数据采集及处理服务器与“基于数字图像处理技术的船闸闸室禁停区域船舶越界探测及报警系统”的服务器采用了相同型号服务器，且系统软件运行平台和数据库平台保持一致。

6.3　船闸闸室禁停区域船舶越界探测及报警系统开发

6.3.1　基于数字图像处理的船闸闸室禁停区域船舶越界探测及报警方案开发

（1）系统软件开发平台和软件流程

①系统软件开发平台。

基于数字图像处理技术的船闸闸室禁停区域船舶越界探测及报警系统软件采用 OpenCV、QT 等图像处理库和软件界面库作为系统软件的开发平台。

②系统软件流程。

基于数字图像处理技术的船闸闸室禁停区域船舶越界探测及报警系统软件流程见图 6-9。

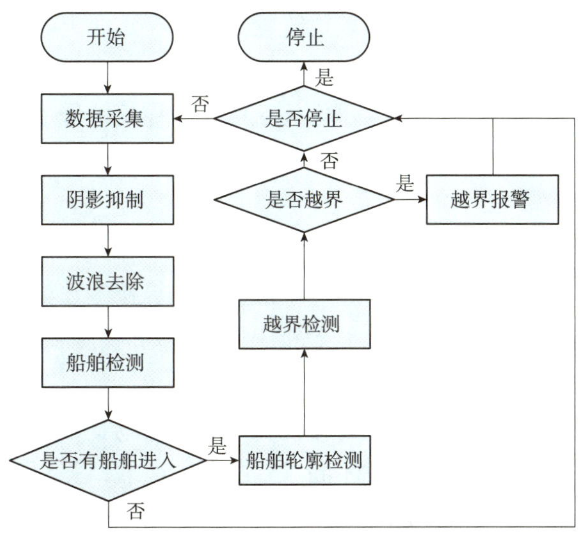

图 6-9 基于数字图像处理技术的船舶越界探测及报警系统软件流程

(2) 系统软件架构和功能模块划分

基于数字图像处理技术的船闸闸室禁停区域船舶越界探测及报警系统采用标准的 3 层软件架构，即表现层、中间层和数据层（图 6-10）。数据层负责从外部系统或硬件实时获取视频和控制信号数据，并将数据处理后的监控预测结果写入数据库系统中。中间层实现具体的数据处理操作，负责分析视频数据内容，根据视频数据内容监控预测船舶越线状态。表现层负责监控画面在桌面窗口的实时显示以及为系统禁停线设置提供操作界面。

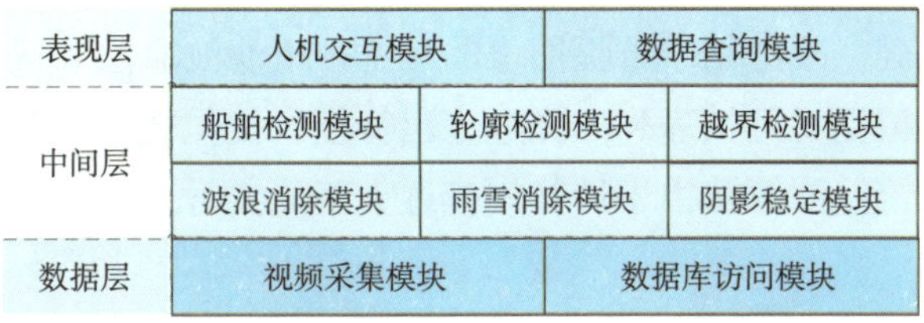

表现层	人机交互模块		数据查询模块
中间层	船舶检测模块	轮廓检测模块	越界检测模块
	波浪消除模块	雨雪消除模块	阴影稳定模块
数据层	视频采集模块		数据库访问模块

图 6-10 船舶越界探测及报警系统软件系统架构

系统软件功能模块具体说明如下。

①表现层。

人机交互模块：用于系统功能界面显示、参数设置等；

数据查询模块：用于查询历史报警数据、系统故障信息等。

②中间层。

船舶检测模块：用于检测监控区域内是否有船舶进入；

轮廓检测模块：用于检测当前过闸船舶轮廓；

越界探测模块：用于实时监控过闸船舶是否超越禁停线进入禁停区域，发现超越禁停线进入禁停区域时发出报警信号；

波浪消除模块：用于去除闸室水面波浪；

雨雪消除模块：用于去除雨雪对系统的干扰；

阴影稳定模块：用于稳定船舶、通航建筑物、云等在水面上的晃动倒影。

③数据层。

视频采集模块：用于采集外部接入摄像头所传输的视频信号；

数据库访问模块：用于与数据库系统建立连接，系统报警信息、故障信息以及其他数据的存储、查询与导出等。

(3) 关键问题及解决方案

基于数字图像处理技术的船闸闸室禁停区域船舶越界探测及报警系统开发主要有 4 个方面的关键问题需要解决：图像预处理、船舶轮廓检测、越界探测和船闸运行状态数据获取。

①图像预处理。

船闸监控场景与地面监控场景的主要差别在于，船闸场景中占据场景大部分内容的水面经常会由于水面波浪和闸壁倒影形成不断晃动的阴影区域，强烈阳光直射和夜晚行船探照灯会在水面产生光斑，此外，船舶在船闸中运行或启动时还会形成大量连续的波浪。波浪、光斑和不断晃动的阴影区域会给船舶越界探测带来严重干扰，导致误报警。因此，系统获取监控摄像头视频图像后需先行对图像进行预处理，过滤掉上述有害信息[9]。

对图像的预处理主要包括阴影稳定和波浪消除。

A. 阴影稳定。

在强光照条件下，监控摄像头拍摄得到的视频画面中存在非常明显的建筑物和船舶在水中的阴影，且随水波连续晃动，不利于准确定位船闸中运行的船舶，更不利于有效检测船舶的越线状态，必须使其变成稳定的阴影才不会对后续的船体检测造成负面影响。阴影稳定基于阴影位置的恒定性（一定时间内位置固定）和颜色恒常性（灰色）规律，以经典的中值滤波算法为基础，改进用于单幅图像的二维中值滤波算法为适合于视频序列的三维中值滤波算法，并且根据视频帧序列的先进先出特征，优化视频三维中值滤波算法，避免出现由于视频三维中值滤波算法由于计算规模过大不能实时运行的问题。实际稳定效果见图 6-11。

a)

b)

图 6-11　阴影稳定算法效果

B. 波浪消除。

与晃动的阴影类似，大风时的波浪和船尾的大型波浪也会对后继准确定位船闸中运行的船舶以及有效检测船舶的越线状态产生负面影响，必须经过波浪消除算法滤除波浪。[10] 考虑到光斑和波浪在视场范围内都属于零散干扰，可合并在一个算法内处理。

波浪与阴影不同，波浪一般情况下持续时间相对较短，无法直接采用类似于阴影稳定的方法来处理。但是在波浪处，水面经摄像头成像的颜色总是与无浪水面形成的颜色相近，它会在以无浪水面成像颜色为中心的一个小范围内变化，并且监控画面中会形成大量细波纹，但这些波纹所造成的色差远小于船体与水面或船闸闸体与水面的色差。因此采用能够滤除图像中细小纹理而保持较大颜色梯度的双边滤波器处理输入图像。这种方法能有效去除画面中的细小波浪。对于较大波浪，采用以偏微分方程求解的图像结构提取方法处理。实际效果见图 6−12。

a)

b)

图 6−12　波浪、光斑消除实际效果

②船舶轮廓检测。

船舶轮廓检测算法是系统进行禁停区船舶越界探测及报警的基本核心算法。与地面监控场景相比，由于船闸场景更加复杂（如存在波浪、晃动阴影、水面漂浮物等），无法将适用于地面场景的轮廓检测算法直接应用于船闸场景，因此需要对通用的轮廓检测算法加以改进与调整才能适合于船闸场景 [11]。在图像预处理的基础上，轮廓检测算法首先进行背景建模，根据视频图像的前 N 帧对船闸监控画面用每一像素位置出现的像素值建立高斯混合模型。其次，计算当前视频帧中每一像素位置的像素值在对应高斯混合模型中出现的概率，如果概率大于预定阈值，则当前像素为背景，反之则为前景。这样可以检测出船闸场景中粗糙的船舶轮廓信息。再次，利用自适应 Canny 算子检测图像的边缘信息，并将其与粗糙的船舶轮廓信息结合，对船舶轮廓信息的边缘进行完善。最后，根据先验知识，采用形状学方法中的膨胀与腐蚀算子去除零散噪声点和非船体的信息并填充粗糙船体轮廓中的空洞区域，最终得到精化的船舶轮廓，并依此结果进行越界探测。船舶轮廓检测的流程见图 6−13。

流程显示，船舶轮廓检测首先经背景高斯混合模型检验后得到粗糙的轮廓图，同时输入图像经自适应 Canny 算子检测得到边缘图，然后合并粗糙轮廓与边缘图，在合并结果之上进行腐蚀、膨胀操作去除细小点，最后对上一步结果进行填充与精化，得到最终准确的船舶轮廓。

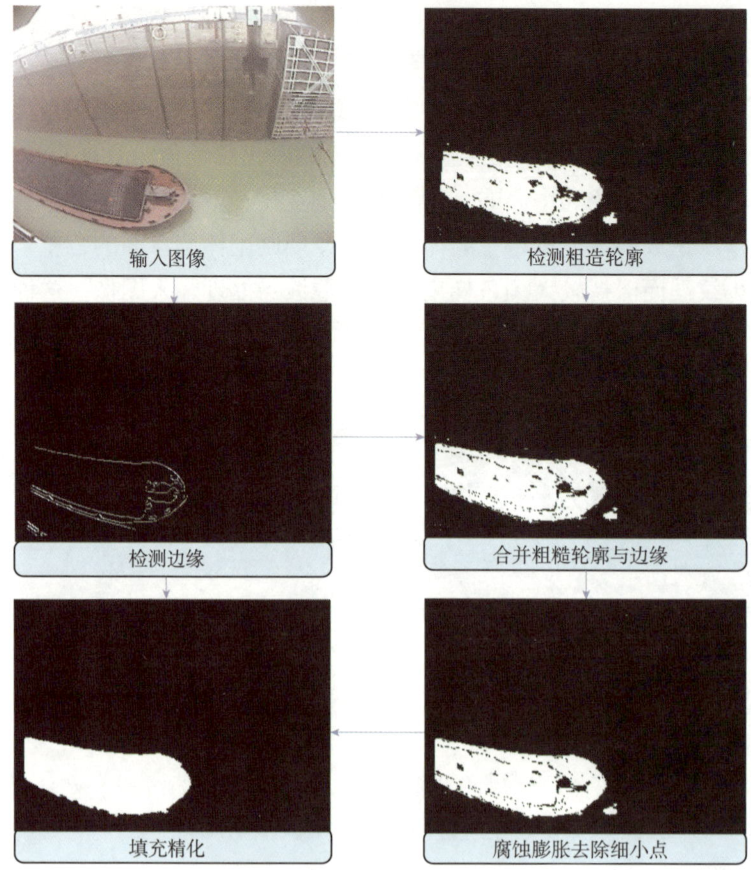

图 6−13　船舶轮廓检测流程

③越界探测。

由于船闸闸室水位依据船闸运行状态不断发生变化，因此相对于监控视频图像内的禁停线位置也在不断变化。软件系统设置时，分别在高水位与低水位条件下根据现场实际情况绘制出高低水位禁停线。当船闸水位变化时，根据船闸水位和高低水位禁停线位置插值出特定水位的禁停线。水位不同时，得到的禁停线也不同，这样就可以把船舶越过三维限制平面的场景转化为在监控视频中越过禁停线的形式，然后依据轮廓检测算法中所得到的精化船舶轮廓判断船舶是否越界。图 6−14 为船舶越界探测实际效果。

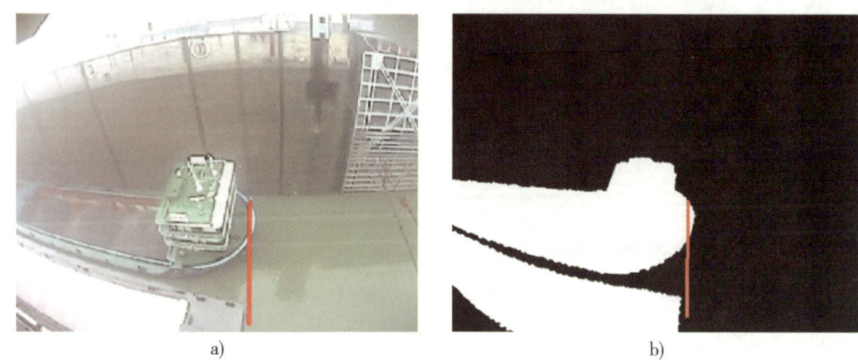

图 6−14　船舶越界探测实际效果

④船闸运行状态数据获取。

软件系统在工作时需读取船闸运行控制信号（如开关闸门信号、上下行进闸信号、水位等），因此在图像处理服务器上安装 OPC 服务器软件，通过工业以太网与船闸运行控制系统连接。OPC 服务器软件在只读状态下工作，实时读取当前船闸运行状态（开关闸门指令、上下行进闸指令、水位信息等），但不对船闸运行状态数据做任何修改。

6.3.2　基于激光扫描的闸室禁停区域船舶越界探测及报警方案开发

（1）系统软件开发平台和软件流程

①系统软件开发平台。

基于激光扫描技术的船闸闸室禁停区域船舶越界探测及报警系统软件采用 VC++6.0 面向对象的可视化集成编程软件作为系统软件的开发平台。

②系统软件流程。

基于数字图像处理技术的船闸闸室禁停区域船舶越界探测及报警系统软件流程见图 6–15。

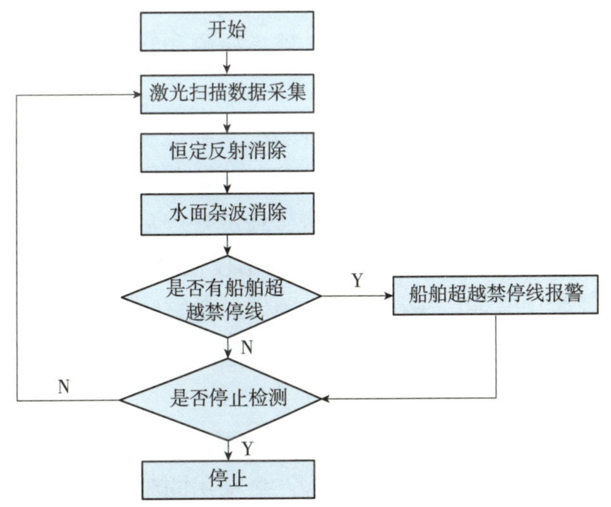

图 6–15　基于激光扫描技术的船舶越界探测及报警系统软件流程

（2）系统软件架构和功能模块划分

基于激光扫描技术的船闸闸室禁停区域船舶越界探测及报警系统采用标准的三层软件架构，即表现层、中间层和数据层（图 6–16）。数据层负责从外部系统或硬件实时获取激光扫描数据，并将数据处理后的监控结果写入数据库系统中。中间层实现具体的数据处理操作，负责分析激光扫描数据，根据数据处理结果判断是否有船舶超越禁停线。表现层负责激光扫描数据在桌面窗口的实时显示、系统设置操作界面以及历史数据查询等。

<table>
<tr><td>表现层</td><td colspan="3">人机交互模块</td><td colspan="3">数据查询模块</td></tr>
<tr><td>中间层</td><td colspan="2">恒定反射消除模块</td><td colspan="2">水面杂波消除模块</td><td colspan="2">船舶越界检测模块</td></tr>
<tr><td>数据层</td><td colspan="3">激光数据采集模块</td><td colspan="3">数据库访问模块</td></tr>
</table>

图 6–16　基于激光扫描的越界探测及报警系统的软件架构

系统软件包含以下几个主要功能模块。

①表现层。

人机交互模块：用于系统功能界面显示、参数设置等；

数据查询模块：用于查询历史报警数据、系统故障信息等。

②中间层。

恒定反射消除模块：用于滤除激光扫描断面内闸墙等固定物体的恒定反射回波；

水面杂波消除模块：用于滤除水面波浪、漂浮物所产生的激光反射回波；

船舶越界检测模块：用于实时监控过闸船舶是否超越禁停线断面进入禁停区域，发现超越禁停线进入禁停区域时发出报警信号。

③数据层。

激光数据采集模块：用于采集激光扫描探头所传输的激光扫描数据；

数据库访问模块：用于与数据库系统建立连接，系统报警信息、故障信息以及其他数据的存储、查询与导出等。

（3）关键问题及解决方案

基于激光扫描技术的船闸闸室禁停区域船舶越界探测及报警系统开发主要有 3 个方面的关键问题需要解决，包括扫描数据预处理、越界探测和船闸运行状态数据获取。

①扫描数据预处理。

基于激光扫描技术的船舶越界探测及报警系统实际是利用激光反射原理进行探测，激光扫描雷达以 25Hz 以上的频率扫描禁停线断面，一旦有船舶越过禁停线，那么越界船舶就会反射激光扫描雷达发射的激光束，反射信号经过处理后就可以得出准确的船舶越界信息。但激光扫描雷达扫描禁停线断面时，获取的不仅仅是越界船舶的反射，还包括飞鸟、蚊虫、雨雪、水面漂浮物、波浪等干扰信息和闸墙等建筑物的反射信息，所以系统要对扫描数据进行预处理，包括干扰信息滤除和恒定反射滤除。

A. 干扰信息滤除。

干扰信息主要包括飞鸟、蚊虫、雨雪、水面漂浮物、波浪等的反射，其中飞鸟、蚊虫、雨雪等的反射信号具有随机发生、不重复的特点，选用的激光扫描雷达已集成了滤除此类干扰信号的功能。

对于水面漂浮物、波浪等的反射信号，由于闸室不存在大型漂浮物，所以干扰信号都发生在闸室水面高度附近，而船舶越界后的反射高于船舶干舷，船舶干舷肯定要大于波浪及漂浮物的高度。因此，结合获取的闸室水位数据，以闸室水面高程以上的某一高度（可设定，试验系统设定为 50cm）为分界线，分界线以下的反射信号为干扰信号，自动滤除。

B. 恒定反射滤除。

在扫描范围内，闸墙等固定的建筑物会产生恒定反射回波，这些恒定出现的反射信号，在反射图像上将呈现与其反射面一致的曲线。在程序调试时，通过人工判断对固定建筑物在程序中进行标定，计算固定建筑物在每个扫描角度上的反射距离，构建恒定反射距离数组。越界探测时，帧扫描数据与反射距离数组相减，差值小于阈值（阈值可设定）的反射回波被自动滤除。

②越界探测。

激光扫描越界探测算法为判断是否有船超越禁停线的核心算法，包括多点判断规则和单点判断规则，系统工作时，两个规则同时有效。

A. 多点判断规则。

选用的激光扫描雷达为脉冲扫描雷达，角度分辨率为0.167°，换算为最远点的水平向点距为201mm，最极端情况下，物体宽度大于402mm能保证产生2个点的反射信号。一般而言，越界船舶在禁停线断面的宽度大于402mm，即至少会产生2个点的反射信号。据此建立了多点判断规则，经过预处理后的扫描数据，在2个及以上反射角度连续出现N次反射回波，判定为禁停线断面有船（即船舶越界）。

B. 单点判断规则。

为避免一些意外情况下发生漏报，系统中增加了单点判断规则，经过预处理后的扫描数据，在某一个反射角度上连续出现M（$M > N$）次反射回波，判定为禁停线断面有船。

③船闸运行状态数据获取。

与视频探测及报警系统一样，激光扫描探测及报警系统也需读取船闸运行控制信号和运行水位信息，处理方法与视频探测及报警系统一致。

6.4 船闸闸室禁停区域船舶越界探测及报警系统应用

6.4.1 现场试运行

（1）基于数字图像处理的船闸闸室禁停区域船舶越界探测及报警系统现场试运行情况

经2013年2月最近一次改进后，系统投入连续试运行。为了尽可能多地对系统进行测试，将禁停线实际检测位置前移了2m，因此所获得的报警次数要大于实际运行中船舶越界次数，并且由于葛洲坝二号船闸的日常停电保养，2013年2月以来的统计数据并不是24h连续数据，系统试运行统计数据见表6–3。

试运行记录统计 表6–3

工作天数（天）	过闸数量（闸次）	报警次数（次）	正确次数（次）	误报次数（次）
82	1 156	854	741（86.7%）	113（13.3%）

由表6–3可以看出，系统报警准确率已经达到86.7%，误报率13.3%。在试运行过程中，连续多日对系统漏报情况进行了监测，未发现漏报情况。

（2）基于激光扫描的船闸闸室禁停区域船舶越界探测及报警系统现场试运行情况

该系统自2011年12月底投入试运行以来，运行稳定，响应及时，报警准确，系统试运行统计数据见表6–4。

在系统试运行初期，做了长时间的持续探测报警测试，即在忽略船闸运行状态的情况下，对每条过闸船舶进行探测。测试过程中没有发生漏报情况。

试运行记录统计　　　　表 6-4

项　　目	2012 年 1 ~ 12 月	2013 年 1 ~ 6 月
正确率（%）	100	100
误报率（%）	0	0
漏报率（%）	0	0
累计过闸（闸次）	5 264	2 450

6.4.2　系统修改完善

基于数字图像处理技术的船闸闸室禁停区域船舶越界探测及报警系统在 2013 年 2 月之前的试运行阶段主要存在 4 个方面的问题，见图 6-17 ~ 图 6-20。

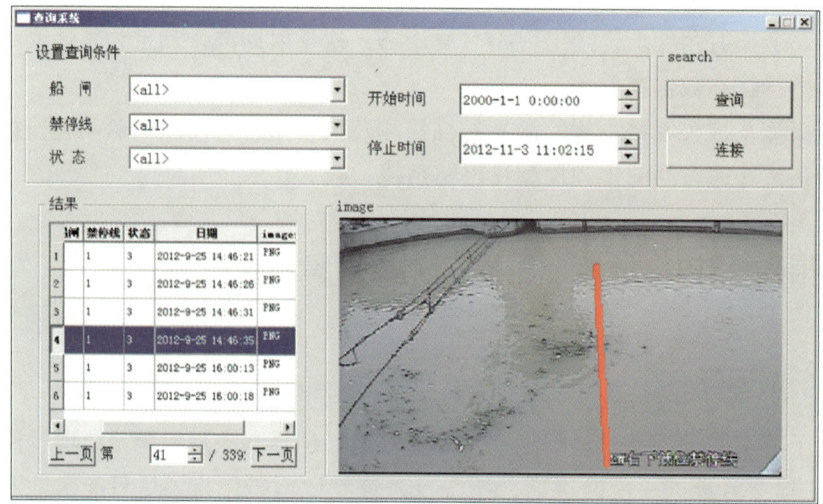

图 6-17　水面漂浮杂物引起的误报

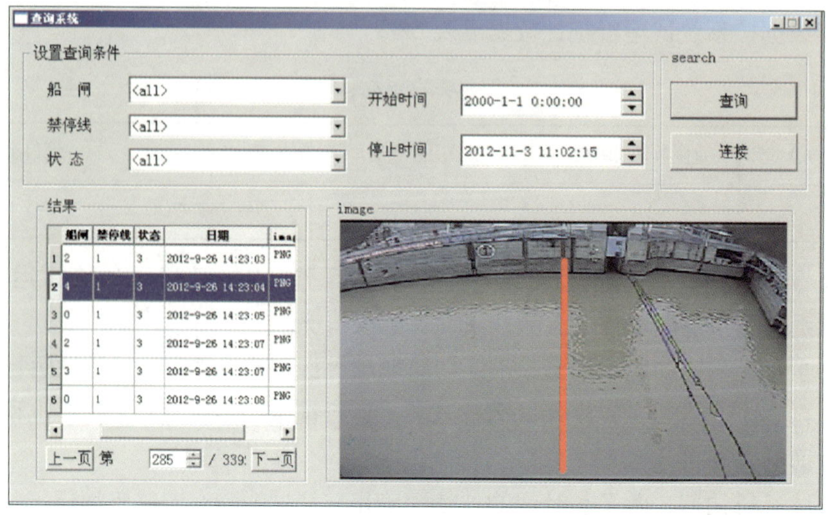

图 6-18　波浪倒影晃动引起的误报

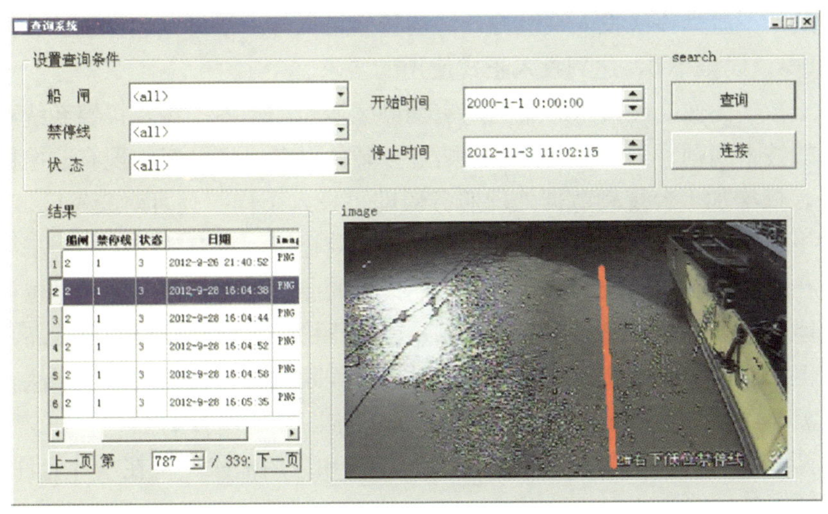

图 6-19　强光反射造成的误报

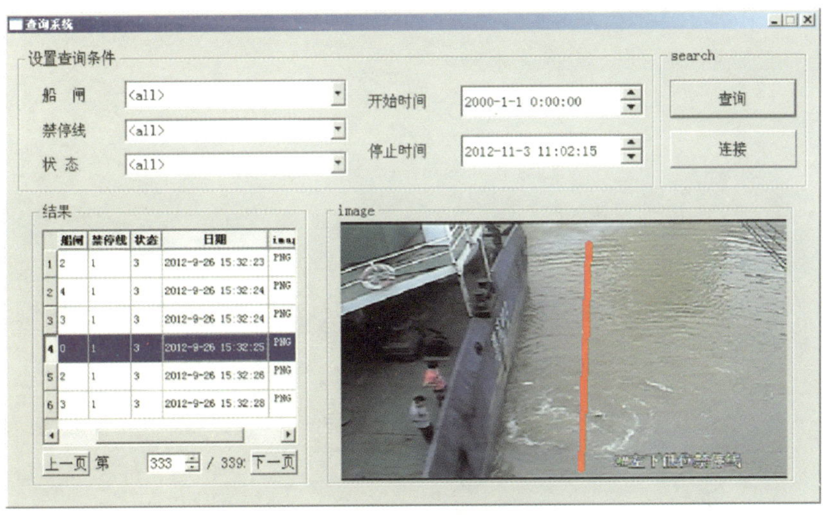

图 6-20　波浪干扰造成的误报

在系统软件算法中对上述水面漂浮杂物、倒影晃动、强光反射、波浪干扰的抑制算法进行修正。系统软件修正后，经实际测试，有效解决了上述问题，报警正确率得到极大提高。

6.4.3 试运行评估

基于数字图像处理技术的船闸闸室禁停区域船舶越界探测及报警系统于 2012 年 7 月底在葛洲坝二号船闸下游禁停线投入试运行，经不断优化完善后达到了较为理想的效果，但系统依然存在误报现象，主要原因是系统对强烈光线所导致的光斑适应性不强，尤其是夜间过闸船舶探照灯在闸室水面所形成的光斑，仍需进一步深入研究。

基于激光扫描技术的船闸闸室禁停区域船舶越界探测及报警系统于 2011 年 12 月底在

葛洲坝二号船闸下游禁停线投入试运行，试运行效果良好。最终试运行统计数据显示，报警正确率 100%，误报率 0，达到投入正式使用的要求。

虽然基于数字图像处理技术的船闸闸室禁停区域船舶越界探测及报警系统还遗留了一些尚未解决的技术问题，但该方案无须采购过多硬件设备，借助船闸现有监控摄像头和视频传输网络，仅增加 1 台视频数据处理服务器即可投入工作，且可对禁停区域进行监控，显示直观，报警正确率较高，在不大量增加成本的前提下，可有效辅助船闸集控操作人员对过闸船舶在禁停区域的监控。基于激光扫描技术的船闸闸室禁停区域船舶越界探测及报警系统的试运行情况表明，该套系统技术成熟，运行稳定，探测报警准确度高，对环境适应能力强，但相对数字图像处理方案，只能对禁停线断面进行扫描监控，无法直观显示现场情况，且需要购置激光扫描设备，成本远高于数字图像处理方案。

因此，两套方案各有优劣，适用于不同的场合和应用需求，可在条件允许的情况下，同时安装两套系统，互为补充。

7　三峡船闸快速检修关键技术

7.1　概述

7.1.1　背景

随着长江黄金水道建设步伐的加快，三峡枢纽通过能力不足的瓶颈问题日益突显。三峡过坝运量迅猛增长，使三峡船闸满负荷运行成为常态，即三峡两线船闸在正常通航运行时段，常有一定数量的船舶待闸，而在流量超限、枢纽冲砂、旅游黄金周、船闸应急抢修和计划性检修停航的非正常通航时段，通过能力则更显不足。提高三峡水利枢纽通过能力，其中重要的即是提高船闸的正常通航运行天数，减少故障碍航和检修停航时间，以维持三峡船闸较高的通航效率，发挥三峡水利枢纽的航运效益。由于三峡船闸设备多、技术复杂，其中任何一级船闸的设备设施出现故障都将影响整线船闸正常运行。鉴于其特殊性和重要性，在检修技术、能力、时间和质量的要求上，必须做到“高、强、快、优”。因此，围绕三峡船闸设备设施的快速检修技术，在快速检修预案系统、快速检修装备及备件策略等关键技术方面进行全面系统的探索研究，完成了一整套适用于三峡船闸的快速检修关键技术及其研究成果，并在工程实践中得到有效应用。实践证明，应用该项成果，使三峡船闸的检修工作更加科学、规范和高效，检修停航时间有效缩短，实现了三峡船闸的快速检修，为三峡船闸保持较高的通航率提供了技术保障，多项成果已指导或应用到国内其他多级船闸和单级船闸的检修实践中，为服务交通水运事业的发展和长江经济带建设做出了重大的贡献。

7.1.2　国内外现状

国外有代表性的巴拿马船闸，其关键的运行设备大量采用备份，一旦发生故障，即采取直接替换备份设备，快速检修非迫切需要，因此研究有限。国内如京杭运河船闸、西江流域中梯级船闸以及闽江流域水口船闸等金属结构、机械、液压设备与三峡船闸有相似之处，但其在枢纽规模及技术复杂性上与三峡船闸差距较大。因船闸规模较小，其研究方向主要集中在船闸的检修管理模式、应急预案等方面，且这些船闸通过新建部分多线船闸，具备了单线船闸停航检修而其他线船闸不停航的条件。因此，对快速检修的关键技术研究甚少。其次，国内具备船闸综合检修的专业性单位较少，通常由枢纽施工单位承接检修工程，而施工单位多为非专门从事船闸检修，故对检修装备基本不做研究，仅根据检修工程项目临时配置施工设备，故对专用检修工装的研究和对船闸快速检修装备及备件的研究几乎为零。

7.2　快速检修预案系统

通过对重点检修工艺、检修标准化预案研究和检修方案计算机辅助生成系统的研发，可根据检修项目性质的不同，在 5 ~ 20min 内完成检修方案，有效提高三峡船闸的检修效率，保证检修质量。

7.2.1　重点检修工艺

根据三峡船闸设备设施特点以及施工难点，在人字门支枕垫块表面修补，人字门同步顶、落门工艺，反弧门整体吊装等重要检修项目的施工工艺研究中，分别应用喷涂修补技术、大型人字门同步升降技术、大型结构件狭窄深井长距离吊装技术等，解决常规修理的工期长、难度大、安全风险高等问题，有效提高三峡船闸的整体检修效率。

（1）人字门顶、落门工艺

人字门检修时，首先进行修前检测，而后支顶门体至悬挂状态，拆卸并吊移 A、B 杆和顶枢轴等相关部件，顶升门体，拆卸并移出底枢及其相关部件，检查修理顶、底枢及其部件，检修后先回装底枢各零部件，后落下门体，底枢回装就位，吊装顶枢各零部件，研配 A、B 杆与楔块接触面并完成回装，对门体进行修后检测、调整，安装、调整门轴柱支垫块。人字门顶、落门施工流程见图 7–1。

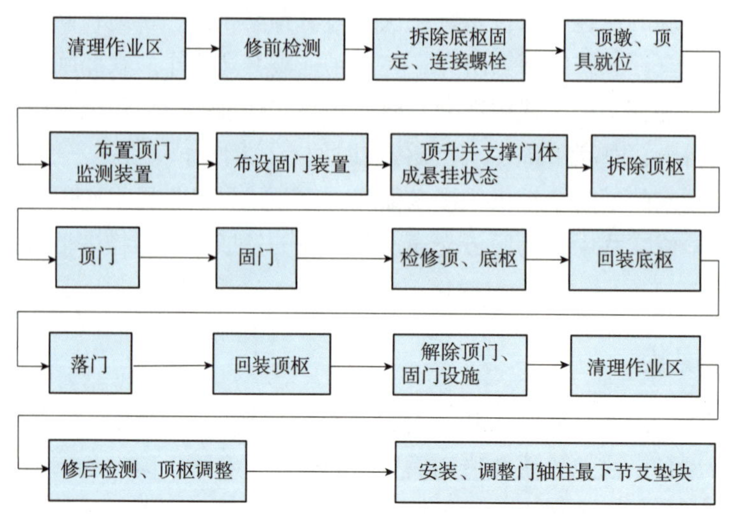

图 7–1　人字门顶、落门施工流程

（2）人字门支枕垫块表面修补工艺

三峡船闸人字门门轴柱和斜接柱采用连续不锈钢支枕垫块形式。当两扇门体关闭形成三铰拱后，支枕垫块起传导闸室水压力和封水的作用。支枕垫块在门体的布置位置见图 7−2。更换人字门支枕垫块工艺复杂、更换工期长、成本高，主要采取各种修补技术，进行方案比选、试样检测结果分析及工程应用。

图 7−2　支、枕垫块安装位置

金属表面修补技术主要有堆焊修补技术、电刷镀修补技术、热喷涂修补技术、喷熔修补技术、粘涂修补技术和型模覆焊修补技术。

根据各种修补方法的技术特点，同时考虑修补工艺、材料在市场上的广泛性和现场实施的可行性，选用 45 号锻钢制作 20mm × 15mm × 10mm（长 × 宽 × 高）试块用于修补层机械性能检测试样，试样的修补技术方案见表 7−1。

试样的修补技术方案汇总　　表 7−1

检测项目	修补技术				
	堆焊	刷镀	喷熔	喷涂	粘涂
0.1mm 厚度剪切强度	√	√	√	√	√
0.1mm 厚度表面硬度	√	√	√	√	
0.3mm 厚度剪切强度	√	√	√	√	√
0.3mm 厚度表面硬度	√	√	√	√	
3mm 厚度剪切强度	√		√	√	√
3mm 厚度表面硬度	√		√	√	
3mm 厚度抗压强度					√
3mm 厚度环氧垫层抗压强度	√		√		

试样的修补检测结果见表 7−2。

试样的修补检测结果汇总　　表 7-2

检 测 项 目	修 补 技 术					
	堆焊		刷镀	喷熔	喷涂	粘涂
	A507	J507				
0.1mm 厚度剪切强度（MPa）	> 29	> 22.3	> 28.6	> 27	> 27.3	12.7
0.1mm 厚度表面硬度	HRC 29	HRC 25.8	454HV0.025	HRC 62	720HV0.5	—
0.3mm 厚度剪切强度（MPa）	> 30.7	> 32.3	> 26.7	> 31.7	> 26.3	10.9
0.3mm 厚度表面硬度	HRC 32.7	HRC 32	488HV0.025	HRC 60	730HV0.5	—
3mm 厚度剪切强度（MPa）	> 31.7	> 32.7	—	> 33	> 28.7	4.9
3mm 厚度表面硬度	HB 184	HB 153	—	HRC 57.1	724HV0.5	—
3mm 厚度抗压强度（MPa）	—	—	—	—	—	55.8

修补技术的试样检测研究及工程应用表明：喷涂较喷熔工艺简单、费用低，较刷镀工艺简单、费用低、工期短，比堆焊费用略高，但工期比堆焊短，综合工期和费用因素，优先采用喷涂修补技术对三峡船闸人字门支枕垫块实施修补。其施工工艺流程见图 7-3。

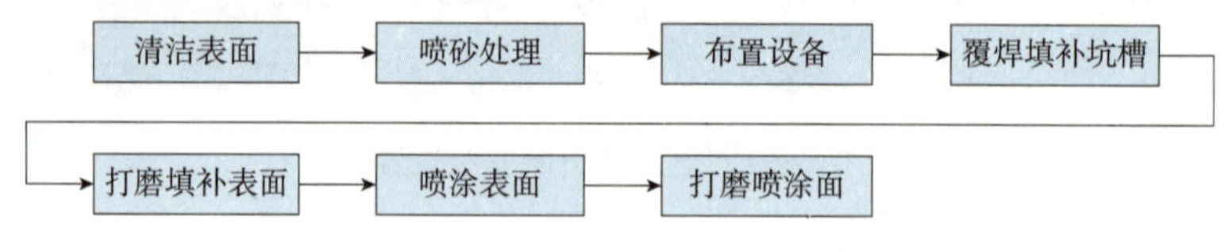

图 7-3　支枕垫块喷涂修补流程

热喷涂修补技术是利用特定的热源将喷涂材料加热至熔化或软化，并借助自身动力或外加气流将熔滴加速，以一定的速度喷射到表面经过净化或粗化，在工件上形成涂层来达到修复金属零部件的外形的一种修补技术。喷涂方法主要有常规火焰喷涂、超声速火焰喷涂、电弧喷涂和等离子喷涂等。热喷涂材料主要有丝材和粉末两大类。丝材有普通钢和合金钢等种类。粉末有纯金属、合金（含 Ni 基合金、不锈钢、巴氏合金等）。

（3）输水阀门钢止水修复工艺

三峡船闸输水廊道工作阀门为反向弧形门（称为反弧门），其底止水为钢止水。由于长期在重力及高速水流冲刷等作用下，底止水和底坎产生变形和蚀损而导致止水效果降低。人工方法修复底止水和底坎通常采取人工堆焊和打磨平整，但施工效率低、检修质量难以满足要求。

基于“仿形”原理的止水修复设备自动化程度较高，大大提高了施工效率，检修质量得到保证并节约了施工成本。该止水修复设备由行走机构、门架、下仿形头、上仿形头、侧导向机构和轨道 6 部分组成。整体安装分为轨道安装和设备安装。设备安装到位后，按技术要求对设备进行检测与调试。反弧门钢止水修磨施工流程见图 7-4。

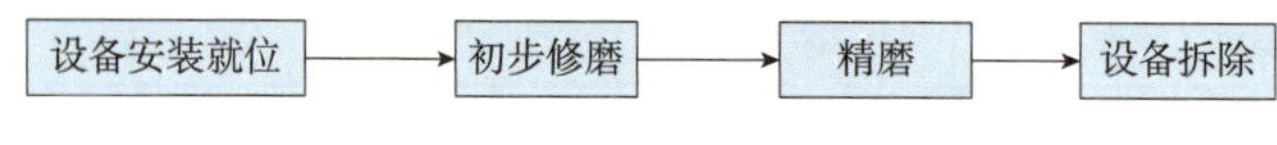

图 7-4　反弧门钢止水修磨施工流程

①设备安装就位。首先将反弧门提升至距底坎近 1m 高的位置，其次是安装好止水修磨设备的相应机构，使下磨头机构与被磨修的底坎止水带钢板接触。

②初步修磨。根据测量的堆焊高度（闸门和底坎上）和现场实情，开始自动修磨，修磨设备的行走机构需换向修磨。

③精磨。在维持门体高度、轨道等不变的条件下，根据修磨技术要求进行精磨，直到满足修复要求为止。

④设备拆除。修复完成后，依次拆卸修磨设备相应模块，并吊离施工现场。

（4）反弧门整体吊装工艺

三峡船闸反弧门是船闸廊道输水系统工作阀门，每闸首 2 套，共 24 套，为横梁全包式反向弧形工作门，主要由门叶、支臂、支铰梁等组成。其主要特征和参数为（括号内为一、六闸首尺寸，括号外为二、三、四、五闸首尺寸）：阀门井口尺寸（宽 × 高）为 4.20（4.50）m×4.50（5.50）m；最大外形尺寸为 8.00（9.20）m×6.15（6.45）m×6.10（7.23）m。反弧门运输吊装单元最大质量：一、六闸首为 86.60t；二、三、四、五闸首为 71.80t。各闸首起吊高度见表 7–3。

各闸首起吊高度（单位：m） 表 7–3

闸首	一闸首	二闸首	三闸首	四闸首	五闸首	六闸首
底板高程	115.50	93.75	73.00	52.25	31.50	46.00
闸面高程	185.00	179.00	160.00	139.00	116.67	96.42
起吊高度	69.50	85.25	87.00	86.75	85.17	50.42

当反弧门发生故障时需将反弧门安全快速吊出阀门井。满足反弧门大修或更换需要的，在安装新反弧门或反弧门大修完后，需将反弧门从闸面吊入阀门井。

反弧门整体吊装施工的主要内容包括：准备吊索具、起吊运输设备就位、在反弧门构件上布置吊点焊接吊耳，关联构件拆除、反弧门整体吊装（包括由阀门井吊至闸面，由闸面吊入阀门井）。关联的辅助工作有：提放阀门井上下游检修平板门、排干阀门井、拆除吊杆轴及轴承座。反弧门整体吊装施工流程见图 7–5。

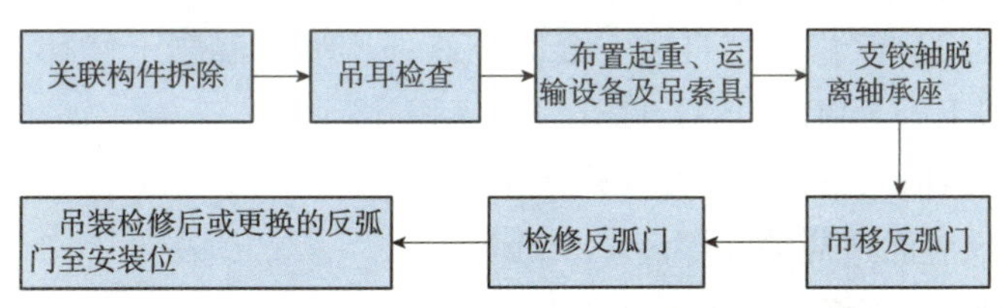

图 7–5 反弧门整体吊装施工流程

①关联构件拆除。关联构件拆除包括拆除阀门井内活动导轨、吊杆及联门轴、支铰轴承座、顶侧止水等构件，反弧门开启并距底缘距底坎约 300mm 处用支架垫实。

②吊耳检查。检查反弧门吊耳有无损坏，锈蚀严重的需重新焊接或更换。

③布置起重、运输设备及吊索具。400t 履带吊吊主钩钢丝绳调整为 8 倍率，吊臂长 24m，幅度 9m，主钩钢丝绳长约 750m，定位在阀门井上游面或侧面，吊车回转中心距离

井口 5m。吊钩落至反弧门正上方约 8m。左右支铰端钢丝绳各采用 1 根 ϕ32mm × 24m，2 倍率安装，中间用 20t 手拉葫芦连接。联门轴端采用 ϕ32mm × 30m 钢丝绳，2 倍率安装。

④支铰轴脱离轴承座。拉动在支铰臂两端横梁上对称设置的 2 台 20t 手拉葫芦，同时用 30t 机械千斤顶向支铰侧顶联门轴吊耳，将支铰轴缓慢拉出支铰座，待反弧门完全脱离支铰座后，调整反弧门的位置和角度，确保反弧门吊出过程中与井壁及其他设施有 150 ～ 300mm 安全距离。

⑤吊移反弧门。用 400t 履带吊将反弧门连续提升至闸面，放置于 100t 平板车并运输到指定的检修场地。

⑥检修反弧门。

⑦吊装检修后或更换的反弧门至安装位置。

（5）输水廊道混凝土表面蚀损修补工艺

三峡船闸输水系统由上游进水箱涵、主输水廊道、分流口及闸室输水廊道、辅助泄水廊道、下游泄水箱涵等组成。主输水廊道分别在闸室两侧岩体中开挖衬砌形成，共计 3 线 4 条主洞，单线廊道总长约 1 733m，其中南、北边坡地下廊道为单洞，中隔墩洞线则采用钢筋混凝土衬砌后分隔成 2 条独立洞室。主输水隧洞在每一级闸室中部通过一横向短隧洞与闸室输水系统的第一分流口相连。分流口及闸室支廊道布置于闸室底部，为 4 区段 8 支廊道分散式出流，盖板消能。

按三峡工程主体建筑物的运行条件和功能，将表面缺陷处理分为两类：A 类为过流面，B 类为非过流面。A 类又分为 A−1、A−2 区。三峡船闸闸室输水系统和分流口等部位为 A−1 区，要求缺陷修补防止产生气蚀、冲刷和剥离造成的过流面破坏。船闸底板纵向出水支廊道、船闸上下游泄水箱涵为 A−2 区，缺陷修补要满足平整度和耐久性要求。

对高速水流区的三峡船闸输水廊道混凝土表面，由于有抗冲耐磨要求，不允许存在蜂窝、麻面或空洞，否则将扰乱流态，导致更大的空蚀破坏。船闸输水廊道混凝土产生局部大型冲坑、破损等严重蚀损现象，还将造成混凝土内钢筋锈蚀，从而降低钢筋与混凝土的握裹力，恶化结构的应力状态，产生严重的隐患。

输水廊道表面蚀损处理工艺主要包括：环氧胶泥嵌补（1438 胶材）、环氧砂浆（或丙乳砂浆）修补、预缩砂浆修补、自密实混凝土修补、喷射混凝土修补、小一级配混凝土（R28300D150S8 或 R28350D150S8）修补 [14, 15]。

输水廊道表面蚀损的修补材料及使用范围为：

① 1438 型环氧胶泥适应缺陷深度≤ 5mm ；

② NE− Ⅱ型环氧砂浆适应 5mm ≤缺陷深度≤ 25mm ；

③预缩砂浆（水灰比 0.3）适应 25mm ≤缺陷深度≤ 150mm ；

④麻布砂浆（自制）适用于气泡孔深 <10mm 及麻面深度 <5mm 的各类挡水表面或暴露面；

⑤小一级配混凝土适应缺陷深度≥ 150mm ；

⑥自密实混凝土适应混凝土缺陷凿除深度大于 40mm 或露筋部位的缺陷修补；

⑦喷射混凝土适应混凝土缺陷凿除深度不大于 40mm 且无露筋部位的缺陷修补；如果

混凝土缺陷凿除深度大于40mm且又无法进行自密实混凝土施工（即无法钻设垂直向灌浆孔）的部位可以在缺陷部位植筋、挂网后采用喷射混凝土（EMACOS188）分层施工，层厚需严格控制在40mm左右。

输水廊道表面蚀损处理工艺如下。

①环氧胶泥嵌补(1438胶材，图7–6)。

图7–6　环氧胶泥嵌补(1438胶材)工艺流程

②环氧砂浆（或丙乳砂浆）修补（图7–7）。

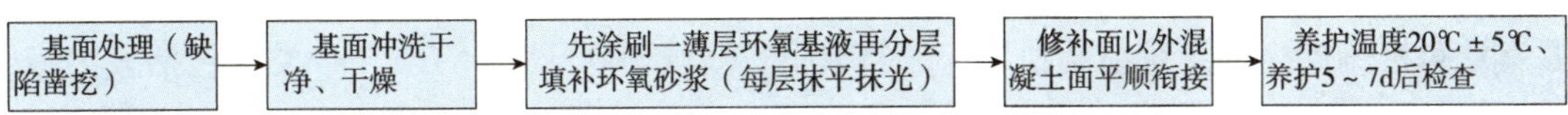

图7–7　环氧砂浆（或丙乳砂浆）修补流程

③预缩砂浆修补（图7–8）。

图7–8　预缩砂浆修补流程

④自密实混凝土（高强无收缩灌浆料）修补（图7–9）。

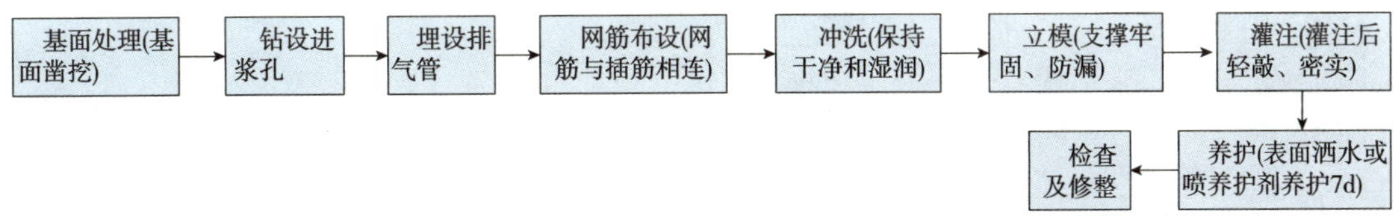

图7–9　自密实混凝土（高强无收缩灌浆料）修补流程

⑤喷射混凝土修补（图7–10）。

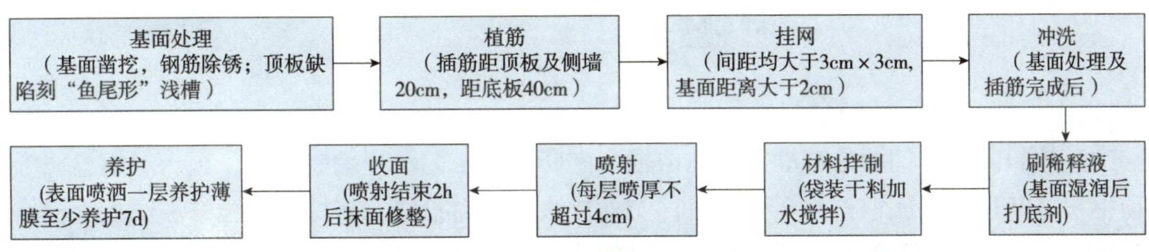

图7–10　喷射混凝土修补流程

⑥小一级配混凝土（R28300D150S8或R28350D150S8）修补（图7–11）。

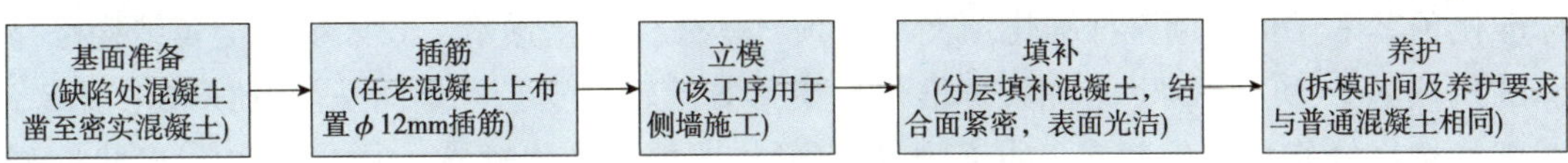

图7–11　小一级配混凝土修补流程

7.2.2　三峡船闸检修标准化预案

三峡船闸检修标准化预案分为 3 个专业，7 个检修类别，41 个分项标准化预案模块。每个标准化预案包括概述、施工内容、技术要求、施工工艺、施工安全措施、质量控制、进度计划、资源配置 8 大部分。概述部分主要是介绍该预案的施工环境、施工情况介绍和技术要求。施工工艺用流程图配合文字的方式展现该预案整个施工工艺流程。施工安全措施是对该预案在施工过程中必须遵循的安全保障措施。质量控制列出了整个预案在施工过程中的质量控制点。进度计划表明了该预案执行的时间进度。资源配置列举了该预案施工过程中的人员配置、主要设备、主要材料、备品备件和安全装备。

每个分项预案为最小模块化预案，可单独执行，也可与其他分项检修模块通过检修方案计算机辅助生成系统组合执行。3 个专业为机械、电气和水工，7 个类别包括人字门、反弧门、液压系统、电气控制系统、供配电系统和水工建筑物、排干闸室及联合调试等。

（1）人字门检修标准化预案

人字门为闸首挡水设备，三峡船闸南、北线共有 24 扇人字闸门，门体尺寸（高 × 宽 × 厚）为（括号外为一～四闸首数据，括号内为五、六闸首数据）38.5（37.5）m × 20.2m × 3m，重约 900t（870t），由门体、顶枢、底枢、支枕垫块、导卡和底止水组成。

人字门检修标准化预案主要包括顶、底枢检修，金属结构检修，支枕垫块及水封检修，门体几何形状检测与调整 4 个部分，其检修工艺流程见图 7-12。

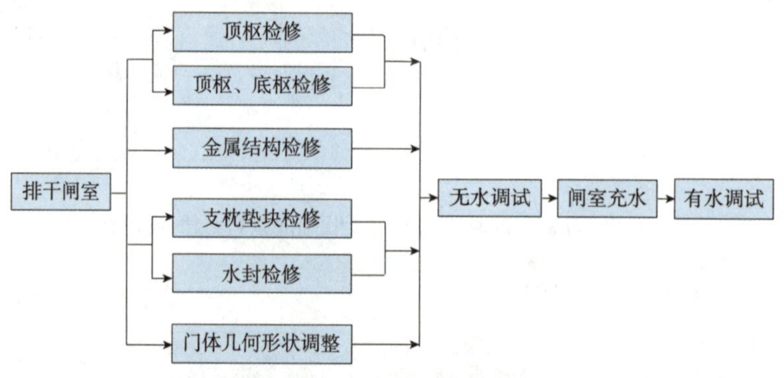

图 7-12　人字门检修工艺流程

三峡船闸人字门检修标准化预案依据人字门检修工艺流程编制而成。顶、底枢检修分顶枢检修和顶枢、底枢检修 2 个项目，支枕垫块及水封检修分支枕垫块检修和底止水检修 2 个项目。人字门检修还包括除图 7-6 以外的其他检修项目，如顶枢调整、导卡检修、门体几何形状检测、门轴柱支枕垫间隙测量和跳动量测量。因此，三峡船闸人字门检修共包括 11 个预案：①导卡检修标准化预案；②底止水更换标准化预案；③顶、底枢检修标准化预案；④顶枢调整标准化预案；⑤顶枢检修标准化预案；⑥人字门金属结构修补标准化预案；⑦门体跳动量测量标准化预案；⑧门轴柱支、枕垫间隙测量标准化预案；⑨支枕垫块检修标准化预案；⑩ 门体几何形状调整标准化预案；⑪ 门体几何形状检测标准化预案。

（2）反弧门检修标准化预案研究

三峡船闸两线两侧各布置一条输水廊道，各闸室输水廊道内布有输水阀门（输水阀门井在各闸室的布置见图 7–13），各闸首左右对称布置，两线共布置 24 扇输水阀门。其中第一、六闸首共 8 扇，第二至第五闸共 16 扇。

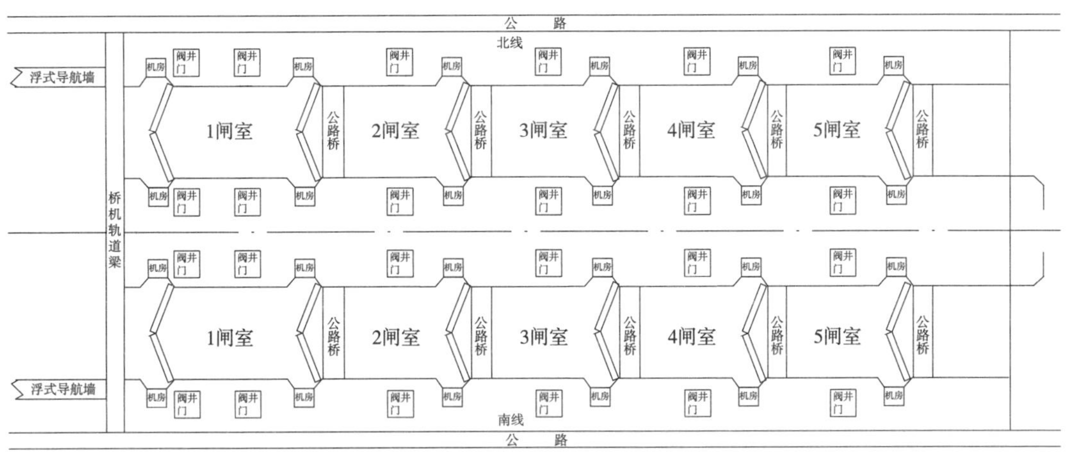

图 7–13 反弧门布置

反弧门检修标准化预案主要包括：①反弧门顶止水检修标准化预案；②反弧门侧止水检修标准化预案；③反弧门底止水检修标准化预案；④反弧门支铰检修标准化预案；⑤反弧门吊杆系统检修标准化预案（反弧门吊杆结构见图 7–14）；⑥反弧门金属结构检修标准化预案；⑦反弧门整体吊装更换标准化预案。

反弧门整体吊装更换已作为重难点检修工艺阐述，详见前述。

（3）液压启闭机检修标准化预案

三峡船闸两线共设置 24 套人字门液压启闭机、24 套反弧门液压启闭机。一、二、六闸首设置人字门开终锁定装置液压启闭机，六闸首设置辅助泄水阀门液压启闭机。每闸首一侧的液压启闭机共用 1 套液压泵站和 1 套现地电气控制系统；液压启闭机驱动控制相应门体或装置。反弧门、辅助泄水阀门、人字门锁定装置液压启闭机油缸及其管路、阀组检修可在单边输水单线不停航情况下进行，液压系统检修和人字门液压启闭机油缸及其管路、阀组检修需在单线停航情况下进行。

液压启闭机检修标准化预案主要包括：①液压油检测处理标准化预案；②元器件更换检修标准化预案；③液压油缸拆装标准化预案；④液压油缸检修标准化预案；⑤液压系统检修标准化预案。

（4）闸室排干及联调标准化预案

三峡船闸检修主要包括水工建筑物检修、人字门检修、输水阀门检修、输水廊道检修、闸室异物清理等。这些检修大多需在修前进行闸室排干，修后进行设备联调。

根据检修内容与修理位置的不同，闸室排干分为单线闸室排干、单个闸室排干和单个阀门井排干。单个闸室排干又分为一闸室排干、中间级闸室排干和五闸室排干。设备联调分为有水调试和无水调试。各类闸室排干的主要工作内容及流程见图 7–15 ～图 7–19。

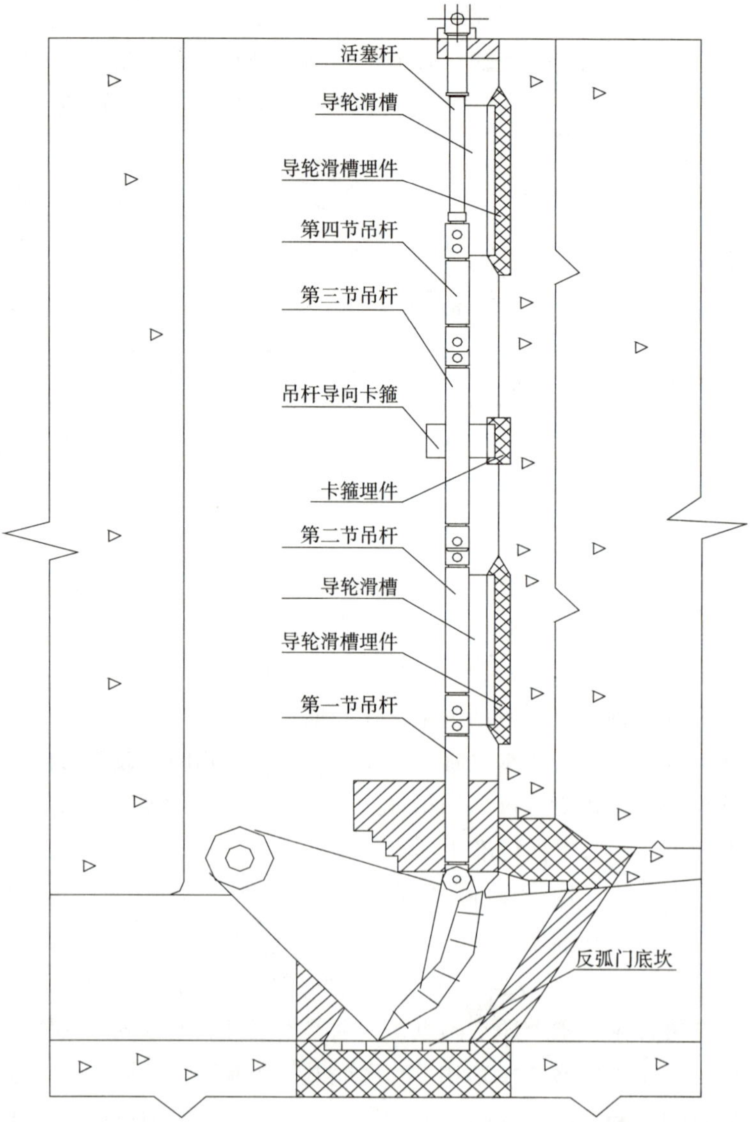

图 7−14　反弧门吊杆结构

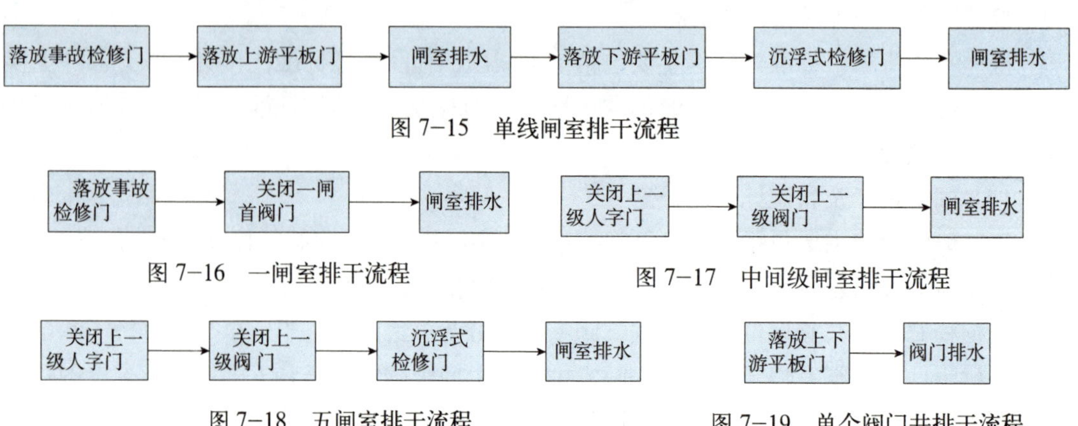

图 7−15　单线闸室排干流程

图 7−16　一闸室排干流程

图 7−17　中间级闸室排干流程

图 7−18　五闸室排干流程

图 7−19　单个阀门井排干流程

根据检修内容可将闸室排干及联调标准化预案划分为：①提放事故检修门标准化预案；②提放平板门标准化预案；③浮式检修门沉浮标准化预案；④无水调试标准化预案；⑤有水调试标准化预案。

（5）水工建筑物检修标准化预案

三峡船闸水工建筑物包括上游引航道、船闸主体段、下游引航道、输水系统、山体排水系统等。船闸主体段闸首和闸室分南北两线，均在山体岩石中深切开挖修建，每线主体段由 6 个闸首和 5 个闸室组成，每个闸室平面有效尺寸 280m × 34m（长 × 宽）。三峡船闸的水工建筑物检修标准化预案按照缺陷类型可分为 4 种：混凝土裂缝处理、混凝土表面缺陷处理、结构缝渗漏处理和输水廊道蚀损处理。

①混凝土裂缝处理。

根据《TGPS 三峡工程标准》，三峡船闸裂缝分类判别标准主要是依据裂缝的宽度、长度和深度。三峡船闸裂缝分类评判标准见表 7–4。

三峡船闸裂缝分类评判标准　　　　表 7–4

混凝土裂缝分类	评　判　标　准
Ⅰ类	表面缝宽 δ：$\delta < 0.20$mm；缝长：50cm $\leqslant L <$ 100cm；缝深：$h \leqslant$ 30cm
Ⅱ类	表面缝宽 δ：0.20mm $\leqslant \delta <$ 0.30mm；缝长：100cm $\leqslant L <$ 200cm；缝深：30cm $< h \leqslant$ 100cm，且不超过结构厚度的 1/4
Ⅲ类	表面缝宽 δ：0.3mm $\leqslant \delta \leqslant$ 0.4mm；缝长：200cm $\leqslant L <$ 400cm；缝深：100cm $< h \leqslant$ 200cm，或大于结构厚度的 1/2
Ⅳ类	表面缝宽 δ：$\delta >$0.4mm；缝长 L：$L \geqslant$ 400cm；缝深 h：$h \geqslant$ 200cm 或基本将结构裂穿（大于结构厚度的 2/3）

混凝土裂缝处理一般采用喷涂法、粘贴法、充填法和灌浆法，必要时采取结构加固处理法、爆破挖除处理法。对Ⅱ、Ⅲ、Ⅳ类裂缝的处理方法，应根据部位不同，采用 1 ~ 2 种处理方法。

三峡船闸混凝土裂缝处理的标准化预案分别对喷涂法、粘贴法、充填法和灌浆法等施工方法按标准化预案体系进行编制，编写了各种修补方法的施工工艺、技术要求、质量控制等内容。

②混凝土表面缺陷处理。

混凝土表面缺陷主要有错台、挂帘、砂线、较小的蜂窝、麻面等常规缺陷和少量较大的蜂窝、麻面、架空、露筋等特殊缺陷。

三峡船闸混凝土表面缺陷处理标准化预案按照施工材料的不同，制定了预缩砂浆修补标准化预案、环氧胶泥修补标准化预案、环氧砂浆修补标准化预案、丙乳砂浆修补标准化预案、自密实混凝土及喷射混凝土修补标准化预案、小一级配混凝土修补标准化预案等 7 个标准化预案，明确各种材料施工的技术要求、工艺、质量控制等内容。

③结构缝渗漏处理。

船闸结构缝渗漏处理应针对引起结构缝渗漏的设计、施工和止水材料等方面的原因，通过调查、检测进行成因分析，做出修补处理判断。结合结构缝渗漏特点，选择合适的修补材料和修补处理方法。渗漏处理须在确保有效、施工方便、不破坏结构的原则下，考虑各部位结构要求和渗漏特点以及压水检查与运行期渗水的特征，系统地采用“嵌、封、灌、排”的综合措施进行处理。

三峡船闸结构缝渗漏封堵分为：Ⅰ型表面封堵，主要进行闸室底板纵缝处理，处理范围包括所有底板纵缝、设置了紫铜止水片的横缝顶面；Ⅱ型表面封堵，主要进行闸室边墙和闸首边墩结构缝处理，施工方法为骑缝切 40mm × 20mm（深 × 宽）槽，槽内嵌填聚硫密封胶。结构缝内灌浆，主要进行闸室和闸首底板横缝处理以及渗漏较为严重的闸室边墙横缝处理。闸首底板、底坎和帷墙采取嵌填聚硫密封胶加表面粘贴玻璃丝布的方法进行处理 [16]。

三峡船闸结构缝渗漏处理标准化预案包括结构缝内灌浆、Ⅰ型表面封堵、Ⅱ型表面封堵、锚固法表面封堵 4 个标准化预案。

④输水廊道蚀损处理。

三峡船闸输水廊道蚀损修补作为重点检修工艺进行阐述，详见前述。

（6）控制系统检修标准化预案

三峡船闸电气控制设备主要由集中控制系统设备、现地子站控制系统设备、工业电视监视系统设备、广播指挥及通航指挥系统设备、供配电系统设备、桥机及防撞警械设备和排水系统设备组成。按照电气控制系统故障对三峡船闸运行影响的大小，编制了 6 个标准化预案，包括：①双电源自动切换系统检修标准化预案；② DLP 大屏幕检修故障标准化预案；③不间断电源检修标准化预案；④可编程控制器系统检修标准化预案；⑤水位计检修标准化预案；⑥输水阀门开度仪检修标准化预案。

（7）供配电系统检修标准化预案

三峡船闸供电系统共设置 4 个 10kV/0.4kV 变电所，供三峡船闸动力、监控、调度等系统用电。采用两级电压供电，高压侧为 10kV，低压侧为 0.4kV。

三峡船闸供配电系统标准化预案包括：①变压器检修标准化预案；②高压电缆检修标准化预案；③高低压配电装置检修标准化预案。

其中高低压配电装置检修标准化预案又分为真空开关检修标准化预案、接地开关检修标准化预案、控制保护装置检修标准化预案、电源自投装置检修标准化预案、MT 断路器检修标准化预案和直流屏柜检修标准化预案。

7.2.3　检修方案计算机辅助生成系统开发

在三峡船闸检修标准化预案的基础上，运用现代软件技术，开发检修方案计算机辅助生成系统。对于一个具体的检修项目，根据其项目内容调用相应的“三峡船闸检修标准化预案”模块，并对相关预案模块中人、机、物等资源需求、进度计划和安全要求等要素科学整合，按照一定的规则进行计算和调整，智能生成检修项目施工组织设计，做到无准备期检修。

三峡船闸快速检修方案计算机辅助生成系统主要包括系统总体结构框架、部分模块设计、施工方案逻辑设计和系统功能测试。

(1) 系统总体结构框架

《三峡船闸快速检修方案计算机辅助生成系统》采用 SQL Server 2000 数据库管理数据资源,编程语言采用 PowerBuilder 8.0,软件体系结构采用 C/S（Client/Server）模式,客户端通过数据库连接访问服务器端的数据。

系统总体由两部分组成，总体框架设计见图 7–20。

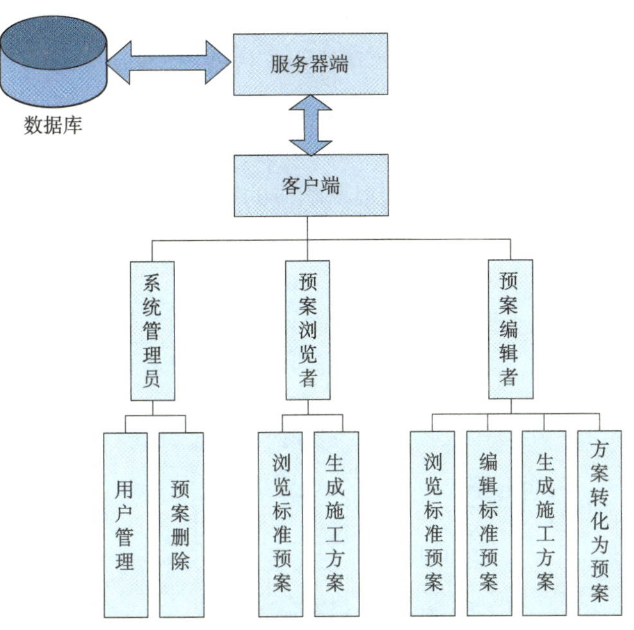

图 7–20 检修方案计算机辅助生成系统总体框架设计

①系统界面客户端。

系统界面客户端包括用户登录模块、管理员授权模块、编辑标准预案模块、预案检索模块、生成施工方案模块、施工方案转化为预案模块。

②数据库。

③数据库设计。该系统采用的是 Microsoft SQL Server 2000 数据库，数据库的名称为 ksjx。数据库的设计具有灵活性、通用性和开放性等特点。该数据库的开放性设计主要体现在以下两点：

A. 标准化预案可编辑。由于船闸检修的环境因素、技术条件不是一成不变的，具有相应权限的用户可对数据库中存储的标准化预案进行相应的编辑修改，或者增加新的标准预案，以满足船闸检修的新需求。

B. 标准化预案可扩充。针对频繁发生的某几项故障同时检修，具有相应权限的用户可将其定义为新的标准化预案，并存储在数据库中，以便下次检修时若发生同类故障即可直接调用。

④数据库中共有 16 个关系表，分别为：

用户表（ksjx_user）、备品备件（ksjx_bpbj）、材料管理（ksjx_cl）、工器具管理（ksjx_tool）、设备管理（ksjx_eq）、安全装备（ksjx_safe）、人员配置（ksjx_man）、预案名称

管理（ksjx_case_name）、技术要求（ksjx_jsyq）、安全措施（ksjx_aqcs）、质量控制（ksjx_zlkz）、概述（ksjx_gs）、施工内容（ksjx_sgnr）、安全措施（ksjx_aqcs_public）、施工工艺（ksjx_sggy）、进度计划（ksjx_jdjh）。

（2）部分模块设计

系统为不同级别的工作人员提供不同的登录身份，包括用户管理员、预案浏览身份、预案编辑身份。当快速检修方案计算机辅助生成系统登录以后，系统将同时触发“用户身份判断”，维修事件分级直接根据响应的用户由系统做出判断。

当系统确定用户身份的合法性后，将自动对用户的角色进行分析，然后自动给出用户所能获得的系统响应支持级别，根据维修事件分级、用户角色的共同影响，系统自动从“备件库”、“工具库”及“规则库”中分别根据响应的算法提取生成符合条件的维修方案反馈给用户。系统业务流程见图 7–21。

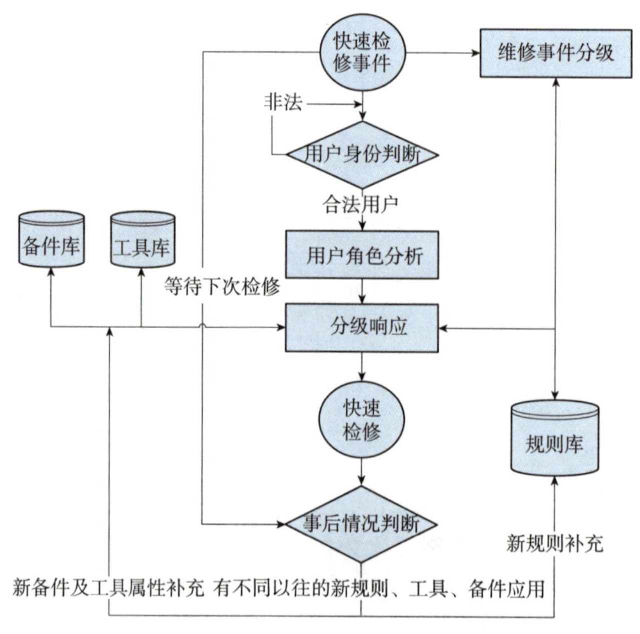

图 7–21　系统业务流程

（3）施工方案逻辑设计

检修方案计算机辅助生成系统是以三峡船闸快速检修预案为开发基础的，然而检修方案计算机辅助生成系统不是简单地将预案数字化，因为预案本身是非线性、非逻辑的，而且预案中可能存在人员、装备、工器具等的交叉调用。但是，检修方案计算机辅助生成系统又必须以预案为基础、以预案为指导、以预案为标准进行开发。因此，需要对预案进行系统的分析、总结和归纳，在纷繁复杂的各级预案以及各个子单元中，对信息进行抽取、归类、合并，运用离散原理，加工形成具有可判逻辑的系统结构框架。

（4）系统功能测试

测试环境为网络连接方式，测试人员使用 12 台 Dell OPTIPLEX 330 计算机或 8 台 Dell Latitude E6400 笔记本电脑作为系统测试用计算机，网络连接方式为局域网。在实际测试过程中，要求每位测试人员分别按照该网络连接方式进行测试。

测试人员由 2 名船闸调度人员、1 名软件测试工程师、5 名助理软件测试工程师、3 名系统研发人员、3 名计算机专业义务系统测试员、3 名非计算机专业的义务系统测试员，共计 17 人组成。

测试采用网络连接方式，由测试人员于指定时间进行网上测试。同时，为模拟网络繁忙时的系统性能，安排了 2 次统一并发访问，每次时长 3h，测试间隔为 1min。总体的测试周期为 14 个工作日。

7.3 快速检修装备

以投资最小、效能最大化为目标，从快速到达和快速实施两方面，提出了基于三峡船闸快速检修的装备总体方案设计，完成了包括检修人员及针对不同设备设施检修、检测、加工的装备配置，实现各类检修项目实施时检修装备的快速组织，完成了满足快速检修的专用工装的设计与研制。其中，三峡船闸反弧门钢止水修复专用工装和人字门支枕垫块表面修补工装等的成功应用，提高检修效率 50% 以上，其他专用检修工装可提高相应修理项目检修效率 30% ～ 60%。

快速检修装备是实现快速检修的重要手段，三峡船闸一旦出现故障，其快速检修涉及如何快速到达检修现场和快速检查分析故障，进而快速处理等方面的工作。三峡船闸距离即将建设的“三峡通航检测维修设施建设工程”的所在地宜昌市西坝约 40km，一旦三峡船闸设备设施出现故障，检修人员和检修设备需从检修基地出发，途经市区和三峡工程专用公路，约需 1h 到达三峡船闸现场。一方面专业检修人员需快速到达现场，另一方面根据故障性质及设备类型，相应的检测、维修设备也需同时抵达，这样才能达到快速检修的目的。快速检修装备主要分为快速到达装备和快速实施装备。

7.3.1 快速到达装备

快速到达装备包括各种专业的快速检修车（包括车载检修装备）和检修运勤车辆，主要是以抢修工程车和运输客车为主要交通工具，其中检修工程车配置检修必备的各类检修工器具、材料、备件等，将检修人员和检修装备、物资、备件快速运到现场。

（1）专业检修车

按不同专业特点设计配置制造了各类抢修工程车，做到各项抢修任务需要的备件、工器具模块化快速装载。这类检修车涵盖了机械、电气、水工、测量等专业，功能包括在满足专业检测、检修工器具配置的基础上，能搭载少量乘员，能装配小型备件、材料等，使快速检修更具有效性。

（2）载货车

当设备检修所需备件、材料体积较大，或质量过大时，配置适量的载货车辆满足运输需求。如实施设备抢修时，需要人员、设备尽快到达施工现场，或有关备件、加工件快速进出施工现场。除专业检修车投入检修外，还应配置反应快速且能少量载货的轻型载货车。

当检修项目需运送质量较大的检修设备、备件、材料时，如机械检修中的大型千斤顶、钢材等设备和材料运输，水工检修时的空压机等设备运输，电气检修时电缆等备件运输，配置中型载货车。当液压油缸等大型设备需进厂解体检修时，配置重型载货车辆满足使用需求。

（3）运输客车

抢修人员主要以乘坐检修运输客车的方式快速到达检修现场。根据设备设施故障的大小和性质，配置小型客车和中型客车。一般设备抢修，所需检修人员为 5 ～ 10 人，可配置 1 辆中型客车；如进行岁修或大修，检修人员一般较多，通常为 50 ～ 80 人，可另配置 1 台大型客车满足检修人员运送需求。

7.3.2　快速实施装备

人字门、反弧门等大型非标设备由于装配精度高，连接销轴多，按常规拆卸、安装施工难度大，故设计制造相关专用工装，以降低拆装难度、提高检修效率、缩短检修时间。快速检修的设备设施主要为人字门、阀门、液压启闭机、电气和水工建筑物设施等。

（1）人字门检修装备

①人字门顶、底枢检修装备。

检修内容包括对顶、底枢进行解体，修理或更换其零部件后回装。要完成三峡船闸人字门顶、底枢检修，必须进行高位顶门，特别是当底枢取出检修时，需将人字门顶升约 310mm。三峡船闸人字门最重约 900t，考虑到安全系数，需配置一套 4×400t 的同步升降系统。该系统包括 4 台 400t 千斤顶、液压系统、液压泵站、控制系统、4 套保顶、顶墩和垫墩等。

同时，为完成顶枢轴，A、B 杆连接轴，A、B 杆，顶枢楔块，调整螺杆，底枢顶盖精制螺钉，底枢球头，底枢球瓦等零部件的拆装作业，还需配置各类专用工装和各种千斤顶对其进行拆装。人字门顶枢调整需要测量人字门运行时的水平度，需配置高精度水准仪测量设备。顶枢轴，A、B 杆连接轴，A、B 杆，顶枢楔块，调整螺杆，底枢顶盖精制螺钉，底枢球头，底枢球瓦等零部件加工、制作需在加工车间内完成，需配置数控立式车床、立式镗铣床、摇臂钻床、普通车床、划线平台等机械加工设备。起重设备需配置 65t 汽车吊、25t 汽车吊、5t 叉车等。

②人字门金属结构检修装备。

检修内容包括对人字门金属结构门体母材、焊缝开裂甚至母材脱落进行处理，主要设备需求为现场焊接所需的各种设备，主要有电焊机、电烘箱、空压机等。起重设备需配置 25t 汽车吊。

③人字门水封检修装备。

检修内容包括人字门止水拆装、测试，异形止水的安装等。主要设备需求为磁力钻。工装需配置底枢异型止水安装工装、底枢止水安装测试工装。起重设备需配置 25t 汽车吊。

④人字门支枕垫块检修装备。

检修内容是将待修复表面清洁干净，喷砂处理表面达到要求的粗糙度，在修复表面喷涂自熔性镍铬合金粉，并打磨表面至设计要求。现场检修设备主要为空压机、喷涂设备等。起重设备需配置 25t 汽车吊。

⑤门体几何形状检测与调整装备。

检修主要包括背拉杆应力值的调整。现场检修设备主要是应力测试系统、同步超薄液压千斤顶。工装需配置背拉杆调整专用工装。起重设备需配置 25t 汽车吊。

（2）反弧门检修装备

①反弧门水封检修装备。

检修内容包括反弧门止水拆装和修磨，主要设备需求为磁力钻、铆焊平台。三峡船闸反弧门底止水为钢止水，底坎为不锈钢构件，施工作业空间小，精度要求高。采用新的自动化程度较高的止水修复设备，起重设备需配置 50t 汽车吊。

②反弧门金属结构检修装备。

检修内容主要是对反弧门金属结构门体母材、焊缝开裂甚至母材脱落进行处理。所需设备为现场焊接用的各种设备，主要有电焊机、电烘箱、空压机等。起重设备需配置 50t 汽车吊。

③反弧门吊杆检修装备。

配置用于反弧门吊杆系统拆除并吊装所需的专用顶架，起重设备需配置 50t 汽车吊。

④反弧门整体更换装备。

一、六闸首反弧门为 86.60t，二至五闸首反弧门为 71.80t，最大深度 87m。反弧门整体更换或吊出检修需选用一台 400t 履带吊（主钩钢丝绳长约 750m）在主钩钢丝绳调整为 8 倍率，吊臂长 24m，幅度 9m。

（3）液压启闭机检修装备

①液压控制系统修理装备。

液压控制系统检修主要是油箱抽空清洗、控制阀组解体检修、管道解体检修、系统回装、系统调试等。因此，需要配置抽注油设备、液压油净化处理系统、中间油箱等用于油箱检修，需要配置精密测量装置、阀件超声波清洗装置、阀组测试平台等用于控制阀组解体修理，还需配置液压油管道冲洗设备、不锈钢焊接检测设备、弯管设备等用于检修调试。

②液压油缸修理装备。

人字门液压油缸重 28t，一旦出现故障可能需整体吊出实施修理，实施起吊作业时，油缸吊点距离吊车旋转中心 16m。为满足液压油缸检修的吊装需要，需配备 200t 汽车起重机。

油缸检修主要是解体更换密封件、缸体内壁修磨、活塞杆铬层修复、回装试验调试。因此，需要配置油缸修理检测试验平台、40t 平板拖车等检修装备以及涂镀层测厚仪、粗糙度仪、液压油污染度检测仪、手持式液压参数测试仪等检测装备。缸体修磨和活塞杆铬层修复可采用其厂内设备实施修理。

（4）电气设备检修装备

配备电缆剥除、连接等施工工器具以及电气装备拆装工具，涉及吊装的检修装备和零部件制作加工的装备在通用检修装备中配备。

（5）水工建筑物检修装备

水工建筑物检修检测设备主要涉及混凝土破损基面处理装备，如高压清洗机；凿除装备，如液压镐、液压钻等；灌浆装备，如水泥灌浆机、化学灌浆泵、手摇灌浆机等；其他相关检测装备，如钻孔取芯机、岩心钻机、测深仪等。

由于检修面包括闸室底板、输水廊道、阀门井等，故需配置载人吊笼、上下闸室的固定式组合交通梯、闸墙检修自升降式作业吊篮，以及廊道检修用的快速可移动脚手架等。

7.3.3　快速检修装备总体方案

三峡船闸快速检修装备总体分为快速到达装备和快速实施装备两部分。快速到达装备包括人员和设备、材料运输装备。快速实施装备按不同的设备或设施分类，包括不同检测设备和检修设备，以及为提高施工效率，解决检修难度较大的专用工装等。为方便检测、检修设备的快速组织和转运，部分检修项目的检修装备可实现模块化管理。

（1）装备配置的原则

全面、合理的同时兼顾经济性。即用最小的投资，达到配置装备的全面性和合理性。三峡船闸快速检修装备总体方案见图 7–22。

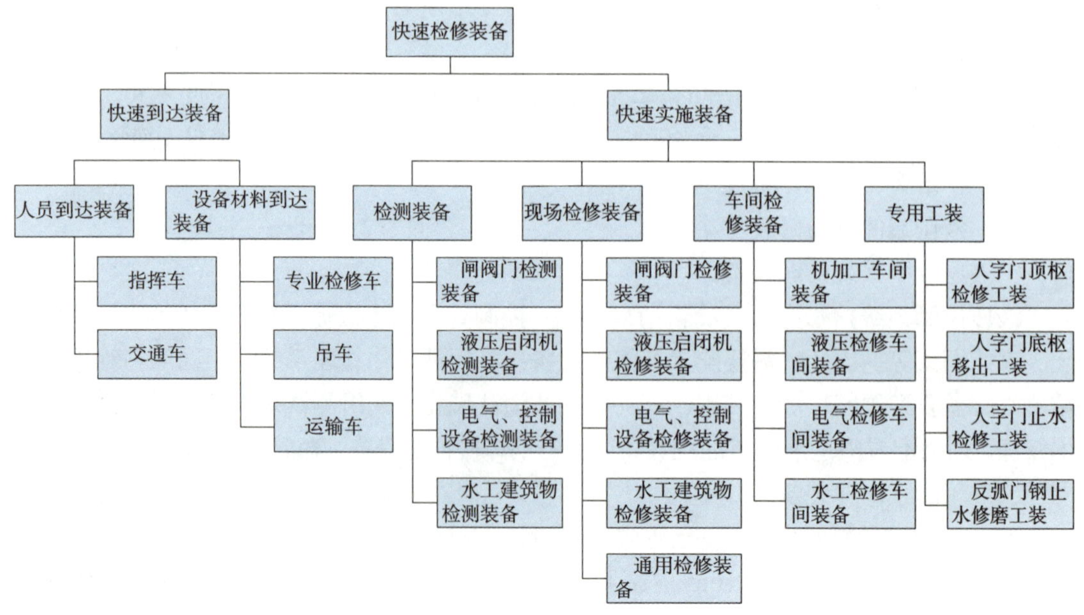

图 7–22　三峡船闸快速检修装备总体方案

（2）快速检修到达装备方案

根据需求分析，三峡船闸快速检修快速到达主要分两种：一是人员快速到达，二是设备材料快速到达。

①人员到达装备方案。

人员快速到达需要配置相应的交通车辆。交通车辆的配置根据大修、项修、抢修等不同检修项目所需人员的数量相应配备大中型客车、小型客车、车载吊篮等。

抢修项目人员快速到达装备方案需配备现场检修指挥车、相关专业的检修工程车、小型车和中型客车。

项修项目人员快速到达装备方案需配备现场检修指挥车、小型客车、大型客车和车载吊篮。

大修项目人员快速到达装备方案需配备现场检修指挥车、小型客车、中型客车、大型客车和车载吊篮。

②设备材料到达装备方案。

设备材料快速到达需要配置检修车、吊车、运输车。根据不同的检修内容需要配置相关专业的检修工程车、不同吨位的吊车和运输车辆。

抢修项目根据检修的专业内容，按机械、电气、水工、测量专业配置各专业检修车辆，各专业检修车根据专业特点，配置相应的快速检修工器具及相关小型加工设备，根据需要配置相应吨位的吊车和运输车辆。

项修项目和大修项目根据工程项目的需求，配置大型起重运输装备和大中型运输车进行材料、备件的运输。

(3) 快速检修实施装备方案

根据不同设施的检修装备需求，快速检修实施装备可分为检测装备、专业检修装备和专用工装等。

①检测装备。

检测装备主要包括闸阀门检测装备，液压启闭机设备检修项目检测装备，电气设备、控制系统检修项目检测装备，水工建筑物检修项目检测装备。

闸阀门检修检测装备主要包括各类游标卡尺、百分表、水平仪等检测设备。

液压启闭机设备检修项目检测装备和电气设备主要包括涂镀层测厚仪、粗糙度仪、液压油污染度检测仪、手持式液压参数测试仪等检测设备。

控制系统检修项目检测装备主要包括过程校准仪、相序仪等检测设备。

水工建筑物检修项目检测装备主要包括钻孔取芯机、测深仪、裂缝测试仪等检测设备。

②现场检修装备。

现场检修装备主要包括闸阀门检修装备，液压系统检修装备，电气、控制系统检修装备，水工建筑物检修装备，通用检修装备。

闸阀门现场检修装备包括人字门、反弧门两大挡水功能的金属结构检修装备。其中人字门检修现场所需检修装备包括大型人字门同步升降系统、起吊装备以及检修工器具等。金属结构加工装备见车间装备方案。快速拆装、检修人字门、反弧门的专用工装见专用工装设计。此外，检修人员或设备、材料到达闸室底板及阀门井检修现场，均需要快速、安全的垂直运输设备。除部分设备和材料可通过吊车运输外，检修人员和部分设备、材料需配置载人吊篮和在闸面安装卷扬机进行垂直交通运输。

液压系统现场检修装备主要包括平板拖车、吊车、叉车、液压油缸检修测试平台等。

电气、控制系统现场检修装备主要包括电缆主绝缘层剥除器、电缆外半导体层剥除器等。

水工建筑物现场检修装备主要包括高压清洗机、水泥灌浆机、快速脚手架、小型混凝土搅拌机、电动卷扬机、混凝土切割机等。

通用检修装备主要包括电焊、切割、空压机、柴油发电机等。

③车间检修装备方案。

车间检修装备方案包括机加工车间设备、液压车间检修装备、电气车间检修装备、水工车间检修装备。

机加工车间主要负责人字门、反向弧形门等大型金属结构检修时的结构件加工、备件制作、零部件生产，主要包括摇臂钻床、普通车床、刨床、锯床、工作钳台、铆焊平台等。

液压车间检修装备主要包括液压油缸拆检平台、油缸测试系统两部分。

电气车间检修装备主要包括母线加工机、工作钳台、台钻等加工设备和各类快速检修的工器具。

水工车间检修装备主要包括金属切割设备、金属管道加工设备、模板制作设备等。

7.3.4　专用工装设计

根据三峡船闸人字门和反弧门的结构参数、技术要求及现场检修条件，在人字门和反弧门构件检修时，专门设计了人字门顶枢拆装工装、人字门顶枢楔块拆除工装、人字门底枢调节工装、人字门底止水测试工装、人字门异型橡胶止水安装工装、人字门底枢移出工装和反弧门钢止水修复工装。

（1）人字门顶枢拆装工装

根据人字门顶枢拆装的现场条件等因素，设计采用“T 形拉架”工装，设计拉力为 6 120kN，200t 液压千斤顶行程为 200mm。该工装主要由 T 形架、基座两部分组成。T 形架为通用，一架多用，具有互换性，可节约成本。

（2）人字门顶枢楔块拆除工装

人字门顶枢楔块拆除支架主要由螺母 Tr120、螺杆、横梁 3 部分组成。检修工程最大拆除阻力为 1 200kN。利用本工装施工时，按设计图纸要求，螺杆通过待拆除楔块中心孔向下穿出，同时穿过横梁连接螺母，设计采用 2 台 200t 液压千斤顶分别布设于横梁上方及锚架的下方。2 台 200t 液压千斤顶同步顶升，将楔块与 A、B 杆孔及锚架脱开，实现 A、B 杆的调整或拆卸。

（3）人字门顶枢调节工装

由于施工场地狭小，A、B 杆连接后，A 杆轴孔与人字门顶枢轴孔只能实现初步对位，同轴度误差一般大于 5mm，进一步调整费时耗力。设计采用人字门顶枢调节工装，其主要由顶枢调节工装支架、薄型弹簧复位千斤顶、通用液压泵站（手动或电动）等部分组成。该工装适用于同轴度误差不大于 15mm 时，可克服 A、B 杆与锚架之间的摩擦阻力约 35kN。该工装实现了同轴度的快速、精确调整，消除烦琐的对位过程，简化吊装、牵拉、敲击等施工作业。

（4）人字门底止水测试工装

人字门底止水测试工装主要由测试工装构件、水封 P65 × 220 × 25、二通球阀、直通接头、系列调整垫片（厚度为1mm、2mm、3mm、4mm、5mm）组成。根据测试结果，比照设计理论值，确定合理的压缩量值。测试压力最大为0.35MPa，最大压缩量不大于5mm。根据水封安装要求的压缩量，利用测试工装调整水封的压缩量，测试不同压力作用下的封水结果，提高封水效果，减缓水封因挤压引起的疲劳破损，保护水封及构件的运行安全，同时为水封的更换装配及维护调整实际压缩量提供依据。

（5）人字门异型橡胶止水安装工装

三峡船闸人字门底止水底枢段与门轴柱侧结合处为异型结构，是门轴柱支枕垫块支块与底枢的封水连接件，安装施工位置狭小（约460mm），同时又具有一定的压缩量，无法实现常规的推压式方法装入。设计采用端面与橡胶止水端面形状相仿，按图布置千斤顶，通过同步加力，使橡胶止水均匀压入的工装，可在狭小的施工空间内快速安装人字门底止水异型橡胶止水，实现橡胶止水的无损伤快速安装。

（6）人字门底枢移出工装

人字门底枢移出工装由底枢滑动垫板、小车、轨道3部分组成。设计额定载质量为12 500kg。采用此工装，人字门在高位顶门后，快速将底枢移至小车上，便于起重设备将其吊装到闸面。

（7）反弧门钢止水修复工装

采用了仿形技术设计反弧门钢止水修磨工装。工装主要由信息采集及传递装置、底坎及反弧门磨削装置和设备的驱动装置组成。在仿形修复时能采集、测量反弧门和底坎变形的数据信息，并将数据信息反馈给磨削部分，以控制磨削速度和加工误差，保证两修磨面的共轭接触密实。

此工装仅限于对反弧门钢止水与底坎变形表面和局部修复，及在其基础部分的堆焊层的磨削修复。修复时，模拟反弧门与底坎的变形曲线，并沿着该曲线进行，且不能改变原曲线的形状。修复后，反弧门止水和底坎变得光滑而且形成一对共轭接触密封面，修复精度达到0.2mm，保证反弧门与底坎止水良好。

7.4 备件策略

根据三峡船闸设备种类、设备性能特征及易损程度等，运用现代设备分类技术，提出了适应三峡船闸特点的备件分类方法。根据备件的不同属性并结合备件价值，提出了检修备件的储备量和储备方式。应用现代仓储储备方式，形成了适合三峡船闸备件特点且兼顾安全、经济的备件储备策略。

三峡船闸检修备件，主要根据检修方式分为计划检修备件、应急抢修备件和维护备件。以下重点对应急抢修所涉及的备件进行研究，对计划检修备件、维护备件不作为重点研究。

7.4.1 三峡船闸关键设备备件分类

对备件进行科学的分类管理，常采用“ABC分类管理法”。备件的“ABC分类管理法”实质是一种重点管理法，其核心是“关键的少数和一般的多数”，就是将有限的力量主要用于解决具有决定性影响的少数备件上，将“关键的少数”找出来，并确定与之适应的管理方法 [17]。采用“ABC 分类管理法”时一般利用帕雷托原理，即备件中 20% 左右的重点备件占用了 80% 左右的系统资源 ，管理人员用 80% 左右的精力来管理。

鉴于三峡船闸的特殊性和重要性，其备件的需求则应重点考虑其保障性的特点，而经济性要求则相对较低。据此，按对三峡船闸正常运行造成不同影响划分 3 个层次的备件 ：A 类备件，对三峡船闸通航产生停航影响的备件 ；B 类备件，对三峡船闸通航产生碍航影响的备件 ；C 类备件，对三峡船闸通航不产生停航或碍航的备件。

7.4.2　三峡船闸关键设备备件

（1）人字门备件

人字门主要部件包括门体、顶枢、底枢、支枕垫块、底止水。

门体为大型结构件，一般不会整体出现破坏，对于可能出现局部损坏的，通过局部修补可以完成修复。顶、底枢中的旋转件，磨损、润滑不良和异物损伤造成失效的可能性较大，顶、底枢轴瓦为进口自润滑材料，采购周期长，轴瓦更换工期长，进行快速检修可采用整体更换的方式，以减少更换工期。支枕垫块一般不会整体出现突然破坏，可能出现局部损坏，局部损坏可通过局部修补来修复。底止水橡皮件为易损件，可能因异物作用造成突然损坏，采购需要一定的周期，无备件不能达到快速检修目的。

因此，人字门门体、支枕垫块和底止水的其他零件不需要考虑作为备件。将顶枢中的 A 杆总成（含轴瓦及密封件）、顶枢轴、底枢中的顶盖总成（含轴瓦及密封组合件）、蘑菇头、铰制螺栓、精制螺栓、底止水橡皮件作为备件。

（2）反弧门备件

三峡船闸反弧门主要部件包括吊杆系统、门体、止水、支铰。

反弧门的门叶、支臂、支铰梁是一整体框架结构，在顶部和两侧均有橡胶止水，底止水采用钢止水结构。吊杆、反弧门门体为大型结构件，一般不会整体出现破坏，止水及压板为易损件，可能因异物作用造成突然损坏，采购或制作需要一定的周期，无备件不能达到快速检修的目的。三峡船闸反弧门支铰由支铰座、支铰轴、支铰轴套等部分组成，支铰座材料为 ZG310−570，支铰轴为 40Cr 材料调质后镀铬加工，支铰轴套采用自润滑材料。

因此，吊杆、底止水的其他零件不需要考虑作为备件。吊杆系统检修所需的主要备件为各连接轴、轴承（轴套）、导轮和各类密封件。门体部分的主要备件为反弧门顶、侧止水、顶侧止水压板。支铰部分的备件为支铰轴套及其密封件。

（3）液压启闭机备件

液压启闭机主要包括油缸、油箱、活塞杆、导向套、密封件、高压软管、液压阀件、压力传感器等器件。

油缸是船闸运行的关键设备。三峡船闸实际运行中，于 2004 年和 2005 年已发生两次故障事件。由于无油缸总成备件、活塞杆备件、导向套备件，无法及时进行快速检修修复，带病运行 6 个月，严重威胁了船闸畅通。油箱一旦出现裂纹漏油，无法采用现场补焊修复。2005 年中南五油箱发生裂纹漏油缺陷后，由于无油箱总成备件，自发生裂纹漏油到整体更换修复，带病运行近 15 个月，严重威胁了船闸安全运行。油缸容易发生活塞杆、导向套拉伤等致命缺陷。由于三峡船闸人字门、反弧门油缸规格大，其活塞杆、导向套坯料市场无现货，采购周期很长，根据实际运行经验，人字门、反弧门油缸密封件、高压软管、液压阀件、压力传感器等器件是易损件，因此，油缸总成、油箱、活塞杆、导向套、油缸密封件、高压软管、液压阀件、压力传感器应进行备件。

（4）电气设备备件

三峡船闸电气设备主要包括集控设备与现地、变配电设备、工业电视设备。

集中控制系统设备、现地子站控制系统的可编程控制器在设计时采用冗余配置，对 PLC 系统进行了冗余配置，做到热切换、热插拔。电源进行冗余配置，对 PLC 的外部控制回路以及 PLC 扩展机架的直流 24V 电源采用冗余的电源配置，对关键检测点进行双传感器设计。这种设计在一定程度上降低了备件更换带来的通航安全风险，同时对备件的急迫程度也有一定的缓解。

电气设备通用化、标准化程度较高，与船闸其他设备相比具有通用性好、互换性强的优点。但是电气设备升级快，备件容易被市场淘汰，电气设备设计寿命与船闸其他设备相比较低，在存放时间和环境要求上比较高，不利于长期大量存放。三峡船闸电气设备大量采用进口件，一些备件供货周期较长，需要进行备件储备。由于个别备件价格昂贵，直接损坏概率低，直接备份不经济，宜与厂家联合，采取动态虚拟库存模式进行备件储备。对于一些特殊备件，如大屏幕灯泡等易损件，需要定期采购。

因此，电气设备的主要备件包括 CPU 417H 中央控制器、不间断电源 UPS、电源自动互投系统、OSM ITP62、CP1613 网卡、CP443-1 TCP/IP、模拟量输入、模拟量输出、数字量输入、数字量输出、SSI 接口模块、UR2 Rack 主控机架、PS407 电源、现场总线（30m）、交流接触器、UPS、控制和保护单元、矩阵切换器、合拢开关、SITOP 电源 10/20A、大屏幕灯泡。

7.4.3 备件储备策略

（1）备件储备原则

① A 类备件的储存原则。

A 类备件主要是指对三峡船闸通航影响极大，重要程度高、单位价值较大、难以预测更换周期、储备期长、储备件数较少而且采购和制造较困难的备件。A 类备件采取定量存储策略，即库存中必须具有一定的储备量，一旦快速检修消耗掉备件后应立即订购备件，补充直至其库存的储备量。A 类备件的存储应遵循备件总成与备件兼容的原则和定量存储原则。

② B 类备件的储存原则。

B 类备件应根据装机量、损耗程度、更换周期确定最大库存与最小库存，库存采取保证最小库存，补货到最大库存的策略。B 类备件的储备策略采取定量存储、定期补充，最低储备定额根据装机量按每种类型不少于 1 件的原则。

③ C 类备件的储存原则。

C 类备件应采取定期定量存储策略，即库存中必须具有一定的储备量，一个采购周期进行一次订购补货，直至其库存的储备量。

（2）备件储备方式

①备件的库存策略。

三峡船闸的备件库存模式主要分以下两类：

A. 三峡船闸处自建实体库存模式。对通航影响大的 A、B 类备件和换损率高的 C 类备件可以自备在三峡船闸的实体仓库内，便于备件的快速更换和检修。

B. 供应商管理备件库存模式。相对价值高、更新换代快的 C 类备件可以采取渠道储备的方式，即将备品备件的供应商管理库存作为自己的虚拟库存，当备品按规定调用或升级更新后，支付相应货款，供应商也须按期补货到位，保证备品的实时高效调用 [18 ~ 20]。

②人字门备件的储备。

三峡船闸人字门备件包括顶枢 A 杆总成（含轴瓦及密封件）、顶枢轴、底枢中的顶盖总成（含轴瓦及密封组合件）、蘑菇头、底枢的顶盖铰制螺栓、垫板精制螺栓、底止水橡皮件。

共有 24 套人字门顶枢 A 杆总成（含轴瓦及密封件）、顶枢轴，其中左右两种形式的顶枢 A 杆总成（含轴瓦及密封件）各 12 套，属于 A 类备件，合计备左右两种形式的顶枢 A 杆总成（含轴瓦及密封件）各 1 套，顶枢轴 1 件。

共有 24 套人字门底枢顶盖总成（含轴瓦及密封组合件）、蘑菇头，其中左右两种形式的顶盖总成（含轴瓦及密封组合件）各 12 套，属于 A 类备件，合计备左右两种形式的顶盖总成（含轴瓦及密封组合件）各 1 套，蘑菇头 1 件。

底枢的顶盖铰制螺栓、垫板精制螺栓属于 A 类备件，备 1 套，每套共计 24 颗顶盖铰制螺栓、12 颗垫板精制螺栓。

共有 24 套人字门底止水橡皮件，属于 A 类备件，其中左右两种形式的底止水橡皮件各 12 套，合计备左右两种形式的底止水橡皮件各 1 套。

③反弧门备件的储备。

三峡船闸反弧门备件包括反弧门支铰轴轴套、吊杆系统各连接轴、轴承（轴套）、导轮和各类密封件、反弧门止水。

反弧门支铰轴轴套属于 A 类备件，一、六闸首反弧门支铰轴轴套备 1 套，二至五闸首反弧门支铰轴轴套备 1 套。

吊杆系统各连接轴、轴承（轴套）、导轮和各类密封件属于 B 类备件，按照 B 类备件的储备原则，结合各零部件的装配数量确定最低储备为 1 件，最高储备为装配数量的 5%。

反弧门止水及压板属于 B 类备件，按照 B 类备件的储备原则，结合各零部件的装配数量确定最低储备为 1 件，最高储备为装配数量的 5%。

④液压启闭机备件的储备。

三峡船闸液压启闭机备件包括油缸总成、油箱总成、活塞杆、导向套、油缸密封件、高压软管、液压阀件、压力传感器等。

油缸总成属于 A 类备件，按现场使用规格，各备 1 套总成。具体为：一、二闸首人字门油缸总成备 1 套（含“U”形架），三至五闸首人字门油缸总成备 1 套（含“U”形架），六闸首人字门油缸总成备 1 套（含“U”形架），一、六闸首反弧门油缸总成备 1 套，二至五闸首反弧门油缸总成备 1 套。

油箱总成属于 A 类备件，左右侧油箱总成各储备 1 套，即 2 个油箱总成。

活塞杆、导向套属于 B 类备件，按储备油缸总成的规格和数量，储备相同数量的活塞杆和导向套。储备 5 根活塞杆，其中一、二闸首人字门油缸活塞杆 1 根，三至五闸首人字门油缸活塞杆 1 根，六闸首人字门油缸活塞杆 1 根，一、六闸首反弧门油缸活塞杆 1 根，二至五闸首反弧门油缸活塞杆 1 根。储备导向套 4 套，三至五闸首人字门油缸导向套 1 套，六闸首人字门油缸导向套 1 套，一、六闸首反弧门油缸导向套 1 套，二至五闸首反弧门油缸导向套 1 套。一、二闸首采用进口 Rextroth 公司的油缸。油缸活塞、活塞杆支撑导向采用 Luytex C380 导向带，储备 1 套。

油缸密封件属于 B 类备件，按油缸各类规格，各备 1 整套油缸密封件。

高压软管属于 B 类备件，根据总装机量 24 套系统，按 2 套系统储备高压软管。

液压阀件、压力传感器属于 B 类备件，主要结合装配数量确定电气备件的储备。

三峡船闸电气备件包括可编程控制器器件、低压电器器件、工业电视器件、变配电系统器件，采取动态虚拟库存备件。

7.5 工程应用及效益分析

7.5.1 工程应用及效果

该项成果中，“检修装备总体方案”已在依托工程“三峡船闸设施检测维修建设工程”的设计和建设中得到充分应用。该建设工程根据研究成果系统配置了起重、运输车辆，各专业检测、检修设备，专用工装和工器具，极大地提高了三峡船闸和葛洲坝船闸的快速检修能力。

检修预案系统研究和专用工装研究的成果已成功应用于 2010—2014 年的葛洲坝船闸计划性大修工程（其中 2013 年葛洲坝二号船闸计划性大修在进行中）和 2012—2013 年的三峡船闸南线和北线岁修工程中，在检修效率、检修质量和安全上取得显著效果，最大限度地减少了船闸停航检修时间。对葛洲坝船闸计划性大修来说，成果的应用使葛洲坝船闸的停航检修时间由原来的 100 多天缩短到 55d；对三峡船闸而言，该成果的应用保证了 20d 停航岁修任务的圆满完成。成果还在广西西江长洲枢纽船闸人字门检修、门槽修理中得到很好的应用，检修单位比原计划提前 2d，高效、优质地完成了检修任务，有效地缓解了枢纽通航压力。

7.5.2 效益分析

（1）直接经济效益

宜昌市葛闸机电工程总公司是该项成果的应用单位。公司承担了葛洲坝船闸、三峡船闸、国内西江流域、湖北汉江等船闸检修和三峡坝区通航设施的日常维护、抢修和计划性船闸检修等任务，自 2010 年以来，应用该项成果，不仅使工程质量、施工效率和检修安全显著提高，且公司营业收入、利润、应交税金均大幅度提高。2009 年营业收入 1 080 万元，应交税金 60 万元，利润 14 万元，至 2014 年已累计利润达 500 余万元，经济效益明显增加。

（2）间接经济效益

根据 2009 年统计的三峡船闸客、货通过量分析以及按照交通部颁发的交运发〔1992〕967 号的有关规定，经计算，全年按三峡船闸通过船舶产生的经济效益约为 78 亿元。若三峡船闸出现故障造成双线停航，折算每天造成损失约 2 150 万元，如单线停航损失按双线停航损失的 60% 计算，则单线停航损失每天约为 1 290 万元。此外，停航所造成的间接损失更是无法估量。

通过实施快速检修，使三峡船闸因检修时间的缩短而使其通航时间延长，以每年减少 5d 检修时间计算，每年可带来的直接经济效益约 6 450 万元（按单线运行损失计算）。

7.5.3　社会效益

该项成果的应用使船闸检修技术与检修管理从传统的粗放型向精细化、规范化迈进了一大步，使检修从缩短准备时间到提高检修效率，实现了三峡船闸的快速检修；缩短检修停航时间，极大缓解了三峡枢纽通航压力，提高了船闸通航效率，从而提高三峡枢纽通航能力，对促进西部经济稳定发展起到积极作用，更为国内其他船闸行业的通航与检修管理提供了引领和借鉴，对促进行业的科技进步具有积极作用。

8 三峡船闸人字门背拉杆调整工艺

8.1 概述

三峡船闸为双线五级连续船闸，其挡水工作闸门为人字门。双线共有 24 扇人字门，一至四闸首人字门门体尺寸为 38.5m × 20.2m × 3m （高 × 宽 × 厚），五、六闸首人字门门体尺寸为 37.5m × 20.2m × 3m（高 × 宽 × 厚），设计最大淹没水深为 36m，是世界上规模最大的船闸人字门。

人字门门体在自重作用下会产生较大翘曲变形。启闭运行时门体还承受水压力和风浪压力作用的扭转力矩，加大了门体变形。在门体上设置背拉杆可增强门叶整体抗扭转刚度，矫正门体翘曲变形，保证人字门正常关门挡水以及承力传力的作用。三峡船闸人字门背拉杆为施加了预应力的背拉杆。

人字门背拉杆调整是人字门检修中的一项重要内容，其检修技术难度较大。如何在尽可能短的时间内，准确地将背拉杆预应力和门体几何形状调整到设计值，需要一套科学、高效、规范的调整工艺予以保证。在三十多年的船闸检修实践中，长江三峡通航管理局对大型水工闸门，尤其是对人字门的检修积累了丰富的经验，对人字门的变形特点和背拉杆的调整工艺进行了持续探索和研究，先后多次完成了葛洲坝船闸和三峡船闸人字门背拉杆调整工作，设计制作了适应葛洲坝船闸人字门背拉杆花篮螺母调整工装，研制了适应三峡船闸人字门背拉杆张拉工装及超高压液压加力装置。多年来，应力应变的测试仪器不断升级改进，已由单通道设备发展到多通道数字实时监控设备。2008 年对汉江王甫洲船闸人字门背拉杆进行了调整；2009 年对广西长洲水利枢纽船闸的 6 扇人字门背拉杆进行了调整；2012 年 3 月，用时 2d 完成了三峡南线船闸南六闸首共 14 根人字门背拉杆的调整；2013 年 3 月，用时 4d 完成了三峡北线船闸北六、北四闸首共 3 扇人字门的 42 根背拉杆的调整；2015 年 3 月，用时 2d 完成了三峡南线船闸，南三闸首 2 扇人字门共 28 根背拉杆的调整。

8.2 背拉杆调整工艺

8.2.1 背拉杆预应力及调整研究

人字门及其背拉杆设置的研究经过了国内外学者几十年不断的探索与实践，取得了长足发展。针对施加背拉杆预应力对人字门门体几何形状的作用，开展了“人字门关键技术研究——水弹性模型试验及结构数值计算”的“九五”重点科技攻关，依据三峡船闸人字门工作实际，进行了模型试验研究和模型闸门的三维有限元研究分析，验证了计算结果与模型试验成果的吻合性。

在三峡船闸建设施工中，武汉大学对人字门背拉杆的张拉开展了专项研究，主要根据三峡船闸人字门的特点，对应力值施加标准、人字门变形控制要求、应力施加的经验规律等进行研究，同时开展了人字门背拉杆预应力值的三维有限元计算及背拉杆预应力施加过程仿真模拟研究。这些研究有效指导了施工期的背拉杆应力张拉。但由于受工程施工工期及条件限制，施工期人字门背拉杆张拉装置设计结构较大，质量较大，以人力施加方式为主，不便于快速转移。现场的调整设备千斤顶与应力应变测试设备相互独立，需要进行力换算和螺母转动角度分析，因而，检修效率较低。

8.2.2　背拉杆调整测试研究

（1）背拉杆实际应力值测定方法

由于人字门背拉杆调整时，背拉杆已经安装在门体上，应变片张贴时背拉杆处于受力状态，应力测试系统无法直接测取背拉杆实际应力值，只能测取相对于应变片粘贴后拉杆的变化值，若要获得背拉杆实际应力值，可采用如下 3 种方法：

①松弛法。松弛法是通过实施松弛背拉杆中的预应力，然后对背拉杆进行张拉施工，在此过程中通过布置在背拉杆上的应变片测量背拉杆预应力的方法，施工时需杆件从无约束状态到张拉的全部过程。松弛法的具体操作方法为将背拉杆上螺母松弛，完全解除背拉杆所受张拉力，使背拉杆处于自重约束状态，然后缓慢对背拉杆进行张拉，应力测试系统实时跟踪应力信息。当背拉杆从自重弯曲状态绷直后发生 10 个正微应变时，记录当前值，作为应力零值点。该方法的优点在于零值确定准确，缺点在于施工步骤烦琐，效率低下。

②相对应变法。相对应变法是依据受力与应力的关系，通过计算找到应变片贴片状态的应力值，然后通过应变片测量计算实时应力的方法。相对应变法的具体操作方法为：在背拉杆受张拉力状态时，直接对背拉杆进行缓慢张拉，应力测试系统实时跟踪应力信息，当背拉杆从贴片状态继续拉伸发生 10 个正微应变时，记录当前液压系统值，换算背拉杆所受应力，作为应力换算零点，之后液压系统所测读值与该值相加，可获得应力实际值。该方法的优点在于施工步骤简洁，效率高；缺点在于由于系统张拉力是换算得出的，与实际杆件受力稍有出入，零值取值有误差。

③力换算法。力换算法是通过实时测量加载力计算得到杆件的实时应力，然后通过应变片测量变化量进行监测应力变化值的方法。力换算法的具体操作方法为：在背拉杆受张拉力状态时，直接对背拉杆进行缓慢张拉，应力测试系统实时跟踪应力信息，记录当前液压系统值，换算背拉杆所受应力，作为应力换算基点，同时记录应变片读值，作为应力换算参考，之后系统所测读值与参考值相减后与应力换算基点相加，可获得应力实际值。该方法的优点在于施工步骤简洁，效率高，应力值更接近真实加载值。

通过上述 3 种方法的分析，采用相对应变法和力换算法进行背拉杆应力测试施工效率高，关键是可通过准确加力方式和应力测试方式相互印证，确保背拉杆预应力施加的准确性。如果要准确地计算出背拉杆预应力，需要一套准确的力加载装置，便于实时换算加载应力。

（2）背拉杆调整测试方案

背拉杆预应力调整的关键是保证门体几何形状符合设计要求，背拉杆预应力在设计范围内。因此，相应的测试包括两个方面：门体几何形状测试和背拉杆应力测试。

①门体几何形状测试。为检测人字门背拉杆施加预应力后的结果，一般通过检测门体的扭转变形（即门体几何形状）来完成。人字门门体几何形状是通过检测门体门轴柱、斜接柱的支枕垫块正侧面垂直度和门体底横梁的下垂度指标来反映的。具体检测方法为：在门体门轴柱、斜接柱的支枕垫块正侧面挂带吊锤的细钢丝线，布置盛装一定黏度的油桶，并将吊锤没入油中，选取代表点检测各点值，汇总比较每线各点的差值得到各支枕垫块的垂直度；在门坎上布置水准仪，检测门体在门轴柱、斜接柱设置点的高差而得到门体底横梁的下垂度。正侧向垂直度测量点应不少于 11 个，且须均匀分布（图 8-1）。

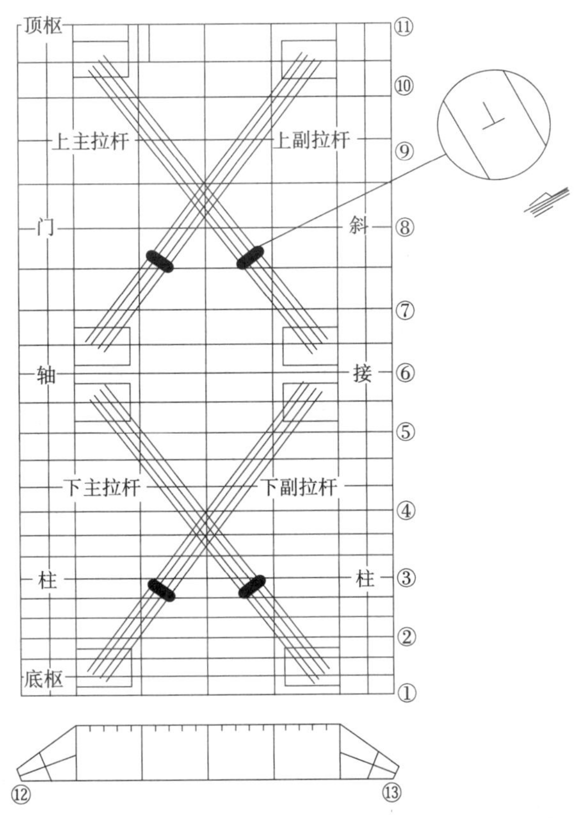

图 8-1　门体几何形状测点和应力测点布置

①～⑪－正侧向垂直度测点；⑫、⑬－底横梁下垂度测点；“━”应力测点

②背拉杆应力测试。人字门背拉杆净轴向拉应力可以通过在背拉杆上粘贴应变片进行应力测试。在检测中若混入了温度应力、弯曲应力、扭转应力会导致背拉杆的欠载现象。因此，根据现场情况确定每根杆件布置 2 个测点，每个测点粘贴两个应变片的方案。具体

的贴法为：在背拉杆正反面的中间同一断面上沿轴向与垂直轴向粘贴应变片，沿轴向粘贴的应变片为工作片，沿垂直轴向粘贴的应变片为补偿片（图 8–2）。工作片和补偿片同时接入应力测试系统，用于检测背拉杆应力值。

应力测试在处理贴片时，抛光面采用初次打磨、二次抛光和三次抛光。用丙酮一次清洗抛光面，无水酒精二次清洗抛光面，5min 后贴应变片。在应变片粘贴过程中不能有气泡产生，并要能完全可靠地粘贴于抛光面，最后做防潮处理。应变片采用的是 T 形（半桥）贴法，然后将导线引出至 DH–3810 适配器并接入应力测试系统（图 8–2）。在动态应力测试仪 DH–5922 正常启动并与计算机连接的情况下启动动态信号测试软件，合理设置桥路参数、桥压上限频率、输入方式、运行参数等，然后进行实时采样，在测背拉杆应力前要对所使用的采样通道进行平衡处理。

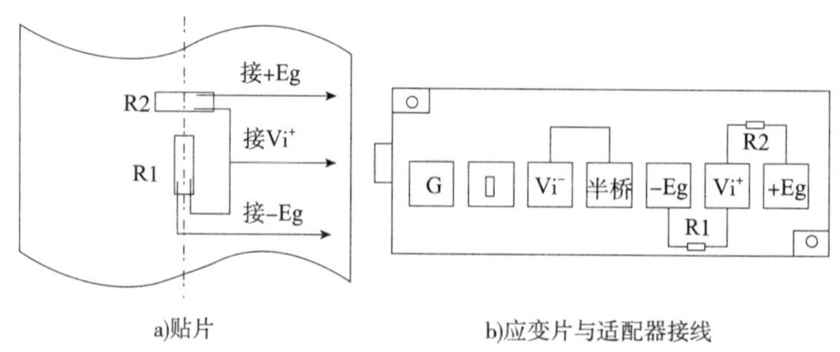

图 8–2　贴片及应变片与适配器接线

R1– 应变片 1；R2– 应变片 2；Vi– 直流电桥输出电压；Eg– 桥压；G– 屏蔽端

人字门背拉杆调整过程中，为了能对每扇人字门的所有背拉杆进行同时监测，采用动态信号测试分析系统 DH—5922。该系统拥有 16 位独立通道，能够进行多通道并行同步采样，而且通道间无串扰影响，能便捷地观察所有背拉杆的应力变化情况，据此可以很好地调整应力加载方案。

8.3　背拉杆调整工艺的技术应用

8.3.1　人字门背拉杆调整要求

（1）人字门预应力背拉杆的作用

人字门是一种上下游面结构不对称、开口、薄壁结构，结构抗扭能力较小。门体上游面为整块面板，下游面为梁格结构，门叶的重心和剪力中心不在同一位置，门体自由悬挂时在自重作用下，门体斜接柱端会产生向上游面扭曲（三峡船闸人字门扭曲值为 70 ~ 90mm）和下垂（三峡船闸人字门下垂值为 2 ~ 15mm）。门叶启闭时，在壅水和风压作用下，这种变形会更大。

早期人字门结构上未设置背拉杆，在启闭时稳定性不好，曾经出现过失稳变形倾覆。后来，为了改善人字门门体扭曲和下垂的情况，增加门体的整体刚度，美国技术人员经过观测、分析人字门受力特征和变形趋势，在人字门下游面设置了十字交叉的背拉杆。

大型人字门采用的是施加了预应力的背拉杆，背拉杆施加预应力后，应保证门叶悬挂时几何形状满足要求，门体运行过程中背拉杆应力值为 10 ~ 150MPa。

三峡船闸每扇人字门设置 14 根背拉杆，其中主背拉杆 2×4 根，副背拉杆 2×3 根。其作用在于通过背拉杆预应力牵引人字门向平面内收缩变形，一方面矫正人字门门形，另一方面使人字门下游面栅格形成等效封闭壳体，以增强人字门中间部分的抗扭刚度与竖向刚度。背拉杆预应力施加的主要目的是矫正边柱扭转，使人字门获得最优门形，即让人字门水平度与垂直度偏差满足规范要求，能关门挡水，其次是增加人字门门体的整体抗扭转刚度及竖向抗弯刚度。

(2) 三峡船闸人字门背拉杆预应力施加技术要求

根据设计，三峡船闸人字门背拉杆预应力施加后，应满足以下要求：

①主背拉杆预应力值为 60 ~ 120MPa，副背拉杆预应力值为 50 ~ 120MPa。

②同组内每根背拉杆预应力差值在 3% ~ 5% 以内。

③人字门背拉杆预应力施加后，斜接柱侧向直线度不大于 8mm，底横梁在斜接柱一端的下垂度值不大于 5mm。

8.3.2 人字门背拉杆应力调整相互关系

根据弹性力学有限元理论，武汉大学对三峡船闸人字门背拉杆（布置见图 8-3）预应力施加进行了仿真模拟 [21]，得出了上下层背拉杆及主副杆间的应力影响系数、同组背拉杆间应力影响系数、预应力施加对门体变形的影响规律等。

(1) 上下层背拉杆及主副杆间的应力影响系数

仿真模拟了对每组背拉杆施加单位预应力的变化情况，其变化规律见表 8-1。

背拉杆应力影响系数 表 8-1

加力杆件	影响系数			
	上主杆	上副杆	下主杆	下副杆
上主杆 σ=1MPa	1.00	0.70	−0.14	0.15
上副杆 σ=1MPa	0.44	1.00	0.09	−0.10
下主杆 σ=1MPa	−0.10	0.10	1.00	0.49
下副杆 σ=1MPa	0.07	−0.08	0.37	1.00

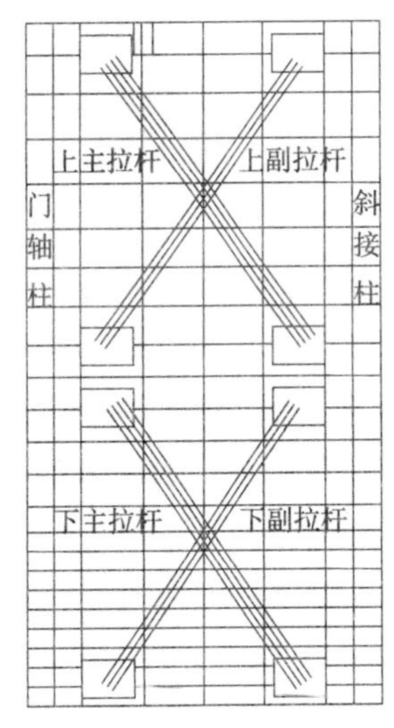

图 8-3 三峡船闸人字门背拉杆布置

从表 8-1 可见，当假设同组杆所加预应力相同并且都为 1MPa 时，不同层、不同组背拉杆相互之间的应力变化规律不同。同层背拉杆之间相互应力影响系数大，影响系数为 0.4 ~ 0.7 之间，不同层背拉杆之间相互应力影响系数小。单层主杆加力时，另一层主杆应力减少，副杆应力增加；单层副杆加力时，另一层副杆应力减少，主杆应力增加。

（2）对背拉杆施加单位预应力后的门体变形

各组背拉杆施加单位预应力后，斜接柱控制点的变形规律及影响见表 8-2。

背拉杆预应力对门体变形的影响（单位：mm）　　表 8-2

部　位	斜　接　柱			
	V（上）	V（中）	V（下）	W（下）
上主杆 σ=1MPa	−0.10	−0.51	−0.73	+0.08
上副杆 σ=1MPa	−0.07	+0.25	+0.35	−0.04
下主杆 σ=1MPa	0	−0.11	−0.37	+0.04
下副杆 σ=1MPa	0	+0.11	+0.30	−0.04

注：V 表示侧向变形值，“+”号表示向上游面变形，“−”号表示向下游面变形；W 表示竖向变形值，“+”号表示向上变形，“−”号表示向下变形。

从表 8-2 可以看出，上下主杆预应力增加后，可以使门体在自重作用下的侧向扭转变形值减少，下垂值也减少，上主杆预应力增加改善门形效果最明显。上下副杆预应力增加后，使门体侧向扭转变形值增加，下垂值也增加。

（3）背拉杆调整施工要点

根据上述仿真模拟分析成果和实际调整工作经验，背拉杆调整施工要点有以下两点。

①背拉杆加力顺序为先主杆后副杆，先上层后下层，同组背拉杆先中间后两边。预应力施加时，主要对主杆应力进行施加，通过主杆应力的增加来带动副杆应力增加，主杆应力施加时监控副杆应力，根据副杆的应力情况做出调整。三峡船闸每扇人字门共有 14 根背拉杆，背拉杆分为上下两层，各有主杆 4 根副杆 3 根。所以其调整顺序应为上主 2、3 杆—上主 1、4 杆—上副 2 杆—上副 1、3 杆—下主 2、3 杆—下主 1、4 杆—下副 2 杆—下副 1、3 杆。

②背拉杆预应力施加时，要监测斜接柱中点、下角点及变形拐点的变形方向和大小情况，根据预应力施加后的门体变形情况做出相应的调整。为避免门体变形和受力不均匀，对主杆、副杆的预应力通过 2 ~ 3 次加力到位，再对门体形状进行微调。

8.3.3　人字门背拉杆预应力施加方式

三峡船闸人字门背拉杆安装形式为一端穿过固定支架，一端焊接在人字门门体节点板上，见图 8-4。背拉杆在受压时，一端可沿轴向自由伸出，杆件不致受压。

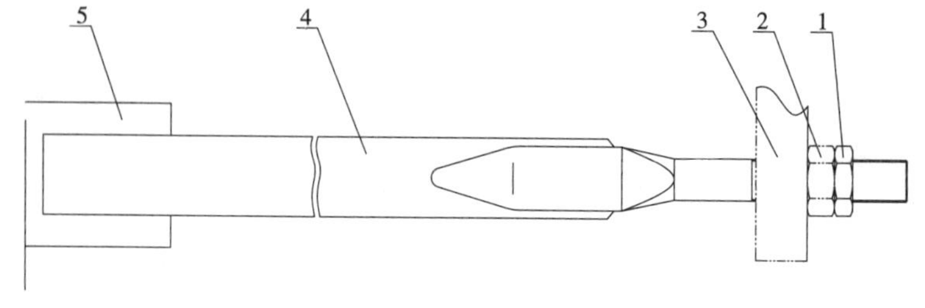

图 8-4　背拉杆安装形式

1- 锁紧螺母；2- 紧固螺母；3- 固定支架；4- 背拉杆；5- 节点板

从背拉杆结构形式看，对背拉杆施加预应力可通过旋转螺母的扭矩法及拉伸背拉杆再紧固螺母锁定两种方法。下面分别对两种方法进行分析。

（1）扭矩法

设旋转螺母的力矩为 T，螺纹副的摩擦阻力矩为 T_1，螺纹升角为 λ，螺纹副动摩擦系数为 f_D，背拉杆截面积为 S，产生预应力 σ，并发生 θ 角扭转，产生内扭矩 T_θ。

螺母力矩平衡方程为：$T = T_1+T_\theta$，背拉杆实际构造为矩形截面杆与圆截面杆连接而成，姑且定义 $T_\theta = K_1\theta$，式中 K_1 为系数，又由机械原理设螺纹中径为 d_2，则

$T_1 = \sigma S\tan(\lambda+\rho) \times d_2$，对三角螺纹 $\rho = \arctan(1.155 f_D)$。于是

$$T = \sigma S\tan(\lambda+\rho) \times d_2+K_1\theta \tag{8-1}$$

从式（8-1）可见，只要控制背拉杆扭转，使其为较小值，则背拉杆预应力与输入外力矩成线性关系，所以，背拉杆调试采用扭矩法加力很直观。

（2）拉伸法

依据三峡船闸人字门背拉杆预应力要求，在预应力值为 120MPa 时，施加在背拉杆张拉力为：

$$F=S\times\sigma \tag{8-2}$$

式中：F——张拉力，N；

S——背拉杆截面积[长×宽（250×40）]，mm^2；

σ——预应力值，MPa（120）。

则 $F=S\times\sigma=250\times40\times120=1.2\times10^6$N

三峡船闸人字门背拉杆预应力要求高。在工程实践中，采用旋转螺母的力矩法，当预应力达到 60MPa 以上时，较高的螺纹接触压力将螺纹副润滑破坏，螺纹副逐渐变为干摩擦，而迅速变大的干摩擦力带动背拉杆扭转，背拉杆变为扭矩累积弹簧，加之端面摩擦力不断加大，使输入外力矩对预应力贡献加速变小。施力过程中，伴随扭转背拉杆的恢复性回弹，预应力时高时低，无法控制。在三峡船闸人字门背拉杆安装时，当预应力达 96MPa 时，螺纹副长时间摩擦磨损、热焊变形，导致螺纹副受损，扭矩法无法满足三峡船闸人字门背拉杆张拉要求，采用拉伸法是可行的方法。

因此，三峡船闸人字门背拉杆的预应力施加时可通过设计适应背拉杆结构的拉伸装置，将背拉杆直接拉伸，达到预应力值后锁紧螺母，拉伸装置结构需满足背拉杆张拉力（$F=1.2\times10^6$ N）的要求。

8.3.4　人字门背拉杆调整专用装备

（1）张拉工装研制

①方案的选取。根据对三峡船闸人字门背拉杆张拉工装的需求分析，要实现张拉功能必须有施力设备、传力装置、连接件等。结合三峡船闸人字门背拉杆装配布局，在预应力值为 120MPa 时，施加在背拉杆的张拉力为 1.2×10^6N，同时可以充分利用固定支架传力到人字门，再通过一定的工装，利用螺纹连接的方式使背拉杆产生轴向力。

②张拉工装的组成。张拉工装包括顶升横梁、超薄型液压千斤顶、工装螺母、扳手等。

③工作原理。顶升横梁(序 2)套在 M130×6 背拉杆(序 6)螺纹上，通过工装螺母(序 1)压紧连接，顶升横梁下放置 2 台薄型具有弹簧复位功能的液压千斤顶（序 4，单台额定顶升力 7.5×10^5N、行程 10mm、单台质量约 12kg），通过外设液压系统驱动超薄型液压千斤顶顶升，当背拉杆预应力值达到一定值时，停止顶升，紧固背拉杆螺母，然后超薄型液压千斤顶回位，张拉调整其他背拉杆（图 8–5）。张拉方式因不存在背拉杆扭转，使加力效率及加力控制精度大为提高。同时，螺母端面摩擦与螺纹副摩擦的消除，受力状态得到简化，使人字门变形与预应力关系以及加力顺序等问题从纷繁复杂中得以逐步清晰。

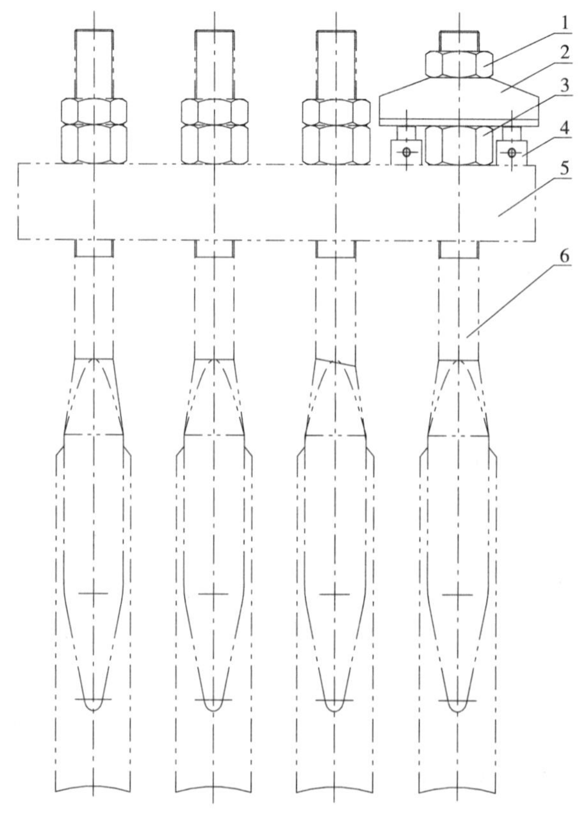

图 8–5　人字门背拉杆加载装置

1– 工装螺母；2– 顶升横梁；3– 背拉杆螺母；4– 薄型千斤顶；5– 固定支架；6– 背拉杆

施工中通过加力装置对薄型千斤顶进行加载控制，能够对加载千斤顶进行独立控制，通过控制每个加载千斤顶的加载速度，确保背拉杆受力平稳、均匀。

设计的三峡船闸人字门背拉杆加载装置，充分考虑了背拉杆预应力设计值（120MPa）以及选取的薄型千斤顶（额定顶升力 7.5×10^5N）。设计制作的工装螺母、顶升横梁以及选取的薄型千斤顶通过了实际工程的检验。

（2）超高压液压加力装置研制

①设计目标。

A. 两个顶可以同步加力；

B. 单个顶具有微调加力功能；

C. 系统能够对背拉杆加载 150MPa 应力；

D. 支持自定义背拉杆的参数；

E. 能够实时显示背拉杆加载应力；

F. 加力速度可方便调节；

G. 支持多种控制方式；

H. 具有应力／压力保护；

I. 人机交互：采用图形操作界面，触摸屏操作；操作和显示界面根据要求定制。

②系统方案。

A. 系统组成见图 8-6。

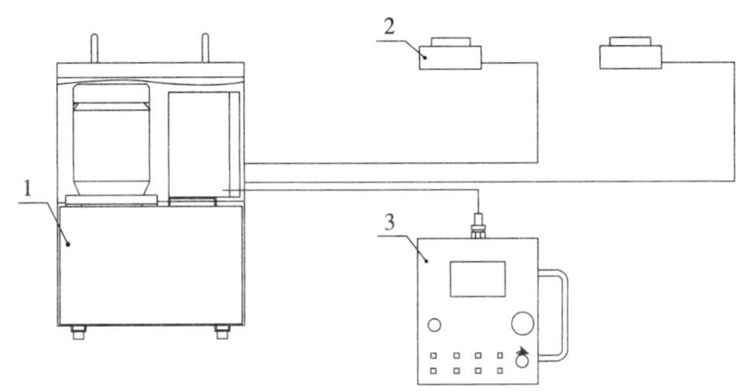

图 8-6 系统组成

1- 液压泵站；2- 薄型千斤顶；3- 移动控制箱

B. 系统构成。系统由 2 台薄型千斤顶、1 台液压泵站、1 个移动控制箱组成。薄型千斤顶通过液压软管与液压泵站连接，移动控制箱通过电缆与液压泵站连接。

C. 液压系统原理见图 8-7。

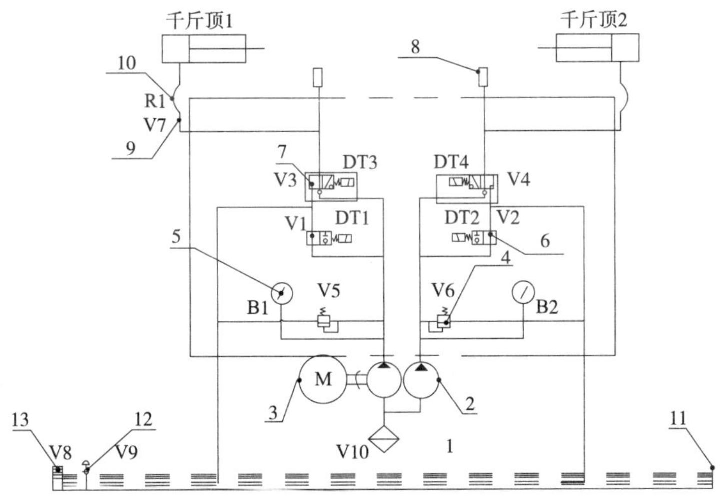

图 8-7 液压系统原理

1- 过滤器；2- 双油口泵；3- 变频电机；4- 安全溢流阀；5- 压力表；6- 两位两通换向阀；7- 两位三通换向阀；8- 压力传感器；9- 快换接头；10- 高压软管；11- 油箱；12- 空气滤新器；13- 液位计

液压泵站由过滤器、双油口泵、变频电机、安全溢流阀、压力表、两位两通换向阀、两位三通换向阀、压力传感器、快换接头、高压软管、油箱、空气滤新器和液位计 13 个部件构成。液压系统采用单独的双供油系统，由 1 台电机拖动双出油口泵，使其粗略地达到双供油系统的同步，并由 2 个插装式溢流阀分别控制 2 组油路的工作压力。每组压力油由 1 个两位两通和 1 个两位三通的换向阀控制油泵的卸荷和压力给出，压力油到执行元件由超高压软管连接，这样就能达到安全、同步的效果。

移动控制箱由触摸显示屏、PLC、变频器、开关按钮等构成。PLC 通过控制液压系统中电磁阀的动作，从而控制薄型千斤顶的加载和泄压；通过调节变频电机的转速，从而控制液压系统的流量，调节薄型千斤顶加载速度，获得理想的加力效果。在控制中，PLC 接收并处理压力传感器的反馈信号，进行计算处理，显示背拉杆加载装置加载力、背拉杆对应应力值、2 个加力点的数值、力差等信息。同时，系统根据设定的保护值进行报警或直接停机保护（图 8-8）。

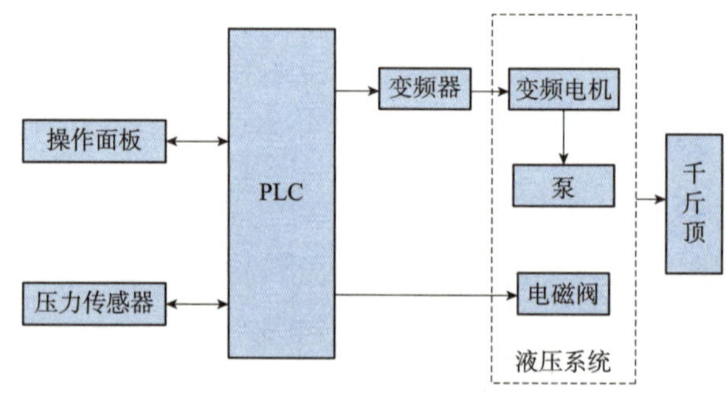

图 8-8　电控原理

③系统主要元器件选型。

A．泵的选择。

由于系统方案采用的是一个双出口泵，而且系统额定工作压力为 70MPa，属于超高压领域。系统的同步要求对泵的性能依赖性较大，故选择德国哈威液压 D6010D 泵。该泵有 2 个独立出油口，额定工作压力 70MPa，可以保证该方案的正常实施。

B．阀的选择。

系统压力属于超高压领域，系统阀件均选择德国哈威液压系列产品。该系列阀芯采用球阀结构，密封性好，在超高压状态时能够正常工作。

C．PLC 的选择。

考虑到系统的实际运算量不大，从经济性和系统稳定性考虑，能够满足系统的运算要求即可。

D．触摸屏的选择。

该系统选用三菱公司的 F940 触摸屏幕，能够满足系统的显示要求。

E．电机与变频器的选择。

该系统选用西门子 1LG0 系列低压交流异步电机。该电机低频性能好，调速范围广。变频器选用三菱公司的 FR-D700 通用变频器。

④系统性能参数。

泵最小输出流量 Mix=17.24ml/min；泵最大输出流量 Max=64.70ml/min；三峡船闸人字门背拉杆应力加载范围为 0 ~ 150MPa；电机变频调速范围为 400 ~ 1 000r/min；额定压力为 70MPa；工作环境为 −10℃ ~ 60℃；380V 三相供电，额定功率 1kW。

使用环境如下：

温度：环境温度 −10℃ ~ 60℃，地面温度 −10℃ ~ 65℃；

湿度：温度为 35℃，相对湿度为 85%；

电源：三相四线制 380V（±10%），50Hz（±1%）。

⑤系统功能界面介绍（见图 8−9）。

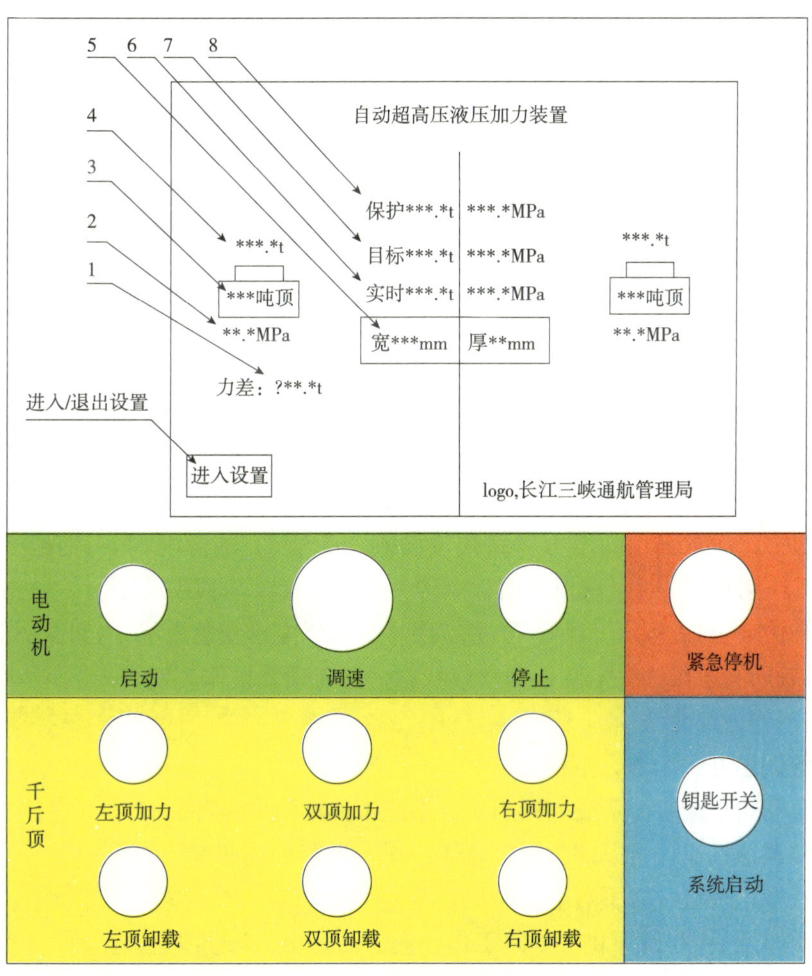

图 8−9 系统操作界面

1− 计算值；2− 测量值；3− 预设值；4− 计算值；5− 预设值；6− 计算值；7、8− 预设值 + 计算值

A. 系统功能。

a. 计算值。两顶的力差，左边与右边比较，左顶力 − 右顶力，带正负号。

b. 测量值。显示压力传感器值。

c. 预设值，左右一致，带交互。显示千斤顶吨位。交互，程序预置 3 组千斤顶参数，名称—吨位—柱塞直径，另外 1 组自定义顶，自定义—吨位—柱塞直径。预置千斤顶直接选择吨位，不可交互更改参数，不在预置内的顶选自定义顶，交互输入吨位—柱塞直径，记忆保持，但可交互更改参数。

d. 计算值。显示顶出力，左右分别计算，出力 = 压力（序号 2）× 柱塞面积（序号 3）。

e. 预设值，带交互。交互，输入宽度和厚度。杆面积 = 宽度 × 厚度。

f. 计算值。实时出力 = 左顶出力（序号 4）+ 右顶出力（序号 4），实时应力 = 实时出力 ÷ 杆面积（序号 5）。

g. 预设 + 计算值，带交互。交互，输入目标应力值；目标出力 = 目标应力 × 杆面积(序号 5)。

h. 预设 + 计算值，带交互。同序号 7。

B. 保护功能。

a. 交互设置中，每次开机后，保留并显示上次的设置，但不能直接工作，用户必须重新交互确认一次序号 3、5、7、8 的值并且序号 3、5 需在序号 7、8 前确认，如在序号 3、5 确认前交互操作序号 7、8 则提示“请先确认千斤顶 / 背拉杆参数”。

b. 序号 7 中，交互输入目标应力时，提示可输入的应力最大值。可输入的应力最大值 = 2× 预设千斤顶吨位（序号 3,2 个顶）×80%（正常工作按 80% 负荷）× 杆面积（序号 5）。序号 8 同样规则，但 80% 变为 90%（最大负荷按 90%）。

c. 中途需要改变设置时，改变序号 7、序号 8 的设置无特别限制，但改变序号 3、序号 5 中的任意一个设置，序号 7、序号 8 将闪烁或者变色显示，并实时计算序号 7、序号 8 的出力值，用户必须重新确认序号 7、序号 8 的设置。

d. 工作中，任意一顶的出力达到其预设值（序号 3）的 80% 时，该顶出力值闪烁或者变色显示，达到 90% 时对该顶的顶升操作失效（包括单动和双动）。

e. 工作中，达到目标值（序号 7）后，序号 7 闪烁或者变色显示；达到保护值（序号 8）时，系统强制所有电磁铁失电复位到空载状态，所有顶升操作失效。

⑥设备工作方法介绍。

A. 系统钥匙开关闭合，系统通电。

B. 电动机启动按钮，系统电机启动，系统工作油液内循环。

C. 旋转调速按钮，可以调节电机转速快慢，调节加载速度。

D. 电机停止按钮：按下后电机停止。

E. 左顶加力：1 号油泵供油回路工作，压力油输出，1 号顶出力。

F. 右顶加力：2 号油泵供油回路工作，压力油输出，2 号顶出力。

G. 双顶加力：1 号油泵和 2 号油泵供油回路同时工作，压力油输出，1、2 号顶均出力。

H. 左顶卸载：1 号油泵卸荷，压力油卸荷，1 号顶回缩。

I. 右顶卸载：2 号油泵卸荷，压力油卸荷，2 号顶回缩。

J. 双顶卸载：1、2 号油泵卸荷，压力油卸荷，1、2 号顶回缩。

K. 急停按钮：采用蘑菇头带自锁的按钮，按下按钮，电器系统停止工作，旋转蘑菇头，电气系统才能恢复供电。

8.3.5 人字门背拉杆应用

（1）经济效益

传统的单扇人字门背拉杆张拉一般需要 3 ~ 4d，现场操作人员和观测人员需要 7 ~ 8 人，效率较低。采用三峡船闸人字门背拉杆调整工艺后，背拉杆的预应力施加过程极大简化，现场人员主要进行装置的移装，电动施加预应力，且可以进行目标应力值设定，一次到位，工艺过程简化，1d 即可完成单扇人字门背拉杆张拉，现场人员 3 ~ 4 人，大大节省了时间和人力，提高了施工效率，保证了调整质量。

根据 2012 年统计的三峡船闸货物（不包括客船折算）通过量 8 611 万 t，经初步分析，按通过三峡船闸货船平均货运运距 2 000km，运价每千 t · km43.2 元计算，全年货运运费约为 74.4 亿元。若停航检修（单线停航按双线停航损失的 60% 计算）提前 1d，可减少损失约 1 223 万元。

（2）社会效益

通过背拉杆调整机理及工艺的研究以及加力装置的研制，形成了一整套较为实用高效的调整工艺。实现准确测量背拉杆施加的应力值，保证了背拉杆调整的质量，同时施工安全可靠。通过检测和预设参数，快速精确完成背拉杆的调整加力，在最短的时间内有序完成背拉杆调整，满足人字门快速检修的需要，从而可减少船闸的停航检修时间，减少船舶的拥堵和滞留，提高三峡船闸通航效率。

（3）应用

三峡船闸人字门背拉杆调整工艺已在 2013 年广西长洲船闸检修人字门背拉杆调整施工以及 2012 年、2013 年和 2015 年三峡船闸检修人字门背拉杆调整施工中得到了实际应用，并取得了良好的效果。制定一套规范的、操作性强的背拉杆调整工艺，可为同类大型船闸人字门背拉杆调整检修提供有效的参考借鉴。

9 船闸人字闸门合拢对位检测装置工程化应用

9.1 概述

葛洲坝船闸以及三峡船闸均是自动化程度较高的船闸，其控制系统能否正常、可靠地运转，是船闸设备安全、稳定、高效运行的基础。在船闸设备运转过程中，通过对设备的运转状态和运行参数的在线检测和监控，是提高船闸自动化水平，实现船闸可靠、安全、稳定、高效运行的有效手段和途径。一方面，通过在线监测可以让运行操作人员及时、准确地掌握船闸运转状态；另一方面，操作人员可以依据准确的现场设备信息，判断船闸程序运行是否正常，并在船闸出现异常或停机时，及时做出正确的响应和处置。

在船闸集中控制运行程序中，人字闸门的水平、合拢对位信号是否正常，是程序能否不中断运行的安全判断条件和控制策略之一。人字闸门的闭合对中工况是否良好，决定闸门运行是否安全，反映这个“工况”的主要指标有两个：一个是两扇闸门在闭合运行到达关终停机位停机时，两扇闸门支枕垫块间所留门缝间距的大小，门缝间距越大，则闸门完全闭合时错位的可能性越大；另一个是两扇闸门在受正向水压完全闭合时门体支枕垫块间的相对错位值的大小，错位值越小，闸门运行越安全，反之则越危险，甚至造成船闸运行事故。船闸运行实践表明:船闸人字闸门关门合拢对位时从“关终到合拢”的位置变化（俗称“门缝”的变化),具有一定的随机性。人字闸门关终合拢信号的不稳定会产生“合拢保护”的现象，即系统自动中断船闸集控运行程序，做出保护性停机响应的影响是显著的。根据船闸设备运行数据统计，每年因“合拢保护”中断程序运行的次数，在船闸设备运行中断的故障总数中所占比例大于 50%。

为了提高船闸集控程序运行的稳定性与安全性，研制船闸人字闸门合拢对位检测装置，检测、监控人字闸门从“关终到合拢”这一重要状态转变过程，即“门缝”状态变化过程，是提高船闸设备集控程序运行的稳定性、安全性，降低船闸设备集控运行程序意外中断现象，提高船闸设备安全通航效率的有效途径。

以前，国内船闸还没有检测、监控人字闸门从“关终到合拢”这一重要状态转变过程的先例，也没有现成的可用于船闸人字闸门合拢对位时的检测装置。2007 年年初，长江三峡通航管理局科技人员进行了科研探索，并完成了船闸人字闸门合拢对位检测试验装置的初步设计研发。同年 11 月，该装置成功安装应用到葛洲坝一号船闸，进行试验性运行。经过三年多的船闸现场运行实践检验证明：初步设计研发的船闸人字闸门合拢对位检测试验装置，能够实现对船闸人字闸门从“关终到合拢”这一重要状态转变过程的检测、监控，检测装置工作稳定可靠，具有在船闸设备运行监控系统中推广应用的前景。

9.2　组成原理、技术特点与设计要点

9.2.1　组成原理

船闸人字闸门合拢对位检测装置，主要由光电传感器及门缝值、错位值信号采集装置依托船闸控制系统网络组成。通过现场专门设计的门缝值、错位值信号采集装置，将人字闸门合拢对位时的“门缝”状态变化，转化为光电传感器光头与基准标靶之间的两坐标相对位移变化。具体来说，在同一闸首两扇人字闸门顶部关终位置附近，安装2个光电传感器分别检测人字闸门关门对位时的门缝值与错位值。光电传感器应用激光测距的原理，测量光电传感器光头与基准标靶之间的相对距离值，然后将测距值信号转化为通用的4～20mA的模拟量电流值输出，该值通过新敷设的电缆传送到船闸现地PLC远程I/O单元接入船闸集控设备系统网络，完成信号采集过程。PLC控制系统软件及上位机监控软件编程，采用模拟图和数字的形式实现在上位机显示器上实时、动态地显示“门缝”状态变化数据与超差报警功能。原上位机软件中增加“门缝”数据采集并记录至数据库功能，实现数据的自动采集存储，从而实现人字闸门合拢与错位状态数据的检测、显示、存储与超差报警功能。检测装置原理见图9-1。

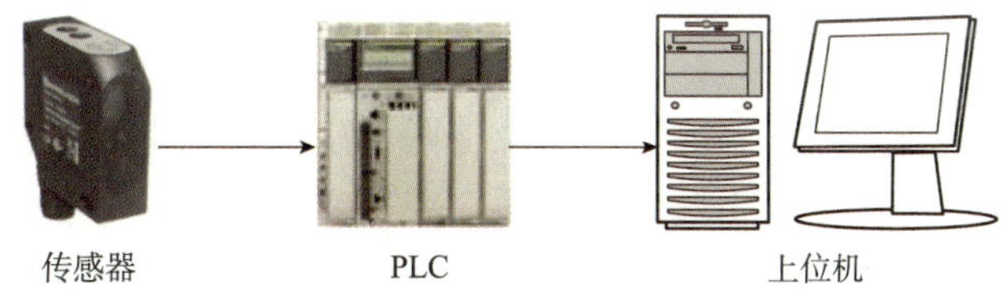

图9-1　检测装置原理

9.2.2　技术特点

①试验装置选用了比较先进的光电传感器，运用激光测距的原理，采用非接触方式将“门缝”状态检测转化为位移检测，降低了检测装置的故障率，提高了检测装置的可靠性。

②试验装置的门缝值传感器与错位值传感器相互独立，避免了门缝值与错位值检测之间的关联干扰，提高了检测数据的准确性。

③错位检测传感器垂直安装。将错位检测标靶设计为水平45°倾角安装形式，是该检测装置的一个显著创新特点。这种设计安装方式可以将两扇人字闸门关终对位时门缝的水平错位值的相对变化，转化为传感器与检测标靶之间垂直方向位移检测值的变化。标靶选择45°倾角，一方面是因为整数45°角安装比较容易找到现成的测量工具，调整找正相对容易一些；另一方面，实现了将两扇闸门相对水平错位值的变化1：1转化为垂直方向位移检测值的变化，可以简化软件的编程与运算误差。当两扇人字闸门相对错位量大时，这种结构形式还能有效避免传感器与标靶之间的碰撞故障。该结构形式的成功实践，为今后进行闸门对位三坐标位移检测装置的研制提供了一个可行的预选方案。

④试验装置主要依托船闸现有的集控设备系统软硬件平台，通过少量的软硬件扩充，

在上位机上创新性地实现了人字闸门合拢与错位信息的动态检测显示、记录与超差报警等功能，是一次有效扩展船闸集控设备监控功能的低成本实践范例。

9.2.3　设计要点

（1）传感器的选择

位移量的检测有不同类型的传感器可供选择。选择不同类型的传感器，一方面影响检测装置的技术性能；另一方面也影响所设计的检测装置的结构形式和维护性能，最终直接影响目标任务的完成。

实现人字闸门合拢与错位数据检测的传感器主要有轴角编码器、（直线）位移传感器、光电传感器 3 种类型。其中，前两种类型的传感器一般属于接触形式的位移检测。

我们需要检测的是两扇人字闸门合拢对位时在关终位置附近的两坐标相对位移值。由于船闸运行时，两扇人字闸门的开、关运转特点，选择接触形式的位移检测方式时，传感器和被检测物体之间必然有一个接触、脱开，再接触、再脱开不断重复的过程。因此，接触形式的位移检测方式难以避免对检测装置存在一定的冲击现象。检测装置的稳定性、可靠性会受到不利的影响，同时增加检测装置的维护工作量。

光电传感器属于非接触形式的位移检测，两扇人字门的开、关运行不会对传感器和检测装置本身造成不利影响。于是，该装置选择非接触形式的光电传感器进行位移信号采集，极大地提高了检测装置的稳定性、可靠性，降低了检测装置的维护工作量。

（2）信号采集装置设计

在人字闸门关终位置附近，门缝值与错位值两个坐标数据之间是存在关联影响的。闸门合拢对位时错位值变化，一般门缝间距值也会跟随变化；反之亦然。因此，门缝值与错位值数据采取独立采集，各选用一个传感器的设计方案。

门缝间距检测传感器安装方式为传感器发射端激光水平发射，标靶在闸门合拢对正时沿闸室纵轴线方向垂直安装。闸门错位检测传感器安装方式为传感器发射端激光垂直向下发射，闸门错位检测标靶在闸门合拢对正时沿闸室纵轴线方向且与水平面呈 45° 的倾角安装。这种结构形式的优点是：当忽略闸门小角位移开、关运转的影响时，错位检测无原理性误差；门缝变化对闸门错位检测值的影响较小；不会产生传感器与标靶之间的碰撞故障。信号采集装置见图 9–2。

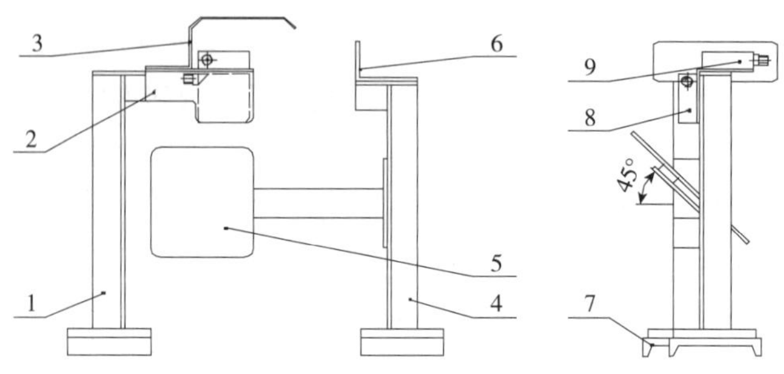

图 9–2　信号采集装置

1– 左支座；2– 传感器安装座；3– 挡雨板；4– 右支座；5– 错位检测标靶；6– 门缝间距检测标靶；7– 底座；8– 错位检测传感器；9– 门缝检测传感器

(3) 安装调整基准选择

信号采集装置安装时，光电传感器与基准标靶之间的相互位置与角度关系是安装调整控制的要点，必须尽可能使其安装调整到符合设计图纸要求的相对尺寸位置关系，才能达到检测误差最小的目的。由于“门缝”信号采集装置分为两部分安装在两扇人字闸门的门头上，要使各零部件之间的相对几何尺寸位置关系满足要求，必须找到合理实用的安装基准。

“门缝”信号采集装置的安装基准应根据信号采集装置的设计原理进行确定。理论上来说，闸室的中心线或者说闸室纵向轴线是船闸设计、建设与设备安装时的理论基准，当然也应该是信号采集装置安装调整找正的理论基准。但是，船闸建成后，闸室中心线一般并未保留永久的标志，因此，实际应用中闸室中心线难以作为参照基准。根据人字闸门斜接柱支枕垫块安装找正的控制原理，在忽略其安装误差的前提下，当两扇人字闸门对正合拢时，斜接柱支枕垫块的承压面与闸室中心线构成的垂面近似重合。因此，信号采集装置安装调整找正的控制基准，参照斜接柱支枕垫块的承压面是合适的，也是实际应用中可行的选择。

(4) 应用效果

已有的原理性试验装置安装运行以来的实践表明：设计新颖实用、简洁合理；选用的光电传感器精确、稳定、可靠，维护工作量小；配套开发的软件能够满足闸门关终对位检测、监控与数据存储分析的要求。从原理上来说，研制是成功的。但是，该原理性试验装置主要是验证其原理是否可行，数据处理主要依靠现有的葛洲坝船闸集控系统的软硬件平台及信号采集装置的选材与安装方式，更多的是考虑试验调整的方便性。因此，研究数据处理、变送模块，形成标准的工业接口，并简化安装调整工艺，使人字闸门合拢对位检测装置在各类船闸中具有一定的通用性和推广应用价值，是该检测装置能否实现工程应用和经济效益的关键。

9.3 工程化应用

9.3.1 应用的可行性

(1) 国内同类船闸自动化水平的现状

目前，国内采用人字闸门作为挡水闸门的船闸，普遍实现了以 PLC 为控制核心的自动化控制。这些设备或系统的主要区别在于：该船闸是否为集中控制、闸首控制或现地控制模式。随着自动化技术水平的普遍提高及工业电视图像监控等技术的普遍应用，以集中控制运行模式为主导已经成为现代化船闸的一种显著标志。

(2) 现场安装条件的同一性

根据《船闸闸阀门设计规范》(JTJ 308—2003) 7.1.2 条所述：“人字闸门位于关门位置时，门扇轴线与船闸横轴线的夹角可采用 22.5°。”这是国内船闸设计普遍采用的主要设计依据。不同规模的人字闸门在关门运行时，闸门关终合拢时形成的三铰拱结构几何形状基本相同，仅在人字闸门的几何尺寸上放大或缩小。因此，在不同规模的船闸人字闸门上安装使用结构、尺寸相同或相近的合拢对位检测装置是可行的。

（3）信号的系统集成性

检测装置选用的传感器的电信号采用的是通用标准的 4 ～ 20mA 模拟信号，可以与标准的 PLC 模拟量输入模块相匹配，其测量电流值的含义需要在 PLC 中进行标定和解释。

在需要现场显示或无上位机显示的状况下，可以通过配套信号变送／显示装置实现电信号的标定和显示。

9.3.2　应用的机遇

2007 年年底，“船闸人字闸门合拢对位检测试验装置”完成研制，并成功安装，应用于葛洲坝一号船闸下游人字闸门上。通过不间断试验性运行检验，为该装置的工程化应用奠定了基础。

2010 年，葛洲坝船闸集中控制系统（简称“三闸一控”系统）整体改造工程立项实施，该装置获得了工程化应用的机遇。“三闸一控”系统改造工程于 2011 年 2 月起实施，在葛洲坝三座船闸先后进行现场设备安装，同年 12 月工程整体完成并进行了交工验收。

在“三闸一控”系统改造工程实施中，该装置被列入葛洲坝船闸自动化研究成果工程化应用的项目之一，经过二次设计，在葛洲坝三座船闸的上下游人字闸门上各安装了一套合拢对位检测装置，共计安装 6 套。2012 年年初，三峡船闸南线一闸首也安装了一套该检测装置，进行试验性运行。

9.3.3　试验装置改进与工程应用

（1）加工材料

原试验装置主要选用了不锈钢板材，成形加工。不锈钢板材虽然具有较强的抗腐蚀性和经久耐用的优点，但同时也存在强度和刚度略显不足、零部件加工尺寸精度不易保证、批量加工制作有一定难度等缺点。

工程化应用时考虑到选材应适合批量化加工制作，对试验装置选材方面的不足应尽量改善。所以，作为户外使用的构造传感检测信号采集装置的材料，应具有一定的抵抗外力意外碰擦的强度和刚度，又要求制造安装后的零部件尺寸、几何形态精确、稳定，同时易于批量加工制造，可焊性与机加工性等综合机械性能良好。因此，工程应用时加工材料主要选择经济、使用广泛、市场易于采购、综合机械性能良好的普通碳素结构钢板材和型材加工制造。具体来说：支座部分作为主体支撑部件，采用 16 号 B 型槽钢和 10mm 厚钢板进行加工；底座采用 25 号 B 型槽钢加工，确保信号采集装置安装后的稳定性；传感器支架、检测标靶等部件选用钢板和角钢加工制造。应用表明，选材改进后检测装置的强度、刚度、稳定性及各零部件的尺寸、加工精度均大大提高。

（2）精度要求与加工工艺

根据葛洲坝水利枢纽一期工程《金属结构与机械设备试运行规定》中对人字闸门合拢时两斜接柱支枕垫快中线错位小于 5mm 的要求，以及船闸多年来的运行实践对人字闸门合拢对位控制的实际状况，确定“门缝”检测精度按检测误差小于 2mm 进行总体控制。由于船闸对人字闸门“门缝”的控制主要关注的是人字闸门关终和合拢时的状况，对人字闸门关门运行过程的中间状态，即关终之前的“门缝”状态控制并未作严格要求，也就是说实际关注“门缝”状况的动态变化范围一般不超过 100mm。因此，检测装置零部件的外形几何尺寸加工精度确定为毫米级。具体来说，零部件外形几何尺寸加工误差小于 0.5mm，各零部件相对尺寸、位置关系安装误差小于 0.5%，就能达到检测误差小于 2mm 的总体要求。

从技术经济的角度分析，在满足使用要求的前提下，适当降低检测装置的精度控制是经济合理的。如果将检测装置的精度要求定得过高，一方面将增加该装置应用的经济成本，同时，在技术上实现的难度也将大大增加。对船闸设备运行控制的实际需求来说，不能提升船闸设备运行安全控制等级的技术要求是无效的。

“门缝”信号采集装置组成主要分解为底座、支座、传感器支架、门缝检测标靶及错位检测标靶等几个部件。各部件在工厂完成加工制造，零部件加工工艺主要可分解为下料、修边、画线钻孔、焊接、整形、防腐等工序。

（3）安装调整方法

根据前述分析可知，“门缝”信号采集装置的两坐标位移检测平面与船闸闸室纵向轴线垂直时，检测误差最小。安装调整时，应尽量满足该要求。具体操作时，安装调整找正的实际控制基准，参照的是人字闸门斜接柱支枕垫快的承压面。安装调整方式如下。

①两扇人字闸门关终后在闸室水压下合拢，要求斜接柱支枕垫块在两扇人字闸门合拢后对正，错位越小越好。

②以斜接柱支枕垫块的承压面为基准，将“门缝”信号采集装置的两个安装底座置于人字闸门门头上的安装位处，用水平尺和钢板尺按照图纸标注的尺寸、位置关系找正、校平后与门体焊牢，施焊后的部位应进行局部防腐处理。

③按照图纸标注的尺寸、位置关系，在焊牢的两底座上分别安装支座，支座上安装传感器支架、门缝检测标靶、错位检测标靶等部件，各部件间用螺栓连接固定，用角尺、水平尺和钢板尺等工具调整、找正各部件间的相对几何尺寸、位置关系。

④经检查合格后安装传感器。

⑤信号采集装置安装完成后，各部件间的相互位置关系还可以进行微量的调整，调整方法如下：

A. 两支座间距的调整。松动支座与底座间的连接螺栓，左右移动支座，调整两支座间的安装距离，调定后锁紧连接螺栓，调整范围为 ±20mm。

B. 传感器支架、检测标靶安装高度的调整。松动传感器支架、检测标靶与支座间的连接螺栓，传感器支架、检测标靶可以分别沿支座上下移动 ±10mm，调定后锁紧连接螺栓。

（4）该装置在“三闸一控”系统改造工程中的应用

在“三闸一控”系统改造工程中，按计划在葛洲坝三座船闸上下游人字闸门各安装一套合拢对位检测装置，共计 6 套。6 套装置采用同一套图纸加工制作，规格尺寸均相同。装置按照底座、支座、传感器支架、门缝检测标靶及错位检测标靶等部件进行加工，部件之间通过镀锌螺栓进行连接，传感器通过螺栓固定在传感器支架上。其中支座部分作为主体支撑部件采用 16 号 B 型槽钢和 10mm 厚度钢板进行加工，底座采用 25 号 B 型槽钢加工，确保装置安装后的稳定性；支座配孔均为腰形孔，方便各零部件间现场安装、组合时的微量调整；错位检测标靶安装方式支持船闸上游和下游两个倾斜方向的选择，以利于标靶避开阳光直射。

传感器选用德国 P+F，VDM18−300 型激光测距仪，共 2 只，分别用于闸门门缝间距值及错位值的数据采集。传感器主要参数如下：

检测距离范围为 80 ～ 300mm；

工作环境温度为 −10℃ ～ 60℃；

测量精度＜ 0.1%；

接口形式为模拟量 4 ～ 20mA 输出；

工作电压为 18 ～ 30VDC；

防护等级为 IP67。

检测装置现场采集的电信号，通过 PLC 系统远程 I/O 站中的模拟量输入模块接入船闸集控系统。在上位机中设计参数标定界面、数值与过程曲线显示界面。传感器的标定参数包括传感器量程最大值、传感器量程最小值、门缝值零点（偏移量）、错位值零点（偏移量）等。

总体来看，采用同一规格尺寸加工的完全相同的 6 套检测装置，能够很好地适用于尺寸规格区别较大的葛洲坝船闸人字闸门的现场安装，且现场安装调整环节少，参数整定方便，数据采集精度满足工程实际应用要求。

9.3.4　工程应用中的主要技术要求

（1）加工工艺要求

信号采集装置主要由金属结构件组成，各零部件加工工艺类似，要求相同，主要加工工艺要求如下。

①下料。根据图纸尺寸、几何形状、材料要求，选定适合加工各部件组成零件的材料，采用冷或热加工方式下料。如果下料后的零件毛坯尺寸满足图纸要求，可以直接按图纸标注尺寸下料；如果不能满足，则应适当加大下料零件毛坯的尺寸，为后续机加工工序留 1 ～ 2mm 的加工余量。

②修边。采用手工或机加工方式修理零件毛边、锐棱，要求零件外形尺寸、表面质量符合图纸要求。

③画线钻孔。画出零件上各个孔的中心位置，各孔距相对尺寸位置符合图纸标注的要求；钻孔零件在机床上装夹应牢固，钻孔位置准确，防止钻孔时零件移位。

④焊接。将需要焊接为部件的零件放置于工作平台上，按零件间相对位置、尺寸关系拼装为部件，检查无误后施焊，确保焊接后的各部件尺寸准确、变形可控。

⑤整形。对加工焊接完工后的部件进行必要的修整，要求完工后的零部件表面无焊渣、毛刺、变形，尺寸符合图纸要求。

⑥防腐。零部件清理后，表面清洁度等级应达到 St3 级，按图纸要求进行防腐处理，

达到户外工作零件防腐要求。

（2）安装工艺要求

①信号采集装置安装时，要求两扇人字闸门关终合拢，斜接柱支枕垫块对正贴紧，一般在人字闸门压水状态下进行。

②以斜接柱支枕垫块的承压面为基准，确定检测装置的两个安装底座在人字闸门门头上的安装位置，用水平尺和钢板尺按照图纸标注的尺寸、位置关系找正、校平后与门体焊牢，施焊后的部位应进行局部防腐处理。

③安装后的底座、支座、传感器支架、门缝检测标靶、错位检测标靶、传感器等部件的相对几何尺寸、位置，水平度、垂直度、角度误差符合装配图纸要求，满足信号采集装置安装精度要求。

（3）维护技术要求

①定期用水平尺、钢板尺、角尺检测信号采集装置各零部件间相对尺寸、位置、角度关系是否符合装配图纸的要求，如果超差，应及时进行调整。

②定期人工检测两扇人字闸门关终与合拢时的门缝值与错位值，同时将人工检测值与检测装置数显值进行比对，如果误差超过 2mm，应及时调整传感器的零点值参数，进行误差校正。

③定期检查信号采集装置各零部件间的连接、紧固状况，各连接螺栓、传感器接线是否存在松动现象，如有松动应及时紧固。

9.4 成果与不足及应用前景

9.4.1 成果与不足

船闸人字闸门合拢对位检测装置在葛洲坝船闸应用之前，人字闸门从“关终到合拢”的状态转换过程，在国内大型船闸人字闸门运行状态检测、监控中还是一个空白。该检测装置的应用填补了这一空白，实现了人字闸门关门对位时“门缝”状态变化过程的自动动态检测、监控。

船闸现有控制系统中合拢开关既做合拢检测，又做对位检测，而合拢检测与对位检测之间是存在一定矛盾的。如，在选用接近开关作为“水平合拢”开关时，为了使合拢信号稳定可靠，感应板往往做得较宽，而感应板越宽，对闸门对位时错位状态的反馈就越不敏感，这将降低船闸运行时的安全性。该检测装置直接检测闸门对位时的错位值，为解决合拢检测与对位检测之间的矛盾提供了方法上的选择途径。

该检测装置将闸门对位时的人工巡检提升为系统的自动检测，从而改善了船闸运行的安全性，也为今后实现人字闸门关终“门缝”的自动或人工远程调整控制创造了条件。

由于该检测装置仅实现了对人字闸门从“关终到合拢”这一重要状态转换过程的监控，还未能实现对人字闸门关终“门缝”这一船闸集控系统重要控制变量的直接控制。因此，将人字闸门合拢对位检测装置直接用于船闸设备控制，实现人字闸门关终“门缝”的精确控制，将是今后研究改进该检测装置的主攻方向。

9.4.2　应用前景

本检测装置设计简单合理、新颖实用，应用于葛洲坝船闸数年来的运行实践表明：选用的光电传感器精确、稳定、可靠，配套开发的软件满足了闸门关终对位检测、监控与数据存储分析的要求，具有实用新型的特征，在同类型船闸设备运行监控系统中有一定的推广应用价值。

目前，国内船闸人字闸门的设计普遍采用相同的行业标准，且闸门合拢时的门扇轴线与船闸横轴线的夹角采用同一值，这使得规格不同的船闸对于本检测装置的现场安装条件具备了一定的同一性，极大地降低了本检测装置推广应用的难度，其推广应用前景良好。

10 水位变动对三峡船闸液压启闭机的影响及运行对策

10.1 概述

10.1.1 三峡船闸正常运行期水位变动情况

三峡船闸正常运行期上游水位（上游库区水位）在 145 ~ 175m 之间，水位变幅达 30m，下游水位在 62.0 ~ 73.8m 之间，水位变幅达 11.8m，随电站调峰和防洪削峰影响而变化 [22]。2008 年下半年三峡水库试验性蓄水，之后三峡水库随季节变化适时调整运行水位，每年上游库区水位变动可分为 4 个阶段。

①消落期：第一阶段从 1 月初至 6 月中旬，上游库区进入水位消落阶段，水位缓慢下降至 145m，一般在 5 月库水位降至 155m 左右，汛前迅速降至汛限水位。

②低水位运行期：第二阶段从 6 月中旬至 9 月，上游库区水位保持在 145 ~ 160m 之间低水位运行，因为汛期防洪削峰的原因，6 ~ 8 月库水位呈现上升、下降再上升反复变化的过程。

③回蓄期：第三阶段从 9 月至 10 月底，上游库区进入蓄水阶段，水位快速上升至 175m。

④高水位运行期：第四阶段从 10 月底至次年 1 月初，上游库区水位保持在 175m 左右高水位运行。

2011 年三峡船闸水位变化见图 10-1、图 10-2。三峡船闸上游水位最低为 145.07m，出现在 7 月 6 日；9 月 10 日后，三峡水库开始 175m 蓄水；10 月 30 日，上游水位达到 175m。三峡船闸下游水位最高为 68.11m，出现在 8 月 6 日；最低为 63.99m，出现在 5 月 26 日。

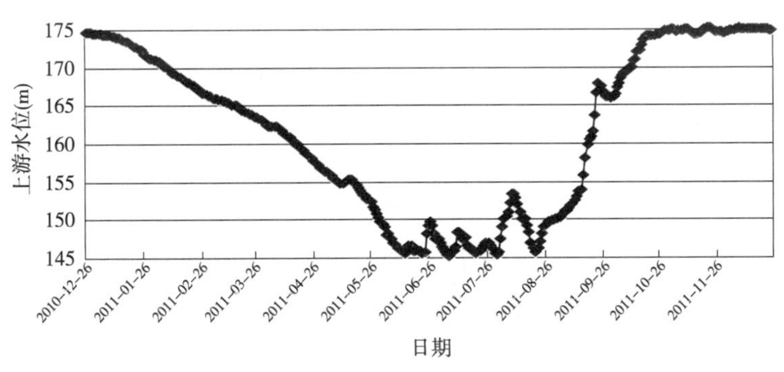

图 10-1 2011 年三峡船闸上游水位过程线

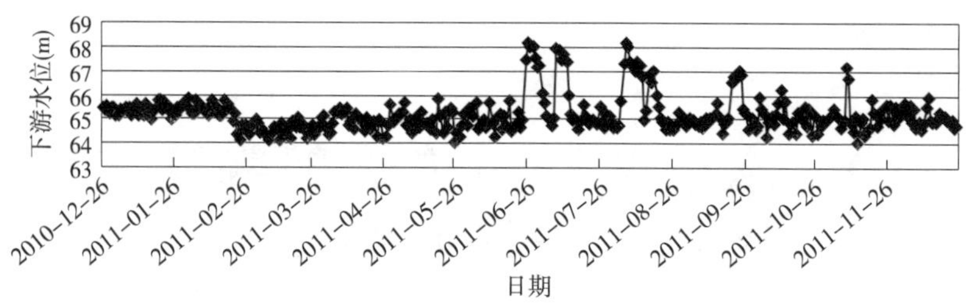

图 10−2　2011 年三峡船闸下游水位过程线

10.1.2　不同水位组合下三峡船闸运行方式

三峡船闸根据上下游不同的水位配合适时调整运行方式，正常运行期运行级数和水位关系见表 10−1。

不同水位组合三峡船闸运行方式　　表 10−1

序　号	上 游 水 位（m）	下 游 水 位（m）	船闸运行方式
1	145 ~ 152.4	62 ~ 73.8	四级不补水运行
2	152.4 ~ 156	62 ~ 73.8	四级运行或五级补水运行
3	156 ~ 165.75	62 ~ 73.8	五级补水运行
4	165.75 ~ 175	62 ~ 73.8	五级不补水运行

三峡水库水位变化（三峡船闸上游水位）的 4 个阶段，三峡船闸运行级数转换如下。

①消落期：1 月初至 5 月，库水位从 175m 降至 155m 左右之前，三峡船闸保持五级运行，5 月至 6 月中旬，汛前库水位降至 152.4m 以下，三峡船闸转四级运行。

②低水位运行期：6 月中旬至 9 月，上游库区水位保持在 145 ~ 160m 之间低水位运行。因为汛期削峰蓄洪的原因，6 ~ 8 月库水位呈现下降、上升再下降反复变化的过程，这导致了三峡船闸运行方式可能出现由五级转为四级，再由四级转为五级，最后再由五级转为四级的反复过程。库水位在 152.4 ~ 156m 之间时，运行级数转换时机应综合考虑三峡船闸上下游实际水位、当前水库调度方式、入库流量等因素后确定。

③回蓄期：从 9 月至 10 月底，上游库区进入蓄水阶段，水位快速上升至 175m，三峡船闸投入五级运行。

④高水位运行期：第四阶段从 10 月底至次年 1 月初，上游库区水位保持在 175m 左右高水位运行，三峡船闸保持五级运行。

10.1.3　三峡船闸闸、阀门液压启闭机简介

三峡船闸各闸首工作闸门为人字闸门，输水阀门为反向弧形门，其启闭机为液压启闭机。三峡船闸闸、阀门液压启闭机规模大，采用电液比例的高压大流量通轴式轴向柱塞泵作为无级变速的基本元件，和基于“液阻理论”的二通插装阀集成控制结构相组合，组成对船闸人字门和输水阀门启闭机的高压大流量无级变速控制[23]。因为闸、阀门启闭运行

为大惯量负载，而运行过程中要求动作平稳、冲击小以及和对侧门的运行协调同步，加之全年规律性的水位变化和外负载的反复变动，对其工作性能提出了较高要求。

10.2 水位变动对三峡船闸闸、阀门启闭机运行的影响

10.2.1 闸、阀门启闭机在水位变动期的运行数据统计分析

（1）上下游水位变化对各闸首阀门工作水头的影响（图 10−3）

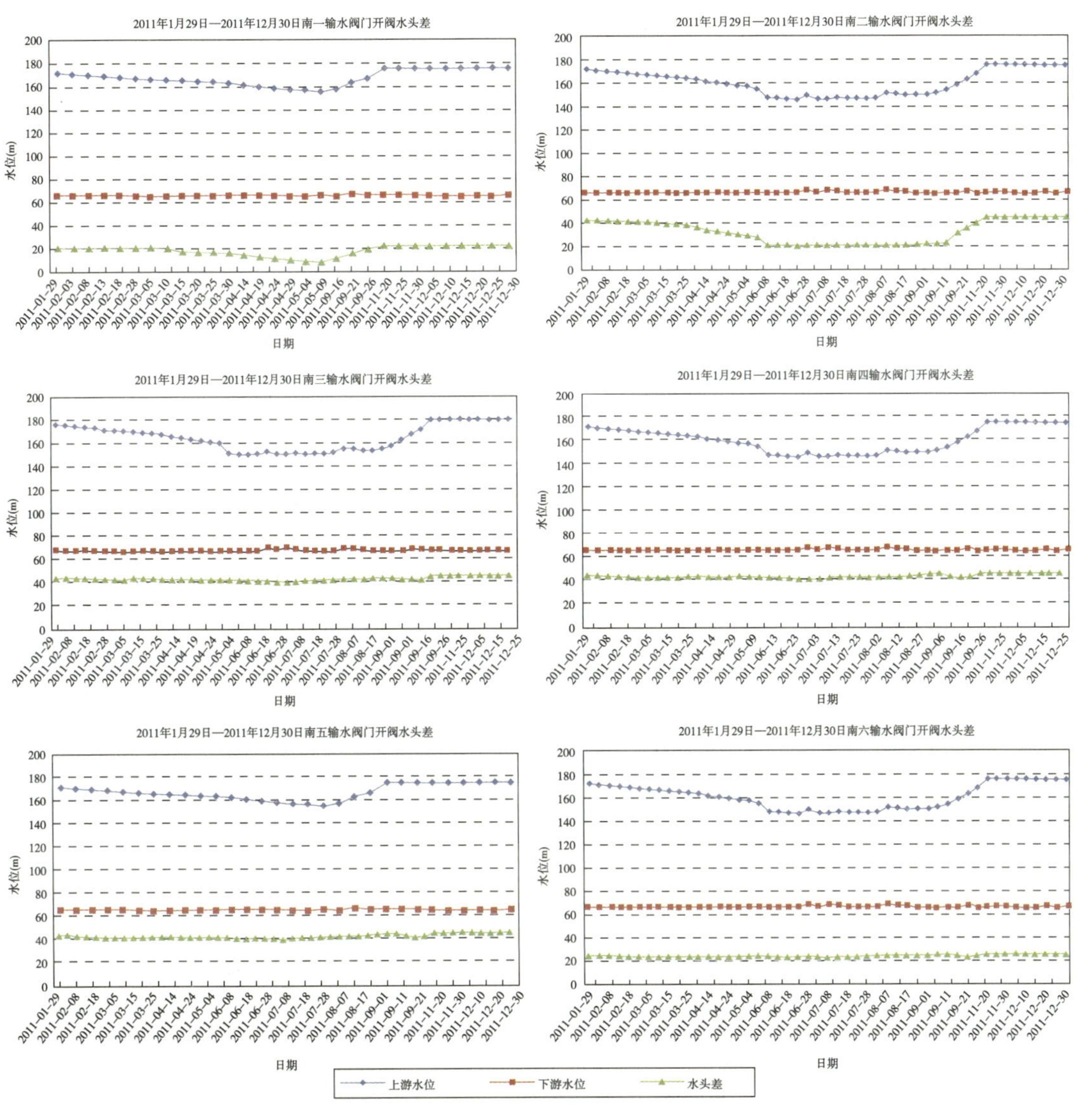

图 10−3 阀门工作水头与上下游水位变化关系

分析图 10−3 可以得出以下结论：

①一闸首阀门工作水头最大为 21.8m，出现在上游库水位 174.8m 时。水头与上游库水位的变化是正相关的关系。

②二闸首阀门工作水头最大为 43.9m，出现在上游库水位 174.8m 时。水头在上游库水位的变化的第一阶段和第三阶段是正相关的关系，水头在上游库水位的变化的第二阶段和第四阶段，变化不大。

③三至五闸首阀门工作水头最大为 44m，均出现在上游库水位 174.8m 时。上游库水位变化时，水头基本保持在 39 ～ 44m 较小的范围内变化。

④六闸首阀门工作水头最大为22m，出现在上游库水位174.8m时。上下游水位变化时，水头基本保持在 19 ～ 22m 的小范围内变化。

（2）上下游水位变化对各闸首闸门运行时淹没水深的影响（图 10–4）

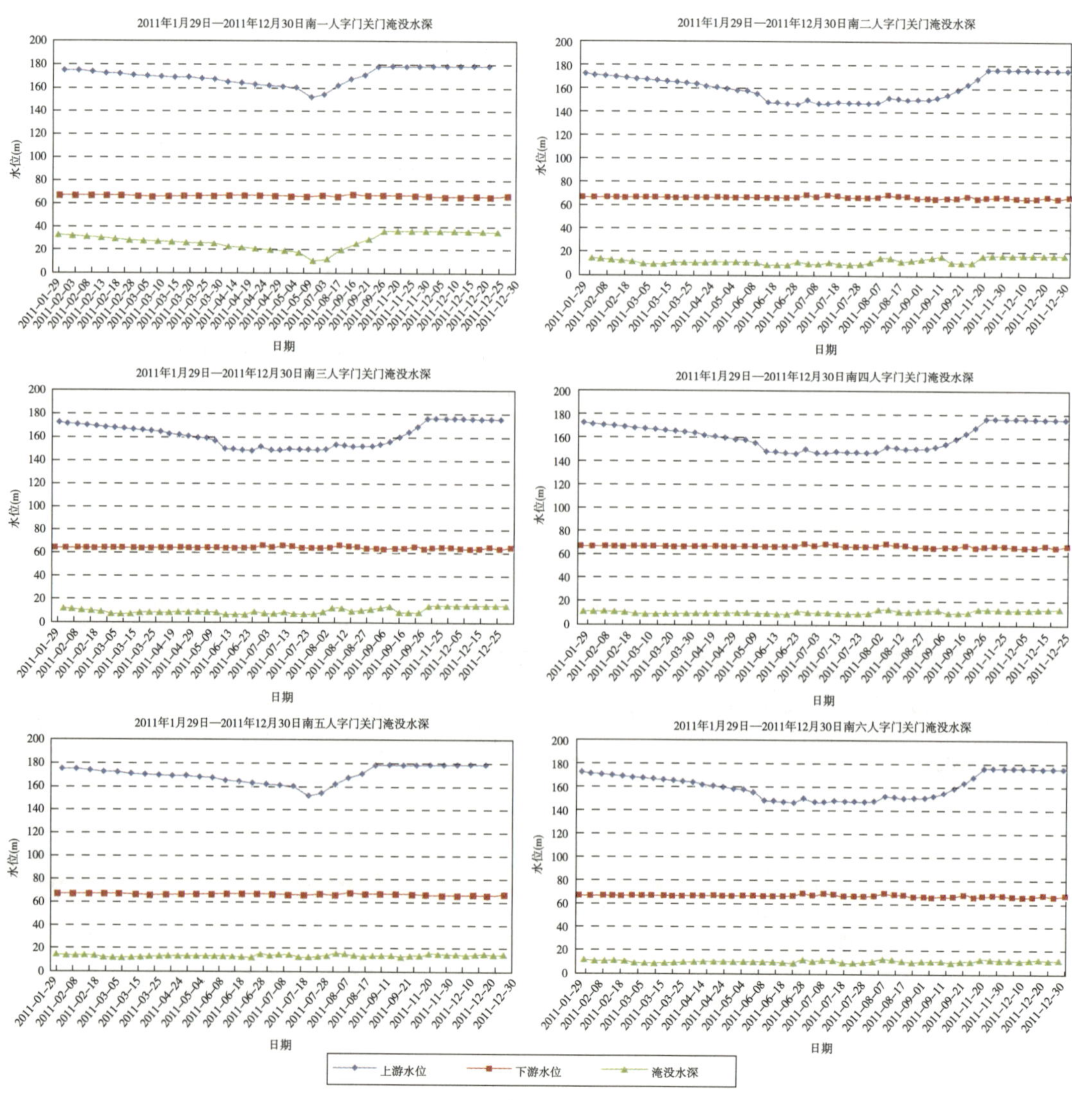

图 10–4　闸门运行时淹没水深与上下游水位变化关系

分析图 10–4 可以得出以下结论：

①一闸首人字门运行时，闸门最大淹没水深为 35.8m，出现在上游库水位 174.8m 时；

最小淹没水深为 13.4m，出现在上游库水位 152.4m 时；淹没水深变化大，与上游库水位的变化是正线性相关的关系。

②二闸首人字门运行时，闸门最大淹没水深为 14.2m，分别出现在上游库水位 174.8m 和 153m 时；最小淹没水深为 6m，出现在上游库水位 145m 时；淹没水深变化较大。由于二闸首闸门在五级运行时作为中间级闸首，四级运行时作为首级闸首，淹没水深变化与上游库水位的变化没有明显的线性关系。

③三至五闸首人字门运行时，三闸首闸门最大淹没水深为 12m，出现在上游库水位 174.8m 时，四、五闸首闸门最大淹没水深为 11m，出现在上游库水位 153m 时；最小淹没水深为 6m 左右，出现在上游库水位 145m 时；淹没水深变化较小，与上游库水位的变化没有明显的线性关系。

④六闸首人字门运行时，闸门最大淹没水深为 10.9m，出现在下游水位 67.9m 时；最小淹没水深为 7m 左右，出现在上游库水位 64m 时；淹没水深变化小，与下游水位的变化是正线性相关的关系。

（3）各闸首阀门工作水头变化对开、关阀历时的影响

①阀门双边输水运行工艺参数见表 10–2。

阀门双边输水运行工艺参数 表 10–2

闸首	船闸运行方式	开阀运行方式	开阀速率（min）	开启开度（%）	暂停时间（min）	关阀速率（min）	动水关阀水头（m）	动水关阀小开度（%）
一闸首	五级补水／不补水运行	连续开阀	2	100	0	4	1.8	40
二闸首	四级运行	连续开阀	6	70	0	4	0.75	30
	四级运行（水头 40m 以上）	间歇开阀	6	50	4	4	1.8	30
	五级补水（158m 水位以下）	连续开阀	2	100	0	4	5.5	30
	五级补水（158m 水位以上）	间歇开阀	2	70	1.5	4	5.9	30
	五级不补水	间歇开阀	2	65	2.0	4	6.6	30
三、四、五闸首	四级或五级运行	连续开阀	2	100	0	4	6.0	20
	四级或五级运行（水头 40m 以上）	间歇开阀	2	65	3.0	4	6.0	20
六闸首	四级或五级运行	连续开阀	4	100	0	6	5.0	30

表 10–2 中，关阀速率为三峡船闸各闸首阀门在四级或五级运行方式下，正常双边输水时，从关终位连续或间歇开阀至 100% 时的历时；开阀速率为从开终位关阀至关终位的历时。

②各闸首阀门工作水头变化对开阀历时的影响见图 10–5。

2011年1月29日—2011年12月30日南一输水阀开阀历时
2011年1月29日—2011年12月30日中南一输水阀开阀历时
2011年1月29日—2011年12月30日南二输水阀开阀历时
2011年1月29日—2011年12月30日中南二输水阀开阀历时
2011年1月29日—2011年12月30日南三输水阀开阀历时
2011年1月29日—2011年12月30日中南三输水阀开阀历时
2011年1月29日—2011年12月30日南四输水阀开阀历时
2011年1月29日—2011年12月30日中南四输水阀开阀历时
水位(m)
时长(min:s)
日期
水头
开阀历时

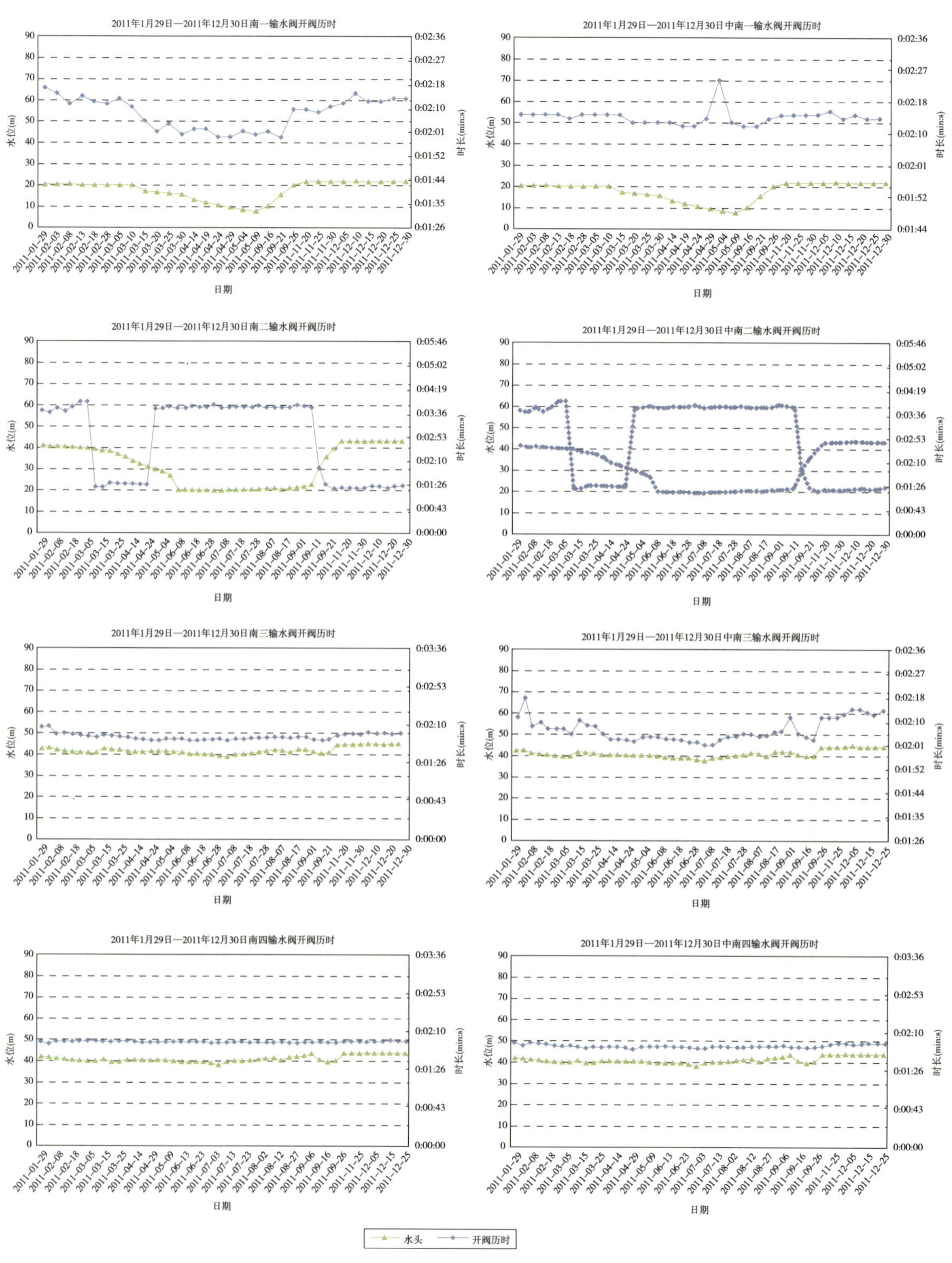

图　10-5

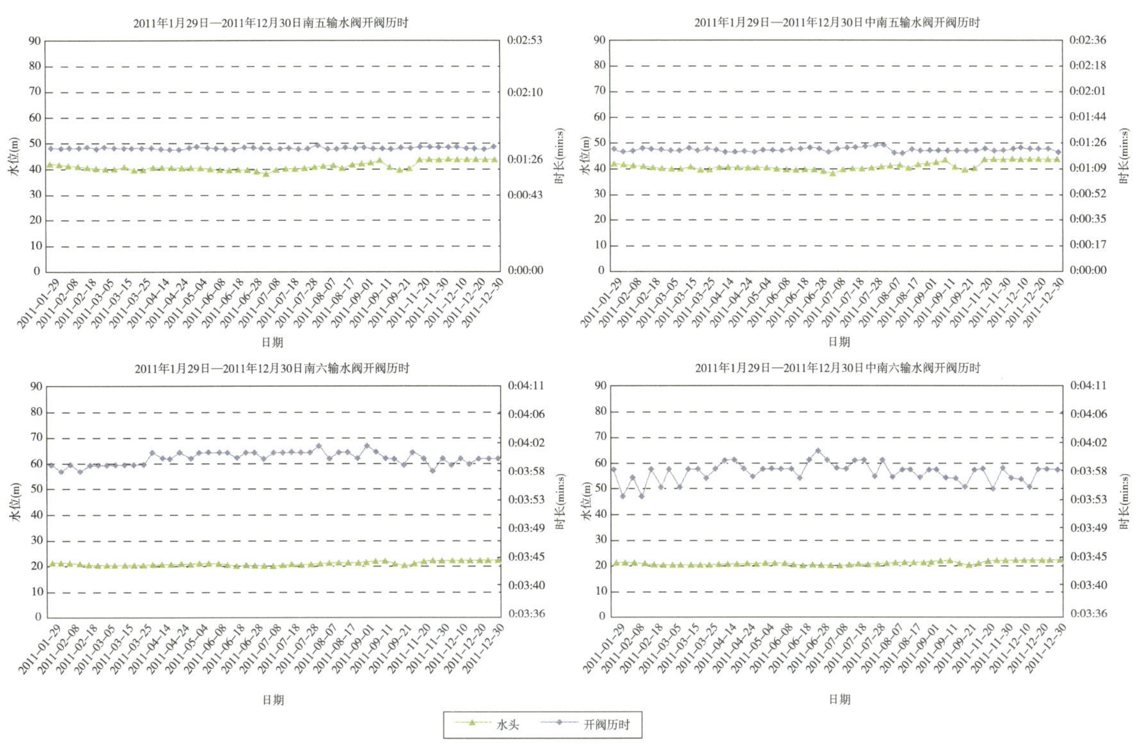

图 10-5 开阀历时与工作水头变化关系

分析图 10-5 可以得出以下结论：

A. 各闸首开阀速率稳定，全年开阀历时在给定值的上下 10s 内浮动，且同闸首两侧开阀速率基本同步。

B. 除二闸首开阀历时随水位变化，因运行级数的改变而发生变化，是人为调试整定的外，一闸首开阀历时较其余闸首数据波动较大。

C. 各闸首开阀历时与水位变化相关性较小。

③各闸首关阀历时变化见图 10-6。

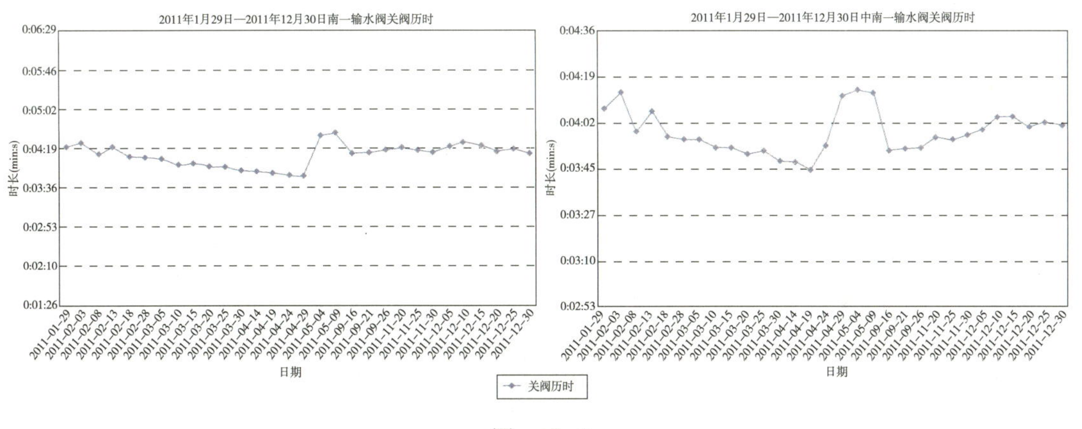

图 10-6

2011年1月29日—2011年12月30日南二输水阀关阀历时
2011年1月29日—2011年12月30日中南二输水阀关阀历时
2011年1月29日—2011年12月30日南三输水阀关阀历时
2011年1月29日—2011年12月30日中南三输水阀关阀历时
2011年1月29日—2011年12月30日南四输水阀关阀历时
2011年1月29日—2011年12月30日中南四输水阀关阀历时
2011年1月29日—2011年12月30日南五输水阀关阀历时
2011年1月29日—2011年12月30日中南五输水阀关阀历时
时长(min:s)
日期
关阀历时

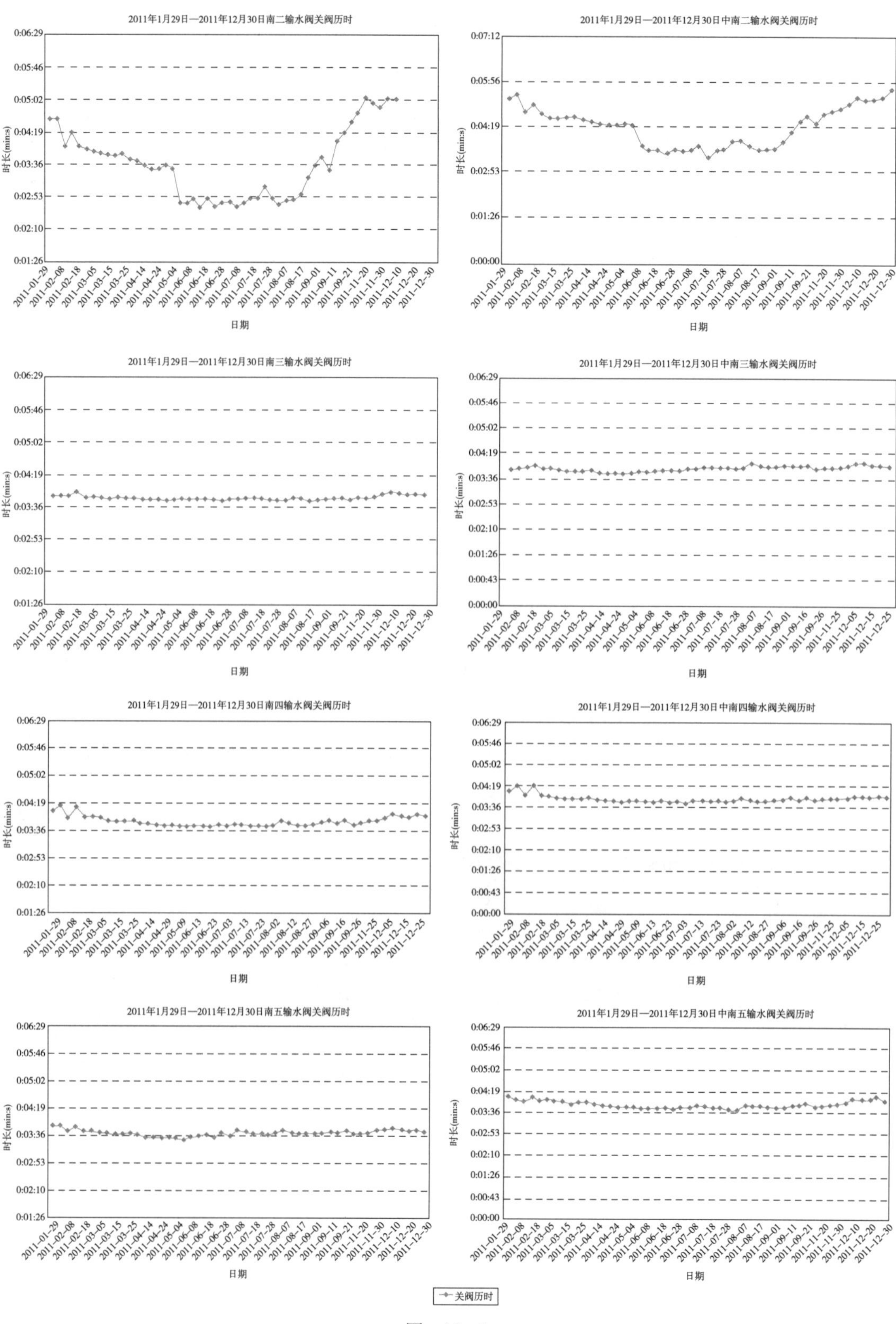

图　10-6

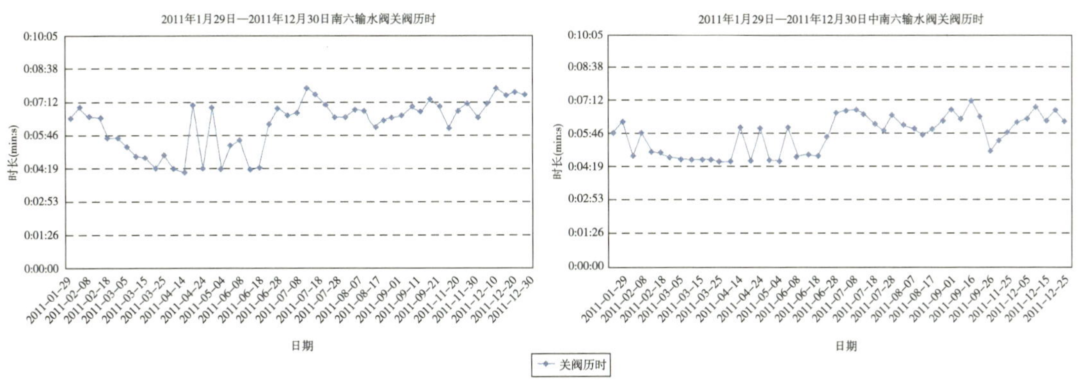

图 10-6 关阀历时变化

分析图 10-6 可以得出以下结论：

A. 各闸首关阀速率稳定，全年关阀历时在给定值上下 15s 内浮动，且同闸首两侧关阀速率基本同步。

B. 二闸首关阀历时随水位变化，因运行级数的改变而人为调试整定发生变化，其余闸首关阀历时与水位变化无关。

C. 一、六闸首关阀历时较其余闸首数据波动较大。

(4) 闸门淹没水深变化对各闸首闸门开关历时的影响

①闸门淹没水深变化对各闸首开门历时的影响见图 10-7。

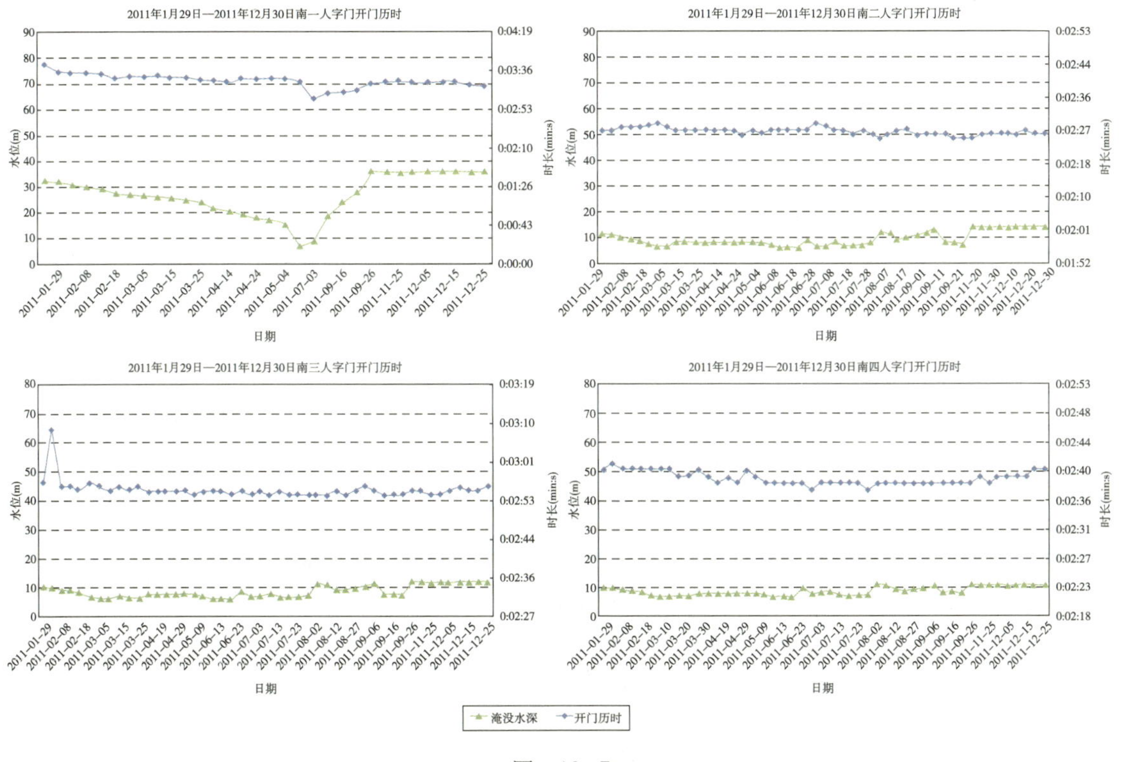

图 10-7

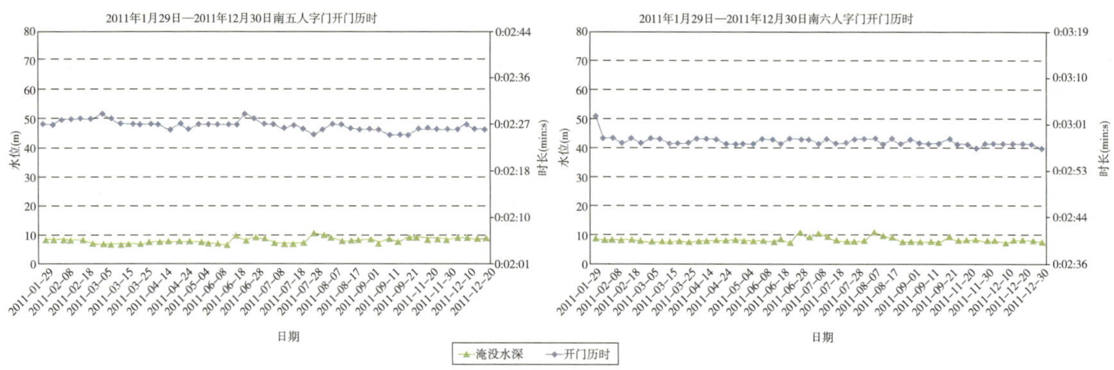

图 10-7　开门历时与淹没水深变化关系

分析图 10-7 可以得出以下结论：

A. 一闸首开门历时变化与淹没水深变化趋势相同，全年开门历时变化在 30s 左右。

B. 除一闸首外，其余各闸首开门速率稳定，全年开门历时变化在 5s 左右，与闸门淹没水深变化无明显关系。

②闸门淹没水深变化对各闸首关门历时的影响见图 10-8。

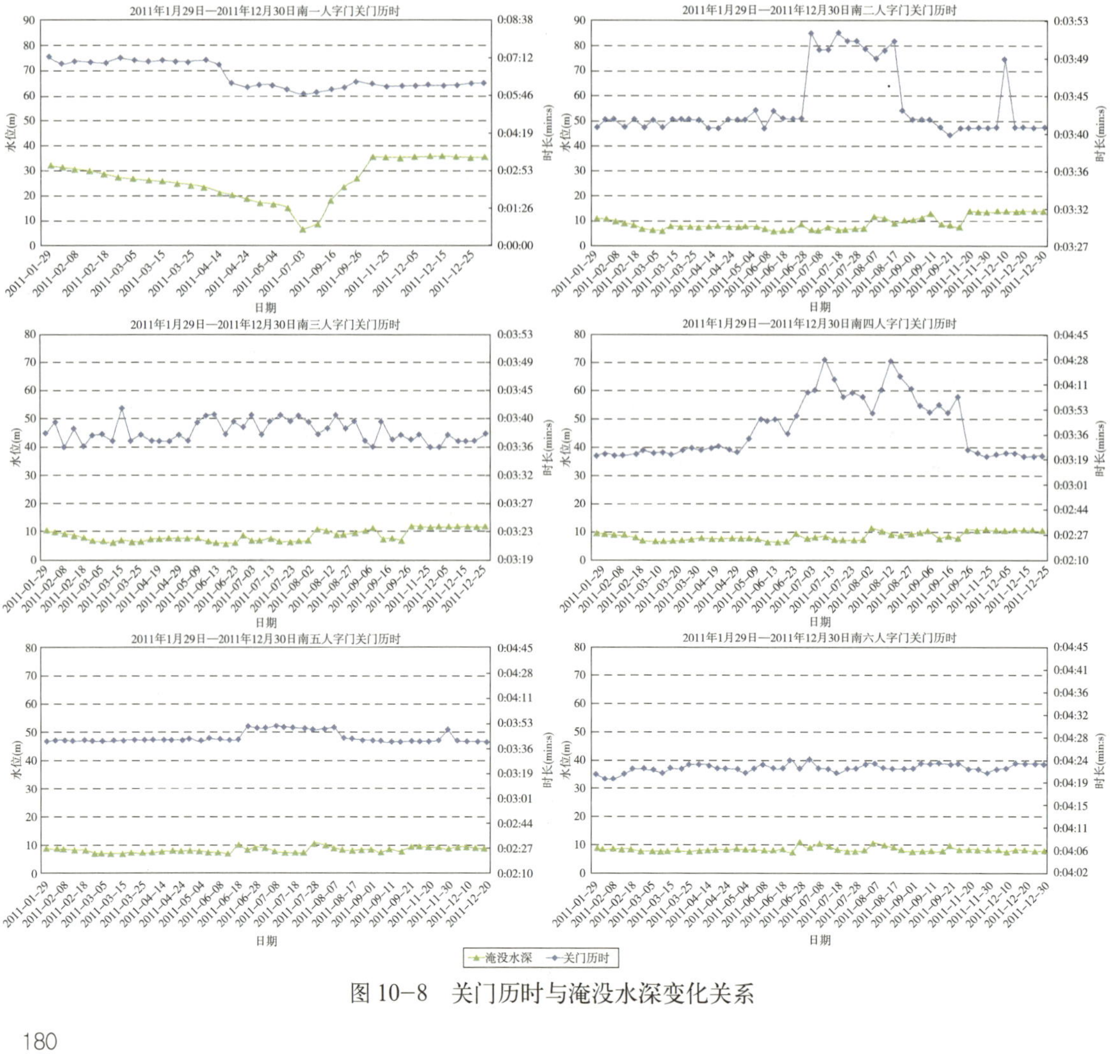

图 10-8　关门历时与淹没水深变化关系

分析图 10-8 可以得出以下结论：

A．一闸首关门历时变化与淹没水深变化趋势相同，其余闸首关门历时与闸门淹没水深变化无明显关系。

B．三、五、六闸首关门速率较为稳定，一、二、四闸首关门速率波动起伏较大。

（5）开阀水头变化对各闸首开阀启动压力的影响（图 10-9）

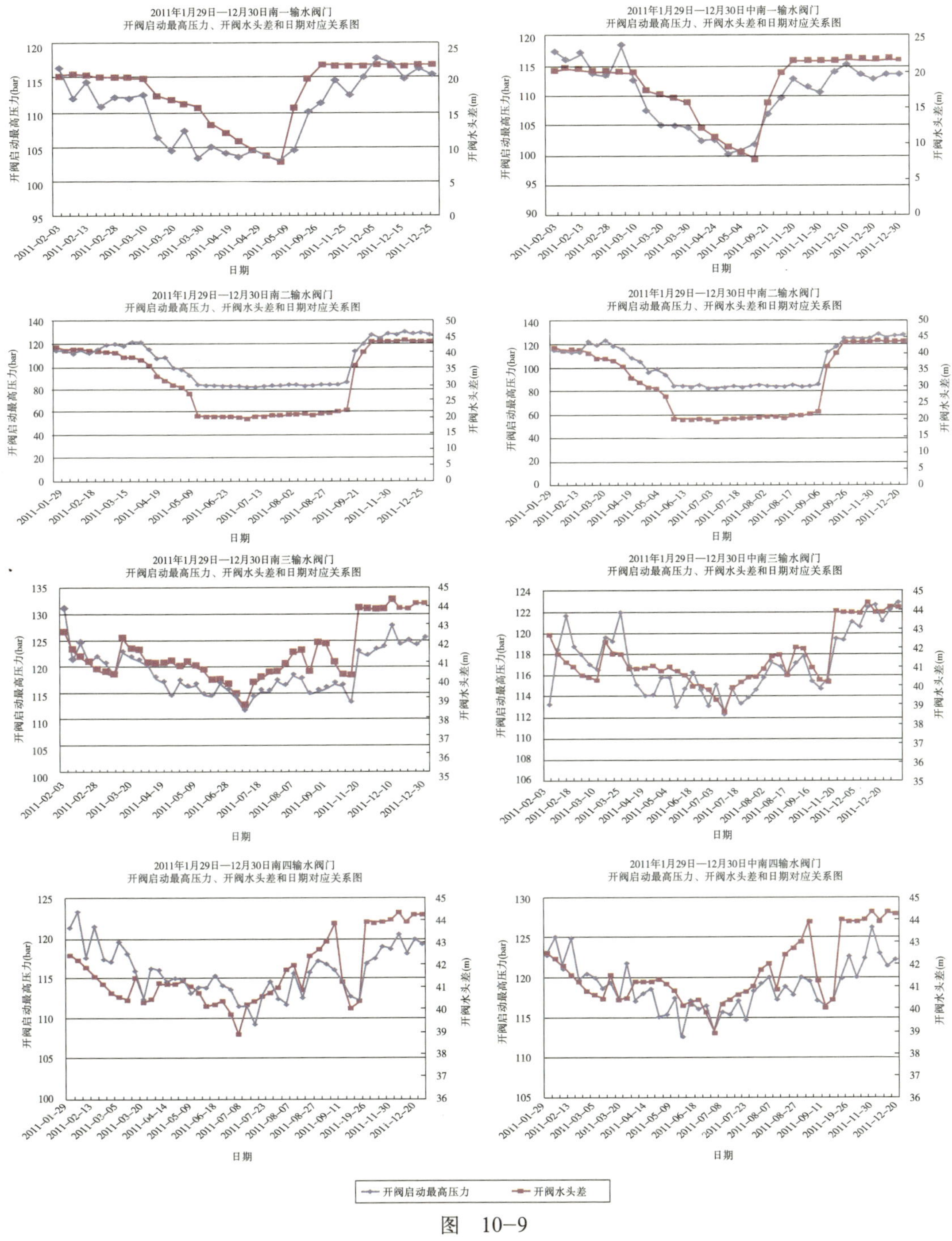

图 10-9

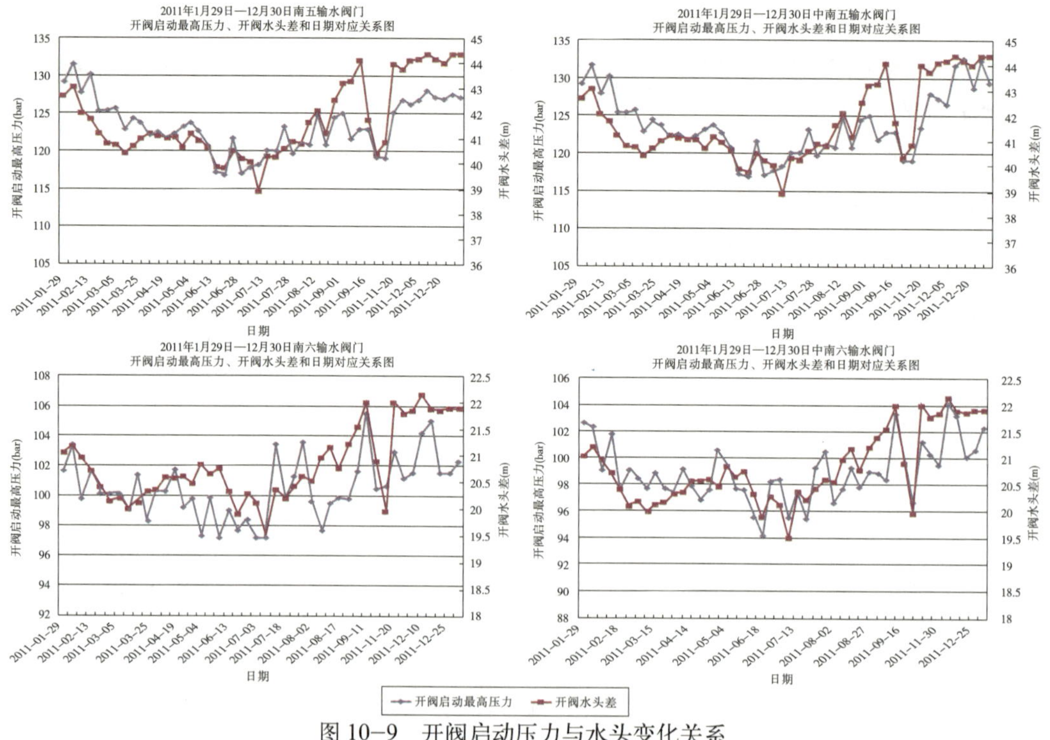

图 10-9　开阀启动压力与水头变化关系

分析图 10-9 可以得出以下结论：

①一闸首开阀启动压力最高为 117bar，最低为 100bar；二闸首开阀启动压力最高为 127bar，最低为 83bar；三至五闸首开阀启动压力最高为 132bar，最低为 113bar；六闸首开阀启动压力最高为 102bar，最低为 94bar。开阀启动压力均正常，未达到开阀最高压力溢流阀设定值。

②各闸首开阀启动压力与开阀水头折线走向趋势大致相同，开阀启动压力与开阀水头变化是正相关的关系。

（6）各闸首闸门运行淹没水深变化对启动压力的影响

①各闸首闸门淹没水深变化对开门启动压力的影响见图 10-10。

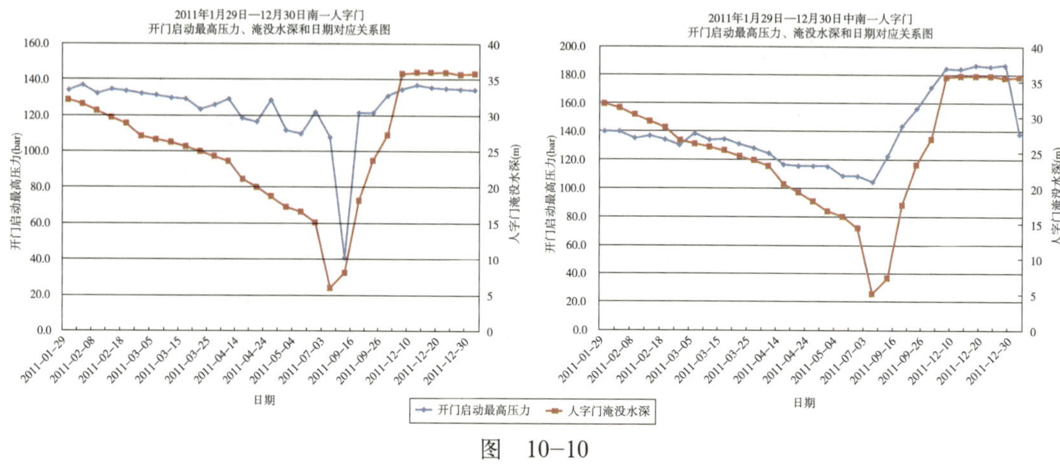

图　10-10

2011年1月29日—12月30日南二人字门
开门启动最高压力、淹没水深和日期对应关系图
2011年1月29日—12月30日中南二人字门
开门启动最高压力、淹没水深和日期对应关系图
2011年1月29日—12月30日南三人字门
开门启动最高压力、淹没水深和日期对应关系图
2011年1月29日—12月30日中南三人字门
开门启动最高压力、淹没水深和日期对应关系图
2011年1月29日—12月30日南四人字门
开门启动最高压力、淹没水深和日期对应关系图
2011年1月29日—12月30日中南四人字门
开门启动最高压力、淹没水深和日期对应关系图
2011年1月29日—12月30日南五人字门
开门启动最高压力、淹没水深和日期对应关系图
2011年1月29日—12月30日中南五人字门
开门启动最高压力、淹没水深和日期对应关系图
开门启动最高压力(bar)
人字门淹没水深(m)
日期
开门启动最高压力
人字门淹没水深

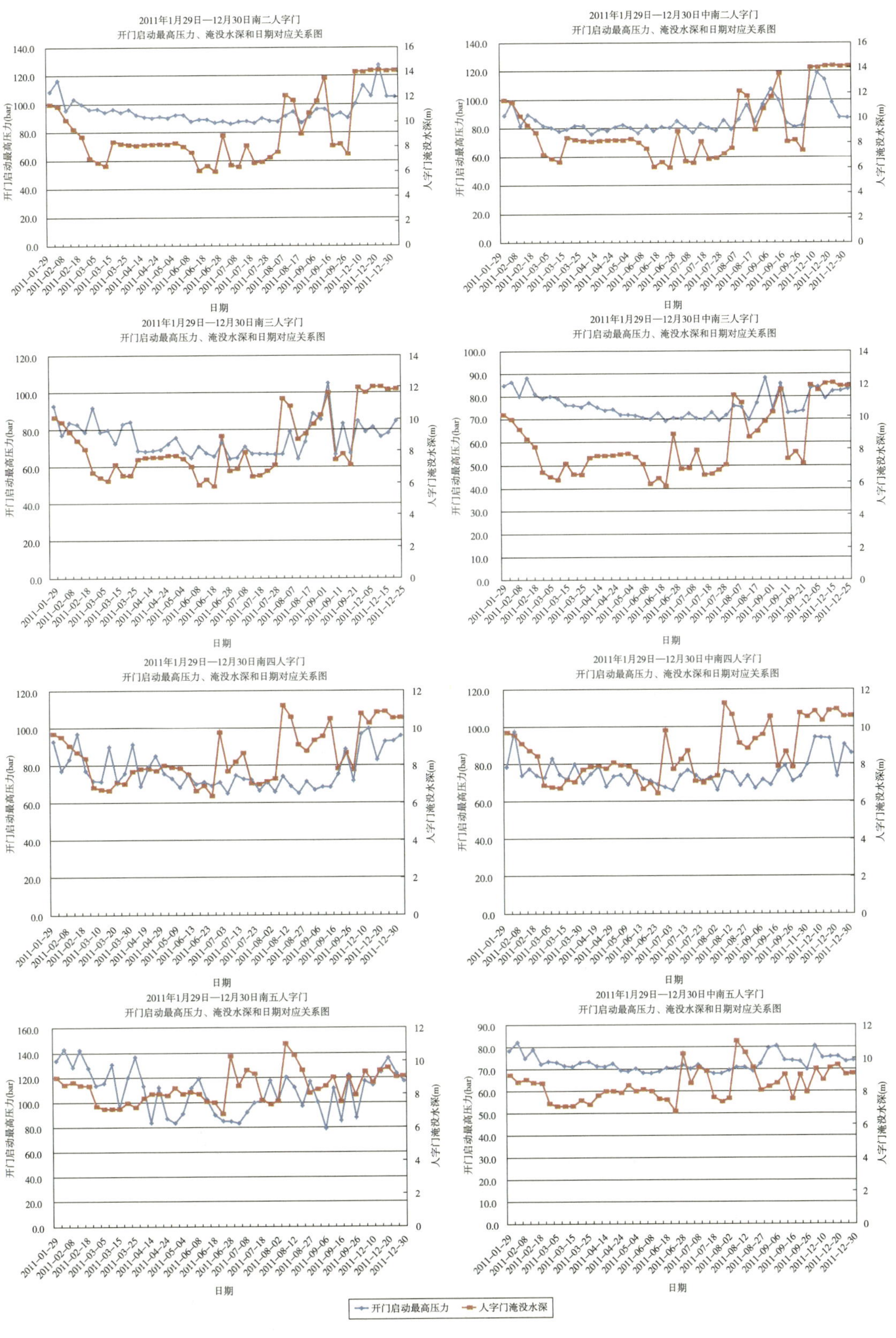

图 10-10

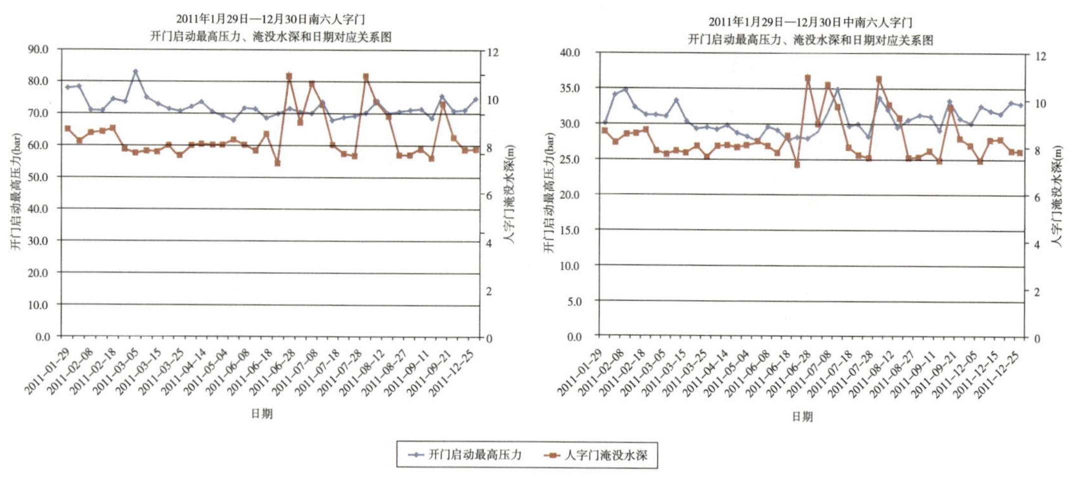

图 10-10　开门启动压力与淹没水深变化关系

分析图 10-10 可以得出以下结论：

A. 一闸首开门启动压力变化与淹没水深变化趋势相同。其余闸首开门启动压力与闸门淹没水深变化大致相同，无明显关系。

B. 各闸首开门启动压力波动起伏较大。

②闸门淹没水深变化对各闸首关门启动压力的影响见图 10-11。

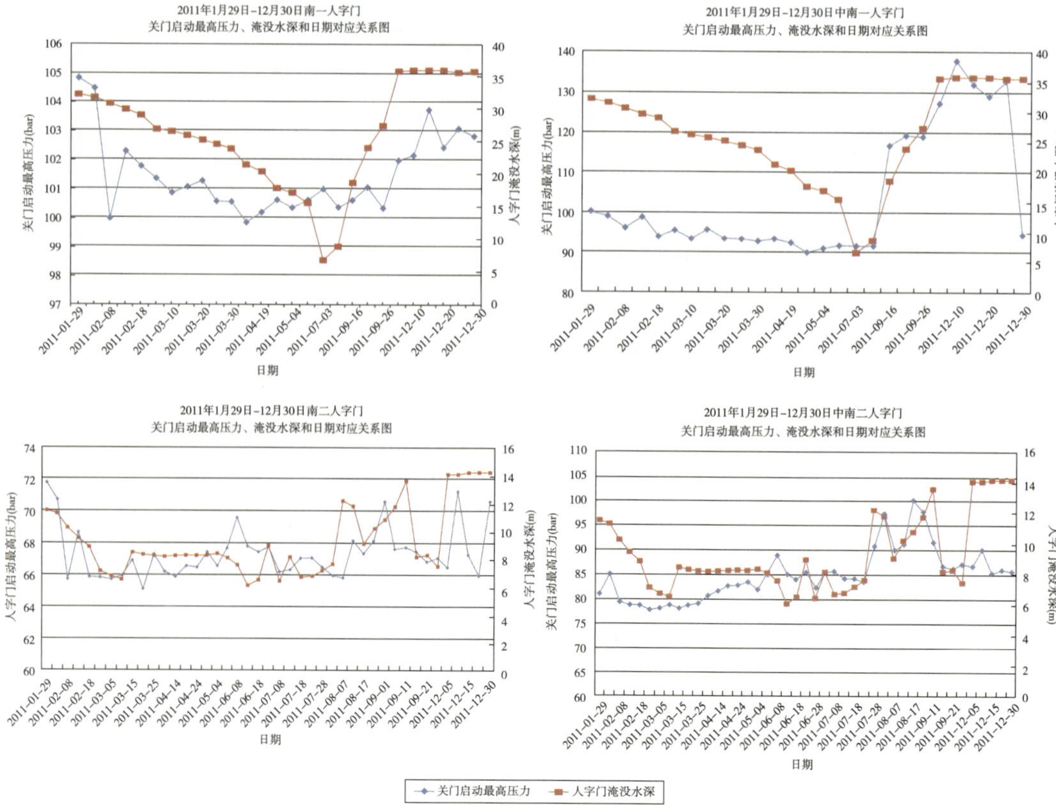

图　10-11

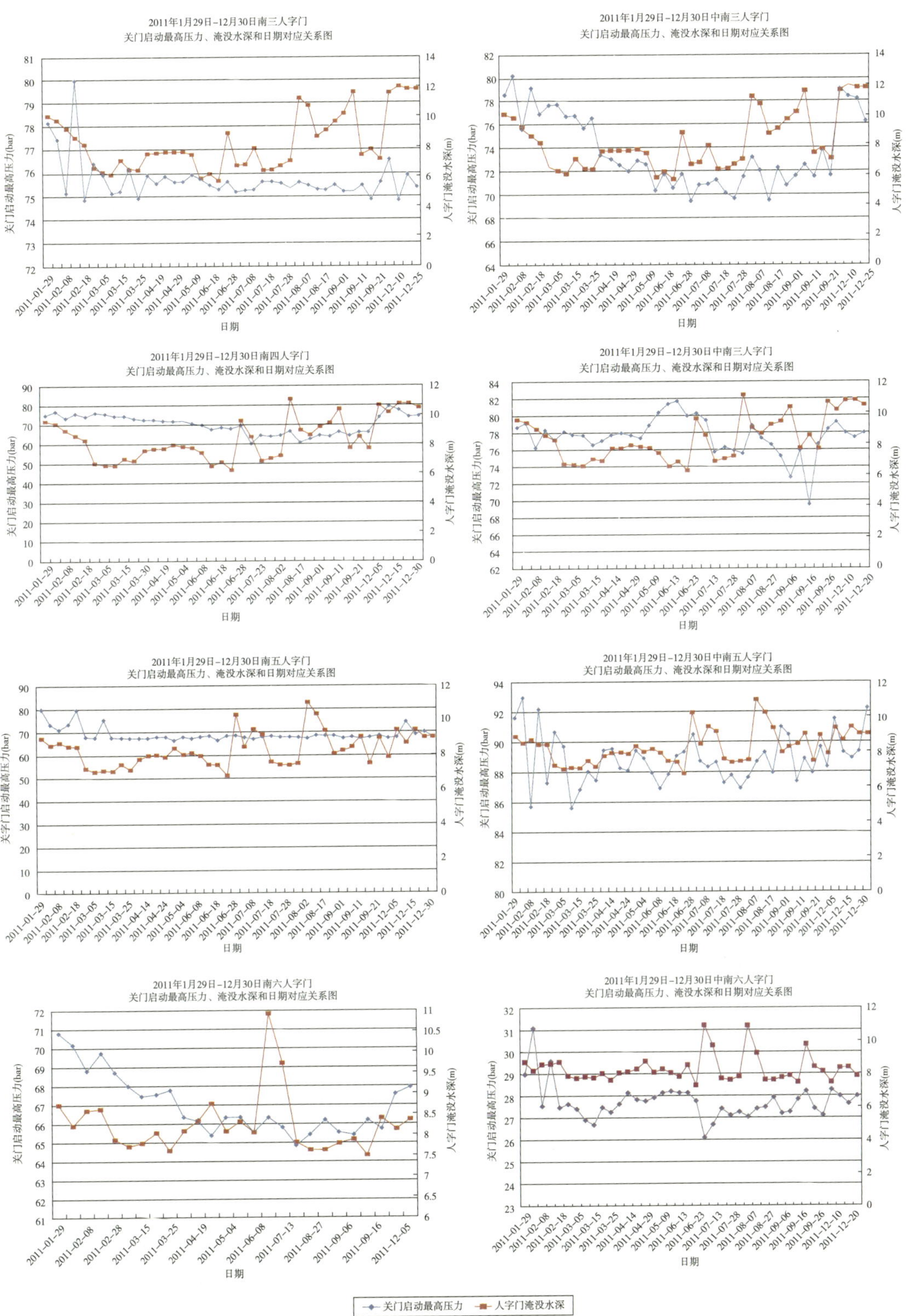

图 10-11 关门启动压力与淹没水深变化关系

分析图 10-11 可以得出以下结论：

A. 各闸首关门启动压力变化与淹没水深变化折线走向趋势大致相同，无明显线性关系。

B. 各闸首关门启动压力波动起伏较大。

（7）闸门运行时淹没水深变化对各闸首闸门开关高速段压力的影响

三峡船闸各闸首人字门开、关高速段的压力变化，主要反映了人字门启闭机的运行稳定性。由于该压力值是一个过程值，并在过程中是无规律的波动值，因此将其转化为记录分析在人字门启闭机油缸行程的 15% ～ 85% 范围内，即高速运行段启闭机油缸有、无杆腔压力波峰、波谷、平均压力和压力变幅。

以不同淹没水深变化的南一、中南一、中南二、南四、中南五、中南六等闸首机房为例，研究淹没水深变化对特征闸首闸门开关高速段压力的影响。

①闸门淹没水深变化对各闸首开门高速段压力的影响见图 10-12。

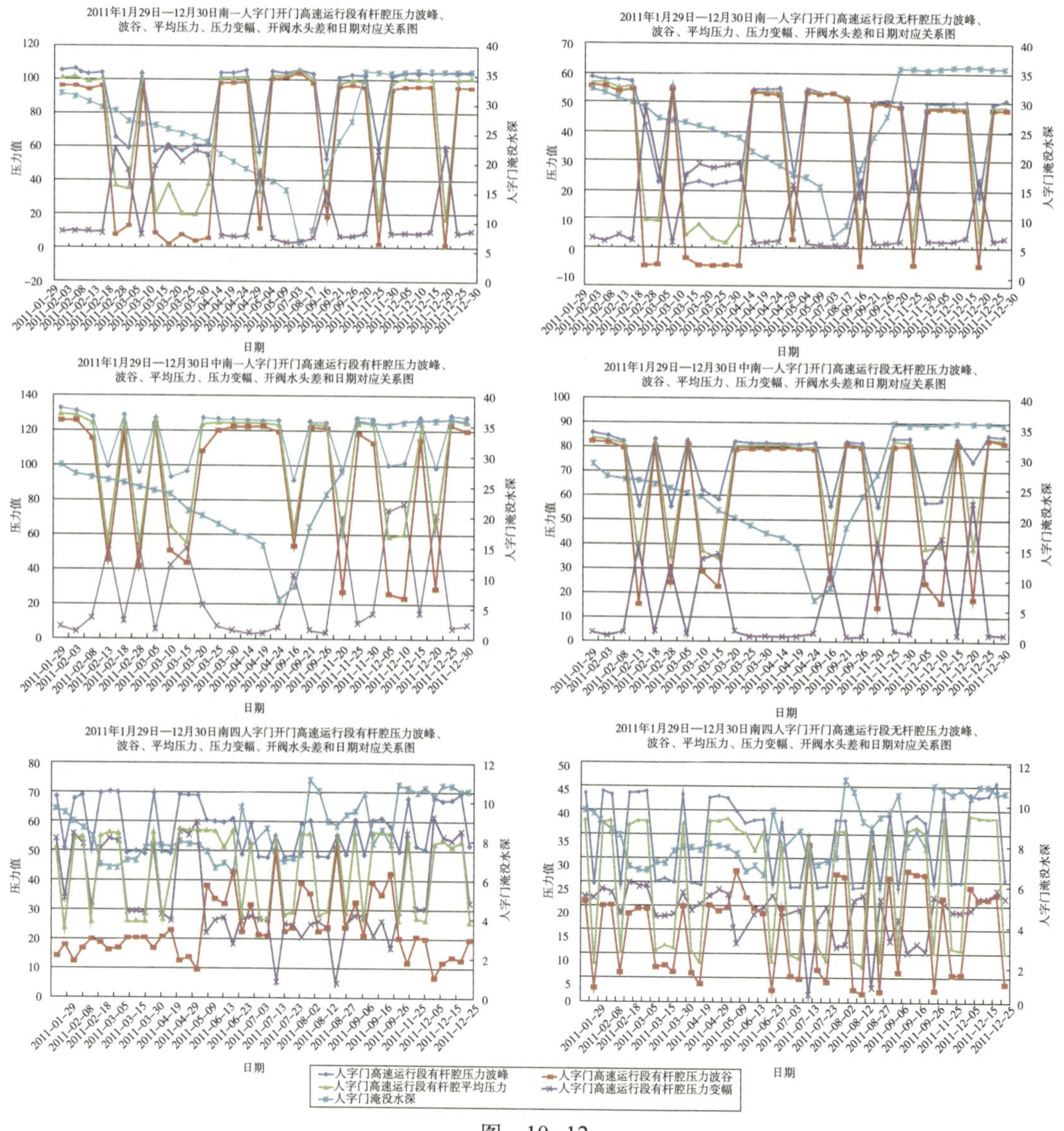

图　10-12

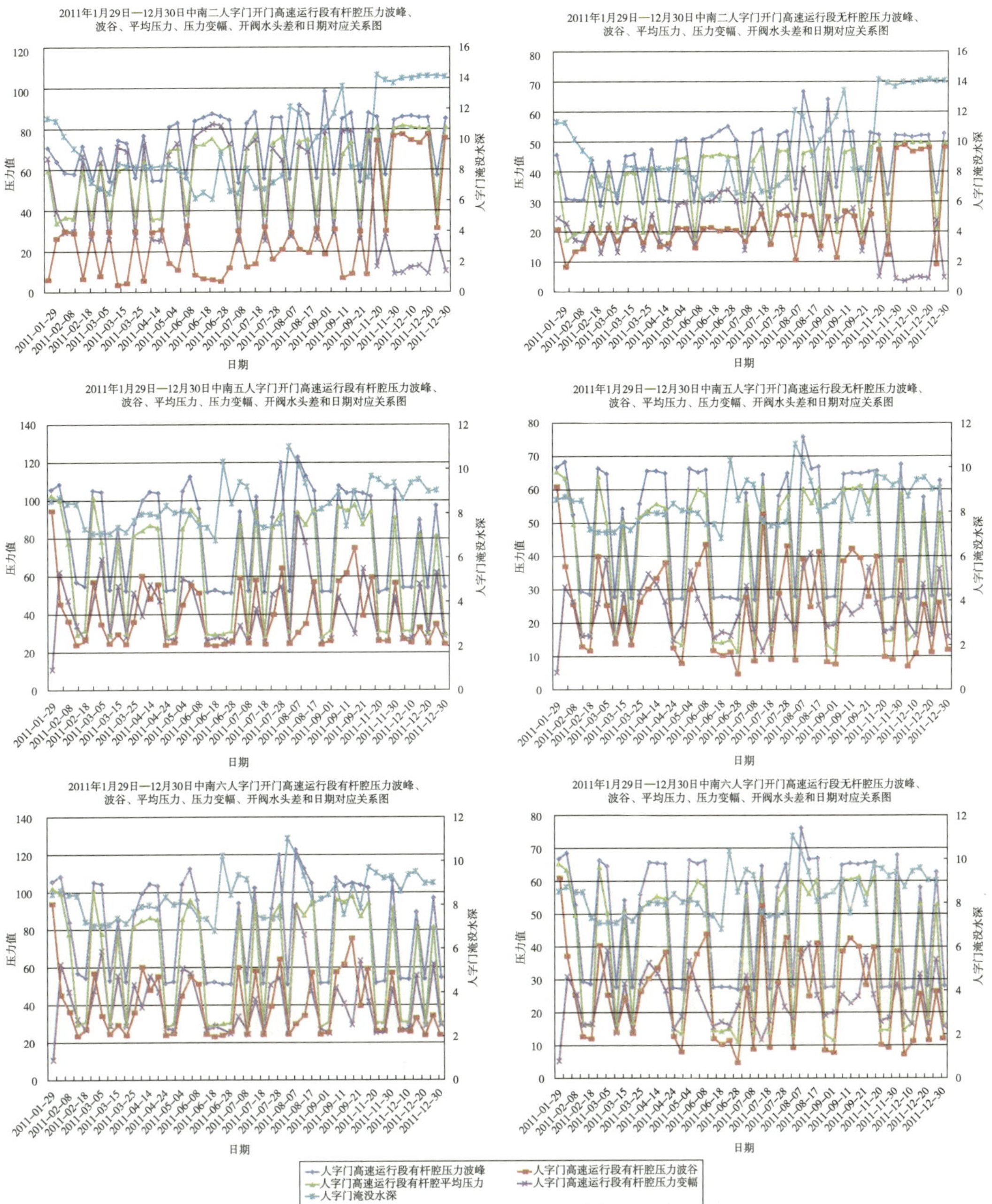

图 10-12　开门高速段压力与淹没水深变化关系

分析图 10-12 可以得出以下结论：

A. 各闸首开门高速段压力变化与淹没水深变化折线走向无明显线性关系。

B. 各闸首开门高速段压力波动起伏较大。

C. 一闸首开门高速段压力波峰较其他闸首大，平均压力较其他闸首变化大。

②闸门淹没水深变化对各闸首关门高速段压力的影响见图 10-13。

2011年11月29日—12月30日南一人字门关门高速运行段有杆腔压力波峰、波谷、平均压力、压力变幅、开阀水头差和日期对应关系图
2011年11月29日—12月30日南一人字门关门高速运行段无杆腔压力波峰、波谷、平均压力、压力变幅、开阀水头差和日期对应关系图
2011年11月29日—12月30日中南一人字门关门高速运行段有杆腔压力波峰、波谷、平均压力、压力变幅、开阀水头差和日期对应关系图
2011年11月29日—12月30日中南一人字门关门高速运行段无杆腔压力波峰、波谷、平均压力、压力变幅、开阀水头差和日期对应关系图
2011年11月29日—12月30日南四人字门关门高速运行段有杆腔压力波峰、波谷、平均压力、压力变幅、开阀水头差和日期对应关系图
2011年11月29日—12月30日南四人字门关门高速运行段无杆腔压力波峰、波谷、平均压力、压力变幅、开阀水头差和日期对应关系图
2011年11月29日—12月30日中南二人字门关门高速运行段有杆腔压力波峰、波谷、平均压力、压力变幅、开阀水头差和日期对应关系图
2011年11月29日—12月30日中南二人字门关门高速运行段无杆腔压力波峰、波谷、平均压力、压力变幅、开阀水头差和日期对应关系图
2011年11月29日—12月30日中南五人字门关门高速运行段有杆腔压力波峰、波谷、平均压力、压力变幅、开阀水头差和日期对应关系图
2011年11月29日—12月30日中南五人字门关门高速运行段无杆腔压力波峰、波谷、平均压力、压力变幅、开阀水头差和日期对应关系图
压力数据(bar)
人字门淹没水深(m)
日期
人字门高速运行段有杆腔压力波峰
人字门高速运行段有杆腔压力波谷
人字门高速运行段有杆腔平均压力
人字门高速运行段有杆腔压力变幅
人字门淹没水深

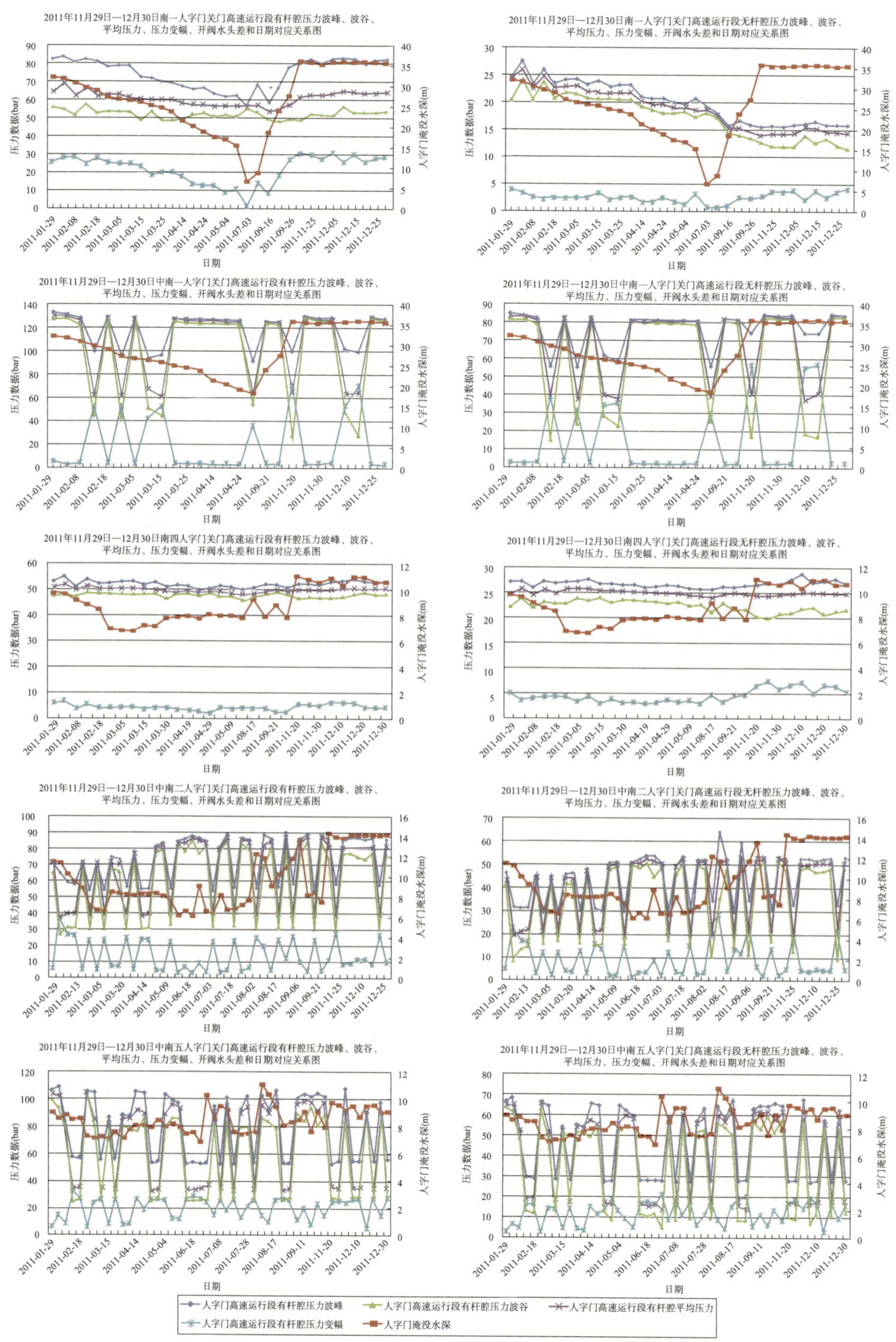

图　10-13

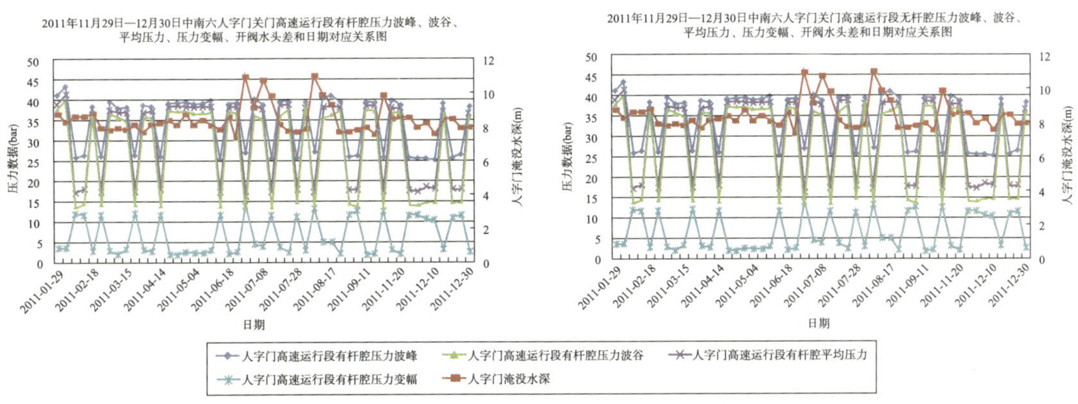

图 10–13 关门高速段压力与淹没水深变化关系

分析图 10–13 可以得出以下结论：

A. 各闸首关门高速段压力变化与淹没水深变化折线走向无明显线性关系。

B. 各闸首关门高速段压力波动起伏较大。

C. 一闸首关门高速段压力波峰较其他闸首大，压力变幅与淹没水深变化折线走向趋势大致相同。

10.2.2 闸、阀门启闭机在水位变动期的故障统计分析

(1) 闸、阀门启闭机在水位变动期的故障现象统计

三峡船闸自 2008 年下半年水库试验性蓄水后，每年库水位周期性变化期间，除液压系统渗漏、因温度变化和其他偶发因素造成的液压系统超失压报警外，闸、阀门启闭机发生的故障现象按故障发生的时间顺序统计见表 10–3。

历年水位变动期三峡船闸闸、阀门启闭机故障统计　　表 10–3

序号	日期	部位	故障现象	原因分析	处理措施	上游水位及运行状态
1	2008–10–04 ~ 2008–11–12	南北线一闸首人字门	开关门均有爬行	一闸首人字门不适应大淹没水深工况	调整电压曲线，更换平衡阀阻尼，增大开关门背压	170m 五级运行
2	2009–05–09	北线一闸首人字门	关门至 20% 后爬行	水位下降过程中一闸首人字门不适应工况	继续观察	156m 五级运行
3	2009–06–03	二闸首人字门	报开极限故障	水位下降过程中人字门开门末段不适应	调整行程开关位置	145m 四级运行
4	2009–09–29	北线一闸首人字门	关门不同步	PID 同步控制失效	降低关门高速段比例泵给定电压	156m 五级运行
5	2009–10–12	南线一闸首人字门	关终信号丢失	一闸首人字门大淹没水深后，反向水头较大	调低 DT9 控制溢流阀压力，调整关终开关，门缝调大，设置关终后延时 1.5s 停机，升高关门高速段比例泵给定电压	165m 五级运行

续上表

序号	日期	部位	故障现象	原因分析	处理措施	上游水位及运行状态
6	2010-05-24	北二人字门	关门平衡阀啸叫	有杆腔平衡阀性能下降	将平衡阀阻尼换大	152m 四级运行
7	2010-05-25	中南二人字门	关门至 50% 后爬行	二闸首人字门不适应淹没水深变化工况	继续观察	152m 四级运行
8	2010-07-01	北二人字门	关门压力超高，关门不同步	关门压力高，溢流阀溢流	降低关门高速段比例泵给定电压	147m 四级运行
9	2010-08-02	北线一闸首人字门	关门不同步	PID 同步控制失效	降低关门高速段比例泵给定电压	160m 五级运行
10	2011-04-27	北线二闸首人字门	关门不同步，等待位超时报警	PID 同步控制失效	降低关门高速段比例泵给定电压	157m 五级运行
11	2011-04-27	南线一闸首人字门	南一人字门关终信号丢失，开门慢速	一闸首人字门大淹没水深后，反向水头较大，水位计不准	继续观察	157m 五级运行
12	2011-05-09	北二人字门	关门压力超高，等待位超时报警	关门压力高，溢流阀溢流	降低关门高速段比例泵给定电压	154m 五级运行
13	2011-07-11	北二人字门	关门压力超高	有杆腔平衡阀性能下降	更换有杆腔平衡阀	148m 四级运行
14	2011-07-12	中南二人字门	关门低速段爬行	有杆腔平衡阀性能下降	调高关门背压	147m 四级运行
15	2011-08-08	北二人字门	关门至 20% 后爬行	不适应淹没水深变化	调高关门背压	147m 四级运行
16	2011-08-18	中南二人字门	关门低速段爬行	不适应淹没水深变化	调高关门背压	147m 四级运行
17	2011-10-17	中南一人字门	报开极限故障	水位上升过程中人字门开门末端不适应	调整行程开关位置，降低开门末段比例泵给定电压	174m 五级运行
18	2011-12-14	北一人字门	开到位后门体反弹，开终信号丢失	启闭机开终锁定性能差，门库内壅水水位变化大	继续观察	170m 五级运行
19	2012-01-04	北线一闸首人字门	开终信号丢失	启闭机开终锁定性能差，门库内壅水水位变化大	延长给定末端比例泵电压的行程	172m 五级运行
20	2012-02-15	北一人字门	关门压力过低	有杆腔平衡阀性能下降	更换有杆腔平衡阀，更换阀块阻尼，调高关门背压	170m 五级运行
21	2012-09-08	北一人字门	开到位后门体反弹，开终信号丢失，关门时慢速运行	启闭机开终锁定性能差，门库内壅水水位变化大	降低人字门低速运行比例泵给定电压，调整开终位置	159m 五级运行
22	2012-10-10 ~ 2013-01-15	南线一闸首人字门	南线一闸首人字门开门时关终信号丢失，开门慢速或输水时开终、合拢信号丢失，二闸首紧急关阀	一闸首人字门大淹没水深后，反向水头较大	调整关终开关，门缝调大，设置关终后延时 1.5s 停机，降低关门末段比例泵给定电压	175m 五级运行

（2）闸、阀门启闭机在水位变动期的故障分析

①与水位变化相关的闸、阀门启闭机运行故障种类分析。

通过表 10–3 可知，水位变化对闸、阀门启闭机运行的影响主要反映在一闸首人字门液压启闭机不能适应大淹没水深和一、二闸首人字门液压启闭机不能适应淹没水深的急剧变化两方面。闸、阀门启闭机在水位变动期的主要故障有：人字门启闭机不同步、人字门启闭机油缸活塞杆爬行、人字门或反弧门启闭机启闭压力异常、反弧门启闭机启闭速率异常、人字门或反弧门不动作、人字门低速段压力冲击（包括关至等待位后爬行或关终合拢信号丢失，开至开终后开极限动作或开终信号丢失）等。

②与水位变化相关的闸、阀门启闭机运行故障发生时间分析。

上游库水位变化分为 4 个阶段，与水位变化相关的闸阀门启闭机运行故障在这 4 个阶段的分布情况统计见表 10–4。

闸、阀门启闭机运行故障发生时间分布情况 表 10–4

位　置	第一阶段（1 ~ 6 月）	第二阶段（6 ~ 9 月）	第三阶段（9 ~ 10 月）	第四阶段（10 月至次年 1 月）
一闸首故障序号	2、11、19、20	9	4、5、17、21	1、18、22
二闸首故障序号	3、6、7、10、12	8、13、14、15、16	—	—

结合表 10–3 和表 10–4 可以看出：

A. 一闸首闸门启闭机故障多在上游库水位变化的第一、三、四阶段，此时一闸首水位多保持在 170m 以上，或处在上游库水位蓄水期急剧上升或消落期急剧下降阶段。

B. 二闸首闸门启闭机故障多在上游库水位变化的第一、二阶段，此时二闸首水位多保持在 154m 以下，处在水位上升、下降反复变化的阶段。

10.2.3 闸、阀门启闭机不适应水位变动的现象及造成的后果

通过对闸、阀门启闭机在水位变动期的运行数据和故障统计分析，可以得到闸、阀门启闭机不适应水位变动的现象及造成的后果如下。

（1）闸、阀门启闭速率发生变化

闸、阀门启闭机在水位变动期的速率有变化，其中二闸首阀门开关阀历时随运行级数的改变人为调试整定而发生变化；一闸首开阀历时较其他闸首数据波动大，一、六闸首关阀历时较其他闸首数据波动大；一闸首闸门开关门历时变化与淹没水深变化趋势相同，较其他闸首数据波动大。

阀门如不按输水运行工艺确定的速率运行，将会影响闸室快速、平稳输水，阀门并可能出现空蚀、声振问题；闸门运行速度慢，则会影响船舶过闸效率。

（2）闸、阀门启闭压力发生变化

各闸首开阀启动压力与开阀水头，闸门启、闭启动压力与淹没水深变化趋势大致相同，压力波动起伏较大。一闸首闸门启、闭压力较其他闸首高，二至五闸首开阀压力较一、六

闸首高。

闸、阀门启、闭压力过大，可能造成超压报警后停机，中断程序运行；闸门启、闭压力过大，还有可能造成人字门启闭机不同步后，转低速运行，对船闸运行安全及过闸效率产生影响。

(3) 典型故障及其对安全运行效率的影响

①四、五级转换初期或上游库水位急剧变化时，一、二闸首人字门启闭机爬行。

人字门启闭机爬行是指人字门液压缸跳跃时时走时停或时快时慢等速度不均匀的断续现象。闸门启、闭爬行现象影响控制系统对液压缸速度的控制精度，启闭机性能变差，严重时会造成人字门启闭机不同步、压力异常，人字门在关门末期不能可靠对中合拢，两侧人字门有发生挤卡变形的风险，关终、合拢信号容易丢失。

②一闸首人字门启闭机在上游库水位 170m 以上运行时，易发生关终漂移故障。

该故障现象表现为人字门启闭机关终停机后，船闸控制程序运行转步输水时，人字门在外力（反向水压、风力、门体挤卡、弹性变形等）作用下，因启闭机油缸活塞杆无法持住而漂离关终、合拢位置，导致船闸控制闭锁信号丢失而程序自动保护中止运行。该故障分为以下两类。

A．一闸首人字门关终停机后，较短时间内关终信号漂移丢失，集控程序未自动转步开二闸首阀门输水，一闸首人字门处于水平状态，且系统无任何报警提示，中断二闸首阀门自动输水流程。

B．一闸首人字门关终停机，集控程序自动开二闸首阀门输水后，一闸首人字门发生漂移，关终丢失或合拢未到，报闭锁丢失或合拢丢失故障，并自动保护启动二闸首阀门紧急关阀，中断阀门自动输水流程，此时，一闸首人字门上下游存在一定的水位差。

该故障发生时须到现场进行处理，处理时间一般需要 10 ~ 40min。人字门漂移距离可达 20mm、两门相对错位可达 50mm，门体有发生挤卡甚至不能可靠封水的风险。在二闸首阀门开启后发生一闸首闸门关终、合拢信号丢失，会导致二闸首输水失败而紧急关阀，有时甚至在二闸首阀门开启至 40% 以上发生一闸首关终、合拢信号丢失，会因紧急关阀引发阀门井产生水锤效应，造成二闸首阀门井涌水并冲翻阀门井盖板。该故障对船闸运行安全及过闸效率产生较大影响。

③二闸首人字门在四、五级转换初期，易发生开极限动作或开终信号不稳定。一闸首人字门启闭机在上游库水位 170m 以上运行时，易发生开终信号丢失故障。

该故障现象表现为人字门启闭机开终停机后，船闸程序运行转步锁定钩上锁时，人字门在外力作用下，因压力冲击失速，而漂离开终位置或撞向开极限位置，导致船闸控制闭锁信号丢失，程序无法自动运行。

开极限动作或开终信号丢失，须到现场进行处理，处理时间一般需要 10min 以上。门体撞击防撞块也有一定的安全隐患。开终信号瞬间丢失，会使人字门反复启动开门程序，延长开门历时。门体反弹，不在门龛正常开终位置，增加了船只移泊与门体擦碰的风险。该故障也对船闸运行安全及过闸效率产生影响。

10.3 水位变动期液压启闭机平稳运行的对策

10.3.1 闸、阀门启闭机水位变动期的速率率定对策

①严格按照长江科学院水力学研究所水力学原型观测后给出的阀门运行速率率定，以确保闸室快速、平稳输水，防止阀门段空蚀、声振。

②闸门启闭机运行速度应遵循稳定优先、兼顾效率的原则率定，即在优先保证闸门启闭机稳定运行的情况下，尽量提高其运行速度。

③每年水位变动期的第一阶段，五级转四级运行后（6 月）对闸、阀门启闭机速度进行一次率定；在水位变动期的第四阶段，五级运行且上游库水位稳定后（11 月）对闸、阀门启闭机速度再一次率定。通过对闸、阀门启闭机在水位变动期的启闭历时数据的统计分析可知，阀门运行速率稳定，且同闸首两侧阀门开关阀速率基本同步。因此，原率定标准和周期满足运行需求，应继续沿用。

④从历史数据看，一闸首开阀速度，一、六闸首关阀速度，一闸首闸门启闭运行速度波动较大，闸、阀门启闭机速度率定时需特别关注。

⑤二闸首开阀速度随运行级数而改变，为满足快速、平稳输水，人为修改开阀门比例泵给定参数，可实现开阀速度的快速调整。

10.3.2 克服一、二闸首闸门启闭机爬行对策

（1）原因分析

一、二闸首闸门液压启闭机系统可能产生爬行的原因主要有以下几个方面：

①液压缸低速爬行。实践中发现，大多数液压缸在低速时均会产生爬行现象。

②当外负载变化较大时，随供油压力的波动，平衡阀性能差，不能平衡外负载的变化，致使平衡阀开口量波动，从而产生不稳定的爬行现象。

③液压系统中进入空气，容积模数降低，系统刚度不足。

④液压元件和液压系统有问题，包括压力阀压力不稳定、压力振摆大或者调节的工作压力过低；泵的输出流量脉动大，供油不均匀；油缸内外泄漏大，造成缸内压力脉动变化等。

⑤平衡阀性能不稳定。

（2）对策

①通过调整人字门变速曲线，更换平衡阀阻尼（包括减小平衡阀控制油口的阻尼孔径，减小平衡阀阀块上的阻尼孔径），增大开、关门背压，改善平衡阀稳定性，可有效解决一、二闸首人字门油缸爬行的问题。

②由于平衡阀控制油口未安装滤芯，大压差高流速油液中的固体颗粒容易造成阀芯损坏，堵塞控制油口阻尼，而且平衡阀阀芯的高频小振幅振动会加剧控制活塞的磨损，容易造成活塞卡死，因此，需对压力异常的平衡阀阻尼进行清洗检查，甚至整体更换，应配置

足够的平衡阀整体备件和阻尼备件。

③一闸首人字门启闭机采取减小有杆腔平衡阀阻尼、增大关门背压的手段解决了关门爬行问题，但造成关门压力较高。一闸首人字门启闭机液压系统相关压力阀设定值要调整，调整后的压力值即满足一闸首人字门启闭机的稳定运行，又符合启闭机油缸对最大载荷的设计要求。

10.3.3　大淹没水深下一闸首闸门启闭机关终漂移故障对策

（1）原因分析

①一闸首内外船只形成的水位波动、上游口门区水位不稳定等因素造成一闸首人字门关拢后反向水头较大，一闸首门体合拢时有较大的壅水。而人字门关终漂移故障一般发生在库水位 170m 以上，一闸首人字门淹没水深较大，由于壅水推力与淹没水深成正比，此时壅水对人字门的反向推力较大。壅水推力为：

$$F=\lambda\rho gBH\times\Delta h \tag{10-1}$$

式中：λ——修正系数；

ρ——水密度；

g——重力加速度；

B——人字门门宽；

H——人字门淹没水深；

Δh——壅水高度。

②一闸首人字门在大淹没水深下，有较大变形，造成门体挤卡，产生反弹。

③一闸首人字门液压启闭机油缸无杆腔持住力不够。原因主要有以下 3 点：

A. 油缸内有空气，导致液压系统刚性不足；

B. 液压启闭机油缸内部存在泄漏；

C. 人字门启闭机油缸无杆腔缸旁阀组有泄漏。

（2）对策

①修改程序，调整关终延时（由 0.5s 增加为 2.4s），调整人字门关终、合拢开关位置，增加关终、合拢感应开关遮盖面积，减少关终、合拢信号丢失可能性。

②降低关门速度，特别是关门末段速度，缓解关门壅水效应，减小关终停机后人字门承受的壅水推力。

③延时关门（船舶进出闸完毕后，等待 5min 左右再关门），缓解闸室壅水及船舶发动机动水、尾水效应，减小关终停机后人字门承受的水流作用。

④液压系统调试排气，增加液压系统刚度和油缸活塞杆持住力，缓解人字门关终漂移。

⑤一闸首人字门油缸保压试验。根据实验结果，择机更换南一人字门启闭机油缸，排除液压启闭机油缸内泄漏的可能。

⑥对一闸首人字门门体垂直度、径向跳动量进行检测，排除门体变形的影响。

⑦采用排除法，对人字门油缸无杆腔缸旁阀组的阀件泄漏情况分析处理。

根据图 10-14 人字门启闭机液压原理，对人字门启闭机油缸无杆腔缸旁阀组进行排查，发现 YF13 溢流阀有可能非正常开启溢流。该阀为 DBD 直动式溢流阀，具有开启压力随流量增大而降低的特性。因此，一闸首人字门关终后，在外力作用下，人字门启闭机油缸无杆腔压力增大，虽然未达到 DBD 直动式溢流阀的设定压力，但已达到该溢流阀的开启压力，油缸无杆腔油液从该溢流阀泄回油箱，门体漂移。

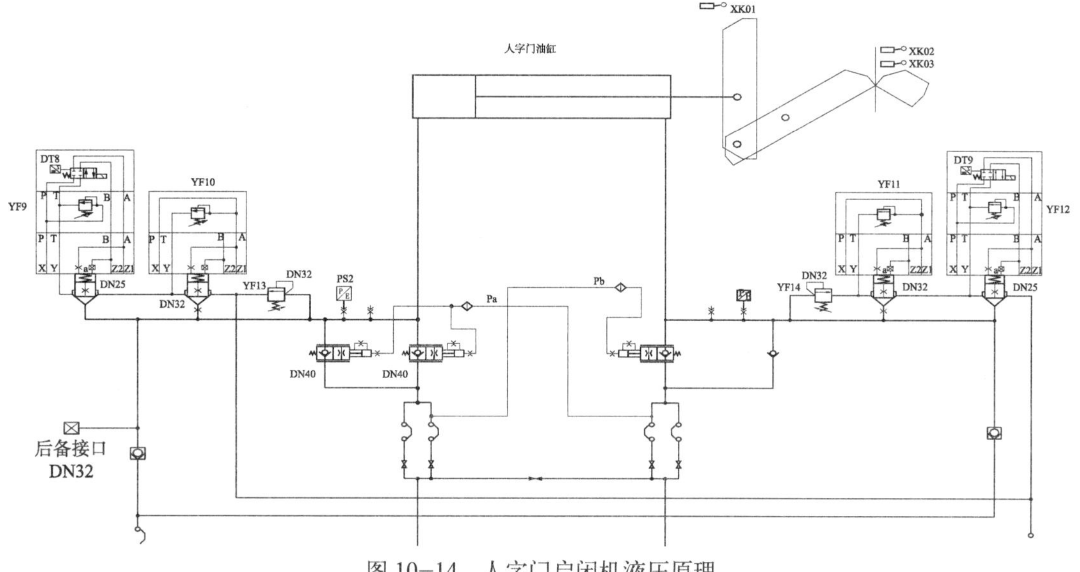

图 10-14 人字门启闭机液压原理

将人字门缸旁无杆腔 DBD 直动式溢流阀的设定压力由 10.8MPa 调整为 12.5MPa 后，超出该阀的开启压力，油缸无杆腔油液没有溢流，门体漂移量大大减少，人字门关终、合拢信号稳定。

10.3.4 一、二闸首闸门启闭机开终漂移故障对策

（1）原因分析

①由变量泵、平衡阀等组成的一、二闸首人字门启闭机泵控容积调速液压系统，在闸门启闭末期，在各种干扰下（外负载、泄漏等）系统的响应时间较长，运行不稳，闸门的震荡运动类似于爬行。

②二闸首人字门启闭机在液压系统开终停机时惯性较大，造成开极限动作；在壅水和防撞橡胶反作用下产生反弹现象，造成开终信号丢失。

③由于一闸首有桥机支柱及其埋件，一闸首人字门门龛上游为直角，而其他闸首人字门门龛上游有一定弧度，导致开门进入门龛时一闸首排水不如其他闸首流畅，开终段壅水较大，负载复杂，平衡阀不能完全适应负载变化，造成一闸首人字门开门末段运行不稳。

④一、二闸首人字门液压启闭机油缸有杆腔持住力不够。原因主要有以下 3 点：

A. 油缸内有空气，导致液压系统刚性不足；

B. 液压启闭机油缸内部存在泄漏；

C. 人字门启闭机油缸有杆腔缸旁阀组有泄漏。

（2）对策

①调整人字门开终、开极限开关位置，增加开终、开极限感应开关遮盖面积，减少开终、开极限信号丢失可能性。

②取消一、二闸首人字门开门末段 PID 同步程序，消除因开门末段不同步造成的压力冲击。即在闸门接近开终的一段行程内向比例变量泵输出一个固定电压，防止闸门运行可能会出现蠕动爬行现象，引起闸门抖动。

③降低开终末段比例泵给定电压，降低人字门开门末段速度，减少壅水。

④排查人字门启闭机内外泄漏。对照图 10–14，采用排除法，对人字门启闭机油缸有杆腔缸旁阀组的阀件泄漏情况进行检查处理。

10.4　水位变动期液压启闭机平稳运行的对策应用

10.4.1　每年水位变化各阶段对策应用

（1）水位变化第一阶段（消落期）

① 1 月初至 5 月，库水位从 175m 降至 152.4m 左右之前，三峡船闸一直保持五级运行，水位下降平缓，液压启闭机在调试稳定的基础上可一直保持平稳运行。

A．库水位从 175m 降至 156m 之前，三峡船闸一闸首人字门关门变速运行曲线中比例泵控制电压的输出给定参数按图 10–15 进行整定。

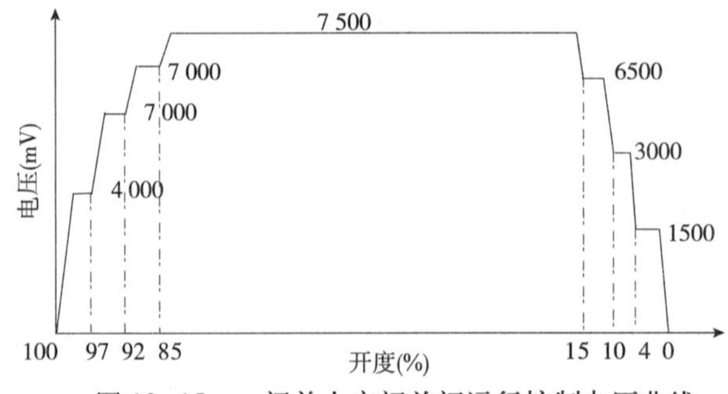

图 10–15　一闸首人字门关门运行控制电压曲线

B．库水位降至 156m 以下，为提高运行效率，三峡船闸一闸首人字门关门变速运行曲线中比例泵控制电压的输出给定参数按图 10–16 进行整定。

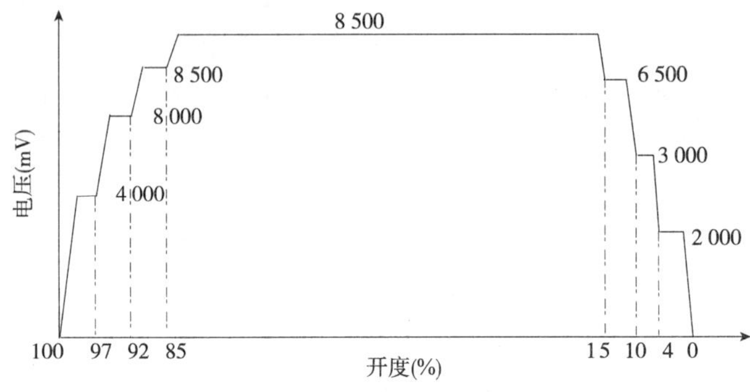

图 10–16　一闸首人字门关门运行控制电压曲线

②5～6月中旬，汛前库水位降至152.4m以下，三峡船闸转四级运行。

A.6月五级转四级运行后，对闸阀门启闭机速度按表10-5进行一次率定。

闸阀门启闭机速度率定表 表10-5

位　置	工作时间	关阀至下滑位时间	下滑位至关终时间	开门时间	关门时间
一闸首	2′	3′ 30″	30″	3′	5′ 30″
二闸首	6′	3′ 30″	30″	3′	4′
三闸首	2′	3′ 30″	30″	3′	3′ 30″
四闸首	2′	3′ 30″	30″	3′	3′ 30″
五闸首	2′	3′ 30″	30″	3′	3′ 30″
六闸首	4′	5′ 30″	30″	3′	4′ 30″

其中，二闸首开阀速度可通过人为修改开阀门比例泵给定参数（表10-6），实现开阀速度的快速调整。

四级运行时二闸首输水阀门工作比例泵的输出给定参数（单位：mV） 表10-6

输水阀门		南二	中南二	中北二	北二
开阀(M1+M2+M3)	四级运行	950	1 050	1 100	500

B.五级转四级运行后，二闸首人字门启闭机易爬行，可通过将平衡阀阻尼更换为ϕ0.3mm的小孔径阻尼，开关门背压增大到2～3MPa，改善平衡阀稳定性，有效解决二闸首人字门启闭机油缸爬行的问题。

C.五级转四级运行后，二闸首人字门启闭机在液压系统开终停机时惯性较大，造成开极限动作，可通过取消二闸首人字门开门末段PID同步程序，消除因开门末段不同步造成的压力冲击，降低开终末段比例泵给定电压为2000mV，有效解决二闸首人字门开极限动作的故障。

（2）水位变化第二阶段（低水位运行期）

从6月中旬至9月，上游库区水位保持在145～160m之间低水位运行。因为汛期蓄洪的原因，6～8月库水位呈现下降、上升再下降反复变化的过程，库水位在152.4～156m之间时，综合考虑各种因素，选择合适的运行级数转换时机进行四、五级转换。

①每次五级转四级运行后，二闸首人字门启闭机出现爬行和开极限动作故障时，均可采取第一阶段的对策有效解决。

②受泄洪的影响，六闸首下游水位不稳定，需对六闸首阀门开关速率重点观察率定。

③二闸首开阀速度可通过人为修改开阀门比例泵给定参数（表10-7），实现开阀速度的快速调整。

五级运行时二闸首输水阀门工作比例泵的输出给定参数（单位：mV）　　表 10-7

机房		南二	中南二	中北二	北二
开阀（M1+M2+M3）	五级运行	3 000	3 300	3 500	3 300

④库水位持续蓄至 156m 以上后，五级运行时，一闸首人字门关门变速运行曲线中比例泵控制电压的输出给定参数按图 10-15 进行整定。

（3）水位变化第三阶段（回蓄期）

从 9 月至 10 月底，上游库区进入蓄水阶段，水位快速上升至 175m，三峡船闸从四级转为五级运行。

①四级转五级运行后，一闸首人字门启闭机易爬行，可通过将平衡阀阻尼更换为 ϕ0.3mm 的小孔径阻尼，开关门背压增大至 5 ~ 6MPa，改善平衡阀稳定性，有效解决一闸首人字门启闭机油缸爬行的问题。

②库水位升至 170m 以上后，一闸首人字门启闭机关终后易发生漂移故障，可通过降低关门速度，特别是关门末段速度，缓解关门壅水效应。将人字门缸旁无杆腔 DBD 直动式溢流阀的设定压力由 10.8MPa 调整为 12.5MPa，减少阀件泄漏量。采取以上综合措施后，可有效解决一闸首人字门启闭机关终后漂移的问题。

③一闸首人字门启闭机采取以上措施后，会造成部分机房关门压力较高，人字门启闭机油缸无杆腔压力达 11.8MPa，有杆腔压力达 16MPa，因此一闸首人字门启闭机液压系统相关压力阀设定值要按表 10-8 进行调整。

一闸首闸门液压启闭机液压系统压力阀调定值（单位：MPa）　　表 10-8

压力阀代号	压力阀名称	原　值	调整值
YF05	人字门关门最高压力	10.3	12
YF08	人字门油缸有杆腔背压	1 ~ 1.5	4 ~ 7
YF11	人字门缸旁有杆腔先导式溢流阀压力	14.7	20
YF13	人字门缸旁无杆腔 DBD 直动式溢流阀压力	10.8	12.5
PJ6	人字门无杆腔超压报警	10.8	12.5

④库水位升至 170m 以上后，一闸首人字门启闭机开终后易发生漂移故障，可通过取消一闸首人字门开门末段 PID 同步程序，降低开终末段比例泵给定电压为 1 500mV，更换有泄漏的人字门启闭机油缸有杆腔缸旁阀组上的阀件等措施，有效解决一闸首人字门开终漂移的故障。

（4）水位变化第四阶段（高水位运行期）

从 10 月底至次年 1 月初，上游库区水位保持在 175m 左右高水位运行，三峡船闸保持五级运行。

① 11 月三峡船闸保持五级运行，上游库水位稳定后，对闸、阀门启闭机速度按表 10-9 率定。

闸阀门启闭机速度率定表 表 10-9

位 置	工作时间	关阀至下滑位时间	下滑位至关终时间	开门时间	关门时间
一闸首	2′	3′ 30″	30″	3′	6′ 30″
二闸首	2′	3′ 30″	30″	3′	4′
三闸首	2′	3′ 30″	30″	3′	3′ 30″
四闸首	2′	3′ 30″	30″	3′	3′ 30″
五闸首	2′	3′ 30″	30″	3′	3′ 30″
六闸首	4′	5′ 30″	30″	3′	4′ 30″

②一闸首人字门启闭机出现爬行、关终漂移、开终漂移故障时，均可采取第三阶段的对策有效解决。

10.4.2 应用效果

近年来，三峡船闸处通过实施水位变动期保持液压启闭机运行平稳的对策，取得了较好的实际效果。

通过对三峡水库试验性蓄水以来的历史运行数据统计分析，摸清了库区水位消落和回蓄过程中水位变化对三峡船闸液压启闭机设备启闭速率和压力的影响。对三峡水库试验性蓄水以来的液压启闭机故障统计分析，明确了闸、阀门启闭机不适应水位变动的故障现象及其造成的后果。特别是针对闸、阀门启闭机在水位变动期的典型故障，在总结分析现有实现液压启闭机系统稳定性运行的参数调节规律和方法基础上，探索解决了大淹没水深下中南一人字门启闭机关终漂移、北一人字门启闭机开终漂移等顽固故障，保证三峡船闸各种运行方式顺利转换，确保过闸船舶的安全，大幅提高了船闸运行效率。

第3篇

长江三峡—葛洲坝水利枢纽航道通航安全保障关键技术

11 三峡船闸过闸船舶吃水控制标准

11.1 概述

三峡船闸设计年单向通过能力 5 000 万 t（设计水平年为 2030 年），在最小槛上水深 5m 时，允许过闸船舶最大吃水为 3.3m。三峡工程建设和三峡水库蓄水，极大地改善了库区航道条件，三峡过坝船舶数量及运能快速增长，航运优势得到充分发挥，沿江经济建设对长江航运的依赖性增强，从而促进了长江航运经济的发展。提高已建船闸通过能力有两个途径：一是增加日运行闸次数，二是提高单闸次货物通过量。近年来，三峡船闸运行效率挖潜已尽其现实可能，饱和时段的日均闸次数难有提高。科学合理地挖掘船舶吃水深度潜力，提高单闸次货物通过量，是提高船闸通过能力的重要途径之一。

随着航运发展和三峡库区船型标准化的推进，三峡河段运输船舶向单船大型化方向发展，船舶吃水深度呈现明显加大的趋势。据长江三峡通航局船舶资料库显示：2009 年年底，三峡河段航行船舶载重量 2 000t 以上的占 32%，其吃水深度在 3.5m 以上；载重量 3 000t 以上的船舶占 15%，吃水在 3.7m 以上。这些大吨位船舶在大部分时段过闸受限，设计标准已经无法满足过闸船舶需求，迫切要求提出合理的三峡船闸过闸船舶吃水控制应用标准。

三峡船闸设计槛上水深 5m，实际水深与船闸上下游水位相关，在现行的运行控制条件下，最小槛上水深一般不低于 5.125m，且全年绝大多数时期在 5.5m 甚至 6m 以上，可通过建立模型进行分析掌握规律，为挖掘船舶吃水深度创造有利条件。同时，三峡船闸对过闸船舶的吃水要求设计是基于“推轮 + 驳船（2 000 ～ 3 000t）”典型船队为主要代表船型考虑的，船舶吃水一般不大于 3.2m。通航以来，过闸船舶 95% 以上为自航单船，并且没有出现万吨级船队。单船与大型船队相比，其过闸吃水形态是有较大区别的，前者动吃水较小，后者动吃水较大，这在客观上为挖掘船舶吃水深度提供了潜力，为进一步提高三峡船闸通过能力带来了可能。

11.2 国内外船闸吃水控制标准简介

国内外现行过闸船舶吃水控制标准规定的最小水深吃水比普遍为 1.5 ～ 1.6。从收集到的过闸船舶吃水控制标准来看，欧美对船闸槛上水深吃水比的规定一般不小于 1.5，其原因主要是欧美等国船闸普遍较窄，船舶过闸时受推移波影响较大，增加水深、增大船闸槛上水深吃水比，可有效控制推移波对过闸船舶的影响。而我国大型船闸闸室宽度相对单船宽度较大，推移波影响也相对较小。

过闸船舶吃水控制标准取决于船舶综合航行下沉量和富裕水深的大小。船舶综合航行下沉量的确定较为复杂，它既与船舶几何尺寸、吃水、航速、方形系数等船舶自身特性有关，又与闸室水深、闸室尺度、闸室内船舶停泊情况等闸室条件有关。较为准确地确定船舶综合航行下沉量的大小，是合理确定过闸船舶吃水控制标准的重要环节。

船舶航行下沉量大小的确定主要是通过实船观测和物理模型试验，以及根据实船观测和物理模型试验数据总结的经验公式确定。国外在此方面的研究较早。国际航运协会（PIANC）《进港航道设计导则》中对船舶航行下沉量的各种计算方法进行了较为全面的总结。目前，比较通用的有以下 3 种方法：赫斯卡／盖里夫（Huuska/Guliev）方法（ICORELS）、巴勒斯Ⅱ（Barrass Ⅱ）方法和欧宇兹鲁（Eryuzlu）方法。这些公式适用于无限大水域的航道或一般限制性航道和运河。

船舶进出船闸如同进入或驶出一个一端封闭的限制性航道，进出船闸船舶的纵倾与下沉较开敞性航道增大，直接影响船底的富裕水深与船舶的航行阻力，因此又影响船舶的航行速度。国内外对此进行了许多试验研究，但由于工程情况不同，其成果不能被三峡船闸直接引用。与此相近，南京水利科学研究院近年开展了一批船舶进出船厢及航道研究课题，如三峡升船机船舶进出船厢试验、向家坝升船机船舶吃水试验、乌江思林升船机船舶进出船厢试验等，取得了大量的研究成果，可以为三峡船闸推证引用。船舶进出闸室引起的船舶下沉量，一般主要与闸室水体体积及船舶的船型、排水量、航速、吃水等参数有关，其参数的确定需要专门研究与试验论证。

11.2.1　国外过闸船舶吃水控制标准

（1）《Navigation Locks for Push Tows》（1973）

荷兰学者库普曼（Ir.C.Kooman）在其编著的作为欧洲船闸标准的《Navigation Locks for Push Tows》（1973）中指出：对于供大型顶推船队使用的平底船闸，水深吃水比为 1.6 ～ 1.7 较为适宜。船闸设有门槛时，槛上水深吃水比应大致在 1.5 ～ 1.6 之间。

（2）《Inland Navigation：Locks，Dams，and Channels》（1998）

美国土木工程师协会出版的《Inland Navigation：Locks，Dams，and Channels》（1998）中指出：在选择门槛水深时需要考虑安全和经济因素。由于门槛水深小于等于闸室水深，所以门槛水深的大小是安全通航和入闸时间的控制因素。安全起见，门槛水深吃水比不应小于 1.5，极低水头（0 ～ 10ft）船闸除外。通常入闸速度为 3 节时（约 1.54m/s），门槛水深需要 2 倍的吃水以应对船舶下沉量增大和船速出现难以控制的情况。

（3）《Hydraulic Design of Navigation Locks》（2006）

美国陆军工程师团出版的《Hydraulic Design of Navigation Locks》（2006）关于槛上水深的规定与《Inland Navigation：Locks，Dams，and Channels》（1998）相同。

（4）《PIANC Innovations in Navigation Lock Design》（2009）

国际航运协会在《PIANC Innovations in Navigation Lock Design》中关于船闸等

级及相关尺寸的规定见表 11–1。

船闸等级及相关尺寸（单位：m）　　表 11–1

船闸等级	船舶尺寸			船闸尺寸[1]		
	长	宽	吃水	长[2]	宽[3]	门槛水深[4]
Ⅰ	38.5	5.05	1.80 ~ 2.20	43	6.0	2.8
Ⅱ	50 ~ 55	6.60	2.50	60	7.5	3.1
Ⅲ	67 ~ 80	8.20	2.50	90	9.0	3.1
Ⅳ	80 ~ 85	9.50	2.50 ~ 2.80	95	10.5	3.5
$Ⅴ_a$	95 ~ 110	11.40	2.50 ~ 4.50	125	12.5	4.2
$Ⅴ_b$	172 ~ 185	11.40	2.50 ~ 4.50	210	12.5	4.7

注：1. 船闸闸室尺寸没有考虑船舶由拖轮助航的情况。
2. 闸首间长度。
3. 闸室内墙间或突出建筑物间净宽。
4. 门槛水深考虑了船舶吃水、下沉量、龙骨下富裕水深，没有考虑推移波的影响。

表 11–1 中，船舶吃水给的是吃水范围，门槛水深给的是定值，我们认为其给出的门槛水深是对应所给吃水范围中的下限值，其最小水深吃水比为 1.24。

国际航运协会给出的各级船闸门槛水深，考虑了船舶吃水、船舶航行下沉量、龙骨下富裕水深，推移波的影响需另外考虑。这主要是因为船舶过闸时闸室内的推移波既与闸室水深、闸室宽度等闸室条件有关，又与船舶吃水、船宽、航速等船舶条件有关，还与过闸船舶的排挡有关。影响推移波大小的因素较为复杂，而且对过闸船舶安全影响较大，就具体情况单独考虑更为合理。

11.2.2　国内过闸船舶吃水控制标准

（1）《内河通航标准》1990 版（表 11–2）

船闸有效尺度（单位：m）　　表 11–2

航道等级	长	宽	门槛水深
Ⅰ－(1)	—	—	—
Ⅰ－(2)	—	—	—
Ⅰ－(3)	280	34	5.5
Ⅰ－(4)	—	—	—

续上表

航道等级	长	宽	门槛水深
Ⅱ－(1)	—	—	—
Ⅱ－(2)	280	34	5.5
Ⅱ－(3)	195	16	4.0
Ⅲ－(1)	—	—	—
Ⅲ－(2)	260	23	3.0 ~ 3.5
Ⅲ－(3)	180	23	3.0 ~ 3.5
Ⅲ－(4)	180	12	3.0 ~ 3.5
Ⅳ－(1)	180	23	2.5 ~ 3.0
Ⅳ－(2)	120	23	2.5 ~ 3.0
Ⅳ－(3)	120	12	2.5 ~ 3.0
Ⅴ－(1)	140	23	2.0 ~ 2.5
Ⅴ－(2)	100	23	2.0 ~ 2.5
Ⅴ－(3)	100	12	2.5 ~ 3.0/2.0 ~ 2.5
Ⅵ－(1)	190	12	2.5 ~ 3.0
Ⅵ－(2)	160	16	1.5
Ⅵ－(3)	80	8	1.5
Ⅵ－(4)	80	8	1.5
Ⅶ－(1)	140	12	2.5
Ⅶ－(2)	110	12	1.2
Ⅶ－(3)	70	8	1.2

(2)《内河通航标准》2004 版、2014 版（表 11−3）

船闸门槛最小水深不应小于设计船舶或船队满载时最大吃水的 1.6 倍。确定船闸下游门槛高程时，应计入河床下切造成的水位下降值。若按此标准，在船闸设计水深为 5m 的情况下，过闸船舶吃水不得超过 3.125m。

(3)《船闸设计规范》1987 版

船闸门槛水深为设计最低通航水位到门槛最高点的深度。门槛水深应满足：

$$\frac{H}{T} \geqslant 1.5 \tag{11-1}$$

式中：H——门槛水深，m；

T——设计最大船队（舶）的满载吃水，m。

设计水深 5m 时，过闸船舶吃水不得超过 3.33m。

船闸有效尺度（单位：m）　　表 11–3

船闸级别	天然和渠化河流				限制性航道			
	代表船舶、船队	长	宽	门槛水深	代表船队	长	宽	门槛水深
Ⅰ	（3）2 排 2 列	280	34	5.5	—	—	—	—
Ⅱ	（3）2 排 2 列	200	34	4.5	—	—	—	—
	（3）2 排 1 列	200	23	4.5	（1）2 排 1 列	230 200	23 18 或 16	5.0 4.5
Ⅲ	（3）2 排 2 列	180	23	3.5	—	—	—	—
	（3）2 排 1 列	180	18 或 16 12	3.5	（1）2 排 1 列	180	18 或 16 12	3.5
Ⅳ	（3）2 排 2 列	180	23	3.0	—	—	—	—
	（3）2 排 2 列	120	23	3.0	—	—	—	—
	（3）2 排 1 列	120	18 或 16 12	3.0	（1）2 排 1 列	120	18 或 16 12	3.0
Ⅴ	（3）2 排 1 列	120	23	2.5	（1）1 拖 6	120 210	18 或 16 12	3.0
	（3）2 排 2 列	120	18 或 16 12	2.5	（2）2 排 1 列	120	18 或 16 12	3.0
Ⅵ	（1）1 拖 5	100	18 或 16	1.6	（1）1 拖 11	160	12	2.5
	（2）货船	100	12	1.6	—	—	—	—
Ⅶ	（1）1 拖 5	80	12	1.3	（1）1 拖 11	120	12	2.0
	（2）货船	80	8	1.3	—	—	—	—

（4）《船闸总体设计规范》2001 版

船闸门槛最小水深应为设计最低通航水位至门槛顶部的最小水深，并应满足设计船舶、船队满载时的最大吃水加富裕深度的要求。闸室最小水深应为设计最低通航水位至闸室底板顶部的最小水深，其值应不小于门槛最小水深。设计采用的门槛最小水深和闸室最小水深，在满足计算的最小水深值基础上，应充分考虑船舶、船队采用变吃水多载时吃水增大以及相邻互通航道上较大吃水船舶、船队需通过船闸的因素，综合分析确定。

$$\frac{H}{T} \geqslant 1.6 \tag{11–2}$$

式中：H——门槛最小水深，m；

T——设计船舶、船队满载时的最大吃水，m。

从收集到的过闸船舶吃水控制标准来看，欧美对船闸槛上水深吃水比的规定一般不小于 1.5，其原因主要是欧美等国船闸普遍较窄，见图 11–1、图 11–2。船舶过闸时受推移波影响较大，增加水深、增大船闸槛上水深吃水比，可有效控制推移波对过闸船舶的影响。而我国船闸闸室宽度相对较大，推移波影响不会像欧美船闸那么大，我国现行规范规定的过闸船舶吃水控制标准规定水深吃水比不小于 1.6 更为安全，实际运行中可根据具体情况适当降低。

图 11-1　德国尤尔岑船闸

图 11-2　美国奇克莫加船闸

11.3　三峡船闸运行方式和过闸船舶分析

11.3.1　三峡船闸运行方式

（1）三峡船闸通航水位参数

三峡船闸设计正常通航水位条件见表 11-4。

三峡船闸设计正常通航水位（单位：m）　　表 11-4

序号	部　位	最高通航水位	最低通航水位
1	上游	175	145
2	一闸室	175	145
3	二闸室	156	124.25
4	三闸室	135	103.5
5	四闸室	112.67	82.75
6	五闸室	92.42	62
7	下游	73.8	62

阀门工作水头为：中间级阀门最大运行水头 45.2m，一、六级阀门最大运行水头 22.6m。

（2）不同水位下三峡船闸运行方式

①库水位在 145.0 ~ 152.4m 时：

A. 库水位在 145.0 ~ 148.25m，下游水位按设计 62.5 ~ 73.8m 范围自由变化，三峡船闸可采取四级不补水方式运行。

B. 库水位在 148.25 ~ 152.4m，下游水位按设计 62 ~ 73.8m 范围自由变化，此种情况下会出现船闸五闸室稳态运行水位可能超过设计的五闸室最高运行水位，此时三峡船闸只能采用五级补水方式运行，船闸二闸室需要补水。

②库水位在 152.4 ~ 165.75m 时：

三峡船闸采用五级补水方式运行，船闸二闸室需要补水，最大补水厚度为 13.35m。

③库水位在 165.75 ~ 175m 时：

在与下游不同水位组合时，船闸采用五级不补水方式运行。

11.3.2　过闸船舶

（1）三峡过闸船舶船型相关标准

为进一步推进川江及三峡库区船型标准化工作，根据《全国内河船型标准化发展纲要》的要求，在分析和总结 2004 年颁布的《川江及三峡库区运输船舶标准船型主尺度系列》实践经验基础上，经广泛征求意见，对原主尺度系列标准进行了进一步优化和完善，交通运输部于 2010 年颁布了《川江及三峡库区运输船舶标准船型主尺度系列》（2010 修订版）（以下简称“2010 船型标准”）、2012 年颁布了《长江水系过闸运输船舶标准船型主尺度系列》。“2010 船型标准”规定了干散货船、液货船（包括化学品船、油船）、驳船、集装箱船、客滚船、滚装货船、普通客船（不包括高速客船）等客货运输船舶标准船型，代表了未来一段时期内三峡过闸船舶船型发展的政策性方向。表 11−5、表 11−6 分别列出了“2010 船型标准”干散货船和集装箱船标准船型主尺度系列。

川江及三峡库区干散货船标准船型主尺度系列　　表 11−5

船型分级（载货吨级）	总长 L_{OA}（m）	船宽 B（m）	设计吃水（m）	参考设计载货量（t）	参考主机功率（kW）	备　注
500	50 ~ 55	8.6	2.2 ~ 2.4	410 ~ 660	（110 ~ 180）×2	在参考主机功率下，对应船舶设计吃水的设计航速≥ 18km/h
800	55 ~ 58	10.8	2.4 ~ 2.6	750 ~ 900	（180 ~ 200）×2	
1000−I	65 ~ 68	12.8	2.4 ~ 2.6	1000 ~ 1200	（230 ~ 250）×2	
1000−II（干支直达）	60 ~ 63	12.8	2.2 ~ 2.4	800 ~ 1000	（230 ~ 250）×2	
1500	72 ~ 80	13.6	2.6 ~ 2.9	1300 ~ 1800	（270 ~ 300）×2	
2000	82 ~ 87	14	2.8 ~ 3.0	1900 ~ 2200	（280 ~ 350）×2	
2500	86 ~ 92	14.8	2.8 ~ 3.2	2200 ~ 2750	（350 ~ 400）×2	
3000	88 ~ 95	16.2	3.3 ~ 3.5	2800 ~ 3300	（400 ~ 440）×2	
3500	98 ~ 105	16.2	3.3 ~ 3.5	3350 ~ 3600	（440 ~ 500）×2	
4000	105 ~ 110	17.2	3.5 ~ 3.6	3600 ~ 4100	（480 ~ 550）×2	
4500	105 ~ 110	19.2	3.5 ~ 3.8	4200 ~ 4800	（580 ~ 650）×2	
5000	105 ~ 110	19.2	4.2 ~ 4.3	4800 ~ 5400	（600 ~ 660）×2	

（2）典型船型选取原则

一艘船舶一年中可多次通过三峡船闸，按过闸船舶艘次统计分析三峡过闸船舶特性，使得选取过闸船舶典型船型更为科学合理。典型船型的选取应既能代表目前三峡船闸过闸船舶的实际船型状况，又能符合未来一段时间内过闸船舶的船型发展方向，还能满足相关研究的需要。

川江及三峡库区集装箱船标准船型主尺度系列　　表 11-6

船型分级（载箱量）	总长 L_{OA}（m）	船宽 B（m）	设计吃水（m）	参考设计载箱量（TEU）	参考主机功率（kW）	备　注
50	62 ~ 64	10.8	2.0 ~ 2.4	45 ~ 55	（200 ~ 230）×2	在参考主机功率下，对应船舶设计吃水的设计航速≥20km/h
60	67 ~ 70	12.8	2.0 ~ 2.6	60 ~ 70	（300 ~ 350）×2	
100	72 ~ 75	12.8	2.6 ~ 3.0	90 ~ 110	（330 ~ 350）×2	
150	85 ~ 90	13.6	2.8 ~ 3.2	120 ~ 157	（330 ~ 440）×2	
200–I	85 ~ 90	14.8	2.8 ~ 3.2	135 ~ 170	（420 ~ 470）×2	
200–II	85 ~ 90	16.2	3.0 ~ 3.5	150 ~ 200	（470 ~ 500）×2	
250–I	92 ~ 98	16.2	3.5 ~ 4.0	220 ~ 240	（550 ~ 600）×2	
250–II	105 ~ 110	16.2	3.5 ~ 4.0	240 ~ 260	（600 ~ 660）×2	
300	105 ~ 110	17.2	3.5 ~ 4.0	260 ~ 310	（630 ~ 660）×2	
350	105 ~ 110	19.2	4.1 ~ 4.3	320 ~ 360	（700 ~ 730）×2	

对一年度三峡船闸过闸数据进行分析，2009 年 5 月 1 日至 2010 年 4 月 30 日共有 51 341 艘次船舶通过三峡船闸，除去船队、海船，内河单船为 49 960 艘次，总计 2 897 艘，包括表 11-7 和图 11-3 所列的 19 种船舶类型。其中，普通货船最多，为 1 273 艘，占过闸船舶总量的 43.94%；其次是干货船，为 621 艘，占过闸船舶总量的 21.43%；其后依次是散货船、多用途船和集装箱船。以上 5 种类型船舶占过闸船舶总量的 86.68%，为主要过闸船型。

三峡船闸过闸船舶类型统计　　表 11-7

船舶类型	数量（艘）	占比（%）
多用途船	227	7.84
化学品船	62	2.14
集装箱船	130	4.49
散货船	260	8.97
油船	92	3.18
客货船	29	1.00
旅游客船	21	0.72
普通货船	1273	43.94
普通客船	42	1.45
干货船	621	21.44
商品车滚装船	17	0.59
拖船	33	1.14
杂货船	12	0.41
公务船	39	1.35
驳船	1	0.03
工程船	7	0.24
其他客船	9	0.31

续上表

船舶类型	数量（艘）	占比（%）
其他液货	12	0.41
其他类船舶	10	0.35
总计	2 897 （艘）	

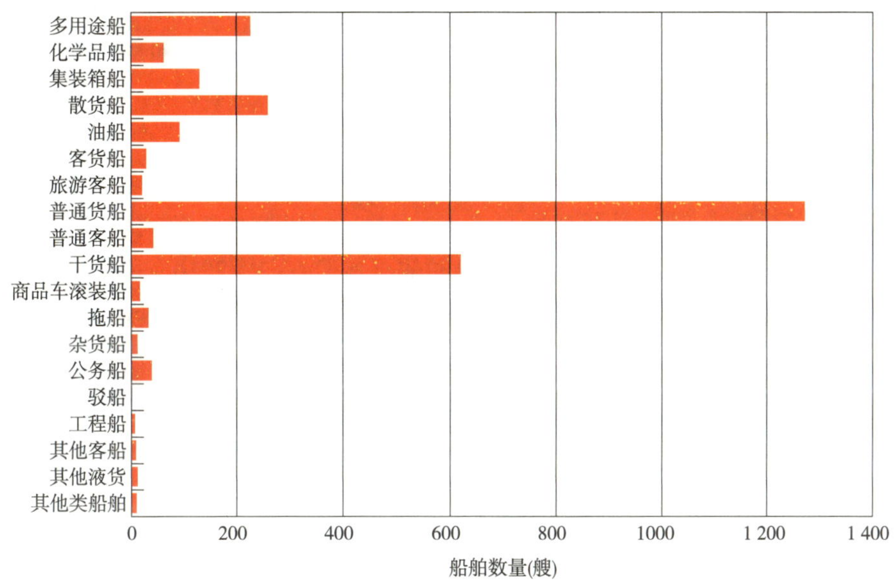

图 11-3 三峡船闸过闸船舶类型统计

据此，提出以下典型船型的选取原则：

①典型船型应以普通货船、干货船、散货船、多用途船、集装箱船为主。

以上 5 种类型船舶占 19 种三峡船闸过闸船舶总量的 86.68%，其中普通货船最多，占过闸船舶总量的 43.96%，其次是干货船，占过闸船舶总量的 21.43%，宜作为典型船型。

②典型船型应以 2000 吨级、3000 吨级和 4000 吨级 3 种吨级的三峡船闸过闸船舶为主，辅以 5000 吨级及以上大型过闸船舶。

目前，三峡船闸 1000 吨级以下过闸船舶仍占一半以上，但随着对运力需求的不断增大、航道条件的改善、船舶大型化趋势明显提速，1000 吨级以下船舶必将逐步被淘汰，不宜作为典型船型。而 2000 ~ 4000 吨级过闸船舶占过闸船舶总数的 41.88%，并在一段时间内仍将是过闸船舶的主要船型，宜作为典型船型。另外，所研究的过闸船舶吃水标准主要受大船控制，实船观测中应辅以一定数量的 5000 吨级及以上大型过闸船舶为典型船型，一方面有利于过闸船舶吃水控制标准的确定，另一方面对于拓展研究航行下沉量等计算公式的使用范围也是有利的。

③典型船型船长应具备以下条件：2000 吨级船舶船长 75 ~ 90m；3000 吨级船舶船长 80 ~ 100m；4000 吨级船舶船长 90 ~ 110m。实船观测研究中所选船舶船长尽量长一些。5000 吨级及以上船舶船长无特殊要求。

三峡船闸 2000 吨级、3000 吨级、4000 吨级过闸船舶平均船长分别为 79m、86m 和

95m，加之考虑“2010 船型标准”所规定的各吨级船型船长，典型船型 2000 吨级船舶船长 75 ~ 90m，3000 吨级船舶船长 80 ~ 100m，4000 吨级船舶船长 90 ~ 110m。5000 吨级及以上船舶无具体船型尺寸要求。考虑统计分析得到的三峡船闸各吨级过闸船舶的平均船长与“2010 船型标准”中所规定的对应各吨级船长相比都偏小，建议在实船观测研究中所选船舶船长尽量长一些。

④典型船型船宽应具备以下条件：2000 吨级船舶船宽 13 ~ 14.5m；3000 吨级船舶船宽 14 ~ 16m；4000 吨级船舶船宽 15.5 ~ 17m。实船观测研究中所选船舶船宽尽量宽一些。5000 吨级及以上船舶船宽无特殊要求。

三峡船闸 2000 吨级、3000 吨级、4000 吨级过闸船舶平均船宽分别为 13.3m、14.3m 和 15.9m，加之考虑“2010 船型标准”所规定的各吨级船型船宽，典型船型 2000 吨级船舶船宽 13 ~ 14.5m，3000 吨级船舶船宽 14 ~ 16m，4000 吨级船舶船宽 15.5 ~ 17m。考虑统计分析得到的三峡船闸各吨级过闸船舶的平均船宽与“2010 船型标准”中所规定的对应各吨级船宽相比都偏小，建议在实船观测研究中所选船舶船宽尽量宽一些。

⑤典型船型方形系数应以 0.7 ~ 0.8 的船舶为主，辅以一定数量的方形系数 0.5 ~ 0.7 和 0.8 以上的船舶。

方形系数为 0.7 ~ 0.8 的三峡船闸过闸船舶接近过闸船舶总数的一半，宜作为典型船型。方形系数小于 0.7 和大于 0.8 的船舶分别占过闸船舶总数的 1/4，实船观测中应辅以一定数量的方形系数在 0.5 ~ 0.7 和 0.8 以上的过闸船舶为典型船型。

⑥典型船型满载吃水应在 3m 以上。实船试验中船闸门槛水深与实测船舶吃水比应在 1.1 ~ 1.6 之间，在此区间内吃水逐步增大。

三峡船闸过闸船舶中满载吃水 3.0 ~ 3.5m 的船舶最多，占总艘次的 25.20%；其次是满载吃水 2.5 ~ 3.0m 的船舶。过闸船舶吃水标准主要受大船控制，典型船舶满载吃水应在 3m 以上。《船闸总体设计规范》（JTJ 305—2001）规定门槛水深应满足水深吃水比不小于 1.6，实船观测应包括门槛水深吃水比 1.6 的工况，即 2000 吨级船舶吃水 3.2m 左右，作为边界控制工况。三峡船闸有门槛水深吃水比将近 1.1 的船舶安全通过的案例。为满足研究需要，在保证安全前提下，将门槛水深吃水比 1.1 的工况作为边界控制工况。

⑦实船观测所选船舶进闸速度在 0.5 ~ 1.5m/s 之间，并在此区间内逐步增大。

根据三峡过闸船舶航速观测资料，三峡过闸船舶单船进闸速度基本在 0.5m/s 以上，所观测到的货船最大进闸航速为 1.34m/s（2000 吨级货船渝海 65）。为满足下沉量等相关研究的需要，在保证航行安全的前提下，取 0.5m/s 和 1.5m/s 作为航速边界控制工况，所选实船观测船舶航速在此区间内逐步增大。

11.4　船舶吃水控制标准对三峡船闸通过能力的影响

11.4.1　三峡船闸槛上水深

（1）运行条件

①三峡上游最低通航水位 145m，最高通航水位 175m。

②三峡下游最低通航水位 62m，最高通航水位 73.8m（葛洲坝上游枯水期不低于 62.5m，汛期不低于 63m）。

③水库运行水位组合：145m ~ 155m ~ 175m。

④船闸运行水头：一、六闸首设计最大工作水头 22.6m，中间级设计最大工作水头 45.2m。

级差计算：

不补水运行时，

$$级差=\frac{上游水位-下游水位}{级数}$$

五级补水运行时，

$$级差=\frac{145-下游水位}{4}$$

各级底槛高程的确定：按上游最低水位与下游最低水位连直线确定二至五级船闸最低通航水位，减去槛上水深确定底槛高程，按上游初期最低通航水位确定第一级船闸的底槛高程。三峡船闸一至六闸首底槛高程相应为 139m、139m、119.25m、98.5m、77.75m、57m。

（2）计算模型

①多级船闸各闸首水深。

各闸首槛上水深确定的相关因素主要包括多级船闸的上下游水位和各级闸室（闸首）底槛高程。设 x、y 表示船闸上游、下游水位，N 表示多级船闸运行级数，δ表示运行级差，z_i 为各闸首槛上水深（$i=1,2,\cdots,N+1$），各闸首底槛高程为 e_i。则有：$\delta=\frac{x-y}{N}$。根据运行原理，正常情况下，各级闸首槛上水深与上下游水位及底槛高程关系式可表述为：

$$z_i=f_i(x,\ y,\ e_i)=x-(i-1)\times\delta-e_i \tag{11-3}$$

②三峡船闸计算模型。

三峡船闸各闸首（室）底槛高程及水位情况见图 11-4。

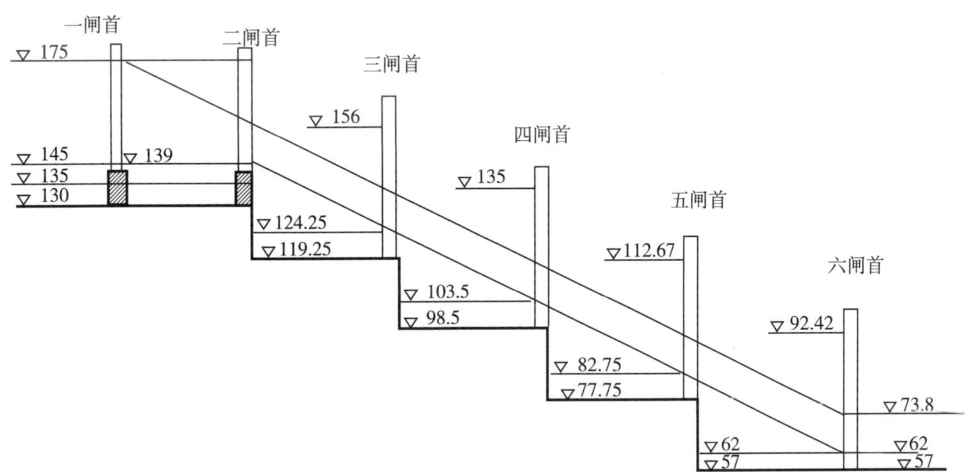

图 11-4　三峡船闸底槛高程及水位情况

对应三峡船闸不同运行方式，则有：

四级不补水

$$\delta=\frac{x-y}{4} \tag{11-4}$$

五级补水

$$\delta=\frac{145-y}{4} \tag{11-5}$$

五级不补水

$$\delta=\frac{x-y}{5} \tag{11-6}$$

各闸首槛上水深 $z_i=f_i(x,\ y,\ e_i)$ 情况如下：

A. 一闸首槛上水深

$$z_1=x-e_1 \tag{11-7}$$

B. 二闸首槛上水深

四级不补水

$$z_2=\min(x-e_1,\ x-e_2) \tag{11-8}$$

五级补水

$$z_2=145-e_2 \tag{11-9}$$

五级不补水

$$z_2=x-\delta-e_2 \tag{11-10}$$

C. 三闸首槛上水深

四级不补水

$$z_3=x-\delta-e_3 \tag{11-11}$$

五级补水

$$z_3=145-\delta-e_3 \tag{11-12}$$

五级不补水

$$z_3=x-2\times\delta-e_3 \tag{11-13}$$

D. 四闸首槛上水深

四级不补水

$$z_4=x-2\times\delta-e_4 \tag{11-14}$$

五级补水

$$z_4=145-2\times\delta-e_4 \tag{11-15}$$

五级不补水

$$z_4=x-3\times\delta-e_4 \tag{11-16}$$

E. 五闸首槛上水深

四级不补水

$$z_5=x-3\times\delta-e_5 \tag{11-17}$$

五级补水

$$z_5=145-3\times\delta-e_5 \tag{11-18}$$

五级不补水

$$z_5=x-4\times\delta-e_5 \tag{11-19}$$

F. 六闸首槛上水深

$$z_5=y-e_6 \tag{11-20}$$

将一至六闸首底槛高程分别代入式（11-3），得到三峡船闸五级不补水运行情况下各闸首槛上水深计算模型为：

$$\begin{cases} z_1=x-139 \\ z_2=\frac{4}{5}x+\frac{1}{5}y-139 \\ z_3=\frac{3}{5}x+\frac{2}{5}y-119.25 \\ z_4=\frac{2}{5}x+\frac{3}{5}y-98.5 \\ z_5=\frac{1}{5}x+\frac{4}{5}y-77.75 \\ z_6=y-57 \end{cases} \tag{11-21}$$

五级补水运行情况下计算模型为：

$$\begin{cases} z_1=x-139 \\ z_2=145-139 \\ z_3=\frac{1}{4}y-10.5 \\ z_4=\frac{1}{2}y-26 \\ z_5=\frac{3}{4}y-41.5 \\ z_6=y-57 \end{cases} \tag{11-22}$$

四级不补水运行情况下计算模型为：

$$\begin{cases} z_1=z_2=x-139 \\ z_3=\frac{3}{4}x+\frac{1}{4}y-119.25 \\ z_4=\frac{1}{2}x+\frac{1}{2}y-98.5 \\ z_5=\frac{1}{4}x+\frac{3}{4}y-77.75 \\ z_6=y-57 \end{cases} \tag{11-23}$$

（3）最小槛上水深及分布特征

最小槛上水深为多级船闸各级闸首槛上水深的最小值，其特征亦与船闸上下游水位有密切关系。结合现有三峡水库通航调度规程，三峡下游最高通航水位为 73.8m，最低通航水位为 62.5m。葛洲坝上游最高通航水位为 66.5m，最低通航水位为 62.5m，汛期不低于 63m。

分别假设 z_i（$i = 2, \cdots, 6$）为最小，通过上述模型分析，可以确定各闸首出现最小槛上水深的时机及位置（控制部位）。经进一步分析整理，得出四级不补水运行、五级补水运行、五级不补水运行时，不同上游水位组合条件下，最小槛上水深特征表（表 11−8 ～表 11−10）。

四级不补水条件下最小槛上水深　　表 11−8

水位差 $x-y$（m）	控制部位（闸首）	函数式	最小值（m）	最大值（m）
小于 79	一、二	$x-139$	6	13.4
79	一、二、三	$x-139$		
79 ～ 83	三	$\frac{3}{4}+\frac{1}{4}y-119.25$	5.125	13.4
83	三、四、五、六	$x-140$	5.5	12.4
大于 83	六	$y-57$		

五级补水条件下最小槛上水深　　表 11−9

下游水位 y（m）	控制部位（闸首）	函数式	最小值（m）	最大值（m）
小于 66	三	$\frac{1}{4}y-10.5$	5.125	6
66 及以上	二、三	6		

五级不补水条件下最小槛上水深　　表 11−10

水位差 $x-y$（m）	控制部位（闸首）	函数式	最小值（m）	最大值（m）
小于 98.75	二	$\frac{4}{5}x+\frac{1}{5}y-139$	7	13.8
98.75	二、三	$x-158.75$		
98.75 ～ 103.75	三	$\frac{3}{5}x+\frac{2}{5}y-119.25$	5.2	15.27
103.75	三、四、五、六	$x-160.75$	5.5	14.25
大于 103.75	六	$y-57$		

可知，在四级不补水、五级补水运行情况下三峡船闸最小槛上水深 5.125m，五级不补水运行情况下最小槛上水深 5.2m。五级补水运行条件下最小槛上水深取决于下游水位，

而四级不补水、五级不补水运行情况下最小槛上水深的变化规律与坝上、坝下水位均有关。

11.4.2 不同吃水条件下通过量测算

《船闸总体设计规范》（JTJ 305—2001）提出的年单向过闸通过量计算公式为：

$$P=\frac{(n-n_0)NG\alpha}{2\beta} \tag{11-24}$$

式中：P——过闸货运量，t；

n——日均闸次数，次；

n_0——非客、货船舶闸次数，次；

N——通航天数，d；

G——一次过闸平均吨位，t/次；

α——船舶装载系数；

β——运量不均匀系数。

设计水平年为2030年，年单向通过量5 000万t。

（1）测算模型

$(n-n_0)\dfrac{NG\alpha}{\beta}$经过换算后，等于选取的运行时段内三峡船闸所有过闸船舶货运量总和。船舶货运量是排水量的重要组成部分，根据阿基米德原理，单船某航次排水量表述为：

$$D=W_0+\sum P_{\text{cargo}}+\sum P_{\text{stor}}+\sum P_{\text{const}} \tag{11-25}$$

式中：W_0——空船质量，包括船体结构、动力装置、舾装设备、仪器设备等固定质量，一般为一常数，t；

$\sum P_{\text{cargo}}$——船舶实载货运量，t；

$\sum P_{\text{stor}}$——船舶航次储备，主要包括燃料、润料和淡水，其大小按航次时间、补给方案及航次储备天数确定，t；

$\sum P_{\text{const}}$——船舶常数，主要包括船员、食物、船上垃圾、废料和杂物以及船外船体黏附生物等，t。

就船舶每航次过闸情况来看，W_0、$\sum P_{\text{stor}}$、$\sum P_{\text{const}}$均可认为是一常数，此时有：$\Delta D\approx\Delta\sum P_{\text{cargo}}$。即单船每航次通过量的变化幅度可由排水量变化值来表示。以下以ΔD作为船舶货运量变幅。

根据船舶原理，船舶排水量等于船舶的排水体积乘以舷外水密度，可用式（11–26）表示：

$$D=\rho\times V=\rho\times\int_0^d A_w(z)\,\mathrm{d}z \tag{11-26}$$

式中：V——排水体积，m^3；

d——船舶吃水，m；

$A_w(z)$——船舶吃水z（0～d范围内）处的水线面积，m^2；

ρ——舷外水密度（$\mathrm{t/m}^3$），淡水密度为1.000$\mathrm{t/m}^3$。

当船舶装载吃水由d_1变化到d_2时，货运量变幅可表述为：

$$\Delta D = \rho \int_{d_1}^{d_2} A_w(z)\,\mathrm{d}z \tag{11-27}$$

在测算通过量时，吃水低于控制标准的船舶可以按实际情况对待，高于吃水控制标准的船舶，必须对该船舶扣除吃水降低到控制标准的一部分货运量。则得到在吃水控制标准 d_0（m）情况下的船闸通过量测算模型：

$$W = \sum_{j=1}^{K} W_j + \sum_{i=1}^{N} \left[W_i - \rho \int_{d_0}^{d_i} A_{wi}(z)\,\mathrm{d}z \right] \tag{11-28}$$

式中：d_i——船舶吃水，m；

W_i——过闸船舶中吃水大于 d_0 的船舶运量，t；

W_j——过闸船舶中吃水不大于 d_0 的船舶运量，t；

K——过闸船舶中吃水不大于 d_0 的船舶艘次；

N——过闸船舶中吃水大于 d_0 的船舶艘次；

$A_{wi}(z)$——第 i 艘吃水高于 d_0 的船舶吃水 $z(d_0 \leqslant z \leqslant d_1)$ 处的水线面积，m^2。

基于安全因素，为防止出现过闸船舶超长或超宽损坏船闸设备设施的情况，通航管理部门安排船舶过闸时一般采用船舶的实际过闸面积。船舶的过闸面积乘以水线面系数（C_w）即得到水线面积。从调研结果看，过闸货船船型以平底型、肥大型为主，吃水变化范围内一般为规则形状，无突变水线面，可用梯形积分法对式（11–28）计算。因此，该模型可表述为：

$$W \approx \sum_{j=1}^{K} W_j + \sum_{i=1}^{N} \left[W_i - B_i \times (L_i \times C_{wi} + L_0 \times C_{w0}) \times \frac{d_i - d_0}{2} \right] \tag{11-29}$$

式中：L_i、L_0——船舶吃水 d_i 和 d_0 处对应水线长，m；

B_i——型宽，m；

C_{wi}——船舶在吃水 d_i 状态下的水线面系数，随吃水的增加而增大，一般介于 0.6 ~ 0.9 之间，据统计，73% 以上过闸船舶水线面系数在 0.7 以上。

（2）计算参数选取

以下行船舶为例，2009 年 5 月 1 日至 2010 年 4 月 30 日，通航天数按设计 335d 计，此期间共运行 4 351 闸次，日均运行 13 闸次，通过船舶 25 639 艘次，其中货运船舶 22 707 艘次，过闸船舶总载重吨位为 5 290 万 t，见表 11–11。

（3）测算结论

①以实际最小槛上水深为参考，吃水按 $H/T \geqslant 1.6$、$H/T \geqslant 1.5$ 要求控制时三峡船闸的通过量。

按照每日实时水位，计算出 2010 年最小槛上水深 5.5 ~ 6m 的 81d，6m 及以上的 284d。最小槛上水深为 5.7m，按 $H/T \geqslant 1.5$，则吃水最小值为 3.8m，按 $H/T \geqslant 1.6$，吃水最小值为 3.6m。经模型测算，过闸船舶吃水按 $H/T \geqslant 1.5$ 控制时，年单向通过量为 3 990 万 t。如按照 $H/T \geqslant 1.6$ 控制，年单向通过量为 3 940 万 t。

②吃水按常年 4.2m 或 4.2 ~ 4.5m 分段控制时三峡船闸的通过量。

现有船型条件下，吃水按常年 4.2m 控制时，测算年单向通过量为 5 750 万 t。假设最小槛上水深 5 ~ 5.5m 时过闸船舶吃水按 4.2m 控制，水深 5.5 ~ 6m 时吃水按 4.3m 控制，水深 6m 及以上时吃水按 4.5m 控制（简称 4.2 ~ 4.5m 分段控制），经测算，则年单向通过量为 5 860 万 t。

2010 年三峡船闸下行船舶情况　　表 11-11

类型	满载吃水(m)	下行船舶(艘次)	百分比(%)	载重吨位(万 t)	平均吨位(t/ 艘)	过闸面积(m^2)
货船	$d \leqslant 3.13$	9 589	37.4	1 228.27	1 166.63	8 796 991
	$3.13 < d \leqslant 3.33$	2 667	10.4	541.16	1 889.91	2 793 953
	$3.33 < d \leqslant 3.4$	1 433	5.59	351.05	2 325.59	1 717 987
	$3.4 < d \leqslant 3.6$	2 412	9.41	666.99	2 612.57	3 152 924
	$3.6 < d \leqslant 3.8$	2 271	8.86	659.78	2 608.06	2 777 612
	$3.8 < d \leqslant 4.0$	1 527	5.96	495.33	3 022.01	2 017 584
	$4.0 < d \leqslant 4.2$	1 272	4.96	489.36	3 600.77	1 823 348
	$4.2 < d \leqslant 4.5$	682	2.66	293.66	4 116.06	1 036 699
	$d > 4.5$	854	3.33	565.25	6 116.58	1 669 185
	小计 / 平均	22 707	88.56	5 290.85	2 158.54	25 786 283
公务船		63	0.25	—	—	24 496
客船		2 869	11.19	—	—	2 776 363
小计		2 932	11.44	—	—	2 800 859
合计		25 639	100.00	5 290.85	—	28 587 142

③过闸船型进一步标准化、大型化条件下的通过量。

近年来，载重量 5 000t 及以上的货运船舶（满载吃水一般深于 4.2m）以平均每年翻一番的速度增长（2008—2010 年分别为 700 艘次、1 317 艘次以及 3 730 艘次），船舶的营运效率得到了很大的提高。当前过闸船舶中满载吃水 4.2m 及以上的船舶仅占总过闸面积的 9.47%，如果这一比例继续扩大，过闸面积扩大到过闸船舶总面积的 30% 左右，而吃水 3.13m 以下的船舶所占面积降低到 10% 左右，吃水按 4.2m 控制，测算年单向通过量为 6 770 万 t；吃水按 4.2 ~ 4.5m 分段控制，则年单向通过量可达 6 930 万 t。

由此可见，如能将吃水控制标准提高为按 4.2 ~ 4.5m 分段控制，经测算，三峡船闸年单向通过量有望高出设计值约 1 900 万 t，会产生巨大的社会效益。

11.5　三峡船闸过闸船舶吃水控制标准计算方法

11.5.1　过闸船舶吃水控制标准影响因素

过闸船舶吃水控制标准直接取决于船舶综合航行下沉量（δ）和不触底富裕水深（Δ）的大小，见图 11-5。船舶综合航行下沉量由船舶航行下沉量、推移波和非恒定流引起的水位波动 3 部分组成。

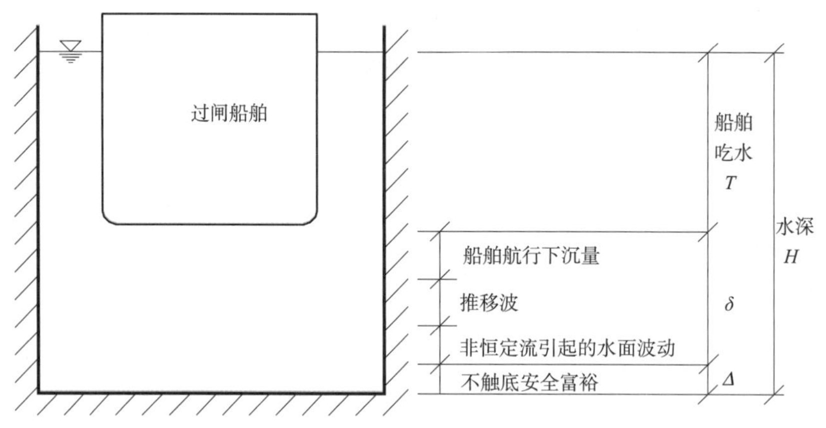

图 11−5 富裕水深组成

船舶航行下沉量是运动中的船舶由于流过船体的水流速度增加，作用于船体的压力减小，造成船舶航行时的下沉。推移波是船舶进入闸室过程中生成的波浪传递至闸室一端并被反射回来，与行进波一起形成的闸室水面波动。非恒定流引起的水位波动是指船闸充泄水、电站调峰、泄水闸门启闭等因素引起的船闸闸室内较长时间的水位波动。不触底安全富裕是防止过闸船舶触底的安全富裕。船舶航行下沉量和推移波大小的确定较为复杂，因为二者均是既与船舶几何尺寸、吃水、航速、方形系数等船舶自身特性有关，又与闸室水深、闸室尺度、闸室内船舶停泊情况等闸室条件有关。明确影响船舶航行下沉量和推移波大小的主要因素，可以有效指导实船观测研究工作。较为准确地确定船舶航行下沉量和推移波大小，是合理确定过闸船舶吃水控制标准的重要一环。

（1）过闸船舶航行下沉量

船舶在深水区航行时，与之相对运动的水流是从船的两弦和底部由船首流向船尾的三元水流。当船驶入浅水区时，由于流入船底下面的水流因受到限制而被推向船的左右两侧，这时船底过水断面减小，流速增加，作用于船底的压力降低，致使船体下沉。怎样划分深水与浅水区域，目前国际上尚无统一标准，但从水深影响船体阻力的相关研究成果来看，通常用水深与船舶吃水比来划分深水与浅水区域，即水深吃水比小于 4 时，认为是浅水区域；当水深吃水比大于 4 时，认为是深水区域。三峡船闸最小槛上水深 5m，过闸船舶吃水普遍在 3m 以上，船舶过闸过程是一个在限制水域内的浅水航行过程，此过程中的船舶航行下沉量不可忽略。

国际航运协会(PIANC)的《进港航道设计导则》中指出，影响航行下沉量的主要因素有以下方面。

①设计船型。从船舶载重吨位和营运航速两方面考虑选择控制航行下沉量的船型。

②船舶营运航速。当船舶以 6 节以下的速度航行且水深足够时，一般没有显著的航行下沉量（数值一般小于 30cm）。水深弗劳德数小于 0.3 时，一般没有显著下沉量，船舶航速超过 6 节时航行下沉量将随速度增加而急剧增大。

③船舶类型。当船舶类型不同时，航行下沉量明显不同，在选择计算公式时要注意这一因素。

④初始纵倾。这一因素将影响最大航行下沉量值，有时还影响最大航行下沉量的位置（船首或船尾）。只要有微小的船首下倾就会增大船首航行下沉值。方形系数小于 0.7 的快速船在狭窄的航道或运河中航行时，其最大航行下沉量可能发生在船尾。

⑤航道宽度。航行下沉量与航道宽度没有紧密的关系。航行下沉量将减少龙骨下富裕水深，因而影响船舶操纵性能。

⑥航道底质。在普通硬底质航道中，当水深与吃水的比值较小，航行下沉量将增大。泥质底面一般减少航行下沉量，但航速较快的船通过底部有低密度泥浆的区域时，可能导致航行下沉量增加。

⑦航道断面系数。船舶在断面系数较小的航道（如运河）中航行，将在浸水断面上产生显著的回流。回流引起的水位降低量较在开阔水域中航行时显著。如果用适合于开阔水域的航行下沉量公式计算船舶在运河中的航行下沉量值，计算结果会偏小。

⑧近岸区域。船舶在近岸区域航行时，航行下沉量将增大。

⑨水深突变处。这时应特别注意船舶动力特性的变化。

⑩其他船舶航行。会船或超越将增加航行下沉量。

⑪横风。在有横风的开敞航道中，船舶将以较大的漂角行驶，航行下沉量将增加。

⑫弯道。船舶在弯道航行时会产生漂移，这时航行下沉量将增加。

《进港航道设计导则》中对船舶航行下沉量的各种计算方法进行了全面总结。目前比较通用的是以下 3 种方法：赫斯卡 / 盖里夫（Huuska/Guliev）方法（ICORELS）、巴勒斯Ⅱ（Barrass Ⅱ）方法和欧宇兹鲁（Eryuzlu）方法。

方法 1： Huuska/Guliev（ICORELS）法。

$$S_b = 2.4\frac{\nabla F_{nh}^2}{L_{pp}^2\sqrt{1-F_{nh}^2}}K_S \qquad (11\text{-}30)$$

式中：∇——船舶排水体积，m^3；

L_{pp}——船的两柱间长，m；

F_{nh}——水深弗劳德数；

$$K_S = \begin{cases} 7.45S_1 + 0.76 & (S_1 > 0.03) \\ 1 & (S_1 \leqslant 0.03) \end{cases}$$

$$S_1 = \frac{A_S/A_{ch}}{K_1}$$

其中，K_1 为修正系数，可从图 11-6 中查得；A_S 为船中断面积，近似等于 $0.98B \cdot T$，B 为船宽，T 为吃水；A_{ch} 为航道或运河水下断面积，按外延边坡到水面计算。

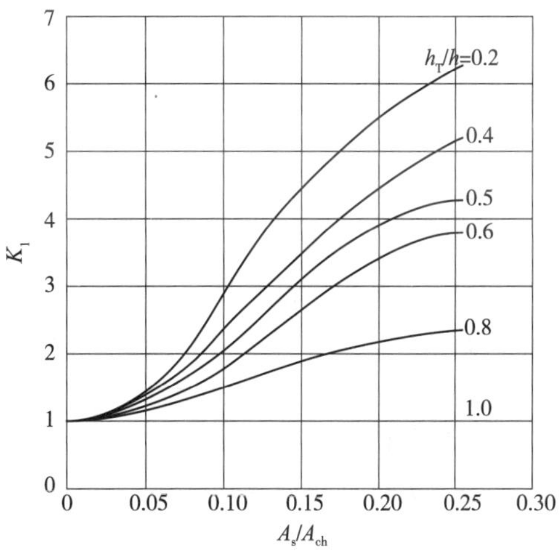

图 11-6　修正系数 K_1（Huuska，1976）

此公式用于计算船首下沉量 S_b，适用于无限大水域的航道、限制性航道和运河，不能应用于弗劳德数大于 0.7 的情况。对方形系数大的肥大型船，有学者建议将此公式中所用的系数 2.4，改为在 1.75 ~ 2.4 之间变动。

方法 2：Barrass Ⅱ法。

Barrass 分析了在开敞水域和限制性航道水深与吃水比为 1.1 ~ 1.5、船舶方形系数为 0.5 ~ 0.9 的各种船舶的航行下沉量和模型试验结果。横向无限水域（仅水深有限）的航道有效宽度 W_{eff}：

$$W_{eff}=[7.7+45(1-C_{wp})^2]B \tag{11-31}$$

当船舶水面面积系数 C_{wp} 约为 0.9 时，有效宽度 W_{eff} 大于 8 倍船宽。Barrass 修正并简化了他早先提出的公式：

$$S_{max}=\frac{C_B S_2^{2/3} V_k^{2.08}}{30} \tag{11-32}$$

式中：S_2——断面系数 A_S/A_W，A_S 为船舯横断面面积（m^2），A_W 为航道水下横断面面积（m^2），$A_W=A_{ch}-A_S$，A_{ch} 为航道边坡外延至水面的航道等效水下横断面积（m^2）；

C_B——船舶的方形系数；

V_k——水中船速，节。

该计算公式的有效范围是：$0.5\leqslant C_B\leqslant 0.9$，$1.1\leqslant H/T\leqslant 1.5$，$F_{nh}\leqslant 0.7$。

方法 3：Eryuzlu 法。

Eryuzlu 在横向无限水域、有限水深航道（$1.1\leqslant H/T\leqslant 2.5$）中进行了带球形船首的件杂货船和散货船（$C_B\geqslant 0.8, L/B=6.7\sim 6.8, B/T=2.4\sim 2.9$）的系列模型试验。航道宽度对航行下沉量的影响在补充模型试验（水下浚挖的航道高度 = $0.5H$，边坡 1：2）中进行了研究：

$$S_b=0.298\frac{h^2}{T}\left(\frac{V}{\sqrt{gT}}\right)^{2.298}\left(\frac{h}{T}\right)^{-2.972}K_b \tag{11-33}$$

式中：h——水深，m；

T——船舶吃水，m；

V——水中航速，m/s；

K_b 可表示为：

$$K_b=\begin{cases}3.1/\sqrt{W/B} & (W/B<9.61)\\ 1 & (W/B\geqslant 9.61)\end{cases}$$

其中，W 为航道底宽（m）；B 为船宽（m）。该经验公式适用于航道和运河、船舶方形系数 $C_B\geqslant 0.8$，并经过原型航行下沉量观测的验证。

近年 Barrass 又通过大量的试验研究，对其 BarrassII（1979）公式进行了修正，并在 2009 年出版的《船舶航行下沉及相互影响》一书中对船舶航行下沉量进行了系统的分析。Barrass（2009）公式为：

$$\delta=\frac{C_B S^{0.81} V_k^{2.08}}{20} \tag{11-34}$$

式中：δ——船舶航行下沉量；

C_B——船舶方形系数；

S——断面系数，$S=A_S/A_C=b\times T/W_m\times H$（见图 11-7），$A_S$ 为水下船舯横断面面积，A_C 为航道水下横断面面积；

V_k——航速，节。

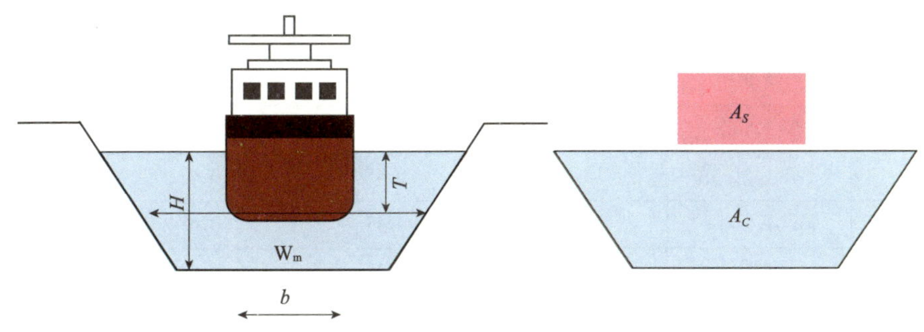

图 11-7　航道断面系数

Barrass（2009）公式适用于开敞水域和限制性航道，只含船舶方形系数、断面系数和航速 3 个参量。利用断面系数综合反映船舶尺度、船舶吃水和水深对船舶航行下沉量的影响，使用较为方便。

另外，对收集到的国内外规范标准中船舶航行下沉量的计算方法进行了对比。我国规范《海港总平面设计规范》在确定航行下沉量时，考虑了船舶载重吨位和航速两个因素。国际航运协会（PIANC）《进港航道设计导则》推荐的公式中除考虑船舶载重吨位和航速两个因素外，还考虑了水深、断面系数和断面形状以及船舶类型的影响。美国陆军工程师团《深水航道水力设计》推荐的航行下沉量计算公式考虑了船舶载重吨位、船舶航速、方形系数、吃水和水深。

从以上研究分析可以看出，现有计算方法均是针对船舶在无限水域，或是进港航道、运河中船舶航行下沉量的计算，而对于船闸内的过闸船舶航行下沉量则没有相关计算方法。从船舶航速分析，船闸过闸船舶航速较小，航行下沉量也较小，可以忽略。但从外部水域条件分析，相比进港航道和运河，船闸闸室水域限制性更强，水域有效过水断面更小，这又会增加船舶航行下沉量。因此，需对过闸船舶航行下沉量进行专门研究。

综合以上分析，影响过闸船舶航行下沉量的主要因素有船舶尺度、船舶吃水、船舶航速、闸室尺度、闸室水深、船舶方形系数。

（2）推移波影响

《Navigation Locks for Push Tows》（1973）中对顶推船队进入闸室的推移波进行了不同船舶尺度、不同闸室水深、不同进闸速度的模型试验和实船观测研究，记录了船舶进闸过程中，船首前闸室内的水面波动过程和最大波面波动高度，其主要成果见表 11-12。

模型试验——最大波面高度　　表 11−12

闸室水深(m)	航速(m/s)	闸室门槛(m)	闸室内闸门封闭端水面最大波高（m）		顶推船队 长 × 宽 × 吃水(m×m×m)
			观测点 1	观测点 2	
4.50	1.0	0.5	0.32	0.35	191×22.80×3.30
5.50	1.0	0.5	0.19	0.20	
5.50	1.0	1.25	0.20	0.24	
6.25	1.0	1.25	0.15	0.19	
4.50	1.5	0.5	0.70	0.75	
5.50	1.5	0.5	0.45	0.46	
5.50	1.5	1.25	0.45	0.65	
6.25	1.5	1.25	0.35	0.45	
4.50	1.0	0.5	0.20	0.20	178×19.00×3.20
5.50	1.0	0.5	0.13	0.14	
5.50	1.0	1.25	0.13	0.19	
6.25	1.0	1.25	0.10	0.13	
4.50	1.5	0.5	0.38	0.42	
5.50	1.5	0.5	0.26	0.30	
5.50	1.5	1.25	0.26	0.38	
6.25	1.5	1.25	0.23	0.28	

从模型试验结果看，闸室内船首与闸室一端之间的波面升高明显，最大波面高度达到 0.75m。最大波面高度受闸室水深、进闸速度、船队大小影响较大，受门槛高度影响较小，几乎无影响。

在船舶进闸速度和船舶尺度相同条件下，最大波面高度随闸室水深的减小而增大。闸室水深 4.5m 工况的最大波面高度约是闸室水深 6.25m 工况最大波面高度的 2 倍。

在相同闸室水深和船舶尺度条件下，最大波面高度随船舶进闸速度的增大而增大。船舶进闸速度为 1.5m/s 时的最大波面高度约是进闸速度为 1.0m/s 时最大波面高度的 2 倍。

在相同闸室水深和船舶进闸速度条件下，最大波面高度随船舶尺度的增大而增大。191m×22.8m×3.3m 顶推船队工况的最大波面高度是 178m×19m×3.2m 顶推船队工况的 1.6 倍左右。

模型试验与实船观测的波面波动过程大致相同，验证了该模型试验的可靠性。

表 11−13 给出了鹿特丹船闸和沃尔克拉克船闸的实船观测数据，鹿特丹船闸闸室长 296m、宽 24m，沃尔克拉克船闸闸室长 345m、宽 24m，可以看出最大波面高受闸室水深、进闸速度影响较大，与模型试验分析结论相同。最大波面高度 0.93m，出现在鹿特丹船闸闸室水深最小工况 4.56m 时。最大波面下降 0.38m，出现在鹿特丹船闸进闸速度最大工况 2.30m/s 时。

实船观测——最大波面高度　　表 11-13

船闸名称	工况序号	闸室水深（m）	船舶进闸速度（m/s）	最大波面高度（m）	最大波面下降（m）
鹿特丹船闸	1	4.74	1.75	0.71	0.25
	2	4.56	2.00	0.93	0.33
	3	4.82	2.15	0.85	0.22
	4	5.40	2.30	0.91	0.38
	5	5.85	2.10	0.55	0.24
沃尔克拉克船闸	6	6.83	1.85	0.35	0.23
	7	7.17	1.18	0.15	0.06
	8	7.70	1.95	0.30	0.22
	9	8.63	2.10	0.31	0.22
	10	8.78	2.05	0.32	0.14
	11	8.91	2.05	0.22	0.23

根据模型试验、实船观测数据和《Navigation Locks for Push Tows》（1973）中闸室内最大波面高度与闸室水深、进闸速度等因素的关系分析，结合三峡船闸实际情况，影响三峡船闸推移波大小的主要因素有船舶尺度、船舶吃水、船舶速度、闸室尺度、闸室水深。

11.5.2　三峡船闸吃水控制标准计算方法

《内河通航标准》(GB 50139—2014)提出航道水深等于船舶标准吃水与富裕水深之和，其中富裕水深包括船舶综合航行下沉量和触底安全富裕量，即：

$$H=T+\delta+\Delta H \tag{11-35}$$

式中：H——船闸门槛水深；

T——允许过闸船舶的吃水；

δ——船舶综合航行下沉量；

ΔH——安全富裕。

（1）船舶综合航行下沉量

由于三峡船闸过闸船舶主要船型的方形系数变化范围较窄，可不计船舶方形系数的影响。船舶尺度和船舶吃水大小可以用水下船中横断面面积来综合反映；闸室有效尺度大小可以用闸室水下横断面面积来综合反映，结合三峡船闸实际情况，影响过闸船舶航行下沉量（δ）的主要因素可归结为船舶航速（v）、闸室水深（H）、水下船中横断面面积（f）、闸室水下横断面面积（F），即：

$$\delta=f(v,\ H,\ f,\ F) \tag{11-36}$$

三峡船闸过闸船舶综合航行下沉量的大小将根据实船观测研究成果和公式计算结果确定。

（2）安全富裕水深

安全富裕水深是在考虑了船舶航行下沉量、推移波影响、纵倾等之外，为避免船舶触底和增加船舶的可操控性而增加的安全富裕水深。安全富裕水深根据规范取值和闸室停泊条件测试成果选取，主要与航道的底质特性、船舶操作特性、航道运营特性等因素有关。

11.6　三峡船闸过闸船舶吃水控制标准和配套措施

11.6.1　三峡船闸相关吃水控制标准执行状况

2008 年 10 月，交通运输部发布了《关于进一步加强长江中上游大型船舶非标准船舶管理的通知》（交水发〔2008〕341 号），要求加强长江中上游大型非标准船舶的管理，每天定时向社会发布三峡船闸、葛洲坝船闸上下游引航道的航道维护水深和船闸最小门槛水深，并按照《内河通航标准》（GB 50139—2004）和《船闸总体设计规范》（JTJ 305—2001）要求安排船舶过闸。对 3000 吨级以上的船舶在过闸前必须逐船、逐航次检查船舶吃水，严防“超吃水”船舶通过船闸。《长江三峡船闸过闸船舶富裕水深标准问题专题办公会议纪要》（纪要〔2008〕33 号）提出：“鉴于三峡船闸设计的依据是《内河通航标准》和《船闸总体设计规范》，三峡通航管理局可按照上述标准的规定控制三峡船闸过闸船舶富裕水深”，即按照 $H/T \geqslant 1.5$ 来控制。

结合航道富裕水深，按川江不小于 0.3m、中下游不小于 0.2m、装载危险货物时另加 0.1m 的要求，2008 年 12 月起，每日对外公布的吃水控制标准为取 4.2m 和 $H/1.5$ 两者的小值（H 为三峡坝上坝下水位组合后的最小槛上水深）。执行期间，所公布的船舶吃水控制标准最低为 3.7m（仅 1d），一般介于 3.8 ~ 4.2m 之间。后经长江航务管理局批复同意，自 2010 年 12 月 1 日起，试行《三峡船闸过闸船舶吃水控制标准关键技术研究》阶段性研究成果，过闸船舶吃水控制提高至 4.0m 以上，一般按月对外发布。

11.6.2　吃水控制标准参数的选取

（1）船闸最小槛上水深

根据本章 11.4 节分析，船闸最小槛上水深和船闸的运行方式及上下游水位密切相关，三峡船闸上下游水位变化也呈现一定的规律性。

①上游水位。

2010 年三峡水库首次蓄水至 175m 以来，三峡船闸上游水位变化规律与规程要求基本一致。船闸上游水位一般在每年的 1 月底开始下降，至 5 月 30 日前三峡船闸上游水位高于 155m，6 月 1 日 ~ 10 日快速下降至汛限水位 145m，6 月 10 日至 9 月 15 日为汛期，维持在 145m 运行。汛末提前蓄水，一般每年 9 月 10 日左右起蓄，并且进行蓄水过程控制，9 月底一般不超过 165m，10 月底蓄水至最高水位 175m 以后保持高水位运行。

②下游水位。

现有梯级调度规程规定三峡船闸下游水位按枯水期不低于 62.5m、汛期不低于 63m 控制。根据统计资料，三峡船闸运行以来坝下水位没有低于规程规定的情况。

③最小槛上水深。

根据上述确定的上下游水位以及前述模型计算船闸门槛水深，做出其变化过程曲线见图 11–8。

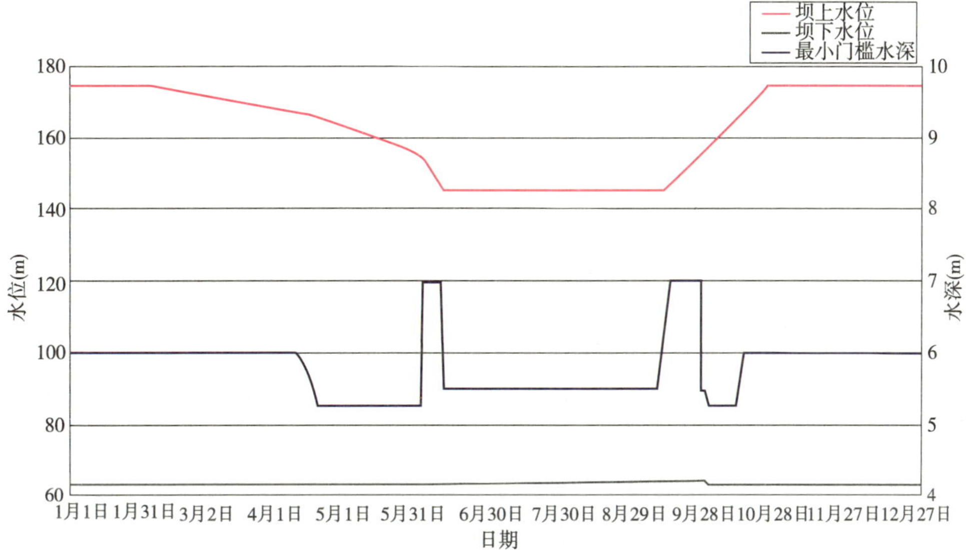

图 11–8 三峡船闸门槛水深变化过程曲线

由图 11–8 可知，每年大体可分为 4 个时段，分别为：10 月 17 日至次年 4 月 8 日，174d，门槛水深不低于 6m；4 月 9 日～ 5 月 31 日，53d，门槛水深为 5.125m；6 月 1 日～ 9 月 30 日，122d，门槛水深为 5.5m；10 月 1 日～ 10 月 16 日，16d，门槛水深为 5.125m。

（2）船舶综合航行下沉量

为了分析船舶下沉量的主要影响因素，假定船舶在狭浅无限长区域航行。船舶航行过程中，前方被船首推开的水体移动到船尾，形成水流围绕船体运动，这种水流的回流运动伴随流速损失，而产生一个水位落差，该水位落差就形成了船舶的航行下沉，见图 11–9。

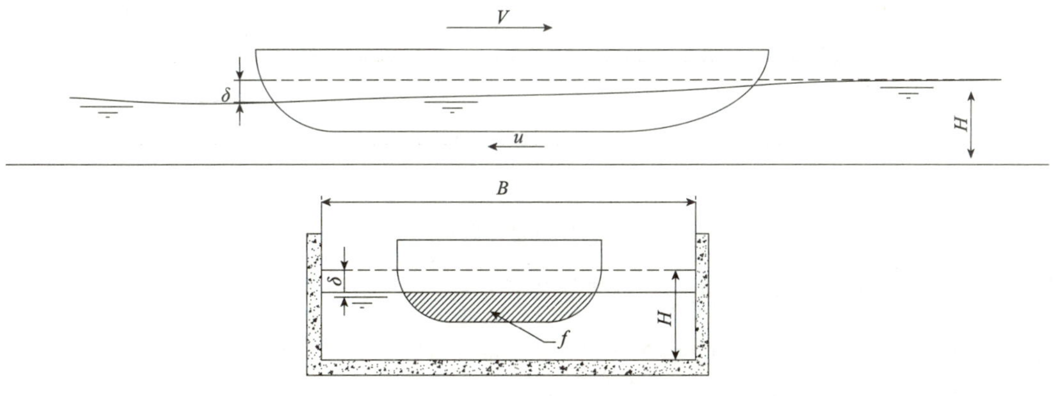

图 11–9 船舶下沉量概化

图 11–9 中，δ 为船舶下沉量，单位为 m；f 为船舶中断面的水下部分面积，单位为 m^2；v 为船舶航速，单位为 m/s；u 为船舶周围水流回流速度，单位为 m/s；B 为闸

室宽度，单位为 m；H 为初始水深，单位为 m。

假定坐标系固定在船舶上，则可建立以下方程组：

$$\text{连续方程}\qquad vF=(v+u)(F-f-B\delta) \tag{11-37}$$

$$\text{能量方程}\qquad \frac{v^2}{2g}=\frac{(v+u)^2}{2g}-\delta \tag{11-38}$$

根据以上方程组可以看出船舶航行下沉量 δ 主要与闸室过水断面面积 F、船舶中断面的水下部分面积 f、船舶航速 v 等因素有关。闸室过水断面面积 F 与初始水深 H 有关，船舶中断面的水下部分面积 f 与船舶的船型、吃水 d 有关。因此通过量纲分析，记 $y=\frac{\delta}{H}$，$x=\frac{v^2}{2gH}\times\left[\left(\frac{F}{F-f}\right)^2-1\right]$，则 $y\sim x$ 间存在一定的函数关系。

南京水利科学研究院联合长江三峡通航管理局、中交水运规划设计院有限公司进行了三峡船闸过闸船舶吃水控制标准的实船试验（分两次共进行了 31 艘船舶 44 组次试验）。由于实船试验组次有限，数据较少，分析 $y\sim x$ 关系时，利用收集到的三峡、向家坝及思林等升船机不同船舶尺寸、航速及船厢水深等条件下的模型试验数据进行拟合，建立了图 11-10 所示的 $y\sim x$ 关系曲线。

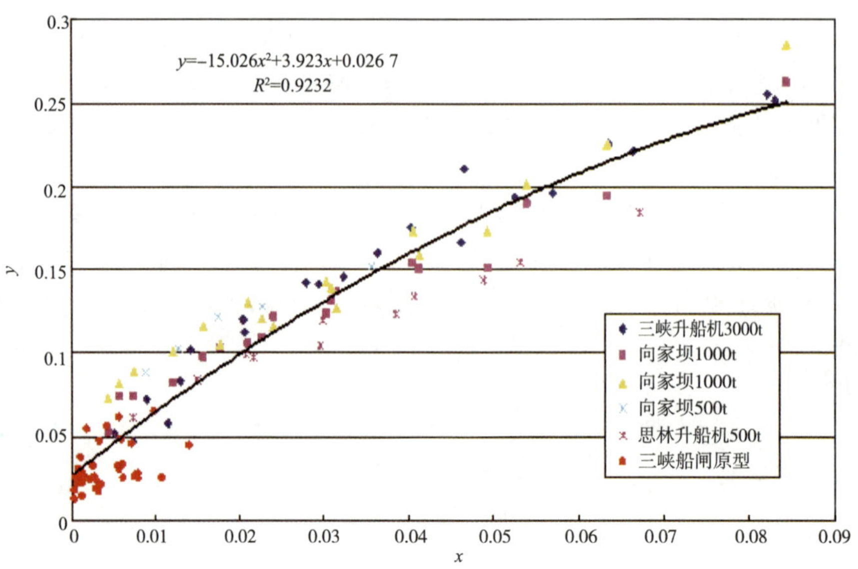

图 11-10　船舶综合下沉量与影响因子关系曲线

拟合决定系数达到 0.92，$y\sim x$ 间存在以下关系：

$$y=-15.026x^2+3.923x+0.0267 \tag{11-39}$$

式中：$y=\frac{\delta}{H}$，$x=\frac{v^2}{2gH}\left[\left(\frac{F}{F-f}\right)^2-1\right]$。

其中，δ 为船舶航行下沉量（m），H 为闸室水深（m），v 为船舶对水相对航速（m/s），F 为闸室水下横断面面积（m^2），f 为船中水下横断面面积（m^2），g 为重力加速度（m/s^2）。

①航速。

现有通航管理法规规定过闸船舶进出闸最大航速为 1m/s，在闸室间移泊的航速不得超过 0.6m/s。取过闸船舶对岸速度按 1m/s 计，按照观测数据船闸口门处存在约 0.3m/s 回流。因此计算吃水控制标准的速度按 1.3m/s 取。

②闸室水下横断面面积。

闸室有效尺度稳定不变(34m),水下横断面面积为 $34\times H(\mathrm{m}^2)$,H 为船闸门槛水深(m)。

③船舶中断面的水下部分面积。

由式（11−15）可知,$y\sim x$ 构成一凸抛物线（图 11−11),其最大值出现在 $x=0.131$。以船闸门槛水深 H 为 5.125m、5.5m 和 6.0m 进行反算，对应取得最大下沉量的 f 值分别为 $115.4\mathrm{m}^2$、$125.8\mathrm{m}^2$ 和 $139.8\mathrm{m}^2$。

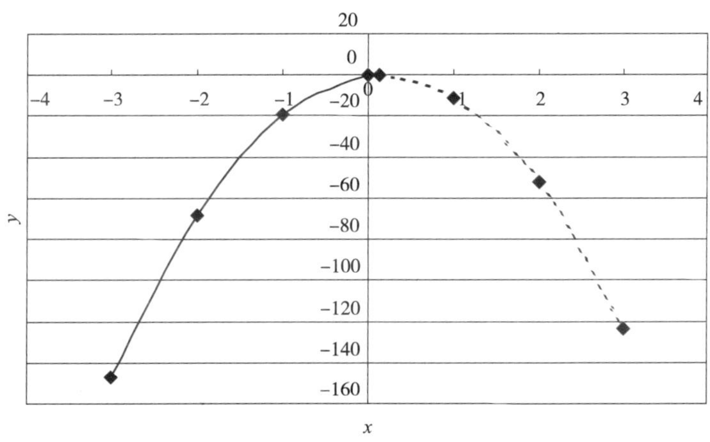

图 11−11　$y\sim x$ 曲线

目前,过闸船舶中最大宽度为19.2m,满载吃水最大为6m,此情况下$f=19.2\times6\times C_m<115.4$（中剖面系数 $C_m<1$），即有 $x<0.131$，因此所研究的船型均处于 y 随 x 值增长的区域（图 11−11 实线区域)。过闸船舶中剖面系数一般在 0.9 以上，可以选取过闸船型中 f 值最大的船舶为研究对象，即 f 值取 $19.2\times d$ (m^2)（d 为船舶吃水)。

(3) 安全富裕

过闸船舶的吃水增大会带来两大风险。第一是船舶的富裕水深减小可能导致船舶擦底危及船舶、船闸安全的风险。针对三峡船闸闸首、闸室底面结构、过闸船舶特性及船舶触底的后果等因素,综合考虑三峡船闸过闸船舶触底受损的可能性,触底安全富裕量取 0.3m。第二是船舶在闸室充水过程中受到的水动力作用增大，危及船舶停泊安全和船闸设施安全的风险。如果在水动力作用下因安全富裕量偏低可能危及船舶停泊安全和船闸设施安全时，需要在实船试验的基础上合理增加安全富裕量。

11.6.3　过闸船舶吃水控制标准的确定

对外公开的允许过闸船舶的最大吃水必须有一定的稳定性，能有效地维持一段时间，才能真正对过闸船舶配载发挥指导作用。从图 11−8 可看出，全年三峡船闸门槛水深均不低于 5.125m，门槛水深 7m 的时间仅为 1 个月左右，且分布零散，稳定性不强，吃水为 5.5m 和 6.0m 的持续时间相对较长。由于三峡船闸设计水深 5.0m，因此，分别以 5.0m、5.125m、5.5m 和 6.0m 4 个典型门槛水深为参考，确定允许过闸船舶吃水控制标准。

（1）满足触底安全富裕量的吃水要求

当船闸最小槛上水深值已知，按 0.3m 考虑船舶触底安全富裕量要求时，计算允许过闸船舶的最大吃水的过程可转换为给定 H 的条件下，对方程式（11−40）数学求解最大吃水 T 的过程。

$$\begin{cases}\delta=(-15.026x^2+3.923x+0.0267)\times H\\ x=\dfrac{1.69}{19.62\times H}\left[\left(\dfrac{34\times H}{34\times H-19.2\times T}\right)^2-1\right]\\ H\geqslant T+\delta+0.3\end{cases}\tag{11-40}$$

当最小槛上水深 H 分别为 5.0m、5.125m、5.5m 和 6.0m 时，分别解得 $T\leqslant 3.924$m、$T\leqslant 4.038$m、$T\leqslant 4.382$m 和 $T\leqslant 4.841$m。因此，如果仅考虑船舶触底安全富裕量要求，当最小槛上水深 5.0m 时允许过闸船舶的吃水可按 3.9m 控制，当最小槛上水深 5.125m 时允许过闸船舶的吃水可按 4.0m 控制，最小槛上水深 5.5m 时允许过闸船舶的吃水可按 4.3m 控制，最小槛上水深 6.0m 时允许过闸船舶的吃水可按 4.8m 控制（根据航道富裕水深要求，干线航道及枢纽航道维护水深须在 5.0m 以上）。

（2）满足水动力作用下停泊安全的吃水要求

三峡船闸系船柱设计系缆力为纵向 8t、横向 5t（允许的合力值约为 9.43t）。实船测试结果表明，吃水 4.5m、实载 5 000t 的大型船舶系缆力普遍超过 10t，超过浮式系船柱的设计极限，威胁到船舶停泊安全及闸室结构的安全，需进一步增加安全富裕量。因此，考虑水动力作用下的停泊安全要求，当船闸最小槛上水深 6.0m 时，允许过闸船舶的吃水可按 4.5m 控制，同时，其实载吨位必须小于 5 000t（干线航道及枢纽航道维护水深须在 4.7m 以上）。

（3）危险品船舶允许过闸的吃水

三峡大坝安全关系重大，近年来危险品船舶过闸高速增长，船舶大型化现象也日趋显现。为确保危险品船舶过闸安全，相关管理规定对危险品船舶过闸提出了特殊要求。吃水控制管理方面，《船舶航行长江富裕水深规定（试行）》（航政监督字〔1988〕第 044 号）等规定提出富裕水深“装载危险货物时另加 0.1m”要求。因此参考这一要求，为保证过闸安全，危险品船舶允许过闸的吃水须在普通船舶基础上减小 0.1m。

11.6.4　配套措施

（1）船舶进出闸及移泊速度监控

船舶的最大下沉量与航速密切相关，船舶进出闸室速度越快，船舶下沉量越大。过闸船舶速度控制是确保大吃水船舶安全过闸的前提条件。过闸船舶应严格遵照《长江三峡水利枢纽水上交通管制区域通航安全管理办法》第十条第五款“船舶进出闸室的航速不得超过 1.0m/s；船舶进升船机承船厢航速不得超过 0.7m/s，出升船机承船厢航速不得超过 0.5m/s”的要求。《三峡工程初期运行期通航管理办法》第二十五条规定“通过三峡船闸的船舶航速限制为：进出船闸的航速不得超过 1.0m/s，在闸室间移泊的航速不得超过 0.6m/s”，以确保船舶过闸安全。

（2）船舶闸室系缆方式优化

船舶吃水标准增大带来船舶在闸室充水过程中受到的水动力作用增大，会增加船舶停泊安全和浮式系船柱运行安全的风险。根据船闸运行中船舶系缆力测试情况，结合船闸系缆桩、船舶系缆桩布置，对船舶长度在 85m 以上的船舶，要求在首尾系缆的同时，必须增加中间系缆，以保证大型船舶在船闸充水过程中，船舶在闸室内的安全。要求载重量大于 4 500t 的船舶在闸室内必须采取艏、舯及艉系缆。

（3）上下游水位预警

三峡水库调度运行过程中，受水库发电调峰影响，三峡水库上下游水位会发生变化，水位上涨，则槛上水深提高，过闸吃水标准偏安全。如果水位下降，低于一定值时，则可能会导致槛上水深降低，无法满足吃水控制标准要求，须启动水位预警。按照梯调规程，三峡水库上游水位调峰日变幅一般不超过 0.5m，总体变化幅度较小，因此上游水位一般变化不大，对船闸槛上水深的影响较小。三峡下游水位受发电调峰影响可能出现较大变化，梯调规程规定下游水位最大日变幅为 3m，一天内可能会导致下游水位低于计算取值。从历年运行情况来看，调峰期间最低水深曾达 5.32m。因此可采取预警的方式予以控制。当调峰情况下最小槛上水深难以满足过闸船舶吃水控制标准要求时，实施水位预警，采取大船、小船分批集中过闸，预警期间只通过小船，恢复正常后过大船。

①三峡船闸上下游口门处设置水位计，每日准确记录实时水位，并将该水位值接入过闸管理系统，船闸运行及船舶过闸吃水控制按此水位计算控制。

②根据水位计实时了解下闸首水位变化情况，在汛期当发现其水位下降接近控制值 64m，在枯水期时水位下降接近控制值 63m 时，采取预警措施。

③预警期间，根据实际的最小槛上水深条件，安排相应的船舶通过，吃水大的船舶暂停进闸。如果闸室内有大于控制标准的船舶，根据水位情况采取降低出闸速度或暂停出闸的措施控制。

④待调峰结束，水位恢复至控制值 64m（枯水期 63m）时，恢复正常运行。

（4）船舶吃水检测及管理控制措施

①船舶过闸时，严格按照《三峡工程初期运行期通航管理办法》、《三峡（初期运行期）—葛洲坝水利枢纽通航调度规程》等有关要求，对危险品船舶实施“先检查、后通过”，普通客货船舶实施“先申报、后抽查”的管控措施。

②安装过闸船舶吃水检测装置，加强对船舶过闸吃水管控。对检测并确认为超吃水船舶的，不予安排过闸。

③根据《关于进一步加强长江中上游大型船舶非标准船舶管理的通知》和《关于加强长江中上游大型非标准船舶管理的实施意见》要求，对 3000 吨级以上的船舶在过闸前逐船、逐航次检查船舶吃水，严防“超吃水”船舶通过船闸。

11.7　效益评价

11.7.1　社会效益

①提高通过三峡船闸的运量，充分发挥三峡工程航运效益。据测算，船闸吃水控制标准若按 4.0 ~ 4.5m 分段控制，现有船型及船闸运行条件下，年单向通过量为 5 860 万 t。进一步大型化条件下，吃水 4.2m（5000 吨级）及以上船舶所占比例扩大，其所占过闸面积扩大到总面积的 30% 左右，而小型船舶所占面积降低到 10% 左右，则单向年通过量 6 930 万 t。

②降低运输成本，节能减排。近几年航运发展迅速，1000 ~ 3000 吨级的船舶增长迅速，3000 ~ 5000 吨级船舶逐渐成为主力船型，受三峡船闸吃水限制，其装载率年度平均不到 50%。吃水控制标准合理化后，过闸船舶装载系数将明显提高，单位货物运量耗油量减少，在节约能源，进一步减少二氧化碳、二氧化硫等有毒气体向大气排放量方面取得显著成效。

③促进沿江经济发展。“十五”以来，长江航运持续快速发展，货运量、周转量及港口吞吐量保持了两位数的年均增长率，发展势头十分强劲，成为目前世界上内河运输最繁忙、运量最大的通航河流。三峡枢纽建成后极大地改善了三峡库区上游的通航条件，为长江航运的发展提供了新的契机。目前过闸运量不断增加，通航与需求差距越来越大。随着吃水控制标准的合理化，提高了船闸的通过量，将促进区域经济结构优化，产业集约发展，促进沿江经济的快速发展。

④促进长江标准化船型发展。交通部（现交通运输部）从 1997 年起开始启动川江及三峡库区运输船舶船型标准化工作，吃水控制标准合理化后，将为进一步完善川江及三峡库区标准船型主尺度系列，推动船舶大型化的适度和合理发展奠定基础。

11.7.2　经济效益

按船闸设计规范规定的 $H/T \geqslant 1.5$ 的设计标准，以现行船舶为基础，测算通过三峡船闸的单向通过量不到 4 000 万 t；过闸船舶吃水按 4.0 ~ 4.5m 的标准分阶段控制，在现有船型条件下，测算年单向通过量为 5 860 万 t，比原标准增加 1 860 万 t，约可产生经济效益 21 亿元；在船舶进一步大型化，吃水 4.2m 及以上船舶所占比例继续扩大，其所占过闸面积扩大到总面积的 30% 左右，而吃水 3.13m 以下的船舶所占面积降低到 10% 左右，年单向通过能力为 6 930 万 t，比原标准增加 2 930 万 t，可产生经济效益 33 亿元。

12 三峡坝区船舶污染防治

12.1 概述

船舶污染是造成水域环境和沿岸陆域污染损害的因素之一。随着水上运输量日益增长，船舶污染物产生量不断增加，船舶污染事故也时有发生，这些都给区域水环境和通航安全带来一定的环境污染隐患。为了防治船舶污染三峡坝区水域，保护水域生态环境，解决三峡坝区船舶污染监测和油污清除手段缺乏的突出问题，提高船舶防污染监管和应急快速反应能力，交通部（现交通运输部）于 2007 年 5 月批准立项建设三峡坝区船舶污染防治一期工程，该工程于 2008 年 11 月正式开工建设，2010 年 11 月完工，2013 年 6 月竣工。

建成后的三峡坝区船舶污染防治系统主要为三峡坝区水域船舶污染防治和应急反应提供科学手段和技术支持。三峡坝区作为三峡库区下游油污控制点，为整个长江中上游水上船舶污染事故的应急反应提供必要的协助和支持。

12.2 总体布置

12.2.1 系统功能及规模

（1）系统功能

系统主要功能包括对三峡坝区水域以油污水、船舶溢油等为主的船舶污染物进行监视和监测，为坝区发生的水上船舶污染事故提供应急反应行动的决策支持，完善现有船舶油污监测功能，重点满足三峡坝区水域的船舶污染防治和污染应急反应的需要，并为长江干线大型污染事故提供协助和支持，从而实现保护长江水域环境、降低船舶污染损害的目标。

（2）系统组成

系统主要包括船舶油污监视监测、船舶污染事故应急反应决策支持和船舶溢油事故应急清污三大系统。

①监视监测系统。在现有流动污染源监测站的基础上增加配置污油鉴别设备，具备污油水浓度测定和污油鉴别功能，配置少量的便携式监测设备和摄像取证设备，实现快速监测。通过长江三峡通航管理局原有的视频监控、船舶监管等系统对水上污染事故实行实时监视。

②应急反应决策支持系统。系统涵盖整个三峡坝区水域，为坝区发生的各种船舶污染

事故（包括船舶溢油和化学品溢漏事故）的应急反应提供技术支持和决策手段。

③应急清污系统。系统具有应对 100t 水上溢油事故的能力，主要体现应急反应速度和快速反应能力。应急反应设备可在 6 级风的条件下出动，对 100t 以下规模溢油事故，水上溢油清除时间不超过 4 天，敏感岸线清除时间不超过 1 周。如发生大型或特大型污染事故，还可调用三峡库区的应急反应设备进行支援。

12.2.2　系统布局

系统具体组成如下。

①三峡坝区船舶污染防治监测实验室：配置荧光分光光度计、气质联用仪、便携式油分检测设备、分析天平、实验室常用及取样设备各 1 套、数据处理计算机 2 套。

②海事处配置监视监测设备：三峡坝区海事处和葛洲坝海事处共配置便携式摄像取证设备、便携式油分检测设备、船载红外摄像设备 4 套。

③应急反应决策支持系统：包括应急反应决策支持系统应用软件（含电子江图、各功能模块）、数据库系统软件、地理信息系统软件；硬件方面配置系统服务器 2 台、维护工作站 1 台、计算机终端 5 台。

④仙人桥应急设备库：配置江河型充气式围油栏、轻便型围油栏和防火围油栏，小型刷式收油机、小型多功能收油机、岩石收油机、围油栏清洗装置、卸载泵、手动消油剂喷洒装置各 2 台，小型盘式收油机、中型多功能收油机、中型动态斜面收油机、船用消油剂喷洒装置各 1 台，应急救援平台 1 艘，吸油毡、吸油拖栏、环保型消油剂、凝油剂、收油网、储油罐、浮动油囊、岸线清洗简易工具、清污个人防护装备、天吊、叉车、集装箱等若干。

⑤南津关应急设备配置点：配置江河型充气式围油栏、轻便型围油栏和防火围油栏，应急卸载泵、小型刷式收油机、小型多功能收油机、中型动态斜面式收油机、岩石收油机、手动消油剂喷洒装置各 2 套，应急救援平台 1 艘，个人防护设备、吸油毡、环保型消油剂、吸油拖栏、凝油剂、收油网、储油罐、浮动油囊、集装箱等若干。

⑥土建配套设施：建设三峡坝区船舶污染防治监视监测实验室，建筑面积约 300m^2，设置应急反应决策支持系统后台机房、应急反应设备库、应急反应人员训练场地、设备晾晒保养场、设备清洗场地及污水处理站。

12.3　船舶污染防治系统

12.3.1　监视监测子系统

该系统具备污油水浓度测定和污油鉴别功能，并现场配置便携式监测设备和摄像取证设备，实现快速监测。通过视频监控、船舶监管等系统完成对水域内船舶废弃物排放和污染事故的监视与监测。该子系统包含监视系统和监测系统。

（1）主要功能

①监视系统主要功能如下：

A. 通过海巡艇上架设摄像设备，实现在执行常规巡逻任务时为船方违规排放油污水和突发污染事故进行监视和调查取证。

B. 在岸基视频监控系统的可视范围内及时发现坝区水域范围内出现的船舶溢油和污染事故并及时分析，为制定应急反应行动方案提供相关信息，亦为污染物扩散遏制和回收方案的选取提供基础条件。

C. 通过船舶监管系统和船舶自动识别系统等，实现对进出三峡坝区水域危险品船舶的实时跟踪。

②监测系统主要功能如下：

A. 通过对坝区范围的水进行取样分析，分析评价水环境现状，同时通过观察和调查积累基本资料，为船舶的防污管理提供科学决策的依据。

B. 通过对污水进行采样并分析其油分浓度，对船舶油污水排放和油水分离设备的情况进行检测，实现日常监督执法。

C. 通过对水中污油进行初步鉴别，初步调查分析水上油污染来源，对违章排放和安全事故进行调查处理。

（2）设备配置

①设备配置原则为：设备性能稳定、质量可靠、技术先进、性价比高、测量精度较高。

②设备配置。

监视系统是以视频监控系统、船舶监管系统和船舶自动识别系统等作为依托手段。监测系统主要由油分监测仪、水中油分浓度计、荧光分光光度计、物理性能分析器、便携式油分浓度计和其他配套设备组成。油污染定性及定量监测系统配置见图 12−1。

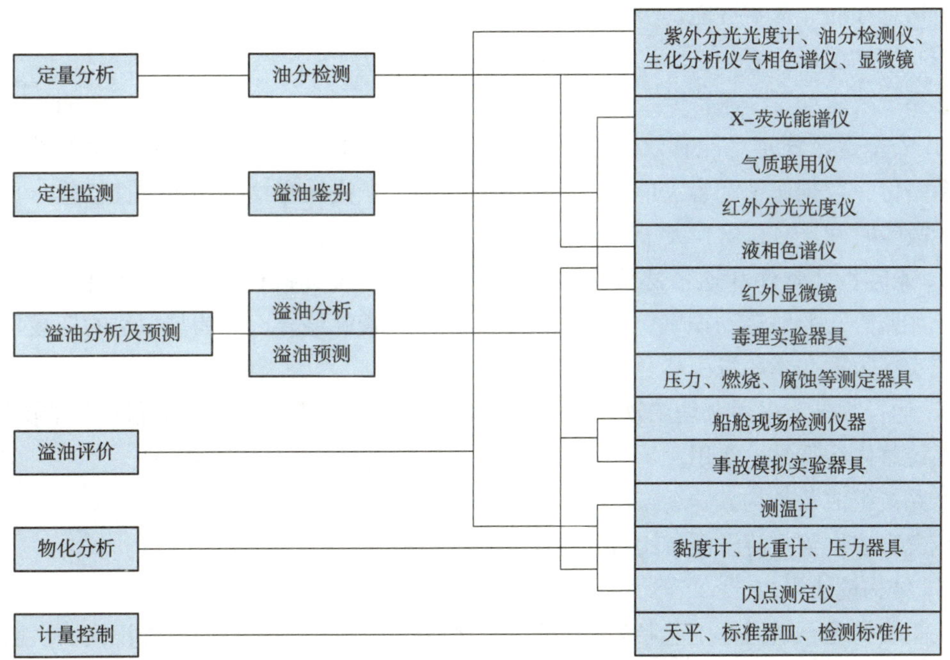

图 12−1　油污染定性及定量监测系统配置

监视监测系统主要设备如下：

A. 便携式摄像设备，主要用于事故调查取证；配置视频采集 IEEE1394 卡和视频编辑软件。

B. 荧光分光光度计，主要用于初步溢油品种鉴别，具有三维荧光和同步检测的功能。

C. 水中油分浓度计。本系统配置 HC−404 水中油分浓度计。

D. 便携式油分浓度计，可在现场采样并现场分析，每分析一个样品时间需要少于 40min，具有携带方便、性能稳定、操作简便、试剂毒性小的特点。

E. 分析天平。系统配置进口元件和国内组装的分析天平，具有性能好、运行稳定、精度较高的特点。

F. 实验室常用设备。实验室常用设备包括鼓风干燥箱、冷藏箱、氢气发生器、蒸馏水发生器、除湿机、常用玻璃器皿、通风设备、洗涤台、器皿柜、文件柜、污水取样器等。

12.3.2　决策支持子系统

应急反应决策支持子系统在地域范围上包含 59km 的整个三峡坝区水域，在功能上对坝区发生的各种船舶污染事故（包括船舶溢油和化学品溢漏事故）的应急反应提供技术支持和决策手段，包括应用软件（含电子江图、各功能模块）、数据库系统软件、地理信息系统软件，硬件方面有系统服务器、维护工作站和计算机终端设备。

（1）主要功能

决策支持子系统的主要功能包括风险分析、损害评价、辅助决策、模拟训练、事故统计与查询等。同时，决策支持子系统作为船舶污染防治系统的重要组成部分，还具有信息处理、信息存储等基本性能。

（2）结构组成

①系统要求如下：

A. 安全保密稳定。能有效防范外部攻击和内部误操作对系统及信息资源的破坏，具有冗余备份、数据保密和容灾能力。系统软硬件经过严格质量检测和可靠性检验，系统的平均无故障时间（MTBF）大于 2 500h。

B. 兼容性。软件和通信协议采用通用的标准，系统具备良好的开放性和可扩展性，能与船舶监管、船舶自动识别等系统实现数据共享和资源整合，并为与拟建的搜救指挥决策系统实现数据共享和资源整合留有余地。

C. 运行维护。采用合理的软硬件、数据运行维护方案，在确保系统运行质量的前提下，降低系统整体运行维护费用。

②系统组成及结构。

应急反应决策支持子系统组成及结构见图 12−2。

A. 结构模块组成。

决策支持子系统总体上包括船舶污染模拟模块、船舶污染事故应急知识模块、船舶污染事故辅助决策模块、船舶污染事故管理模块、信息查询模块、桌面演习和电子沙盘模块等 6 部分，系统总体结构见图 12−3。

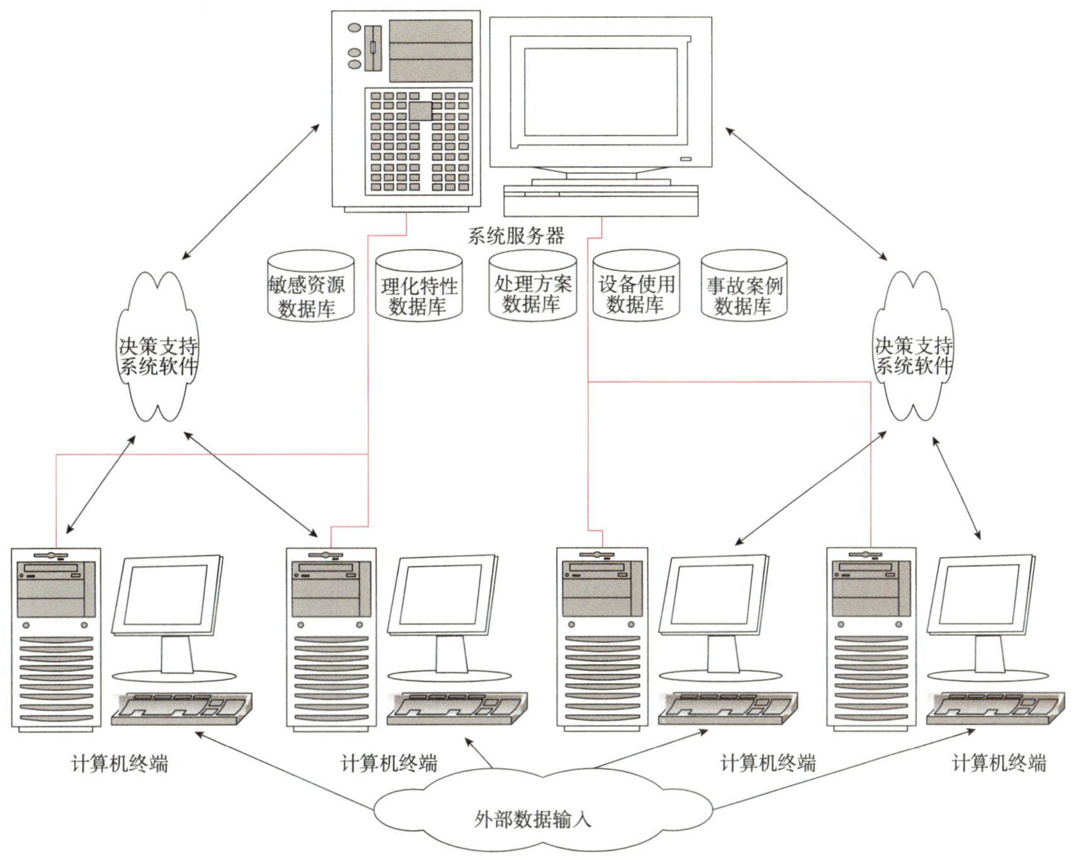

图 12-2 应急反应决策支持子系统组成及结构

B. 数据结构组成。

系统的数据分为方法数据、基础数据、模型数据、知识数据等，数据结构见图 12-4。

数据库是决策支持系统的最基础的部分，包括环境、船舶、货物、人员、设备等相关数据。一般应包括水文气象、地理地貌、环境敏感区和高价值区、船舶交通资料、船舶动态、船舶运载油品、油类以及特性、船舶运载化学品种类及理化特性、污染事故应急组织、指挥及通信联络、污染事故应急设备、器材及人力资源、污染事故应急后勤支援、溢油鉴别和油品指纹数据库等。

方法库：主要包括支持系统中的基本算法程序，有不同类型污染物飘移扩散计算方法和风险计算方法。

模型库：主要是各类污染事故模拟、决策及灾损评估模型，包括溢油及主要化学品泄漏轨迹及归宿模型、船舶污染事故风险分析模型、船舶污染事故决策模型、船舶污染事故损害评估模型等。

知识库：用以存储满足三峡坝区船舶污染事故应急管理所需的知识与经验，如组织管理知识、常见化学品或油品处理方法、污染事故应急业务知识、相关专业知识、历史污染事故经验与教训等。

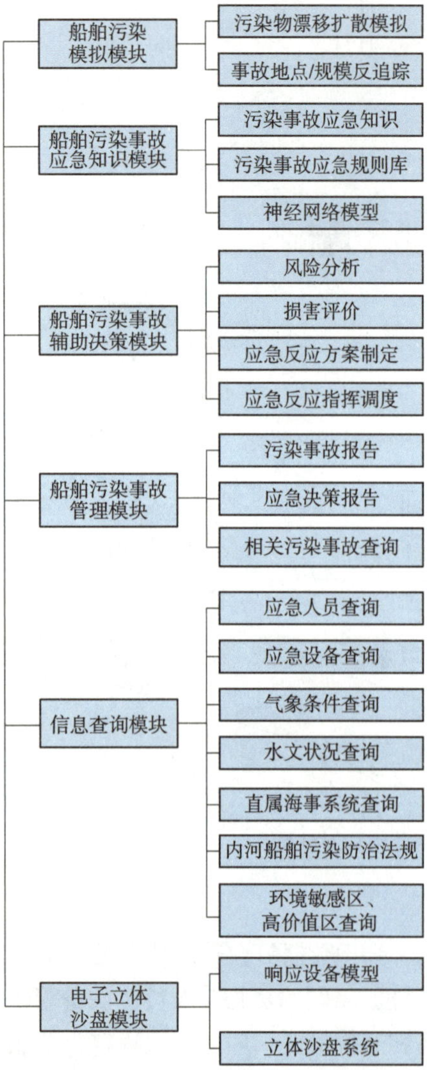

船舶污染模拟模块
污染物漂移扩散模拟
事故地点/规模反追踪
船舶污染事故应急知识模块
污染事故应急知识
污染事故应急规则库
神经网络模型
船舶污染事故辅助决策模块
风险分析
损害评价
应急反应方案制定
应急反应指挥调度
船舶污染事故管理模块
污染事故报告
应急决策报告
相关污染事故查询
信息查询模块
应急人员查询
应急设备查询
气象条件查询
水文状况查询
直属海事系统查询
内河船舶污染防治法规
环境敏感区、高价值区查询
电子立体沙盘模块
响应设备模型
立体沙盘系统

图 12-3　决策支持子系统总体结构

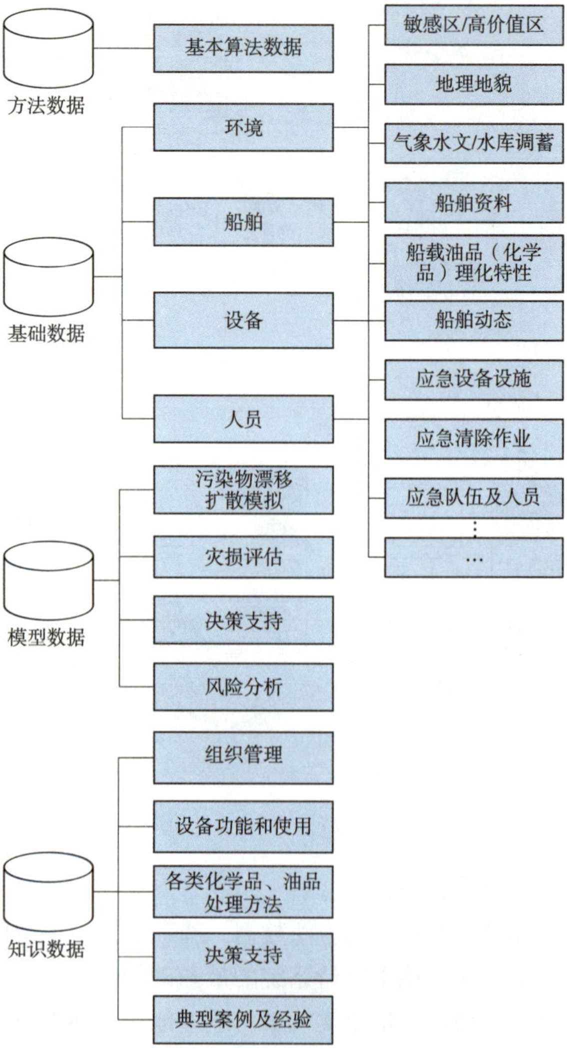

方法数据
基本算法数据
基础数据
环境
船舶
设备
人员
敏感区/高价值区
地理地貌
气象水文/水库调蓄
船舶资料
船载油品（化学品）理化特性
船舶动态
应急设备设施
应急清除作业
应急队伍及人员
…
模型数据
污染物漂移扩散模拟
灾损评估
决策支持
风险分析
知识数据
组织管理
设备功能和使用
各类化学品、油品处理方法
决策支持
典型案例及经验

图 12-4　决策支持子系统数据结构

(3) 决策支持子系统的信息处理流程

①船舶污染模拟模块流程见图 12-5。

船舶污染事故地点、规模、污染物种类
查询/调用数据库/模型库/方法库
污染物漂移扩散范围
反追踪
污染物检出地点、浓度，污染物种类
查询/调用数据库/模型库/方法库

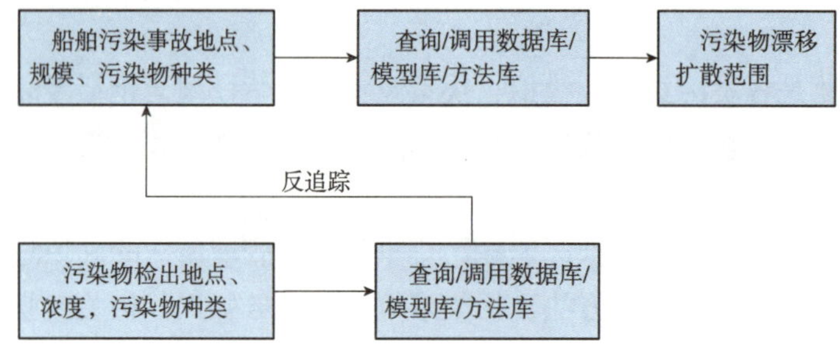

图 12-5　船舶污染模拟模块流程

②船舶污染事故应急反应决策流程见图 12−6。

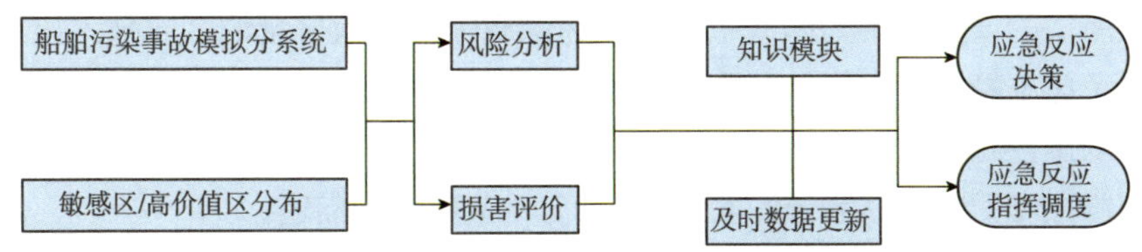

图 12−6 船舶污染事故应急反应决策流程

（4）系统及硬件数量

该系统软件包括：决策支持系统软件 1 套、数据库系统软件 1 套、地理信息系统软件 1 套、事故处置方案数据库、提供事故处置方案的硬件系统、系统服务器、维护工作站和客户终端。其中，系统服务器和维护工作站考虑设备正常运转，保障系统运行的稳定性，各配置 2 台；客户终端分别配置在长江三峡通航管理局本部、三峡海事局、三峡坝区海事处、葛洲坝坝区海事处、仙人桥应急反应设备管理中心等 5 处。

12.3.3 溢油应急清污系统

在仙人桥设置应急反应设备库，在南津关建设应急设备配置点。应急设备库和应急设备配置点主要配置各种水上污染物控制、清除以及回收设备。其中仙人桥应急反应设备平时储存于陆上应急反应设备库内，而南津关应急反应设备日常储存于应急救援平台上，该平台停靠于南津关 65m 趸船附近。

（1）系统使用

三峡坝区水域范围内船舶运输的危险品可分为 4 类：挥发类、飘浮类、溶解类和下沉类。挥发类物质泄漏水中，会漂浮在水面，迅速挥发，对水生物和水环境影响较小，周围人群可采取回避的方式减少伤害。飘浮类物质在水流作用下，迅速扩散，给环境和河流带来很大危害，应及时处理。溶解类物质泄漏后迅速溶解于水中，一旦入水，其处理变得非常困难。若需要处理，通常采用中和法或吸附法，吸附物质为活性炭等，中和剂如酸性处理剂为碳酸钠，碱性处理剂为磷酸二氢钠等。下沉类物质不溶于水，在条件允许的情况下，可以使用打捞设备回收。

由于溶解性危险化学品种类繁多，活性炭等吸附材料和中和试剂一般难以做到大量储备，需要建立针对各种事故类型的处置方法库，并与拥有处置物资的组织机构保持畅通的联络渠道，以备随时对突发污染事故做出反应。而下沉类物质的污染消除则通过与航道清理和打捞部门及时协调进行污染物的适时打捞。因此，清污控制系统主要针对泄漏后仍漂浮于水面的污染物，即油品或类油品（一些不溶于水且比重低于水的液体）。其处理方法大致相同，主要分为四步进行：一是残留液货转移；二是溢油扩散的控制；三是溢油的回收；四是溢油的清除。以下根据三峡坝区水域特点介绍溢油应急反应程序及相关配套设备配置情况。

①残留液货转移。

船舶发生碰撞、搁浅事故后，在溢出部分所载货油或燃料油后，留在货舱内的油或燃料舱内的燃料油还将继续溢出，应尽快采取措施将液货卸载和回收，防止继续溢出。应急卸载和回收所需的设备主要为卸载泵，为快速卸载需配备大排量的卸载泵。该系统配置的卸载泵主要考虑难船油舱和化学品舱液货的卸载，同时适当考虑沉船的进水卸载。

②溢油的围控和回收。

溢油的围控和回收是该系统的关键，在 12.4 节中详细描述。

③溢油清除。

当水文气象条件较差，油的控制和回收比较困难时，可适当使用消油剂（凝油剂）将溢油从水面清除，以防止形成稳定的油包水乳化物，对水域环境造成损害。进行溢油清除可根据情况选择以下方法：

A. 凝油剂。凝油剂是一种使溢油胶凝成块状物的固体粉末化学制剂，主要原料为天然木纤维屑。胶凝后的油块浮于水面，其使用量约为油量的 50% ~ 60%。凝油剂不仅适用于轻质油品的凝固，也适用于重质油品和化学品的凝固。但由于其用量较大，所以只适用于吸油毡或吸油拖栏无法回收且环境较为敏感水域的片状或点状溢油回收。

其中“索科罗”吸油颗粒是凝油剂的一种，可吸收所有的已知油类、农用化学物质、杀虫剂以及大部分碳氢化合物，是环保、有机、无毒、无二次污染的吸收剂，更适合岸上溢油和化学品的吸收。

B. 消油剂。当天气条件恶劣，其他溢油回收设备使用效果较差，可选择喷洒消油剂，以加速溢油向水体溶解和分散。因使用普通消油剂会对水域造成二次污染，而三峡坝区水域环境敏感，因此该系统配置的是浓缩环保型消油剂。

环保型消油剂的配方选用无毒的材料，通过洁净的理化生产过程，保障产品环保品质。产品无毒性反应，无重金属污染，对海洋生物无伤害，有害重金属检测符合国家环保标准，急性毒性试验符合标准规范要求。

C. 人工清除。清洗码头壁上油污，先用高温热水活化，再用高压喷洒消油剂。污染的污泥和岸边杂草应以人工清除为主。

④溢油的储存及转运。

回收后的溢油需通过一定储存装置和运输装置将其运送到岸，考虑到容积及稳性，本系统租用油驳对溢油进行储存和转运。溢油回收先期，油驳无法及时到达事故现场时，需利用浮动油囊和轻便储油罐对回收的溢油进行临时储存。当油驳到达时，对储油罐中的溢油进行过驳，采用油驳对回收的溢油进行收集、储存和运输到岸。

⑤应急船舶。

一旦发生船舶溢油，控制回收溢油的整个行动都必须按预先制订的应急计划程序进行溢油处理。围油栏布放船、浮油回收船、分散剂喷洒船、现场指挥船等构成溢油控制和清除系统的主要部分，它们既是溢油处理设施的运载工具，又是作业平台，是溢油应急行动的重要组成部分之一。

A. 现有船舶。

可利用现有多功能环保回收船、海事巡逻艇、航标艇等船舶进行污油回收、围油栏拖带、应急指挥、收油网、吸油拖栏、凝油剂和吸油拖栏等的使用。

B. 应急救援平台。

围油栏、收油机运输及使用过程中要求依托船的甲板面积较大。据调查，现有船舶甲板面积较小，无法完成围油栏、收油机运输及使用。因此，本系统配置了 2 艘应急救援平台。该平台无自航动力，具备设备摆放、污油储存、应急操作等功能，在海事巡逻艇或消防船（进行易燃、易爆危险品清除回收）的拖带下行进。其工作效果见图 12–7。

图 12–7 应急救援平台工作效果

其中，仙人桥应急设备库中的应急救援平台平时停靠于仙人桥 90m 趸船附近，南津关应急设备配置点的应急救援平台平时停靠于南津关 65m 趸船附近。

⑥应急运输车和应急指挥车。

考虑应急设备的陆上运输，同时长江三峡通航管理局现有集装箱运输车辆较少，本系统配置 1 辆应急运输车用于运送溢油清污设备及通信器材等。同时，配置应急指挥车 1 辆，满足应急反应指挥人员等现场办公和应急事故处理的需要。

⑦应急清污设备的装卸及所需装卸设备。

各类清污设备设施日常储存于设备库房中，应急设备的堆放形式分为堆放和整装两类。清污行动时根据事故规模和应急需要选择使用。

A. 应急设备库内的装卸。

当应急设备库应急反应范围内的水域发生污染事故后，工作人员迅速根据事故规模选择清污设备，装有整装设备的直接由应急运输车拖运至码头前沿，通过吊机进行装船作业；散装清污设备在库房内通过叉车装上应急运输车，并由其拖运至码头前沿，通过吊机完成装船作业。最后，通过应急船舶将清污设备设施运至事故现场，进行清污作业。装卸流程见图 12–8。

B. 应急设备的陆上调用。

当应急设备库内的设备参与应急反应通过陆路运输时，需要将本设备库的设备通过应急运输车陆路运往其他区域，所需数量较多，需租用或征用当地多辆集卡进行陆上运输。

C. 应急设备的装卸机械和设备。

根据装卸流程和应急设备的陆上调用，设备库内的设备平时需集装箱装载，装卸运输过程中需要使用叉车、天吊以及应急运输车（集卡）。

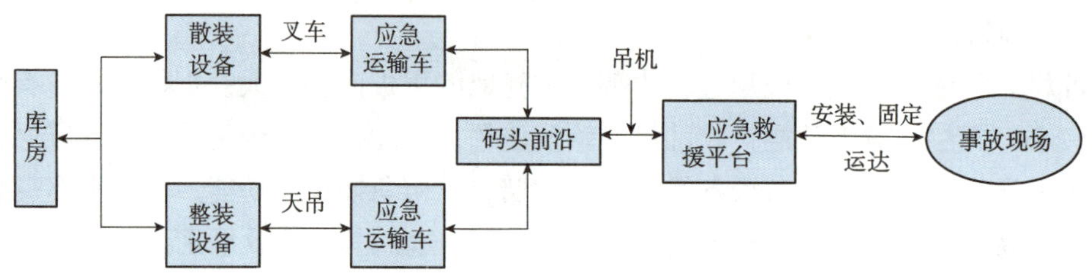

图12-8　应急设备装卸流程

（2）设备配置

①配备原则。

质量可靠，技术先进，性价比高；系统设备均应达到功能要求，系统兼容性好；设备库设备选择以满足周边区域大中型污染事故应急到达与快速清除为主，设备配置点设备选择以满足当地小型污染事故的应急控制为主；综合考虑收油机、收油网、吸油拖栏、消油剂等各类清污设备的清除能力和实际清除效率，结合坝区危险品特点和水文特征，合理配置。

②设备配置方案。

根据三峡坝区坝上和两坝之间水域特点，结合水上污染物清除回收系统程序，三峡坝区系统设备配置见图12-9、图12-10。

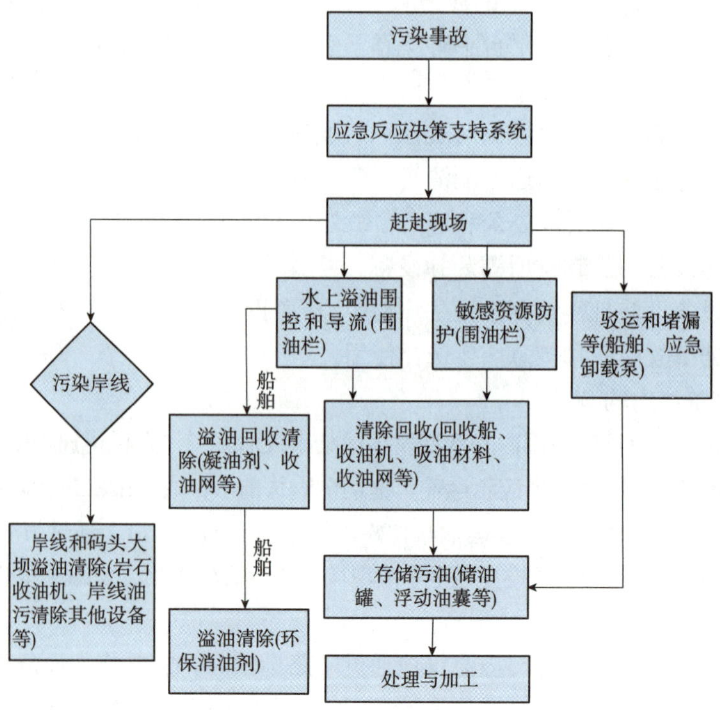

图12-9　三峡坝区坝上污染物清除回收程序及设备配置

A. 液货转移及卸载设备。

a. 离心式应急卸载泵，主要是针对遇难船油舱黏度较大油品、各种化学品、水的卸载，由动力站、卸载泵、卸载泵支架、软管支架及液压管和输出软管组成，卸载功率可调，泵体及各种管系耐化学品腐蚀，受垃圾影响小，适用于高中低黏度的液体。

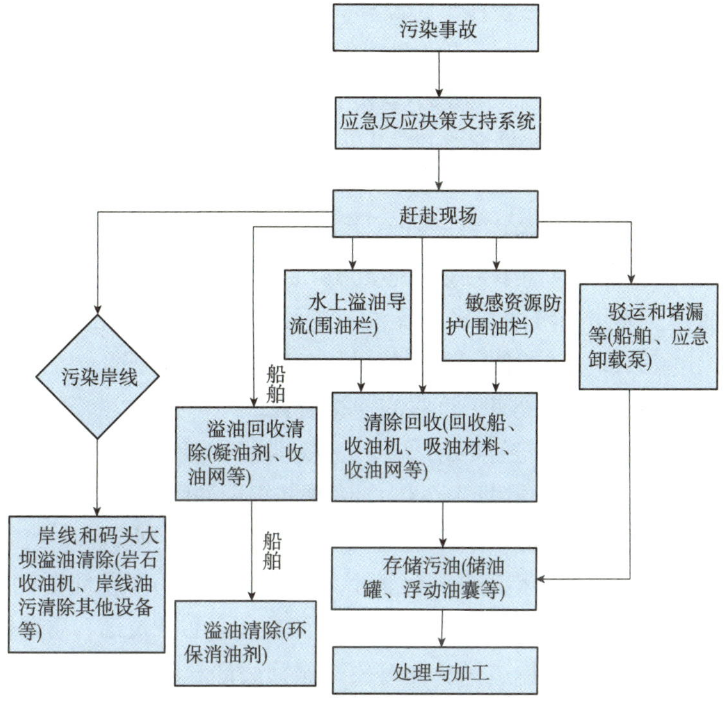

图 12－10　两坝之间污染物清除回收程序及设备配置

b. 真空式应急卸载泵，主要用于遇难船油舱黏度较大、中油品的卸载或较厚油层油品的回收；由动力站、卸载泵、卸载泵支架、软管支架及液压管和输出软管组成；卸载效率可调，耐腐蚀，受垃圾影响小，适用于高中黏度的液体；可不潜入液体内直接通过管系卸载油品。

c. 螺杆式应急卸载泵，主要用于遇难船油舱原油或燃油的卸载或较厚油层溢油的回收；由动力站、卸载泵、卸载泵支架、软管支架及液压管和输出软管组成；卸载效率可调，耐腐蚀，受垃圾影响小，适用于高中低黏度的液体。

B. 溢油围控设备。

a. 轻便型围油栏。轻便型围油栏用于液货泄漏难船的围控，防止液货进一步扩散；布放迅速，布放与回收操作简便，可直接从卷绕架上投放到水中。作为液货泄漏船舶的第一道防线，三峡坝区一般通航船型 3000 吨级船舶船长 80 ~ 90m，本系统配置轻便型围油栏坝上 200m、坝下 200m。

b. 江河型充气式围油栏。在内河水域，江河型充气式围油栏主要作用是溢油扩散的围控和收油时的导流。主要作用体现在：一是溢油船舶的第二层防线，防止油品外漂和扩散；二是河道横截面的布放，防止溢油进一步往下游漂移；三是收油机回收溢油时的导流；四是敏感资源和岸线的保护。

江河型充气式围油栏由栏体、充吸气机、动力装置、与船舶连接器件、拖头及其他相关配件组成。它适合内河水域使用，可高速拖曳，以满足现场布设的要求。该围油栏应有独立动力系统，为围油栏布放、回收、充气系统提供动力，具有灵活、快速、可靠的连接装置。

作为液货泄漏船舶的第二道防线，首先配置江河型围油栏坝上 200m、坝下 200m，沿河道横截面布放，防止溢油进一步往下游漂移。考虑三峡库区河面宽度 650 ~ 1 000m、两坝之间平均宽度 400m。因此，沿河道横截面布放江河型充气式围油栏坝上 1 000m、坝下 400m。收油机回收溢油时的导流，考虑小型和中型收油机的工作状态，围油栏需 200m。三峡坝区敏感资源较多，分布着 9 处取水口，9 处风景名胜区，1 处珍稀鱼类保护区，坝上和坝下两处养殖区，应重视敏感资源和岸线的保护。若涉及敏感资源防护，围油栏需政府购置时，数量较多，投资较大，考虑辖区社会力量已有围油栏 950m，本系统共配置围油栏 1 400m，仙人桥应急设备库、南津关设备配置点分别配置江河型围油栏 800m 和 600m。

c. 防火围油栏。为防止汽油和轻质原油、柴油的自燃，防火围油栏进行具有腐蚀性化学品的拦截；由耐火部分、裙体、连接装置和存储架等组成；适合内河水域使用，布放灵活，质量较轻；具有灵活、快速、可靠的连接装置。

作为泄漏液货船舶的第一道防线，考虑三峡坝区一般通航船型 3000 吨级船舶船长 80 ~ 90m，本系统配置防火围油栏坝上 200m。考虑防火围油栏的体积及质量，事故发生时的紧急性，仙人桥应急反应设备库、南津关应急反应设备配置点分别配置防火围油栏 200m。

d. 岸滩围油栏。岸滩围油栏用于岸线油品及化学品拦截，以防止溢油或化学品上岸；由栏体、动力装置、充吸气机等组成；适合内河岸滩使用，布放灵活，质量较轻；具有灵活、快速、可靠的连接装置。作为岸边保护的对象，作为溢油导流到岸的岸线保护对象，考虑围油栏的常规配置长度标准，本系统仙人桥应急反应设备库、南津关应急反应设备配置点分别配置岸滩围油栏 200m。

e. 围油栏清洗装置。主要包括充气式围油栏、轻便型围油栏、防火围油栏的清洗，可兼有收油机清洗的功能。考虑围油栏配置数量和岸滩清洗的需要，本系统配置围油栏清洗装置 2 台。

C. 溢油回收设备。

据统计，收油机在事故和试验中的实际收油效率为厂家标定收油效率的 2% ~ 10%。按收油效率 2% 计算，考虑内河清污时间为 3d（不超过 1 周），收油机额定收油效率应达到 208m^3/h。根据辖区水域运输油种、货船燃油种类黏度，本系统主要配置多功能环保回收船、多功能收油机、动态斜面式收油机、刷式收油机，同时考虑难船液货及河水的卸载，配置适量卸载泵。

油层较薄、油品黏度较低或回收水面相对狭小时，适用于吸油毡和吸油拖栏对油品进行黏附回收。当油品凝成块状时，适用于收油网对油品进行回收。

a. 多功能环保回收船。多功能环保回收船可进行日常船舶垃圾、油污水、化学洗舱水的接收，也可用于坝区水面清漂，发生污染事故时又可参与围油栏布设、溢油回收和储存等应急反应行动。它主要由船体、收油头、输油泵、动力源、浮力系统和支撑系统及相关配件等构成，可回收低、中、高黏度及块状浮油，适用中、厚油层，比较适合于三峡坝区水域的水流流速。

b. 多功能收油机。它主要由收油装置、输油泵、动力源、浮力系统、支撑系统及相关配件等构成，可根据油种更换收油头，适用回收黏度大、中、小的油品；适用中、厚油层；能较强地适应两坝之间和坝下水域的水流流速；应有独立的动力系统；滞油性好，且受垃圾影响小。

c. 刷式收油机。它主要由收油装置、输油泵、动力机组和液压软管等组成，适用于回收黏度较大的油品；适用薄、中、厚油层；能较强地适应两坝之间和坝下的水流流速；应有独立的动力系统；滞油性好，且受垃圾影响小。

d. 动态斜面收油机。它主要由收油装置、输油泵、浮力系统、支撑系统、动力机组和液压软管等组成；适用于回收各类轻质油、柴油、原油；适用于中、厚油层；能较强地适应水域的水流流速，可在行进中进行溢油的回收；应有独立的动力系统；滞油性好，且受垃圾影响小。

e. 岩石收油机。它主要用于硬质岩面上溢油的回收，油品上岸和上坝后的回收，配合使用小型收油机的动力站；主要由收油机头、软管、液压管及输出管组成，便于人工操作，使用防腐蚀材料。

f. 吸油毡。它主要用于狭窄局部溢油清除，吸附能力较强，吸油量是其自身质量的15 倍以上，考虑可应对 100t 的溢油事故，本系统配置 7m。

g. 吸油拖栏。吸油拖栏适用于大面积薄油层的清除和滩涂区域围控、清理溢油，吸附能力较强，吸油量是其自身质量的 15 倍以上，考虑其长度可沿河道横截面围控油品，因此长度按照河面最大宽度 1 000m 配置；具有较长的保质期，能够承受较强的拖拽力。

h. 收油网。它用于巧克力块状油品和凝油剂凝胶油块（油团）的吸收，能在船舶拖带情况下作用，并可将回收的油密封吊离水面转移。

D. 溢油清除物资及设备。

a. 消油剂。消油剂用于溢油的消解或分解，需选用经实验和检验可用于淡水的环保型消油剂。它的使用比例（消油剂／油）在 1：10，考虑应对溢油 100t 的事故，故配置浓缩型环保消油剂为 10t。

b. 凝油剂。凝油剂主要原料为天然木纤维屑，能使油品和化学品凝胶成块状或团状。它的使用比例（凝油剂／油）在 1：2 以上，考虑其使用区域为吸油毡和吸油拖栏无法回收的区域的溢油回收，若发生 100t 的溢油事故，本系统考虑使用凝油剂处理 30t 溢油，因此配置凝油剂为 15t（含索科罗 6t）。

c. 船用消油剂喷洒装置。该装置主要进行消油剂的喷洒；由喷洒臂、流量计、混液器（搅拌装置）和动力系统组成；方便固定于船体两侧，喷洒臂可独立支撑、可调节消油剂浓度，能根据船速调节消油剂与水的组成比例；能根据油膜厚度调节消油剂的用量和喷洒速度；使用防腐蚀材料；具备高浓缩型搅拌功能。

d. 手持消油剂喷洒装置。该装置主要进行消油剂的喷洒，由支撑系统、动力系统、高压胶管和手持喷枪等组成；便于移动，适于船上和陆上使用，可调节消油剂的用量和喷洒速度；使用防腐蚀材料。

E. 溢油储存及转运设备。

a. 储油罐。它主要用于平坦岸边回收溢油的储存；应快速装配，耐腐蚀，可储存一定的溢油和大多数液体化学品；容积为 10m^3，本系统配置 5 个。

b. 浮动油囊。它主要用于临时回收溢油的储存和运输；装卸快速，维护简便，可用船只拖带；容积 5 ~ 10m^3，本系统配置 2 个。

F. 其他相关配套设备。

a. 应急救援平台。应急救援平台用于应急反应设备的装卸和运输，主要用于盛放应急设备集装箱的拖运及围油栏的布放；配置吊机，可调动斜坡道上应急运输车内装满应急反应设备的集装箱；无自航动力，可在海事巡逻船的拖动下参与应急反应行动。考虑仙人桥应急反应设备库和南津关应急反应设备配置点的布局方案，配置 2 台。

b. 个人防护设备。装有个人溢油应急所用的各种用品，具有防水、耐酸、耐碱、耐腐蚀性。

c. 集装箱。设备库（配置点）配置的清污设备应尽可能集装化，考虑到坝区装卸、运输等方面的因素，本系统选用 10ft 标准尺寸集装箱，并配备固定软带，可方便固定在集装箱运输车上。

d. 叉车。叉车主要用于集装箱和应急反应设备库内和基地内的短途运输，载重能力 5t 以上；采用先进的传动挡位控制系统，具有足够的扭矩，能够提供所需动力；具有较高的燃油利用率和良好的操控性。

12.4　船舶污染防治系统关键技术及应用

12.4.1　溢油围控

水面上的溢油依靠自身的重力和油水之间的表面张力，在水流、风和波浪作用下迅速扩散。在没有水流的情况下，溢油将会在风的作用下，以风速 3% ~ 4% 的速度，顺着风向漂移。而在无风时，溢油将以水流的速度，随水流漂移扩散。根据三峡坝区水域条件，油品主要随水流漂移。目前，一般采用的手段是用围油栏围住溢油，达到控制溢油扩散和导流的目的。

根据三峡坝区水域特点，坝区溢油围控按照以下方法进行。

在船只围控溢油作业条件许可时，可使用围油栏在水上进行定位围控。所谓“作业条件许可”，是指围油栏最大抗波高、最大抗流速及最大抗风速等主要性能指标，应符合作业水域的情况。

现场围油不便时，可用围油栏将溢油诱导至利于进行清除作业且对环境敏感区影响较小的水域，再进行清除作业，还可采用在溢油地点下游适当位置拦截并进行回收的方式。在三峡坝区有许多天然的凸出的河道，这些凸处流速较缓，是油膜集中的区域，用这些凸形的河道进行布栏、围控溢油（图 12-11），会取得较好效果。

在内河布设围油栏，将围油栏与水流呈斜角交错布设，既不影响船舶航行，又可防止溢油进入，见图 12-12。

当溢油受风和流的影响有可能向环境敏感区漂移时，需在敏感区周围布设围油栏，减少污染损害。

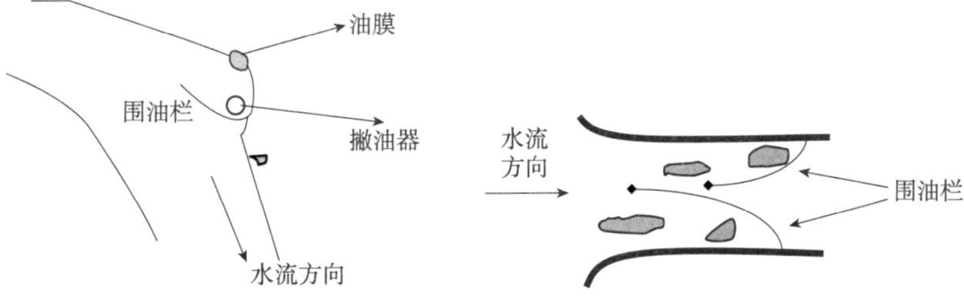

图 12-11 利用河道凸凹布设围油栏　　　图 12-12 交错布设围油栏

针对坝区水流状况，分缓流场（坝上水域）和急流场（两坝之间及坝下）的围控方法，见表 12-1。运用这些方法进行围油栏布放作业时，要注意围油栏与水流方向或岸边的夹角，尽可能提高围油的效率，防止携带逃逸。

坝上、两坝之间和坝下的围控方法　　　表 12-1

坝区水流	围控方法	实 施 内 容
坝上	“U”字形	由两条带栏船迎水流方向和风向，拖带围油栏在水面成“U”字形围控，见图 12-13
	双“U”字形	为保护特殊敏感目标或防止第一道围油栏不能全部围控，在水流或风向下方再布一条围油栏，成双“U”字形布控
两坝之间和坝下	交错排列	在狭小水道或河流中布放围油栏时，为了不影响船舶的航行，可以交错排列的形状铺设围油栏，在铺设形状中心留一开口，可使船舶通行，见图 12-12
	等待法	由于较大的风和流很难采用包围布栏时，采用等待法布栏。围油栏布设在离溢油源一定的距离，以拦截逼近的污油，有时可以设 2 层围油栏，见图 12-14
	诱导法	为了保护环境敏感区和将溢油转移至容易回收的区域，通常将围油栏与水流方向成一定角度布设，以便将溢油转移
	拖拽法	如果溢油已经分散或成条带状，可以将围油栏低速拖带（小于 0.5m/s），把分散的油膜集中起来并用收油机回收。这种操作适用于较开阔水域，围油栏的拖带方向应与流向一致，以减小围油栏与油／水的相对速度，防止围油栏失效，见图 12-15
	多层布栏	由于第一道围油栏的失效造成溢油的逃逸时，需要布栏 2 层或 3 层围油栏，每层围油栏之间必须保留若干距离，尤其是在急流场围油栏可能倾倒造成溢油逃逸时，围油栏间的距离为 1 ～ 5m，才能保证逃逸的溢油被第二道围油栏拦截

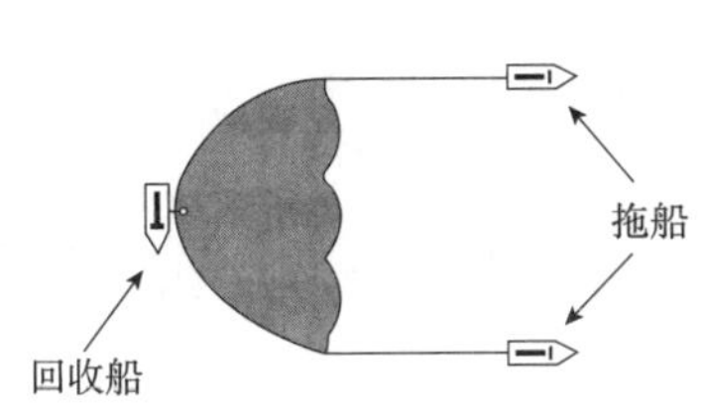

图 12-13 “U 字法”围控及回收溢油

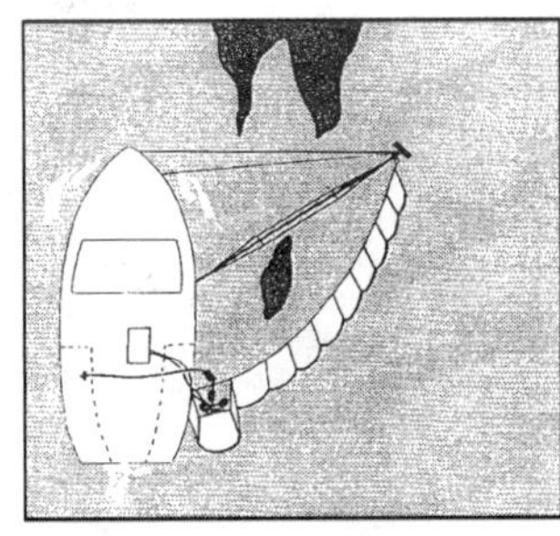

图 12-14 等待法围控及回收溢油

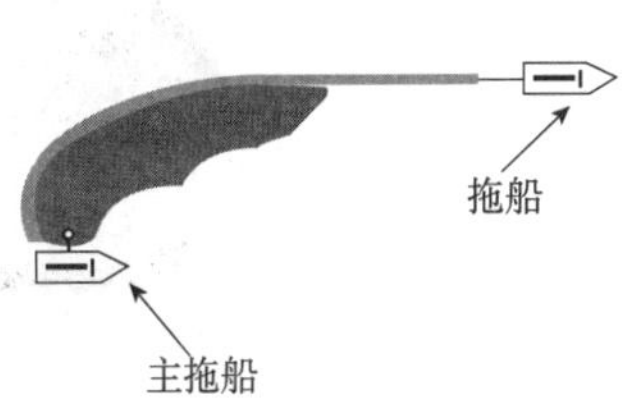

图 12-15 “J 字法”围控及回收溢油

12.4.2　溢油回收

用围油栏将溢出的油品围截住后，要对其进行迅速回收清除。常用的清除回收设备为收油机、收油网、浮动油囊、撇油器等，同时配置岸线油污清除所用的清洗设备。

溢出油品是汽油等高挥发类化学品时，应急措施主要是防火，一般不必采取水上回收措施，让其自然蒸发、风化与降解。

溢出油品是轻柴油时，如果溢油量不大，基本不用处置，河流有自净的能力，可让其自然挥发。对于薄油层，可用吸油拖栏或吸油毡吸收处理。如果溢油量较大，则采用堰式收油机、绳式收油机、动力斜面式收油机等回收溢油。溢出油品是中黏度油(如重柴油等)时，采用多功能收油机、绳式收油机、带式收油机、堰式收油机及真空式收油机回收溢油。从油回收率、回收能力及布设难易综合考虑，对大规模溢油最好选择刷式收油机、带式收油机、盘式收油机、堰式收油机、动力斜面式收油机。薄油层可用吸油拖栏或吸油毡吸收处理；溢出油品是高黏度油（如原油、100 号以上的燃料油等）时，采用多功能收油机、刷式收油机、动力斜面式收油机。对块状油品，采用收油网回收；重油或原油上岸、岸边溢油或码头丁坝大面积污染时，由于地形复杂、障碍物多，采用小型收油机、岩石收油机、吸油毡等对溢油回收。河面较宽时收油机工作流程见图 12−16。岸边陆域条件较好时溢油回收见图 12−17。

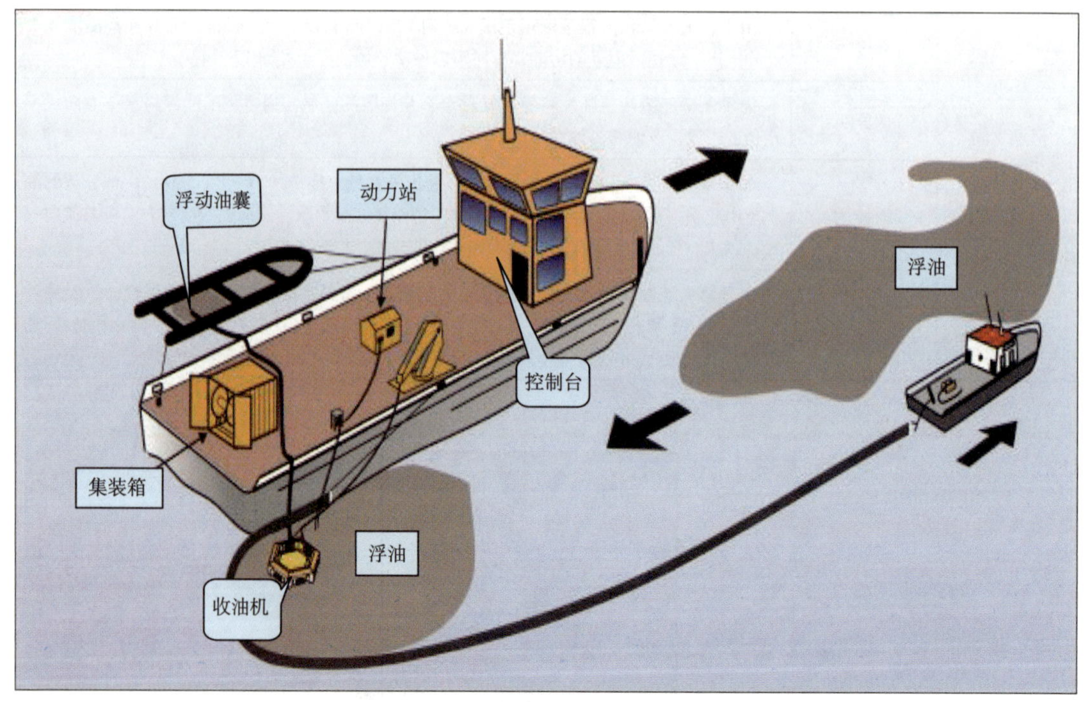

图 12−16　河面较宽时收油机工作示意图

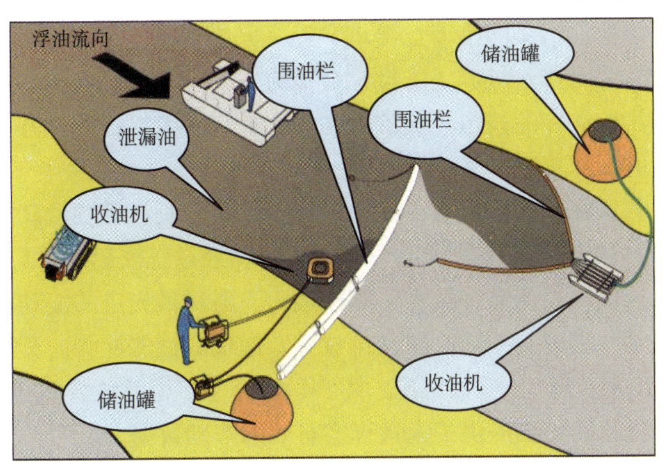

图 12-17　岸边陆域条件较好时收油机工作示意

12.4.3 创新成果

①本系统综合考虑了监视监测、控制清除和决策支持系统功能，初步建成针对船舶油污染的水域监视监测、船舶污染事故应急反应决策支持系统和船舶溢油事故应急清污系统，对我国交通系统船舶污染防治的建设模式进行了有益探索，为海事监督执法和应急反应决策提供了建设模式。

②本系统充分融合长江海事局三峡库区船舶污染防治系统功能，做好了两系统的衔接和配合，特别是应急决策支持系统功能的借用和结合。监视系统充分利用视频监控、船舶监管、船舶自动识别等系统，保障了船舶污染防治及处置等效益的发挥。

③考虑内河水域海事巡逻艇船舶甲板较小、搭载集装箱较难、专用油驳较难迅速租用等问题，本系统采用“应急救援平台”用于坝区船舶污染事故的应急。该平台装载集装箱（10ft）9 个，具有储油 80t 的能力，平台上配有 5T-20M 固定浮式起重机（浮吊）1 台，可 360° 全回转，功能较为齐全。

12.4.4 应用及效益

本系统运行以来已在船舶污染防治及处置、应急演练、试验检测及人员培训等方面起到了重要作用，社会效益明显。

利用本系统成功实施了两起沉船事故的处置，发挥了应有的效益。2010 年“9 · 10”事故及 2011 年“1 · 17”辖区内发生的两起沉船事故，长江三峡通航管理局三峡水上应急救助中心成功控制了事故船舶的溢油扩散，两起事故现场仅有少量油花溢出，中心人员成功利用围油栏和消油剂对溢油进行了有效处理，取得了良好的社会效益。

利用本系统成功举办了大型演习，为船舶污染防治积累了经验。2012 年 12 月 22 日，在中国海上搜救中心指导下，由长江航务管理局主办，长江三峡通航管理局依托本系统成功承办了“2012 年三峡库区船舶溢油暨交通战备应急演习”，使用了各种围油栏和收油机对模拟油污染进行了成功处置，船舶污染防治系统得到了良好检验。

利用本系统开展船舶污染防治专业培训，提高人员素质。通过轮岗、分科目培训、专业培训、演习与演练等工作，培养了一批综合能力强的应急指挥人员、技术过硬的设备操作人员。实验室防污监测专业技术人员的能力与素质有了大幅提升，并且培养了一批社会救助力量，为今后的工作奠定了坚实的基础。

实验室功能完善，在油污检测方面发挥了重要作用。长江三峡流动污染源三峡监测站是经过湖北省质量技术监督局计量认证合格的单位，经过三峡船舶污染防治系统的建设，使该实验室成为目前国内设备品种最多、规模最大、器材最先进的流动污染源监测站，能对船舶噪声、油污水、烟度、酸度、尾气排放等实施权威性的检测。三峡监测站每年完成船舶油污水检测120艘、尾气检测25艘、烟度检测25艘、生活垃圾20艘、噪声检测2次，为三峡库区船舶污染源的检测提供了大量真实有效的基础数据。

经过两次实战性处置、日常操练、多次应急溢油事故演习以及“2012年三峡库区船舶溢油暨交通战备应急演习”，已掌握了船舶污染防治系统各子系统的使用方法，积累了大量应急反应手段，为三峡河段乃至三峡库区的船舶污染防治提供了有力的应急保障。

13 三峡河段船舶防风与通航管制

13.1 概述

自 2003 年 6 月三峡大坝逐步实现 135 ～ 175 m 蓄水目标以来，三峡水库大风气况频发，且有库区水位越高大风气况出现的频次越大的趋势。究其原因，水库上方空气湿度增大后，产生的不同区域空气压差也随之增大；峡谷河面上方的过风面积缩小也增大了风力的压强。

大风气况频发，直接影响三峡枢纽水域的船舶通航安全。鉴于此，交通部 2003 年第 6 号令颁发的《长江三峡水利枢纽交通管制区水域通航安全管理办法》等规范性法律文件，规定了三峡枢纽水域出现 6 级及以上大风时三峡船闸停止运行的强制性规定。一旦三峡船闸停止运行，三峡坝上及两坝间水域将滞留大量船舶，通航安全隐患突出。

纵观近年来三峡枢纽坝上近坝水域出现 6 ～ 8 级大风时，水面形成的波浪明显有别于长江江阴至上海段同类大风气况下形成波浪的指标值，即浪高和波长明显小于后者。经广泛咨询业内人士，目前国内船舶抗风浪等级尚无相应的通航标准。也就是说，在海上及内河湖泊上空出现 6 级以上大风时，无规范许可某类船舶可以航行作业。但琼州海峡在出现 6 级以上大风时，仍有少量船舶常年通航，涉及船型不尽相同。综合分析以上三方面的因素后，大风气况下三峡船闸实施限制性通航，尽可能减少三峡船闸停闸对长江中上游客货运输的损失，这是三峡通航工作人员的职责所在。

深入研究常年过往三峡船闸各类船舶的稳性、耐波性，是探讨大风气况下三峡船闸限制性通航——分级通航的可行性的首要条件。总结归纳近年来影响通航的典型风向风力情况，对照河面上的遮挡物形状，找出影响通航的典型风向风力气况下强弱风分布情况，是规划船舶避风区的前提条件。在分析前两个方面结论的基础上制订船舶 6 级及以上大风气况下通航管制方案，将其运用到三峡通航指挥中心的交通组织与海事管理机构的现场监管等。

13.2 三峡近坝河段极端大风气况下的强风区分布

13.2.1 三峡近坝河段极端大风气况特征

根据三峡海事机构近年恶劣天气安全预警记录，2009—2011 年三峡坝区大风恶劣天气共计 34 次，具体日期见表 13-1。

2009—2011 年三峡坝区大风天气日期　　表 13-1

2009 年	2010 年	2011 年
6 月 13 日	12 月 26 日	12 月 2 日
6 月 2 日	12 月 21 日	6 月 8 日
5 月 31 日	12 月 16 日	6 月 1 日
5 月 25 日	12 月 7 日	5 月 18 日
5 月 19 日	12 月 1 日	5 月 17 日
4 月 20 日	11 月 19 日	5 月 16 日
—	11 月 10 日	4 月 26 日
—	4 月 27 日	4 月 25 日
—	4 月 6 日	4 月 24 日
—	3 月 25 日	2 月 23 日
—	3 月 18 日	2 月 1 日
—	3 月 16 日	—
—	3 月 11 日	—
—	3 月 6 日	—
—	2 月 25 日	—
—	2 月 22 日	—
—	2 月 21 日	—
—	2 月 2 日	—
—	2 月 19 日	—
—	1 月 20 日	—

根据三峡调度系统气象监测情况，2010 年 11 月 19 ~ 20 日，仙人桥水域风速变化见图 13-1，瞬时达到 16m/s（7 级）。

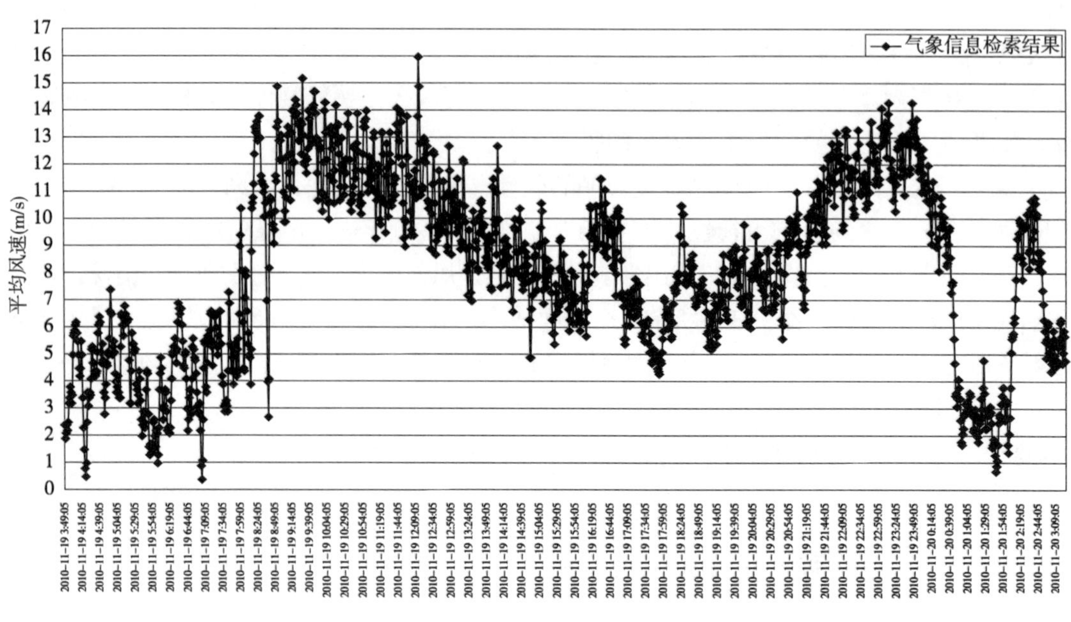

图 13-1　2010 年 11 月 19 ~ 20 日仙人桥水域风速变化

根据三峡调度系统气象监测情况，2011 年仙人桥水域风向见图 13–2（以仙人桥政务中心风力监测设备为坐标原点，正北方向为 0°）。

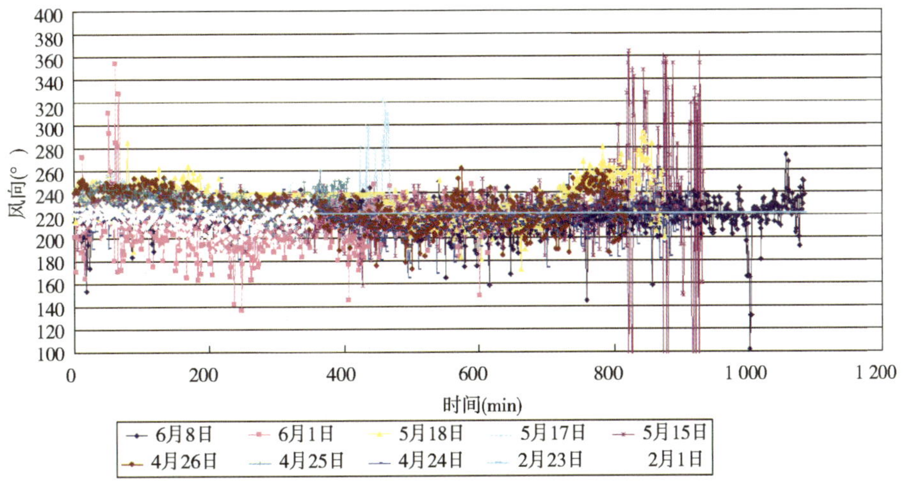

图 13–2 2011 年仙人桥水域风向

根据三峡调度系统气象监测情况，2011 年仙人桥水域风向见图 13–3（以太平溪办事处风力监测设备为坐标原点，正北方向为 0°）。

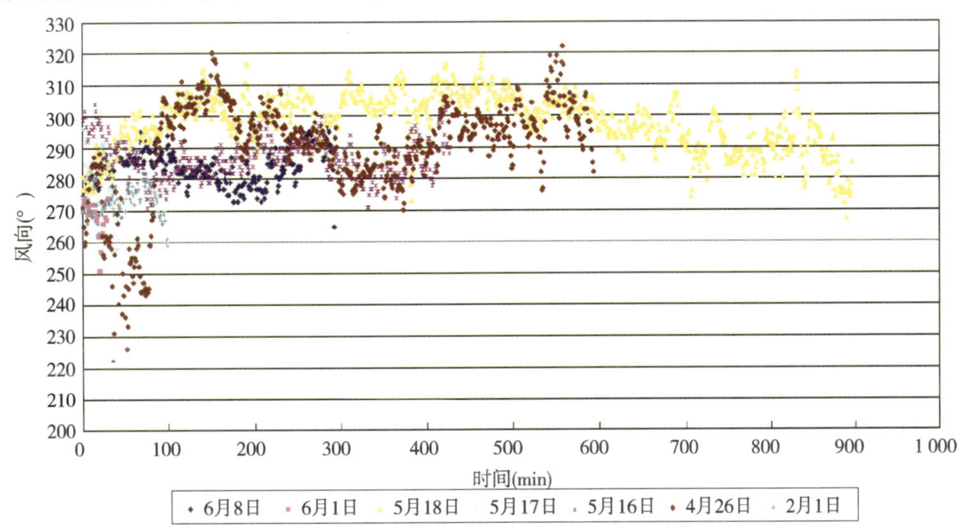

图 13–3 2011 年仙人桥水域风向

13.2.2 三峡近坝河段极端大风气况成因与特点

三峡近坝河段频繁出现极端大风气况，源于相应的物质基础条件的变化。一般来说，即使是气象条件与三峡成库前相比未发生变化，但贴近河面的过风面积的变化也会带来风力的变化。三峡成库前，河面高程受葛洲坝回水顶托及运行水位影响，常年约为 66m；在三峡相继蓄水至 135m、145m、156m、175m 后，峡谷下方河面的过风面积不断减少。仅以庙河至柳林碛河段为例，其水位由 66m 变至 175m 后，减少的过风面积如下：

$$(175\text{m}-66\text{m})\times 2\,000\text{m}\approx 220\,000\text{m}^2$$

从近年来的风力观测来看，河段上方过风面积减少越多其风力增加越大。区段风力监测数据表明，庙河至柳林碛、柳林碛至仙人桥、仙人桥至新太平溪三个不同河段风力是由强至弱的过程。

坝上庙河至大坝水域的强风区分布如下。

通过近年观察，沿坝上河道方向由下至上的风对通航影响不大，只有由上至下的大风才影响通航安全。通过现场观测，当新太平溪风力测速仪显示 6 级大风时，仙人桥风力测速仪显示数据明显高于新太平溪的数据，而庙河至柳林碛河段风力甚至达到 8 级以上。

除河段上方过风面积的因素外，河道上方的山体遮挡物面积与过风风向也决定了水域的风力强弱的分布情况。

通过现场观测与有关咨询，在由上至下的 6 级大风（新太平溪）气况下，庙河至柳林碛全河段均出现大于 6 级的强风；顺河道而下，其他河段左侧航道风力大于右侧航道风力。沙湾待闸锚地、茅坪客运港区风力明显较弱，是理想的避风区。此外，航道左侧的老太平溪等支汊水域避风条件也较为理想。

13.3　船舶抗风能力分析

船舶在风浪条件下航行时的运动性能包括船舶的横摇、纵摇及升沉等摇摆动作及船舶倾斜等，其实质就是船舶的稳性、耐波性的变化。

13.3.1　船舶在风浪条件下航行与停泊操作性能概述

船舶在风浪中会产生各种摇荡，这些运动引起的抨击、飞溅、上浪、失速、螺旋桨飞车和波浪弯矩变化等性能直接影响船舶在风浪作用下维持其正常航行功能。

纵摇和垂荡会造成船舶失速，主机功率得不到充分利用。严重的抨击使船首部结构损坏，船体颤振。上浪使甲板机械损坏，给船员造成恶劣的工作环境。螺旋桨飞车使主轴受到极大的扭转振动，主机突然加速或减速，损坏主机部件，推进效率降低。过大的摇荡使波浪负荷加大，可能损坏船体结构，甚至断裂。大的风和浪加上激烈的摇荡，给船舶操纵带来困难，使船舶难以维持或改变航向。

当激烈的运动损坏了船舶的主要部件，如主机、螺旋桨、舵及导航设备等以后，船舶可能因失去控制而造成惨重后果。横摇降低了船舶的抗风能力，在风浪的作用下，船舶出现了很大横摇角。大角度横摇可能使舱室进水、货物移动，由于这些原因造成的事故经常发生。

13.3.2　比较分析不同种类船舶的实际抗风能力

船舶的抗风能力一方面取决于船舶的复原力矩 M_R，另一方面取决于船舶的风压倾侧力矩 l_f。当风压衡准系数 $K=M_R/l_f>1$ 时，船舶就能保持正浮。

根据《内河船舶法定检验技术规则》（2011）规定：内河船舶的初稳性高度应不小于

0.2m。我国各类船舶在设计排水量时横稳性范围见表 13-2。

国内各类船舶设计排水量时横稳性范围 表 13-2

船舶类型	GM	船舶类型	GM
客船	0.3 ~ 1.5	战列舰	2.0 ~ 3.0
干货船	0.3 ~ 1.0	巡洋舰	0.9 ~ 1.8
油船	1.5 ~ 2.5	驱逐舰	0.7 ~ 1.2
拖船	0.5 ~ 0.8	鱼雷艇	0.5 ~ 0.8
渔船	0.5 ~ 1.0		

①初稳性高度最小值情况下的实船稳性力矩（力臂）计算。

实船试验中，大风情况下不同船舶在不同水域的倾斜角见表 13-3。

大风情况下船舶的倾斜角（单位：°） 表 13-3

船　名	新太平溪	百岁溪	美人沱	兰陵溪	庙河	最大值	弧度值（rad）
明德（下）	2	2.5	4	5	5.5	5.5	0.095 993
长江江鸿（上）	2	2	3	4	4	4	0.069 813
民本（下）	1	1.5	2	3	4	4	0.069 813
长航集运 0316(上)	1	1.5	2	2.5	3.5	3.5	0.061 087
河牛 316（下）	1	1	2	3	3	3	0.052 36
海牛 1	1	1	2	2.5	3	3	0.052 36
万港 768（下）	1.5	1.5	2	3	3	3	0.052 36
万港 698（上）	1.5	2	2	3	3	3	0.052 36
胜荣 2（上）	2	2.5	3	3	4.5	4.5	0.078 54

试验中，所有船舶均为干散货船、集装箱和滚装船，且在大风中的倾斜角度均未超过 10°，属于小角度稳性，可采用初稳性代替稳性计算近似模拟船舶的复原力矩（力臂）。同时，为了减少计算量又兼顾计算的有效性，船舶的初稳性高度统一取最小值 0.3m 作为计算船舶复原力臂（力矩）的基础。经计算，船舶稳性力臂见表 13-4。

船舶稳性力臂值（单位：m） 表 13-4

船　舶	稳性力臂	船　舶	稳性力臂
明德	0.287 979	海牛 1	0.157 08
长江江鸿	0.209 44	万港 768	0.157 08
民本	0.209 44	万港 698	0.157 08
长航集运 0316	0.183 26	胜荣 2	0.235 619
河牛 316	0.157 08		

②单位计算风压 p 应按航区及所核算装载情况下，船舶正浮时受风面积中心至水线的垂直高度（Z_f-d）由表 13-5 选取。

单位计算风压（单位：Pa）　　表 13−5

航区	受风面积中心距实际水线的垂直高度 Z_f-d （m）											
	1.0 及以下	1.5	2	2.5	3	4	4.5	5	5.5	6	6.5	7.0 及以上
A 级航区	225	246	263	279	294	306	331	340	347	353	357	361
B 级航区	206	225	241	256	269	281	303	311	318	323	327	330
C 级航区	187	204	218	232	244	255	275	282	289	293	297	300

③风压倾侧力矩或力臂计算公式中的修正系数 a_0 按式（13−1）计算：

$$a_0=1.4-0.1\frac{B_S}{d} \tag{13-1}$$

当 $B_S/d \leqslant 4$ 时，取 $a_0=1$

当 $B_S/d \geqslant 9$ 时，取 $a_0=0.5$

式中：B_S——所核算装载情况下船舶的最大水线宽度，m；

d——所核算装载情况下船舶的型吃水，m。

经计算，不同船舶的风压倾侧力矩（l_f）见表 13−6 ～表 13−15。

风压倾侧力矩计算（1）　　表 13−6

船名	明　德		船　型	商品车滚装船						
基本数据	柱间长（m）	85.5	型宽（m）	16.3	型深（m）	3.7	$H_{\text{眠桅后}}$（m）	14.8	$d_{\text{满}}$（m）	2.5
	$\Delta_{\text{满}}$（t）		1 737			$\Delta_{\text{空}}$（t）		917		
风压倾侧计算力矩因素	Z_f（m）	7.4	d（m）	2.5	A_f（m^2）	1 052	a_0	0.748		
	Z_f-d	4.9			p	310	b'	0.001		
	M_f	1 802.843 595								
	l_f	0.105 800 867								

风压倾侧力矩计算（2）　　表 13−7

船名	长江江鸿		船型	商品车滚装船						
基本数据	柱间长（m）	84.5	型宽（m）	17.2	型深（m）	3.5	$H_{\text{眠桅后}}$（m）	16.8	$d_{\text{满}}$（m）	2.6
	$\Delta_{\text{满}}$（t）		1 722			$\Delta_{\text{空}}$（t）		1 219		
风压倾侧计算力矩因素	Z_f（m）	7.4	d（m）	2.6	A_f（m^2）	1 200	a_0	0.738	o	0.738
	Z_f-d		4.8		p	307	b'	0.001		
	M_f	2 018.663 322								
	l_f	0.119 498 303								

风压倾侧力矩计算 (3) 表 13-8

船名	民本		船型	集装箱船						
基本数据	柱间长 (m)	112	型宽 (m)	17.2	型深 (m)	5.8	$H_{\text{眠桅后}}$ (m)	17	$d_{\text{满}}$ (m)	3.8
	$\Delta_{\text{满}}$ (t)		5 855			$\Delta_{\text{空}}$ (t)		3 953		
风压倾侧计算力矩因素	Z_f (m)	8.5	d (m)	3.8	A_f (m^2)	1 478	a_0	0.947	o	0.947
	Z_f-d	4.7			p	307	b'	0.001		
	M_f	2 223.957 846					a'	1		
	l_f	0.038 719 581								

风压倾侧力矩计算 (4) 表 13-9

船名	长航集运 0316		船型	集装箱船						
基本数据	柱间长 (m)	107	型宽 (m)	17.2	型深 (m)	5.2	$H_{\text{眠桅后}}$ (m)	18.95	$d_{\text{满}}$ (m)	2.3
	$\Delta_{\text{满}}$ (t)		6 577.97			$\Delta_{\text{空}}$ (t)		1 268		
风压倾侧计算力矩因素	Z_f (m)	9.475	d (m)	2.3	A_f (m^2)	1 782	a_0	0.652	o	0.652
	Z_f-d	7.175			p	330	b'	0.001		
	M_f	4 688.594 095					a'	1		
	l_f	0.072 657 716								

H 风压倾侧力矩计算 (5) 表 13-10

船名	河牛 316		船型	散货船						
基本数据	柱间长 (m)	118	型宽 (m)	19.66	型深 (m)	5.7	$H_{\text{眠桅后}}$ (m)	20	$d_{\text{满}}$ (m)	5.1
	$\Delta_{\text{满}}$ (t)		10 079.7		$\Delta_{\text{空}}$ (t)		1 388		$l_{\text{上层}}$	15
风压倾侧计算力矩因素	Z_f (m)	10	d (m)	5.1	A_f (m^2)	284.8	a_0	1	o	1.015
	Z_f-d	4.9			p	3 10	b'	0.001		
	M_f	432.611 2					a'	1		
	l_f	0.004 375 031								

风压倾侧力矩计算 (6) 表 13-11

船名	海牛 1		船型	散货船						
基本数据	柱间长 (m)	110	型宽 (m)	19.25	型深 (m)	5.6	$H_{\text{眠桅后}}$ (m)	19.25	$d_{\text{满}}$ (m)	4.9
	$\Delta_{\text{满}}$ (t)		8 864.36		$\Delta_{\text{空}}$ (t)		1 259		$l_{\text{上层}}$	15
风压倾侧计算力矩因素	Z_f (m)	9.625	d (m)	5.6	A_f (m^2)	236.8	a_0	1	o	1.007
	Z_f-d	4.725			p	275	b'	0.001		
	M_f	262.052 656 3					a'	1		
	l_f	0.003 013 507								

风压倾侧力矩计算(7)　　表 13-12

<table>
<tr><td>船名</td><td colspan="2">万港 768</td><td>船型</td><td colspan="7">散 货 船</td></tr>
<tr><td rowspan="2">基本数据</td><td>柱间长(m)</td><td>75</td><td>型宽(m)</td><td>13.63</td><td>型深(m)</td><td>3.9</td><td>$H_{眠桅后}$(m)</td><td>17</td><td>$d_{满}$(m)</td><td>3</td></tr>
<tr><td colspan="2">$\Delta_{满}$ (t)</td><td colspan="2">5 855</td><td colspan="2">$\Delta_{空}$ (t)</td><td colspan="2">3 953</td><td>$l_{上层}$</td><td>12</td></tr>
<tr><td rowspan="4">风压倾侧计算力矩因素</td><td>Z_f (m)</td><td>8.5</td><td>d (m)</td><td>3</td><td>A_f (m^2)</td><td>224.7</td><td>a_0</td><td>0.946</td><td>o</td><td>0.946</td></tr>
<tr><td colspan="2">Z_f-d</td><td colspan="2">5.5</td><td>p</td><td>318</td><td>b'</td><td colspan="3">0.001</td></tr>
<tr><td>M_f</td><td colspan="5">404.647 328 3</td><td>a'</td><td colspan="3">1</td></tr>
<tr><td>l_f</td><td colspan="9">0.007 044 996</td></tr>
</table>

风压倾侧力矩计算(8)　　表 13-13

<table>
<tr><td>船名</td><td colspan="2">万港 698</td><td>船型</td><td colspan="7">散 货 船</td></tr>
<tr><td rowspan="2">基本数据</td><td>柱间长(m)</td><td>69.6</td><td>型宽(m)</td><td>11.6</td><td>型深(m)</td><td>3.6</td><td>$H_{眠桅后}$(m)</td><td>12</td><td>$d_{满}$(m)</td><td>2.8</td></tr>
<tr><td colspan="2">$\Delta_{满}$ (t)</td><td colspan="2">1 755</td><td colspan="2">$\Delta_{空}$ (t)</td><td colspan="2">380</td><td>$l_{上层}$</td><td>10</td></tr>
<tr><td rowspan="4">风压倾侧计算力矩因素</td><td>Z_f (m)</td><td>6</td><td>d (m)</td><td>2.8</td><td>A_f (m^2)</td><td>131.8</td><td>a_0</td><td>0.946</td><td>o</td><td>0.986</td></tr>
<tr><td colspan="2">Z_f-d</td><td colspan="2">3.2</td><td>p</td><td>274</td><td>b'</td><td colspan="3">0.001</td></tr>
<tr><td>M_f</td><td colspan="5">121.019 488 4</td><td>a'</td><td colspan="3">1</td></tr>
<tr><td>l_f</td><td colspan="9">0.007 029 253</td></tr>
</table>

风压倾侧力矩计算(9)　　表 13-14

<table>
<tr><td>船名</td><td colspan="2">胜荣 2</td><td>船型</td><td colspan="7">散 货 船</td></tr>
<tr><td rowspan="2">基本数据</td><td>柱间长(m)</td><td>52</td><td>型宽(m)</td><td>9</td><td>型深(m)</td><td>3</td><td>$H_{眠桅后}$(m)</td><td>12</td><td>$d_{满}$(m)</td><td>2.4</td></tr>
<tr><td colspan="2">$\Delta_{满}$ (t)</td><td colspan="2">800</td><td colspan="2">$\Delta_{空}$ (t)</td><td colspan="2">220</td><td>$l_{上层}$</td><td>8</td></tr>
<tr><td rowspan="4">风压倾侧计算力矩因素</td><td>Z_f (m)</td><td>6</td><td>d (m)</td><td>2.4</td><td>A_f (m^2)</td><td>103.2</td><td>a_0</td><td>1</td><td>o</td><td>1.025</td></tr>
<tr><td colspan="2">Z_f-d</td><td colspan="2">3.6</td><td>p</td><td>283</td><td>b'</td><td colspan="3">0.001</td></tr>
<tr><td>M_f</td><td colspan="5">105.140 16</td><td>a'</td><td colspan="3">1</td></tr>
<tr><td>l_f</td><td colspan="9">0.013 397 064</td></tr>
</table>

风压倾侧力矩计算(10)　　表 13-15

<table>
<tr><td>船名</td><td colspan="2">万港驳 1003</td><td>船型</td><td colspan="7">甲 板 驳 船</td></tr>
<tr><td rowspan="2">基本数据</td><td>柱间长(m)</td><td>75</td><td>型宽(m)</td><td>13.3</td><td>型深(m)</td><td>4</td><td>$H_{眠桅后}$(m)</td><td>6.8</td><td>$d_{满}$(m)</td><td>3.35</td></tr>
<tr><td colspan="2">$\Delta_{满}$ (t)</td><td colspan="2">2 684.73</td><td colspan="2">$\Delta_{空}$ (t)</td><td colspan="2">419.7</td><td>$l_{上层}$</td><td>8</td></tr>
<tr><td rowspan="4">风压倾侧计算力矩因素</td><td>Z_f (m)</td><td>3.4</td><td>d (m)</td><td>3.35</td><td>A_f (m^2)</td><td>71.15</td><td>a_0</td><td>1</td><td>o</td><td>1.003</td></tr>
<tr><td colspan="2">Z_f-d</td><td colspan="2">0.05</td><td>p</td><td>206</td><td>b'</td><td colspan="3">0.001</td></tr>
<tr><td>M_f</td><td colspan="5">0.732 845</td><td>a'</td><td colspan="3">1</td></tr>
<tr><td>l_f</td><td colspan="9">$2.782\ 55 \times 10^{-5}$</td></tr>
</table>

经计算，不同船舶的风压倾侧力臂计算见表 13-16。

风压倾侧力臂计算　　表 13-16

船　名	风压倾侧力臂 (m)	突风倾侧力臂 (m)
明德	0.105 800 9	0.158 701 35
长江江鸿	0.119 498 3	0.179 247 45
民本	0.038 719 6	0.058 079 4
长航集运 0316	0.072 657 7	0.108 986 55
河牛 316	0.004 375	0.006 562 5
海牛 1	0.003 013 5	0.004 520 25
万港 768	0.007 045	0.010 567 5
万港 698	0.007 029 3	0.010 543 95
胜荣 2	0.013 397 1	0.020 095 65

13.3.3 风压衡准系数比较（表 13-17）

风压衡准系数比较　　表 13-17

船　名	稳性力臂 l_r (m)	突风倾侧力臂 l_f (m)	$K=l_r/l_f$ (m)
明德	0.287 979 322	0.158 701 35	1.814 599 1
长江江鸿	0.209 439 507	0.179 247 45	1.168 437 9
民本	0.209 439 507	0.058 079 4	3.606 089 4
长航集运 0316	0.183 259 568	0.108 986 55	1.681 487 9
河牛 316	0.157 079 63	0.006 562 5	23.935 944
海牛 1	0.157 079 63	0.004 520 25	34.750 209
万港 768	0.157 079 63	0.010 567 5	14.864 408
万港 698	0.157 079 63	0.010 543 95	14.897 608
胜荣 2	0.235 619 445	0.020 095 65	11.724 898

由以上图表可知，所有船舶的风压稳性系数均大于 1，也就是复原力矩大于风压倾侧力矩。其中，$K_{货}>K_{集}>K_{商}$，表明干散货船的抗风能力最强。究其原因，影响船舶的抗风能力的因素：一是上层建筑，二是船舶排水量。上层建筑越丰满的船舶，风压倾侧力矩越大，抵抗大风的能力越差；反之，则较好。船舶排水量（即水线下的体积）越大的船舶，风压倾侧力矩越小，重心越低，抗风的能力越强；反之，则较差。而中大型散货船同时具备上层建筑瘦、排水量大的特点，因此该类型船舶的风压倾侧力矩普遍较小，抗风能力较其他类型船舶强。

同理，重载散货船风压倾侧力矩比空载散货船小；客船因上层建筑丰满，故风压倾侧力矩较大。

影响船舶稳性的因素很多，船舶积载状态尤为重要。在散货船中有深舱机驳、半舱机驳、甲板机驳，考虑到半舱机驳、甲板机驳载运货物容易整体移动（2010 年 9 月 10 日万港 698 拖带甲板驳，因甲板驳货物整体移动导致稳性变化，船队在 3min 内倾覆），而深舱机驳载货在主甲板以下，即使货物移动对船舶稳性影响也较小，因此在大风气况下重载深舱散货船稳性较好。

于 2011 年 5 月 16 日、7 月 26 日、12 月 2 日，对新太平溪河段 7 级大风时的实船观测表明，风压倾侧力矩偏大的集装箱船和风压倾侧力矩偏小的散货船进出闸未出现异常；部分散货船在上行至沙湾水域时选址过河至锚地避风；从银杏沱驶出的重载滚装船保持 14km/h 以上的航速顺利驶至沙湾对岸水域，在柳林碛至庙河水域上驶困难，但仍有 4km/h 以上的安全航速。

因此，从安全角度考虑，风压倾侧力矩偏小的重载散货船（尤其是重载深舱散货船）的稳性值满足沙湾至三峡船闸坝前水域航行作业要求。

13.4　6 级及以上的大风气况下通航管制

根据国防工业出版社 1998 年出版的《船舶设计手册》第 4 章（1.4.1 风、浪与分级）中关于风速取值的论述："河道风力测试取值来源于水面以上 10m 上空"的数据，三峡船闸导航墙及人字门高度均大于 10m，故在 10m 以上遮挡物下船舶逆风航行受风影响必然小于无遮挡物的空旷水域影响，在影响船舶通航的刮下风气况下，船舶出闸行驶属逆风航行，只要船舶保持与前船的安全间距行驶，同等气况下在空旷水域能安全行驶的船舶在出闸和引航道必然能安全行驶。近年来，三峡船闸在大风气况下的几次应急通航实践均证实了此观点。同理，顺风进闸船舶只要保持与前船的安全间距并适时制动，越靠近第二闸首人字门，风力影响越小。

同时，引航道两侧的左、右靠船墩可以为遇险船舶临机系泊避风。上驶出引航道的船舶可以在老太平溪水域避风；下驶至茅坪港的船舶可在右侧水域避风；上行至沙湾对岸水域可驶至锚地避风。鉴于新太平溪水域风力为 6 ~ 7 级时，柳林碛至庙河风力往往临近 8 级，该航道应适时禁航。

综上所述，新太平溪水域风力为 6 ~ 7 级时，三峡近坝水域可分别实施禁航或限航措施。

13.4.1　大风气况下三峡船闸近坝水域应急通航方案

①禁航水域：当新太平溪水域风力为 6 ~ 7 级、风向西北风时，柳林碛至庙河水域风力往往临近 8 级，后者水域应予禁航。

②限航水域：柳林碛至三峡船闸水域可实施限制通航措施。

③限航船舶：柳林碛至三峡船闸水域可实施限制通航措施，即 70m 以上船长的具有 A 级航区航行资格的深舱机驳船舶，具备航行作业条件，其他船舶如商品车船、集装箱船、客船、半舱机驳、甲板机驳船应就近选择安全水域避风。

坝下乐天溪至三峡船闸水域，不实施禁航限航措施，但进闸船舶仅限于 70m 以上船长的具备 A 级航区航行资格的深舱机驳船舶。

④避风区。

A. 坝上自庙河至柳林碛水域下行船舶应在沙湾锚地避风。

B. 坝上自沙湾至三峡船闸水域下行船舶应在秭归茅坪客运港区避风。

C. 坝上上行出闸船舶应在老太平溪、靖江溪或沙湾锚地水域避风。

3.4.2 船舶自行避风避险注意事项

①产生拍底、甲板上浪、淹尾、打空车等，波浪撞击船体，产生剧烈振动，易使船体产生中拱、中垂现象。

②船体上下、左右做不规则摆动，产生纵摇、横摇、纵倾、横倾，如产生谐振和谐摇，对船舶危害极大。

③装载有甲板货物时，船舶在大浪里摇摆，当捆绑索具破断时，会立即导致货物移动、损坏，伤害船员和船舶的稳性。

④载有散装货物特别是装运泥沙船和自由液面货物的船舶，在大浪里摇摆会造成货物或自由液面的流动，严重的会导致船舶倾覆、翻沉。

⑤船舶在大风浪里进行靠、离泊作业时，会造成触损、碰坏码头设施。

⑥小型船舶在大风浪里航行会发生倾覆、翻沉；为避风浪在浅水区航行会导致搁浅、触损。

⑦在大风浪里锚泊，容易产生偏荡和走锚，会导致损坏锚机，严重的会产生走锚、搁浅、碰撞等。由于大风气象原因造成船舶全损的事故，在海洋事故中位居首位。

13.5 应用与效益分析

近三年来，长江三峡通航管理局在应用“6 级及以上的大风气况下船舶通航管制”成果过程中，经过交通组织、锚地指泊、安全监管部门的协力配合，取得了积极效果。

在出现 7 级及以下大风气况时，安全监管机构发布安全预警信息，交通组织机构适时调整过闸计划，避免闸等船现象，保障了闸室充分利用。以往一旦因大风气况导致三峡及葛洲坝船闸停止运行，三峡坝上坝下及三峡、葛洲坝两坝间滞航船舶约 120 艘 ×6h，平均每年按照 30d 计算，全年因此而避免的损失运力为 200 艘 ×6h×30d，折算产生经济效益约 5 000 万元以上。

14 载运危险货物船舶过闸组合方案

14.1 概述

随着长江经济带的建设和发展，内河危险化学品运输量出现较大幅度的增加，通过三峡、葛洲坝船闸的危险化学品船舶明显增加。从历年船舶载运危险品运输过闸数量来看，占过闸货物总量的5%左右，而船舶运输组织模式和船舶过闸的实际情况，决定了载运危险货物船舶过闸不可能完全实现船舶同闸通过货种相同，但不同特性的危险化学品在一定的条件下可以实现同闸组合。

三峡通航管理部门在考虑船闸安全和船舶过闸效率的前提下，分析危险货物主要种类、理化特性、装载方式和船舶类型等过闸组合应考虑的基本要素和重点防范的因素，确定载运危险货物船舶过闸组合基本原则，并用于指导三峡通航调度部门科学合理地编排载运危险货物船舶通过葛洲坝和三峡船闸的过闸计划。

近年来的三峡河段载运危险货物船舶过闸实践表明，在充分考虑危险货物理化性能的基础上，组合方案的应用实现了不同类别危险货物同闸组合通过三峡两坝船闸，如危险品集装箱船与普通货物集装箱船的同闸通过、二级非易燃易爆沥青船与普通货物船的同闸通过，有效提高了三峡、葛洲坝船闸通过能力，也确保了危险货物过闸安全。另外，组合方案提出了三峡库区常见危险货物过闸组合方式及隔离要求，为三峡通航调度部门快速编制危险货物船舶过闸计划提供了便利。

14.2 危险货物定义及分类

根据《危险货物分类和品名编号》(GB 6944—2012)中对危险货物的定义：具有爆炸、易燃、毒害、感染、腐蚀、放射性等危险特性，在运输、储存、生产、经营、使用和处置中，容易造成人身伤亡、财产损毁或环境污染而需要特别防护的物质和物品。

根据国家《水路危险货物运输规则》（国内危规）和《国际海运危险货物规则》（国际危规）对危险化学品的分类，现有的危险化学品共有9类，品种有几千种之多。国家质量技术监督局发布了《危险货物分类和品名编号》（GB 6944—2012），根据运输的危险性将危险货物分为九类，并规定了危险货物的品名和编号。

第 1 类　爆炸品；
第 2 类　压缩气体和液化气体；
第 3 类　易燃液体；
第 4 类　易燃固体、自燃物品和遇湿易燃物品；
第 5 类　氧化剂和有机过氧化物；
第 6 类　毒害品和感染性物品；
第 7 类　放射性物品；
第 8 类　腐蚀品；
第 9 类　杂类。

14.3 载运危险货物船舶

14.3.1 油船

油船分为油轮、油驳和多用途船，多为单底甲板结构，具有透气系统和火星熄灭装置。在内河运输上，油船载运货物包括石油和石油制品，主要有原油、汽油、柴油、煤油、沥青、煤焦油，除汽油外均为二级危险品（目前过闸原油仅为 SZ36-1 型，交通运输部明确为二级危险品）。油类具有挥发性、易燃性、易感静电性、毒性以及对水域环境污染等基本特性。

14.3.2 散装化学品船

散装化学品船分为多用途化学品船和专用化学品船，装运易燃易爆危险货物的散化船通常和易燃易爆油船兼容，船体结构和防护措施可满足装运油类的要求。散装液体化学品在航运习惯上是指除了石油及石油制品这些主要具有易燃性的化学品以外，还有其他危险性，并以散装形式运输的化学品。

在国家颁布的散装化学品规范以及 IBC code 或 BCH code 中，船舶常运的散装液体化学品一般都是指在 37.8℃时，其压力蒸气不超过 0.28MPa 的液体，具有容易燃烧、爆炸范围大、毒性大、相对密度范围大、黏度大、蒸气压高、沸点低、腐蚀性强、敏感性、污染性、反应性、聚合反应等特性。

14.3.3 集装箱船

集装箱船分为一般货船、半集装箱船、集装箱两用船和全集装箱船。载运危险货物的集装箱船从船体结构上同普通集装箱船无明显区别。集装箱船对危险货物的防范主要通过合理积载隔离以及箱体本身的强度、密封来控制，所以在船体其他部分的防护要求低于油船和散化船舶。

14.4　载运危险货物船舶过闸的隔离要求

14.4.1　油类船舶

虽然船舶从事油类运输一旦发生事故则危害大，但油类与油类本身无隔离要求，不过在船舶同闸组合通过时，必须考虑不同级别油品的防护要求。其隔离需考虑以下方面：

①由于船闸闸室为一独立半封闭空间，在过闸过程中，船舶有平面相对静止过程，类似危险品在闸室储存，所以其同类无隔离要求的货物运输还应考虑同闸危险货物总量。目前，过闸总量控制尚无法定标准，参照《常用化学危险品储存通则》(GB 15603—1995)，在过闸组合方案中进行限量考虑。以三峡船闸为例，其计算方法为：

在露天储存的情况下平均单位面积储存量为 1.0 ~ 1.5t/ ㎡。

三峡船闸单闸室面积为 280m × 34m=9 520m^2。

则三峡船闸闸室内同品种危险货物限量为 9 520×1.0t ~ 8 937×1.5t，即 9 520 ~ 14 280t。

综合考虑船闸的安全性和特殊性，取限量为 12 000t 为宜，即同闸室内不超过 4 艘 3000 吨级船舶。

②载运其他作为二级危险货物油品的船舶，从法规来看没有禁止同载运其他货种船舶组合的要求，但根据载运散装油品和散装液化船舶的特点，蒸气挥发后在有限的空间容易发生化学反应，它与散装运输载运 6 类毒害品和 8 类腐蚀品的船舶不能同闸组合。

③载运其他作为二级危险货物油品的船舶参照《钢质内河船舶入级与建造规范》(2009)，油船防火结构的要求为“油船透气孔的出口与含有火源的围壁处所的最近排气口或开口以及可能引起着火危险的甲板机械设备，隔离水平距离应不小于 5m”，油船在闸室内组合，同任何船舶的隔离水平距离不能小于 5m（船舷边距离）。

14.4.2　散装液体化学品船舶

据统计，通过三峡、葛洲坝船闸的散装液体化学品船舶常见货物有甲醇、乙酸乙烯酯、二硫化碳、乙酸乙酯、甲苯、乙苯、乙醇、二甲苯、硫酸、甲酸、乙酸，主要为 3 类易燃易爆危险品和 8 类腐蚀品。其过闸隔离需考虑以下方面：

①在过闸的散装化学品主要货种中，主要为一级易燃易爆危险货物，本身无隔离要求，但一级易燃易爆危险货物和一级非易燃易爆危险货物之间因为船舶自身安全防护要求不同，需要隔离，不能同闸通过。

②在 8 类腐蚀品中的强酸和强碱因理化性能冲突，气体挥发容易产生化学反应，并释放大量热量，容易造成火灾或者爆炸，需要隔离，不能同闸通过。

③参照危险品储存标准，第 6 类毒害品与 8 类腐蚀品中酸类不能同闸通过，易燃易爆危险货物不能和第 8 类腐蚀品同闸通过。

④由于船闸闸室为一独立半封闭空间，在过闸过程中，船舶有平面相对静止过程，亦类似闸室内危险品储存，虽然其同类无隔离要求，但同油船过闸限量一样。参照《常用化

学危险品贮存通则》（GB 15603—1995），在过闸组合方案予以限量考虑，单闸室总量不宜超过 12 000t。

⑤载运其他非一级易燃易爆液化品的散装船舶，从法规来看没有禁止同载运其他货种船舶组合的要求，但根据散装液化船舶的特点，8 类腐蚀品或有毒蒸气挥发后易与其他蒸气在有限的空间发生化学反应，它与散装运输载运 6 类毒害品和 8 类腐蚀品的船舶不能同闸组合。

⑥载运其他非一级易燃易爆液化品的散装船舶，参照《钢质内河船舶入级与建造规范》（2009），液化船防火结构的要求为"透气孔离开起居、服务和机器处所的空气进口或开口及火源的最近水平距离至少为 10m"，但考虑到船舶的油舱和透气孔不可能在船舶舷边，至少离船舷有 1m 以上的距离，为达到在闸室内组合，同其他船舶的隔离距离不能小于 8m。

14.4.3　包装货物（集装箱运输）船舶

在包装危险货物运输安全方面，货物的包装至关重要，危险货物在运输中是否会发生危险，在很大程度上取决于包装是否符合标准，取决于所采用的包装是否经得起恶劣的水上运输条件。包装分为Ⅰ、Ⅱ、Ⅲ三类，分别可以盛装高度危险性、中度危险性和低度危险性货物。

（1）危险货物包件的隔离分类

根据《水路危险货物运输规则》附件四，危险货物包件的隔离分类如下：

①隔离 1："远离"——有效地隔离从而使互不相容的物质在万一发生意外时不致相互起危险性反应，但只要在水平垂直投影距离不少于 3m，仍可在同一舱室或货舱内或"舱面"上积载。

②隔离 2："隔离"——在"舱内"积载时，装在不同的舱室或货舱。如中间甲板是防火防液的，垂向隔离，即在不同的舱室积载，可以看成是同等效果的隔离。就舱面积载而言，这种隔离应不少于 6m 的水平距离。

③隔离 3："用一整个舱室或货舱隔离"——垂向的或水平的隔离。如果中间甲板不是防火防液的，只能用一介于中间的整个舱室或货舱作纵向隔离。就"舱面"积载而言，这种隔离即不少于 12m 的水平距离。如果一包件在"舱面"积载，而另一包件在最上层舱室积载，也要保持上述的同样距离。

④隔离 4："用一介于中间的整个舱室或货舱作纵向隔离，单独的垂向隔离不符合这一要求"——在舱内积载的包件与"舱面"积载的另一包件之间的距离，包括纵向的一整个舱室在内，必须保持不少于 24m。就"舱面"积载而言，这种隔离应不少于 24m 的纵向距离。

（2）包装危险货物隔离要求

依据《国际海运危险货物规则》（国际危规）关于包装危险货物、危险品集装箱的隔离要求，不同类别包装危险货物间一般的隔离标准要求和集装箱船上集装箱的隔离要求见表 14-1、表 14-2。从包装危险货物和集装箱隔离的要求来看，最大隔离为舱面积载"隔离 2"，即不少于 6m 的水平距离。

危险货物隔离要求 表 14-1

类 别	2.1	2.2	2.3	3	4.1	4.2	4.3	5.1	5.2	6.1	8	9
易燃气体 2.1	×	×	×	2	1	2	×	2	2	×	1	×
无毒不燃气体 2.2	×	×	×	1	×	1	×	×	1	×	×	×
有毒气体 2.3	×	×	×	2	×	2	×	×	2	×	×	×
易燃液体 3	2	1	2	×	×	2	1	2	2	×	×	×
易燃固体 4.1	1	×	×	×	×	1	×	1	2	×	1	×
易自燃物质 4.2	2	1	2	2	1	×	1	2	2	1	1	×
遇水时放出易燃气体的物质 4.3	×	×	×	1	×	1	×	2	2	×	1	×
氧化性物质（剂）5.1	2	×	×	2	1	2	2	×	2	1	2	×
有机过氧化物 5.2	2	1	2	2	2	2	2	2	×	1	2	×
有毒物质 6.1	×	×	×	×	×	1	×	1	1	×	×	×
腐蚀品 8	1	×	×	×	1	1	1	2	2	×	×	×
杂类危险物质和物品 9	×	×	×	×	×	×	×	×	×	×	×	×

注：表中 1、2 分别表示隔离类别；“×”表示隔离要求（如有）应查阅危险货物一览表；删去了禁止过闸的 1 类爆炸品的隔离项、6.2 类感染性物质和 7 类放射性物质（6.2 和 7 类物质极为特殊，防护要求高，不宜同其他船舶做组合，若有此类危险品通过船闸可考虑单船单过）的隔离项。

集装箱船上集装箱隔离要求 表 14-2

<table>
<tr><th rowspan="3">隔离要求</th><th colspan="3">垂 直 向</th><th rowspan="3"></th><th colspan="6">水 平 向</th></tr>
<tr><th rowspan="2">封闭式与封闭式</th><th rowspan="2">封闭式与开敞式</th><th rowspan="2">开敞式与开敞式</th><th colspan="2">封闭式与封闭式</th><th colspan="2">封闭式与开敞式</th><th colspan="2">开敞式与开敞式</th></tr>
<tr><th>舱面</th><th>舱内</th><th>舱面</th><th>舱内</th><th>舱面</th><th>舱内</th></tr>
<tr><td rowspan="2">远离 1</td><td rowspan="2">允许一个装在另一个上面</td><td rowspan="2">允许开敞式的装在封闭式的上面，否则按开敞式与开敞式办理</td><td rowspan="3">除非以一层甲板隔离，否则不允许装在同一垂线上</td><td>艏艉向</td><td>无限制</td><td>无限制</td><td>无限制</td><td>无限制</td><td>隔一个箱位</td><td>隔一个箱位或一个舱壁</td></tr>
<tr><td>横向</td><td>无限制</td><td>无限制</td><td>无限制</td><td>无限制</td><td>隔一个箱位</td><td>隔一个箱位</td></tr>
<tr><td>隔离 2</td><td>除非以一层甲板隔离，否则不允许装在同一垂线上</td><td>按开敞式与开敞式的要求办理</td><td>艏艉向</td><td>隔一个箱位</td><td>隔一个箱位或一个舱壁</td><td>隔一个箱位</td><td>隔一个箱位或一个舱壁</td><td>隔一个箱位</td><td>隔一个舱壁</td></tr>
</table>

注：1. 集装箱距舱壁至少 6m。

2. 所有舱壁和甲板均应是防火防液的。

3. 表同样适用港口库（场）堆存。

由于集装箱运输船舶防火和防护要求比油船、散化船低，集装箱船是否载运危险货物与船体结构无本质关系，但须配备与所载危险货物相对应的消防器材。因此，在消防器材具备的情况下，载运危险货物的集装箱船可以在闸室内与其他载运普通货物船舶组合，但应根据不同货种，参照集装箱在船上隔离要求，保持适当隔离距离。

14.5 载运危险货物船舶过闸组合方案

（1）通用原则

①载运危险货物船舶过闸组合重点考虑防火、防爆因素，凡容易造成火灾或爆炸事故的组合方式应予以避免。

②充分考虑理化性能不相容或应急处置方法不同的载运危险货物船舶的隔离。

③载运同类同品种危险货物船舶在同闸内组合无隔离要求，但应尽量减少闸室内危险单元。

④在不明确隔离要求时，尽量分闸通过。

⑤载运危险货物船舶与载运普通货物船舶组合过闸仅限于干散货船舶。

⑥载运危险货物船舶不与客船同闸组合。

⑦禁止载运民用爆炸品、剧毒危险品船舶通过三峡船闸。

⑧载运第 5.2 类过氧化物、第 6.2 类感染性物质或第 7 类放射性物质过闸时，宜单船单过。

⑨载运易燃易爆危险品液货船舶不能和载运第 6 类毒害品、第 8 类腐蚀品船舶同闸组合。

⑩ 载运第 6 类毒害品液货船舶不能和载运第 8 类腐蚀品船舶同闸组合。

⑪ 载运第 8 类酸性腐蚀品的船舶不能同载运第 8 类碱性腐蚀品的船舶同闸组合。

⑫ 载运新型危险化学品或第 9 类危险化学品过闸，船闸调度部门应组织对该类危险化学品组合方式进行评估确定后实施。

（2）载运一级易燃易爆液货船舶的组合原则

①载运一级易燃易爆液货船舶只能同载运一级易燃易爆液货船舶同闸组合。

②单闸室内船舶所载危险货物总量不宜超过 12 000t。

（3）载运一级易燃易爆危险货物集装箱船舶的组合原则

①不能和载运一级易燃易爆液货船舶同闸组合。

②同其他任何船舶同闸组合必须满足“隔离 2”的要求，隔离水平距离不低于 6m。

（4）载运非一级易燃易爆危险货物集装箱船的组合原则

①不能和载运一级易燃易爆液货船舶同闸组合。

②同其他载运危险货物集装箱船舶同闸组合必须满足“隔离 2”的要求，隔离水平距离不低于 6m。

（5）载运二级危险品液货船舶的组合原则

①不能和载运一级易燃易爆液货船舶同闸组合。

②载运二级液化品船舶在闸室内组合同其他船舶的隔离不应小于 8m，载运二级油品船舶在闸室内组合同其他船舶的隔离不应小于 5m。

（6）载运不同类别危险货物和常见危险货物船舶过闸组合方案（表 14–3、表 14–4）

载运不同类别危险货物船舶过闸组合方案

表 14-3

类别		一级易燃易爆液货船	一级易燃易爆危险货物集装箱船	一级非易燃易爆液货船				非一级易燃易爆危险货物集装箱船	二级危险品液货船					普通船舶（非客船）	客船
				毒害品	酸类	碱类	其他		易燃易爆	毒害品	酸类	碱类	其他		
一级易燃易爆液货船		单闸不超过12 000t	×	×	×	×	×	×	×	×	×	×	×	×	×
一级易燃易爆危险货物集装箱船		×	6	6	6	6	6	6	6/8	6	6	6	6	6	×
一级非易燃易爆液货船	毒害品	×	6	✓	×	×	✓	✓	×	✓	×	×	✓	×	×
	酸类	×	6	×	✓	×	✓	✓	×	×	✓	×	✓	×	×
	碱类	×	6	×	×	✓	✓	✓	×	×	×	✓	✓	×	×
	其他	×	6	✓	✓	✓	✓	✓	5/8	✓	✓	✓	✓	×	×
非一级易燃易爆危险货物集装箱		×	6	✓	✓	✓	✓	6	5/8	✓	✓	✓	✓	✓	×
二级危险品液货船	易燃易爆	×	6/8	×	×	×	5/8	5/8	✓	×	×	×	5/8	5/8	×
	毒害品	×	6	✓	×	×	✓	✓	×	✓	×	×	✓	×	×
	酸类	×	6	×	✓	×	✓	✓	×	×	✓	×	✓	×	×
	碱类	×	6	×	×	✓	✓	✓	×	×	×	✓	✓	×	×
	其他	×	6	✓	✓	✓	✓	✓	5/8	✓	✓	✓	✓	×	×
普通船舶（非客船）		×	6	✓	✓	✓	✓	✓	5/8	✓	✓	✓	✓	✓	✓
客船		×	×	×	×	×	×	×	×	×	×	×	×	✓	✓

注：1. “×” 表示不能同闸组合。

2. “✓” 表示可以同闸组合。

3. 数字表示需要隔离的水平距离（m），其中“5/8、6/8”前面表示油船，后面表示其他船。

表 14-4

载运常见危险货物船舶过闸组合方案

类别		一级易燃易爆液货船	一级易燃易爆危险货物集装箱船	一级非易燃易爆液货船	非一级易燃易爆危险货物集装箱船	二级危险品液货船		普通货船（非客船）
		汽油、甲醇、乙酸乙烯酯、二硫化碳、乙酸乙酯、甲苯、乙苯、乙醇、二甲苯	乙烯、丙烯等，红磷、可发性聚苯乙烯、碳化钙	硫酸、甲酸、乙酸	高锰酸钾、氯酸钾、次氯酸钙、亚硝酸钠、过氧化氢、氯化钡、四氯化碳、氢氧化钠（烧碱、片碱）、硫化钠、磷酸	航空煤油、柴油、原油	煤焦油	
一级易燃易爆液货船	汽油、甲醇、乙酸乙烯酯、二硫化碳、乙酸乙酯、甲苯、乙苯、乙醇、二甲苯	单闸不超过 12 000t	×	×	×	×	×	×
一级易燃易爆危险货物集装箱船	乙烯、丙烯等、红磷、可发性聚苯乙烯、碳化钙	×	6	6	6	6	6	6
一级非易燃易爆液货船	硫酸、甲酸、乙酸	×	6	✓	✓	5	×	✓
非一级易燃易爆危险货物集装箱船	高锰酸钾、氯酸钾、次氯酸钙、亚硝酸钠、过氧化氢、氯化钡、四氯化碳、氢氧化钠（烧碱、片碱）、硫化钠、磷酸	×	6	✓	✓	5	✓	✓
二级危险品液货船	航空煤油、柴油、原油	×	6	5	5	✓	×	5
	煤焦油	×	6	×	✓	×	✓	✓
普通船舶（非客船）		×	6	✓	✓	5	✓	✓

注：1．“×” 表示不能同闸组合。
2．“✓” 表示可以同闸组合。
3．数字表示需要隔离的水平距离（m），其中“5/8、6/8”前面表示油船，后面表示其他船。

14.6　成果评价和应用前景

14.6.1　成果评价

①载运危险货物船舶过闸实践表明，组合方案的应用在充分考虑危险货物理化性能的基础上，实现了不同类别危险货物同闸组合通过三峡两坝船闸，如危险品集装箱船舶与普通货物集装箱船的同闸通过，二级非易燃易爆沥青船与普通货物船的同闸通过，有效提高了三峡、葛洲坝船闸通过能力。

②组合方案提出了三峡库区常见危险货物过闸组合方式及隔离要求，为三峡通航调度部门快速编制危险货物船舶过闸计划提供了便利。

③组合方案应用以来，三峡通航管理部门对载运一级易燃易爆危险货物的船舶实施了专闸通过，为一级易燃易爆危险货物船舶集中通过三峡重点水域创造了条件，也确保了三峡通航以来，危险货物过闸安全稳定。

14.6.2　应用前景

随着长江航运的快速发展，我国航电枢纽的不断建设，载运危险货物船舶过闸组合成果将在三峡两坝船闸得到更加普遍的应用。同时，成果也可在长江上游、湘江、西江等枢纽通航水域推广应用，为通航管理及船闸调度部门科学安排载运危险货物船舶提供技术指导。

第4篇

长江三峡枢纽锚地工程建设及关键技术应用

15 坝上锚地布局及总平面布置

15.1 概述

三峡水库蓄水以来，库区河段通航环境和通航条件与以往相比发生了较大的变化。三峡水库水位抬升后，库区航道条件得到了显著改善，国家西部大开发和中部崛起战略的稳步推进，扩大了长江上游重庆、四川、云南、贵州等省市的资源输出，并承接东部地区和海外的产业转移，带来了旺盛的运输需求。长江中下游地区的快速发展，也加大了对煤炭等大宗物资的需求，带旺了三峡水运市场。同时，三峡水库蓄水后，大大改善了宜昌至重庆 600 多公里航道条件，加快了三峡水域船舶大型化和标准化的进程，三峡航运呈现良好的增长态势，过坝货运量及过坝各类运输船舶数量均大幅提高。面对三峡大坝坝前货运量的激增，必须配套进行锚地建设，为三峡坝区过坝船舶提供待闸服务，充分发挥三峡枢纽航运效益。

坝上锚地的主要功能是：组织船舶安全有序通过三峡大坝；为过坝船舶提供待闸服务；提供船舶集结和船队编解队；维护坝区通航秩序和防止水域污染。坝上锚地建成投入使用以后，为满足坝上库区水域各类船舶锚泊的需要提供了一流的服务，有力地保障了三峡大坝过坝船舶的有序运行，为保障三峡库区河段通航的安全、畅通、和谐、高效发挥了重要作用。

坝上锚地是指在三峡大坝上游至庙河之间水域兴建的、为三峡枢纽过坝船舶提供待泊服务的所有锚地的总称。其建设主要包括两个阶段：第一阶段以 2006 年为节点，主要解决三峡大坝 156m 水位蓄水并兼顾 175m 永久蓄水的船舶锚地问题，由交通部（现交通运输部）投资兴建了三峡坝区通航船舶服务区待泊锚地工程和三峡枢纽航运配套设施工程，主锚地 1 号和 2 号锚泊区、兰陵溪锚地和杉木溪锚地均是这一阶段建成的；第二阶段是为了适应三峡大坝 175m 水位蓄水以后，三峡坝区过坝运量急剧增加，船舶锚泊设施严重不足的问题，对三峡大坝上游锚泊水域进行全面整合，利用三峡工程后期规划建设专项资金进行沙湾、银杏沱、端方溪、百岁溪、老太平溪、靖江溪等锚地建设，该建设项目于 2015 年进行建设前准备，2016 年开工建设，2017 年完工。

通过上述两阶段的建设，坝上锚地将形成 10 个锚地、具有 187 艘船舶锚泊容量的规模，可以为普通货船、化学品及危险品船舶提供锚泊服务。

15.2　锚地布局总体方案

15.2.1　总体布置原则

①总平面布置应符合宜昌市城市总体规划和宜昌港总体规划，总体布局合理，有利于港城协同发展。

②总平面布置应结合《长江三峡通航发展规划》，锚地位置应选在天然水深适宜、水下地形平缓、底质好、水域开阔、便于船舶进出航道以及具有良好定位条件的水域。

③根据河床地质条件、水流和航道条件，选择安全可靠的锚泊方式，合理布置，以确保锚地和航道内船舶的安全。

④供船队停泊时以直立式靠船墩形式为主，供单船停泊时以系缆桩结构为主。

⑤油品船舶和化学品船舶应布置在位置较为偏僻且附近无居民的支汊河流内，确保船舶及货物安全。

⑥充分考虑社会、经济和环境三方面的综合效益，重视环境保护，尽量减少对周围生态环境的不利影响，同时满足防火、安全、卫生、环保等方面的要求。

15.2.2　坝上锚地工程与相关规划的关系

①根据宜昌市城市总体规划，要“整合规划区内港口、铁路、公路、机场等多种交通设施，建设三峡枢纽港。三峡枢纽港发展定位为翻坝中转港、工业输出港、三峡旅游港和西部出海港，具备港口装卸与储存、翻坝转运与多式联运、临港工业开发、功能综合的现代物流、三峡旅游服务等多项功能。”

②根据宜昌港总体规划，“三峡大坝至庙河库区河段左岸的靖江溪、老太平溪、百岁溪、端方溪部分岸线规划为港口岸线：靖江溪左岸河口至河口内上游 1 600m；老太平溪左岸河口至河口内上游潭家河，自然岸线长 2 600m；百岁溪右岸河口至河口内上游 500m；端方溪右岸河口内上游 1 000m 至端方溪右岸河口内上游 1 300m。”

③根据长江三峡通航发展规划，“兴建坝上锚地工程，满足恶劣天气及汛期大流量下滞航船舶的安全锚泊需求。”

坝上锚地工程总体布置上留足了与港口规划岸线的距离，符合宜昌市城市总体规划、宜昌港总体规划和长江三峡通航发展规划。作为航运公共基础设施，坝上锚地有利于助推港口的快速发展，对加快当地物流产业的发展，提升三峡通航能力具有重要意义。

15.2.3　坝上锚地位置及功能划分

坝上锚地位置见图 15-1，根据过坝船舶种类、锚地位置和周边地貌等，按照船舶分类锚泊的原则，对锚地功能进行了划分，主要包括普通货船锚地、油品锚地、化学危险品锚地等。坝上 10 个锚地中，除庙河锚地、兰陵溪锚地和杉木溪锚地为危险品锚地以外，其余均为普通货船锚地。

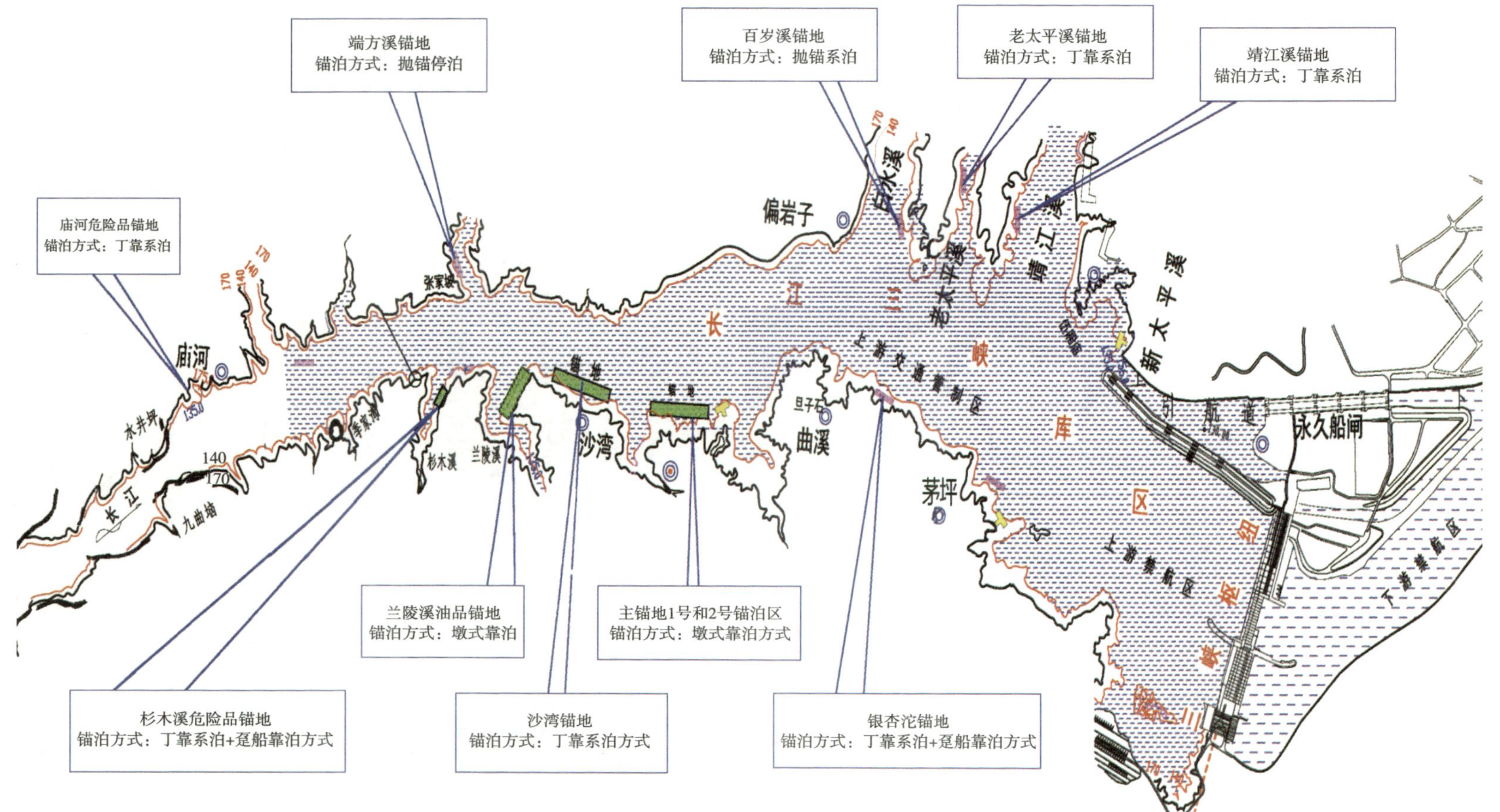

图 15-1　三峡锚地工程锚位布置

15.2.4　自然条件

（1）工程地理位置

坝上锚地工程建设地点位于长江三峡大坝至庙河河段，岸线长约 16km，详见图 15-2。

图 15-2　工程地理位置示意图

（2）气象

三峡河段位于南温带与亚热带的过渡地带，具有冬暖夏热，春旱、秋雨和夜雨多，雨量充沛，风速大、多云雾的特点。年内雨季和旱季界限分明，当夏季风开始时，雨季也随之开始。暴雨的时空分布与季风活动、副热带高压季节性位移有密切的关系，入夏之后，副高北移，偏南风盛行，带入大量的暖湿气流并与西风带冷空气频繁交换，形成流域暴雨天气。受长江峡谷暖流影响，局部小气候特征明显。

（3）气温

多年平均气温：16.9℃。

多年最高气温：43.8℃。

多年最低气温：−9.8℃。

最高月平均气温：28.2℃。

最低月平均气温：4.72℃。

（4）降水

年平均降水量：1 155.2mm。

日最大降水量：386.0mm。

小时最大降水量：101.6mm。

年内最长连续降雨天数：10d。

（5）风况

因受地理环境的影响，坝区河段风速较大，春夏的风速略大于秋冬季。风向季节性变化不明显，以偏北风频率最大，大风多发生在夏季，最大瞬时风速 20 ~ 30m/s，重现期 50 年，基本风压为 0.30kPa，平均每年出现大于 6 级风的天数为 19d。

（6）雾况

三峡河段为多雾日区，年雾日数由西向东逐渐减少。据主要气象站点资料统计，多年平均雾日数为 23.5d，发雾时间年内分布以夏季 7 月份为最多，雾区河段的长度一般 6 ~ 30km 不等。根据三峡工程 175m 蓄水运行后统计资料来看，由于江面放宽，水流流速减缓，为雾的形成创造了条件，库区（特别是宽阔河段）雾情有加重的趋势，特别是在云阳以下的峡谷河段，在蓄水前基本无雾区河段，但蓄水后在官渡口、青石洞等地形成了一些新的雾区河段。

15.2.5　锚泊方式选择

锚泊方式应根据锚地所处的水域岸线形态、自然岸坡地质地貌、河床底质风浪流等自然条件以及锚地性质、设计船型、当地航行条件来综合选择。

三峡大坝至庙河河段的待闸船舶的系泊方式常用的有抛锚系泊、趸船系泊、顺岸系泊、丁靠系泊 4 种。

（1）抛锚系泊

抛锚系泊是一种常见的锚泊方式，通过船上与锚链或锚索连接的锚抛入水底，其产生的抓力把船舶牢固地系留在预定位置，是一种简易的、经济的锚泊方式。船舶抛锚系泊对河床底质要求较高，一般选择底质为泥质或泥沙质的水域，尽量避免在硬黏土、硬砂土及石质地区进行抛锚。

抛锚系泊不需要修建任何水工建筑物。但是抛锚系泊水域占用面积较大，锚地管理难度较大，对风浪适应性较差，所以抛锚系泊一般作为船舶应急停泊的一种方式。当水域较为宽阔且底质为泥质或泥沙质时，可采用抛锚系泊。

另外，对于自然岸坡较陡、裂隙发育、受水动力作用明显、边坡存在失稳可能性的区域，在满足水域条件的前提下，可优先考虑抛锚系泊方式。

（2）趸船系泊

趸船系泊是利用趸船来系泊船舶，通过松紧锚链以适应水位的变化，优点是船舶系泊安全可靠，对水位变幅适应灵活，方便锚地值守、管理，缺点是初期投资较大，后期使用过程中的维护费用较高。但综合考虑，趸船系泊灵活、安全、可靠，对原岸坡的影响小，有利于提升锚地综合服务水平和管理能力，在工程投资有保障的前提下，趸船系泊是锚地锚泊方式的发展趋势。

（3）顺岸系泊

顺岸系泊是指在固定靠泊设施上顺岸系泊，主要有岸壁式系泊和靠船墩系泊。顺岸系泊具有岸线固定、靠泊点明确等优点，适合各种水位条件下的船舶尤其是船队安全系泊，但该系泊方式投资巨大、水工建筑物修建难度大。由于位置固定，因满足水位变幅，靠船建筑物整体高度超过 30m，低水位时影响航道景观，高水位时则有一定的碍航影响。

（4）丁靠系泊

丁靠系泊是船舶抵坡靠泊，人自行上岸系船舶首缆于系缆桩，或者由船上伸出勾杆捞起系缆桩的缆绳系于船上。当船舶需要锚泊时，驾驶员以很慢的速度调整船舶，使船体垂直于岸线，并慢慢将船首靠近岸坡，船上水手将缆绳抛给岸边系缆人员，或自己跳上岸将缆绳系于岸边系缆桩上，而对于系缆桩在设计水位以下的情况，则可用勾杆捞起事先系在系缆桩上的带漂浮装置的缆绳，然后系在船上。船上工作人员还可在岸上与船舶之间搭块跳板，轻松上岸，办理手续或补充生活用品等。

结合船舶丁靠的特点，丁靠锚地宜选择在自然岸坡较稳定、坡度在 25° ~ 30° 之间的岸线范围内，若坡度太缓，无法满足船舶艏艉部吃水的要求，且船舶离岸过远，不易将缆绳交给岸上工作人员；若坡度太陡，则不利于系缆桩的布置和岸上工作人员的工作，也不利于船员上岸。

通过调研，自从三峡大坝蓄水成库后，库区内水流条件得到大幅度改善，流速缓慢，基本为静水，为船舶丁靠系泊提供了有利条件，所以库区船舶丁靠系泊情况比较常见。

丁靠系泊优点比较突出，该锚泊方式具有方便快捷、占用水域范围小、锚泊容量大、投资较小等优点，适于库区水流流速较小的船舶锚泊。缺点是船舶需自行上岸带缆、使用较为不便、维护工作量大、安全性稍差。

在所有锚泊方式中，丁靠系泊的经济性仅比抛锚系泊稍差，与趸船系泊和顺岸靠泊相比，经济性较为优越。

（5）锚泊方式比选

各种锚泊方式的优缺点比较见表 15-1。

各种锚泊方式的优缺点比较　　表 15-1

锚泊形式		优　点	缺　点
抛锚系泊		简易、经济，投资最小	占用水域较大，管理难度较大，要求河床具有较好的锚抓力
趸船系泊		使用方便，安全性较好	水位变幅大时，维护难度和工作量大，容量较小，投资较大
顺岸靠泊	岸壁式系泊	安全可靠，适合船舶尤其是船队靠泊	占用岸线较多，投资大
	靠船墩系泊		施工难度大，投资大，占用岸线较多
丁靠系泊		建设容易，投资较小，容量较大	对避风掩护要求较大，使用较为不便

2006 年，三峡大坝 156m 水位蓄水前，利用三峡大坝在 139m 水位以下运行的有利条件，兴建了 14 根靠系船墩结构，重点解决普通船队和危险品船队的靠泊安全问题。2009 年三峡大坝按照 175m 水位运行以后，所建锚泊设施的锚泊方式以抛锚、趸船、系缆桩等方式为主。对于自然岸坡较陡、边坡存在失稳可能、水域范围较大、底质为泥质或

泥沙质的锚地，优先采用抛锚系泊方式；对于自然岸坡较稳定、坡度适宜、可用岸线长度较短或水域范围较小、底质不适合抛锚的锚地，采用丁靠系泊；对于安全要求高、需要值守管理的锚地，则采用趸船系泊。

15.3 锚泊船型

15.3.1 通航船舶现状

目前，过闸船舶主要以普货船和客船为主，分别占 80% 和 10%，拖船、油船、危险品船和非运输船也占有一定的比例。2011 年以来三峡船闸过闸船舶类型分布见表 15-2。

2011—2014 年三峡船闸过闸船舶类型分布（单位：艘次）　表 15-2

船舶类型＼年份		2011 年	2012 年	2013 年	2014 年
客船	普通客船	315	159	201	222
	客货船	143	80	86	189
	旅游客船	2 654	1 692	2 231	2 215
	其他客船	219	17	15	12
	艘次占比	5.99%	4.40%	5.55%	5.93%
干散货船	普通货船	19 680	13 634	12 496	11 854
	杂货船	218	186	223	267
	散货船	7 636	8 042	9 281	9 719
	集装箱船	2 313	1 975	1 889	1 891
	商品车船	1 067	976	941	919
	多用途船	6 960	6 809	7 153	7 016
	其他干货船	8 638	6 140	6 244	5 271
	艘次占比	83.64%	85.31%	83.70%	83.08%
危险品船	油船	3 103	2 714	2 628	2 383
	化学品船	1 416	1 502	2 001	2 182
	其他液货船	169	85	67	70
	艘次占比	8.43%	9.72%	10.28%	10.43%
其他船舶	工程船	29	12	10	25
	公务船	126	143	87	84
	其他类船舶	30	23	47	102
	拖船	894	74	69	37
	艘次占比	1.94%	0.57%	0.47%	0.56%

从表 15-3 可以看出，1000 吨级以下船舶比例从 2011 年的 19.5% 下降为 2014 年的 9.1%，1000 ~ 2000 吨级船舶比例从 2011 年的 23.6% 下降为 2014 年的 13.8%，2000 ~ 3000 吨级船舶比例从 2011 年的 23.1% 下降为 2014 年的 20.1%，3000 ~ 4000 吨级船舶比例从 2011 年的 10.6% 上升为 2014 年的 14.0%，4000 ~ 5000 吨级船舶比例从 2011 年的 6.8% 上升为 2014 年的 11.4%，5000 吨级以上船舶比例从 2011 年的 16.4% 上升为 2014 年的 31.6%。

2011—2014 年过闸各吨位等级船舶构成分布（单位：艘次）　表 15-3

吨位 / 年份	1000 吨级以下	1000 ~ 2000 吨级	2000 ~ 3000 吨级	3000 ~ 4000 吨级	4000 ~ 5000 吨级	5000 吨级以上
2011 年	10 860	13 097	12 837	5 878	3 794	9 144
占比	19.5%	23.6%	23.1%	10.6%	6.8%	16.4%
2012 年	5 166	7 641	9 643	5 969	4 383	11 461
占比	11.7%	17.3%	21.8%	13.5%	9.9%	25.9%
2013 年	4 430	6 644	8 939	6 731	5 143	13 782
占比	9.7%	14.5%	19.6%	14.7%	11.3%	30.2%
2014 年	4 038	6 139	8 923	6 222	5 070	14 066
占比	9.1%	13.8%	20.1%	14.0%	11.4%	31.6%

15.3.2　危险品船舶现状

由于川江航道条件的改善，危险品船舶也有了较快的增长，2014 年过三峡船闸船舶的危险品船舶 5 237 艘次（含一级危险品船舶），其中上行 1 690 艘次，下行 3 547 艘次，通过一、二级危险品船舶 794.5 万 t，其中上行 546.9 万 t、下行 247.6 万 t。

15.3.3　货运船舶发展分析

随着库区国民经济的不断发展以及三峡库区通航条件改善，川江及三峡库区运输船舶日见增多，发展趋势呈现以下变化：

①船舶大型化趋势明显，大吨位船舶比例增加，船舶向重载深吃水发展。

在标准政策实施以前，过闸船舶以下游豫皖地区小船为主，1000 吨级以下的船舶占每年过闸船舶总艘次的 80% 以上，500 吨级以下的船舶占到 50% 以上，3000 吨级以上船舶所占比例不到 1%。实施船型标准化政策后，这一状况得到了明显改善。2004 年（限制 100GT 以下船舶过闸）500 吨级以下的船舶降至 30% 左右，1000 吨级以下船舶所占比例不到 70%。2005 年（限制 200GT 以下船舶过闸）500 吨级以下的船舶不到 20%，1000 吨级以下船舶所占比例降到了 50% 左右；2004—2007 年，1000 ~ 3000 吨级的船舶呈现较快增长。2008—2011 年，3000 吨级以上过闸船舶增长迅速，尤其是 5000 吨级以上船舶快速增长。2011 年以后，过闸船舶继续呈现出大型化趋势，但是 5000 吨级以上的大型船舶增长速度有所放缓。

②船型发展专业化，专用船舶数量增多。

随着特种货物的增多以及运输成组化的发展，船舶发展专业化明显。2014 年危险品过闸船舶达到 3 490 艘次。集装箱船运力增长明显，滚装运输成为库区一大特色。

③船舶标准化进程加快，非标准船舶逐步被淘汰。

为了促进川江和三峡库区船舶技术进步和航运结构调整，保障生命财产安全，保护三峡库区水资源环境，提高三峡永久船闸利用率和通过能力，交通运输部出台了一系列政策文件，规范川江及库区船型。川江和三峡库区是继京杭运河船舶标准化示范工程之后，内河航运船舶标准化的重点推进地区。目前，大批非标准船舶已淘汰出川江及三峡库区航线。这对规范库区航运市场，提高川江运力，解决三峡大坝对长江航运的瓶颈制约问题有着深刻的影响。

④机动单船运输已经成为三峡库区航运的主要方式。

三峡水库蓄水后，库区航运条件改善，传统的船队形势基本消失。目前船队过闸比例不到 1%。机动单船同船队相比，具有经济实用、航行速度快、操作灵活、人员节省等优点，是目前各船务公司以及私营船主青睐的运输船型。目前的航运已不再只适应大宗散货运输，其适用范围在新时期已发生新的变化。特殊货物运输、成组化运输成为发展单船运输的原动力，石油及其制品、液体化学品、液化气、集装箱、滚装汽车等特殊货物大量出现在黄金水道上。运输船舶也从原来的通用船舶发展成专业化船舶，新建造的化学品、油品、集装箱船舶数量不断增加。随着三峡库区经济的发展，对特殊货物运输的需求量增加，单船运输仍将继续增加，并已发展成为主要运输方式。

15.3.4 设计船型确定

按照与航道等级、船闸等通航建筑物相匹配、满足需要的最少档次、各航道等级船型协调性、船型优选及实用性、相关国家标准和交通行业标准相协调等原则，三峡坝上锚地建设第一阶段工程（至 2006 年）确定船型（队）及锚泊船舶尺度详见表 15-4 ~表 15-11（根据船舶标准化及适航船舶实际，表中未列入原 1000 吨级以下的设计船型），三峡坝上锚地建设第二阶段工程选用的设计代表船型尺见表 15-12。

本尺度系列采用定义如下：

总长（L_{OA}），指船体（包括永久性固定结构在内的）最前端至最后端间垂直于舯站面方向量度的距离。

总宽（B_{OA}），从一舷到另一舷垂直于中线面方向量度（量至船壳外板、护舷材或缘饰材的外侧）的最大距离。

设计载货量，设计吃水下，允许装载货物的质量，不含燃料、淡水、食物、船员、旅客等质量。

干散货船标准船型主尺度　　表 15-4

船型（载货吨级）	L_{OA} (m)	B_{OA} (m)	设计吃水 (m)	设计载货量 (t)	设计航速 (km/h)	主机功率 (kW)	备　注
1000–I	65 ~ 68	10.8	2.6 ~ 2.8	900 ~ 1 150	≥ 18	(180 ~ 230) × 2	涵盖 GB/T 18181—2000、JT/T 447.1—2001、部尺度要求，已开发有标准船型 1000 吨级干散货船 I 型 [CJB（2004）H1000–I]
1000–II	60 ~ 63	12.8	2.2 ~ 2.4	800 ~ 1 100	≥ 18	(230 ~ 250) × 2	干支直达
1500	72 ~ 80	13.6	2.6 ~ 2.9	1 300 ~ 1 800	≥ 18	(270 ~ 300) × 2	—
2000	82 ~ 87	14.0	2.8 ~ 3.0	1 900 ~ 2 200	≥ 18	(280 ~ 350) × 2	已开发有标准船型（深舱型）2000 吨级干散货船 II 型 [CJB（2004）H2000–II] 涵盖已开发的 B_{OA} =14.2m 的标准船型（半舱型）2000 吨级干散货船 I 型 [CJB（2004）H2000–I]
2500	86 ~ 92	14.8	2.8 ~ 3.2	2 200 ~ 2 750	≥ 18	(350 ~ 400) × 2	—
3000	86 ~ 92	16.2	3.3 ~ 3.5	2 800 ~ 3 300	≥ 18	(400 ~ 440) × 2	涵盖 GB/T 18181—2000、JT/T 447.1—2001，部尺度要求，已开发有标准船型 3000 吨级干散货船 I 型 [CJB（2004）H3000–I]
3500	98 ~ 105	16.2	3.3 ~ 3.5	3 350 ~ 3 600	≥ 18	(440 ~ 500) × 2	—
4000	105 ~ 110	17.2	3.5 ~ 3.6	3 600 ~ 4 100	≥ 18	(480 ~ 550) × 2	涵盖 GB/T 18181–2000、JT/T 447.1–2001、部尺度要求
4500	105 ~ 110	19.2	3.5 ~ 3.8	4 200 ~ 4 800	≥ 18	(580 ~ 650) × 2	—
5000	105 ~ 110	19.2	4.2 ~ 4.3	4 800 ~ 5 400	≥ 18	(600 ~ 660) × 2	—

化学品船标准船型主尺度　　表 15-5

船型（载货吨级）	L_{OA} (m)	B_{OA} (m)	设计吃水 (m)	设计载货量 (t)	设计航速 (km/h)	主机功率 (kW)	备　注
1000	72 ~ 75	12.8	2.4 ~ 2.6	950 ~ 1 300	≥ 18	(235 ~ 280) × 2	涵盖已开发的 B_{OA}=12.4m 的标准船型 1000 吨级散装化学品船 I 型 [CJB（2004）SH1000–I]
1500	72 ~ 75	13.6	2.6 ~ 3.0	1 300 ~ 1 600	≥ 18	(280 ~ 330) × 2	—
2000	82 ~ 87	14.0	2.8 ~ 3.3	1 700 ~ 2 200	≥ 18	(350 ~ 400) × 2	已开发有标准船型 2000 吨级散装化学品船 I 型 [CJB（2004）SH2000–I]

续上表

船型（载货吨级）	L_{OA} (m)	B_{OA} (m)	设计吃水 (m)	设计载货量 (t)	设计航速 (km/h)	主机功率 (kW)	备　注
2500	85 ~ 90	16.2	3.3 ~ 3.6	2 200 ~ 2 600	≥ 18	(350 ~ 400) × 2	—
3000	90 ~ 95	16.2	3.3 ~ 3.6	2 650 ~ 3 200	≥ 18	(450 ~ 500) × 2	—
3500	95 ~ 100	17.2	3.5 ~ 3.8	3 200 ~ 3 700	≥ 18	(500 ~ 550) × 2	—

油船标准船型主尺度　　表 15-6

船型（载货吨级）	L_{OA} (m)	B_{OA} (m)	设计吃水 (m)	设计载货量 (t)	设计航速 (km/h)	主机功率 (kW)	备　注
1000	72 ~ 75	12.8	2.4 ~ 2.6	1 000 ~ 1 350	≥ 18	(235 ~ 280) × 2	—
1500	72 ~ 75	13.6	2.6 ~ 3.0	1 350 ~ 1 700	≥ 18	(280 ~ 330) × 2	已开发有标准船型 1000 吨级油船 I 型 [CJB (2004) Y1000-I]
2000	82 ~ 87	14.8	2.6 ~ 3.2	1 800 ~ 2 250	≥ 18	(350 ~ 400) × 2	已开发有标准船型 2000 吨级油船 I 型 [CJB (2004) Y2000-I]
2500	85 ~ 90	16.2	3.2 ~ 3.5	2 250 ~ 2 700	≥ 18	(350 ~ 400) × 2	涵盖已开发的 B_{OA}=15.6m 的标准船型 2500 吨级油船 I 型 [CJB (2004) Y2500-I]
3000	90 ~ 95	16.2	3.2 ~ 3.5	2 700 ~ 3 350	≥ 18	(450 ~ 500) × 2	涵盖部尺度要求
3500	95-100	17.2	3.3 ~ 3.5	3 350 ~ 3 700	≥ 18	(500 ~ 550) × 2	—

驳船标准船型主尺度　　表 15-7

船型（载货吨级）	L_{OA} (m)	B_{OA} (m)	设计吃水 (m)	设计载货量 (t)	备　注
1000	65 ~ 68	10.8	2.4 ~ 2.6	1 000 ~ 1 250	涵盖 GB/T 18181—2000、JT/T 447.1—2001、部尺度要求
2000	70 ~ 75	13.3	2.6 ~ 3.2	1 500 ~ 2 200	现有优秀船型，有 700 多艘
2500	70 ~ 75	16.2	3.0 ~ 3.2	2 300 ~ 2 800	涵盖 GB/T 18181—2000、JT/T 447.1—2001、部尺度要求
3000	75 ~ 78	16.2	3.3 ~ 3.5	2 800 ~ 3 200	涵盖 GB/T 18181-2000、JT/T 447.1—2001、部尺度要求
3500	85 ~ 90	16.2	3.5 ~ 3.8	3 300 ~ 3 800	涵盖 GB/T 18181-2000、JT/T 447.1—2001、部尺度要求
4000	85 ~ 90	16.2	3.8 ~ 4.0	3 800 ~ 4 200	涵盖 GB/T 18181-2000、JT/T 447.1—2001、部尺度要求

典型顶推船队主要参数　　表 15-8

驳船型号（吨级）	驳船平面尺度 $L_{OA}\times B_{OA}$（m×m）	船队行数	船队列数	配套推船总功率（kW）	船队总长（m）
1000	65 ~ 68×10.8	2	1	400	≤ 266
		3	1	441 ~ 588	
		2	2	736 ~ 882	
		2	3	882 ~ 1 103	
		3	3	1500	
2000	70 ~ 75×13.3	2	1	441	
		3	1	736 ~ 882	
		2	2	882	
2500	70 ~ 75×16.2	2	1	588	
		3	1	882	
		2	2	1 103	
3000	75 ~ 78×16.2	2	1	736	
		3	1	882	
		2	2	1 500	
3500	85 ~ 90×16.2	2	1	736	
		2	2	1 500	
4000	85 ~ 90×16.2	2	1	882	
		2	2	1 500	

注：1. 表中所列的配套推船总功率为普通驳船队推荐值。
　　2. 推船尺度的选择应使船队总长控制在要求的范围内。

集装箱船标准船型主尺度　　表 15-9

船型（载箱量 TEU）	L_{OA}（m）	B_{OA}（m）	设计吃水（m）	设计载箱量（TEU）	设计航速（km/h）	主机功率（kW）	备　注
50	62 ~ 64	10.8	2.0 ~ 2.4	45 ~ 55	≥ 20	(200 ~ 230)×2	—
60	67 ~ 70	13.0	2.0 ~ 2.6	60 ~ 70	≥ 20	(300 ~ 350)×2	已开发标准船型。平均箱重 10t/TEU 时，可载 80TEU
100	72 ~ 75	13.0	2.6 ~ 3.0	90 ~ 110	≥ 20	(330 ~ 350)×2	—
150	85 ~ 90	13.6	2.8 ~ 3.2	120 ~ 157	≥ 20	(330 ~ 440)×2	已开发有标准船型
200-I	85 ~ 90	14.8	2.8 ~ 3.2	135 ~ 170	≥ 20	(420 ~ 470)×2	涵盖已开发的 B_{OA}=14.6m 的 200TEU 标准船型

续上表

船型（载箱量 TEU）	L_{OA} (m)	B_{OA} (m)	设计吃水 (m)	设计载箱量 (TEU)	设计航速 (km/h)	主机功率 (kW)	备　注
200–II	85 ~ 90	16.2	3.0 ~ 3.5	150 ~ 200	⩾ 20	(470 ~ 500) × 2	—
250	105 ~ 112	16.2	3.5 ~ 4.0	240 ~ 260	⩾ 20	(600 ~ 660) × 2	—
300	105 ~ 112	17.2	3.5 ~ 4.0	260 ~ 310	⩾ 20	(630 ~ 660) × 2	涵盖 GB/T 19283—2003

注：1. 以上载箱量为装载 20ft 标准箱（TEU）货箱载箱量，货箱平均重为 13t/TEU；当船舶载运货箱和空箱数量超过所推荐载箱量时，应满足规范和法规的相应要求。
2. 若实际装载货箱量大于或小于 13t/TEU 时，其载箱量会发生变化，此时应满足规范和法规的相应要求。
3. 若装载特种箱、非标准箱时，其有关要求应予特殊考虑。

载货汽车滚装船标准船型主尺度　　表 15–10

船型（载车量）	L_{OA} (m)	B_{OA} (m)	设计吃水 (m)	设计航速 (km/h)	主机功率 (kW)	备　注
30	85 ~ 88	16.2	2.60	⩾ 21	235 × 3 /375 × 2	—
40	85 ~ 88	19.2	2.60	⩾ 21	441 × 2	已开发有标准船型
50	108 ~ 113.8	19.2	2.60	⩾ 21	350 × 3	已开发有标准船型
60I	108 ~ 113.8	22.2	2.60	⩾ 21	441 × 3	已开发有标准船型
60II	108 ~ 113.8	23.25	2.60	⩾ 23	735 × 3	已开发有标准船型；涵盖 B_{OA}=23.2m 的船型
60III	108 ~ 113.8	25.4	2.60	⩾ 23	662 × 3	已开发有标准船型

注：1. 表中 L_{OA} 不含跳板。
2. 60I 型载车车位宽度为 2.5m。
3. 60II 型载车车位宽度为 2.65m。
4. 60III 型载车车位宽度为 2.75m。

运输客船标准船型主尺度　　表 15–11

船型（客位）	L_{OA} (m)	B_{OA} (m)	设计吃水 (m)	设计载客量（人）	设计航速 (km/h)	主机功率 (kW)	备　注
330	45.0	8.2	1.4	330	25	2 × 258	已开发有标准船型，330 客位短途运输客船 I 型 [CJB（2004）QK330–I]
200/240	65.8	11.2	2.1	190/242	27	2 × 470	已开发有标准船型，200/240 客位客船 I 型 [CJB（2004）QK200–I]
350/460	75.8	12.8	2.1	348/460	27	2 × 552	已开发有标准船型，350/460 客位客船 I 型 [CJB（2004）QK350–I]
500/670	87.0	14.4	2.4	506/666	27	2 × 662	已开发有标准船型，500/570 客位客船 I 型 [CJB（2004）QK500–I]

设计代表船型主尺度　　表 15-12

船　型	吨级	主尺度（长 × 宽 × 吃水，m×m×m）	备　注
普通货船	5000	（105 ~ 110）×19.2×（4.2 ~ 4.3）	设计船型
	5000	（90 ~ 105）×16.3×（4.1 ~ 4.3）	设计船型
液货船（化学品、油品）	3000	（90 ~ 95）×16.2×（3.2 ~ 3.6）	设计船型
	3500	（95 ~ 100）×17.2×（3.3 ~ 4.3）	兼顾船型

15.4　锚地总平面布置

15.4.1　主要设计指标

（1）设计水位（吴淞高程系）

设计高水位：175m（水库正常蓄水位）。

设计低水位：145m（175m 水位运行期防洪限制水位）。

（2）锚地设计水深

$$D=T+Z+\Delta Z \tag{15-1}$$

式中：T——设计船型的满载吃水；

Z——船舶龙骨下最小富裕水深，取 0.5m；

ΔZ——其他富裕深度，综合考虑均取 0.5m。

锚地设计水深计算情况见表 15-13。

锚地设计水深计算　　表 15-13

船　型	满载吃水（m）	设计低水位（m）	设计水深（m）	设计河底高程(m)	备　注
3000 吨级油品船	3.5	145	4.5	140.5	设计代表船型
3500 吨级油品船	3.5	145	4.5	140.5	兼顾船型
3000 吨级驳船队	3.5	145	4.5	140.5	设计代表船型
3500 吨级驳船队	3.8	145	4.8	140.2	兼顾船型
4000 吨级驳船队	4.0	145	5.0	140.0	兼顾船型

通过计算，设计水深按 5.0m 考虑，设计河底高程为 140.0m。

15.4.2　锚地平面布置

（1）主锚地 1 号和 2 号锚泊区

主锚地锚位共分为 1 号和 2 号锚泊区，以停泊货船船队并兼顾单船停泊为主。为充分利用现有锚泊设施，在 155m 以下水位时船队到锚地靠泊；当水位高于 155m 以上时，到主锚地的 1 号锚位区外档靠泊。单船在 155m 以下水位时分别到主锚地 1 号和 2 号锚位区的外档靠泊；当水位高于155m以上时，则到主锚地1号锚位区的内档、2号锚位区的外档进行靠泊。

为便于船舶的编解队，每个锚位由5组靠船墩呈直线排列构成。两墩中心间距为船长的30%～45%。两侧的直立靠船墩间距为40m，方便各种船型的靠泊。靠泊两列船舶，顺岸靠泊的船舶间需要一定的富裕长度，中间的墩间距为45m，满足5000吨级干散货船的靠泊要求。

155m水位以下时（外档锚泊），主锚地可同时靠泊16～44艘单船。

1号锚位区和2号锚位区的典型锚泊见图15-3、图15-4。

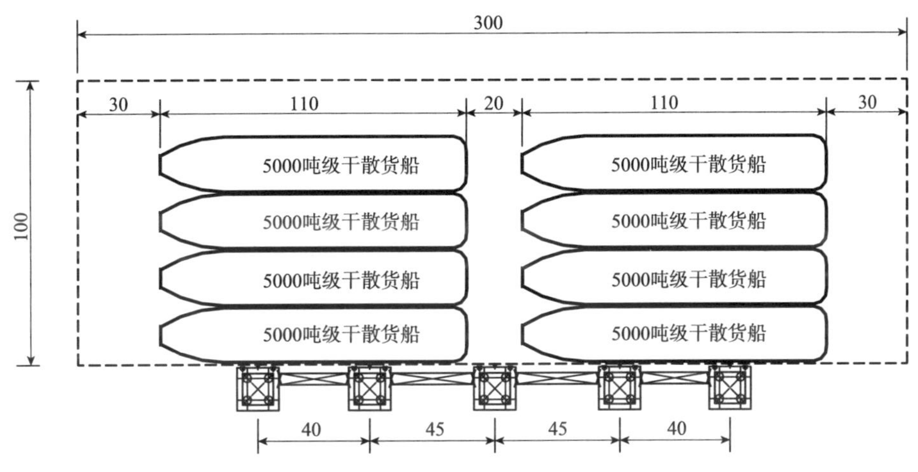

图15-3 1号、2号锚位区船舶锚位（一）（单位：m）

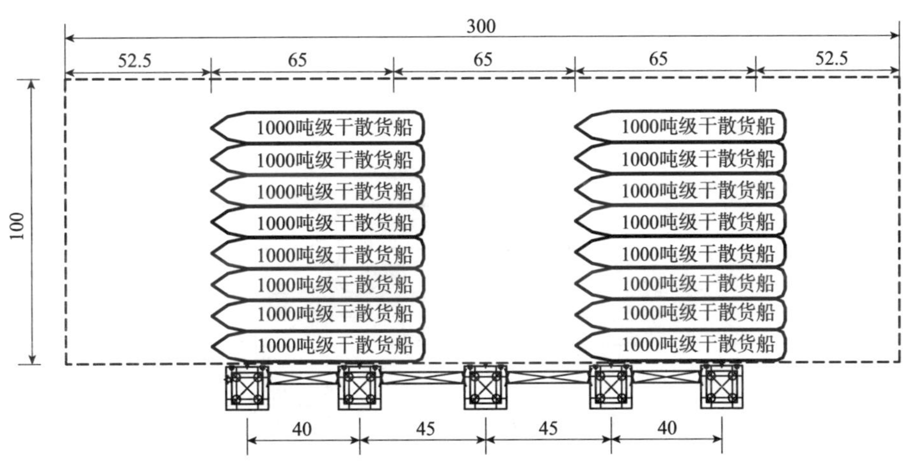

图15-4 1号、2号锚位区船舶锚位（二）（单位：m）

155m水位以上时：

2号锚位区仅外档供船舶靠泊，因此，155m水位以上供船舶锚泊的情况与其在155m水位以下时相同。

在155m水位以上时主锚地可同时靠泊两个船队和10～30艘单船。

1 号锚位区的典型锚泊见图 15-5、图 15-6。

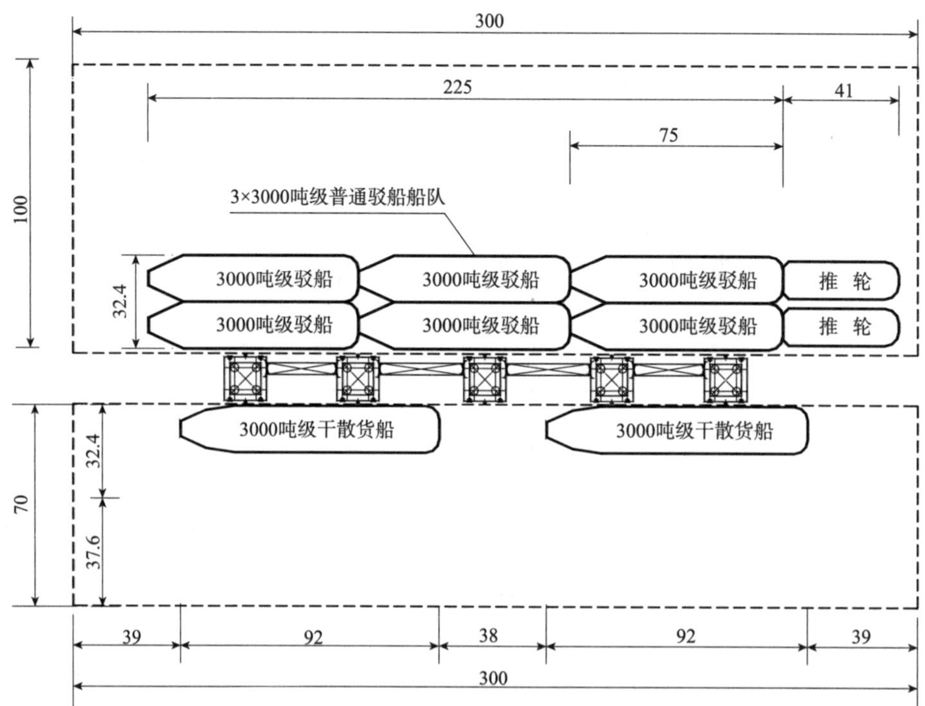

图 15-5　1 号锚位区船舶锚泊（一）（单位：m）

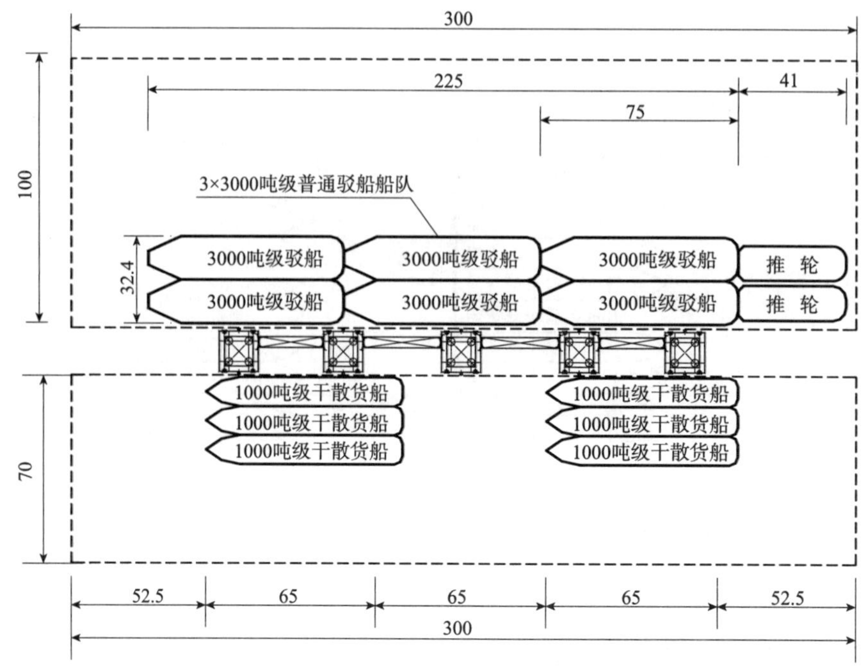

图 15-6　1 号锚位区船舶锚泊（二）（单位：m）

（2）沙湾锚地

沙湾河段位于长江右岸，下沙湾嘴至斋公石河段，长约 1 134m，岸线较顺直，水面较宽，水域条件较好。

三峡库区船舶主要靠泊在长江左岸，而沙湾是主要的停靠区。在天气恶劣、锚地拥堵时，船舶随意靠泊情况较为突出，甚至利用岸上居民简易设置的木桩进行系缆，给锚地管理带来较大的安全隐患。

沙湾锚地自然岸坡较为稳定，坡度适宜，后方交通便利，有固定的民居点和齐全的生活设施，便于船民上岸活动。因地制宜，分别在 148m、168m、174m 高程附近，分 3 级设置 3 个系缆桩，形成 1 组系缆桩，可满足 3 条船舶在不同水位下并排丁靠系在系缆桩上。沙湾锚地共设置了 18 组系缆桩，共提供 54 个锚位，可满足 54 艘 5000 吨级干散货船同时丁靠系泊，详见图 15−7。

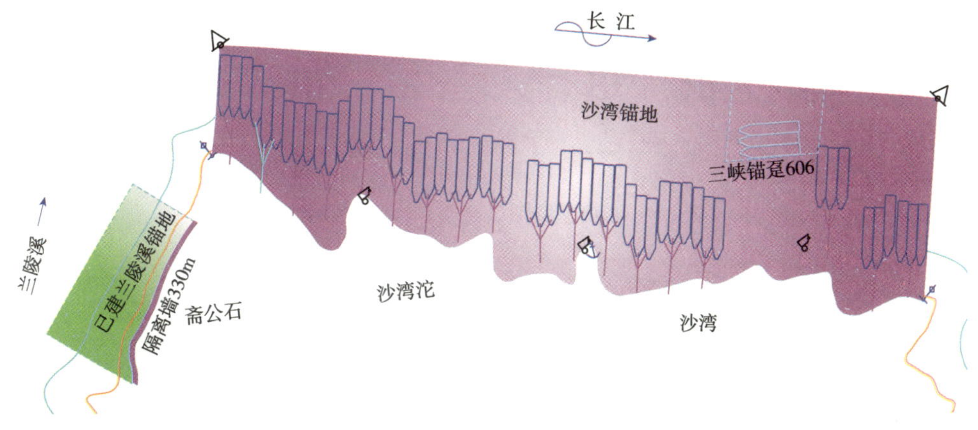

图 15−7　沙湾锚地船舶锚位

（3）庙河危险品锚地

庙河危险品船锚地水域位于长江上游里程 60.5 ~ 61.7km 左岸柳林溪内，锚地系泊设施为岸上系船柱，148m 水位 7 个、160m 水位 7 个、175m 水位 4 个，可应急抵坡丁靠待闸危险品船舶 10 艘。

（4）兰陵溪油品锚地

兰陵溪油品锚地位于兰陵溪的溪口内。单船采用丁靠的方式锚泊于兰陵溪的左岸，船队则靠泊直立墩式靠船结构于兰陵溪的右岸。

兰陵溪油品锚地考虑 1 个 4 × 3000 吨级船队和 4 艘 3000 吨级油品船舶锚泊。溪口右侧锚地供载运一级易燃易爆危险品船舶待闸锚泊，溪口左侧锚地供载运非一级易燃易爆危险品及油品的船舶待闸锚泊。船队采用直立墩式靠船结构的方式进行锚泊，单船考虑采用丁靠的方式进行锚泊。

兰陵溪油品锚地的单船采用丁靠的方式进行锚泊。由于其设计船型与杉木溪化学品锚地的船型长宽相同，故其锚位尺度也与杉木溪化学品锚地锚位尺度相同，各丁靠锚位之间的空间也应满足油品船进出安全间距的要求。

145 ~ 175m 水位，分别在 151m、157m、163m、169m、176m 高程附近，分 5 级设置系缆桩，每级 4 个，共设置 20 个系缆桩，供 4 艘不同的油品船丁靠锚泊。

兰陵溪油品锚地右岸船队锚地，参照设计船（队）型，考虑到直立靠船墩能适应各种船（队）型的靠泊，故将两侧的墩间距定为 40m。当无船队锚泊时，此锚位考虑容纳两艘油品船舶锚泊；中间的墩间距定为 85m，以满足 3500 吨级油品船的靠泊要求，典型锚泊见图 15–8、图 15–9。

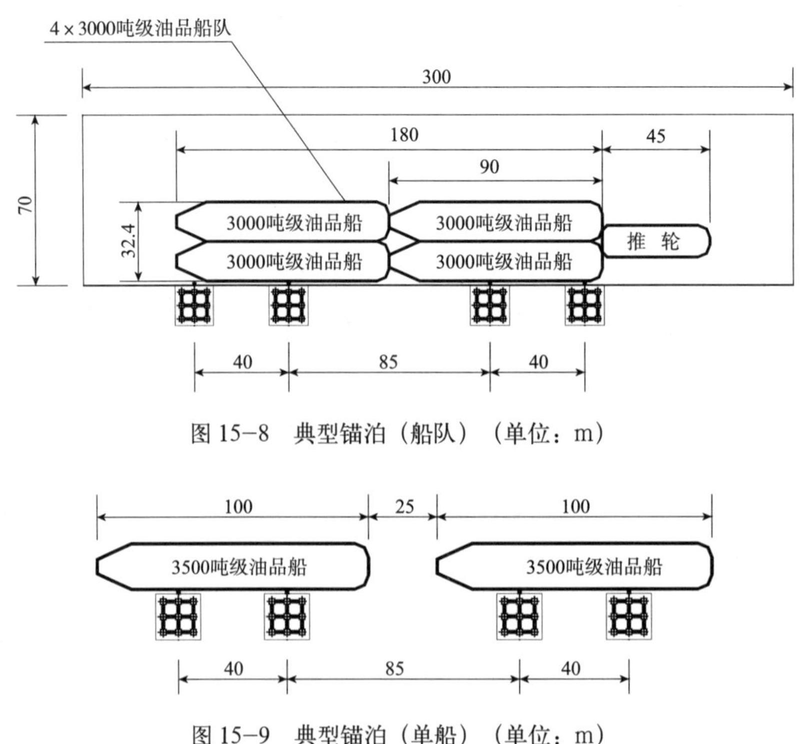

图 15–8　典型锚泊（船队）（单位：m）

图 15–9　典型锚泊（单船）（单位：m）

（5）杉木溪危险品锚地

杉木溪位于川江里程约 59.5km 长江右岸。145m 水位时，溪口宽度 335m。145m 水位延伸位置约在距离溪口直线距离 998m；当蓄水至 175m 水位水沫线位置向河湾内延伸约 1 557m。145m 和 175m 水位运行期该溪口处的水面较宽，容量较大。175m 水位线以上建有公路，居民出行一般乘车，乘船较少。

杉木溪化学品锚地位于杉木溪左岸约 250m 岸线内，145 ~ 175m 水位，分别在 151m、157m、163m、169m、176m 高程附近，分 5 级设置系缆桩，每级 4 个，共设置 20 个系缆桩，供 4 艘不同的化学品船舶丁靠锚泊。

此外，采用趸船系泊方式，设置两艘 90m 趸船，每艘趸船外侧可并排靠泊 3 艘 3000 吨级危险品船，共提供 6 个锚位，详见图 15–10。

为了保证危险品锚地船舶停泊安全，必须在危险品锚地区域和当地居民生活区域之间设置防护隔离设施。因此，在杉木溪危险品锚地区域内，高程约 183m 处设置防护隔离墙，长约 556m，175 ~ 183m 等高线之间征地范围面积约 7.86 亩（1 亩 ≈ 666.67m^2）。

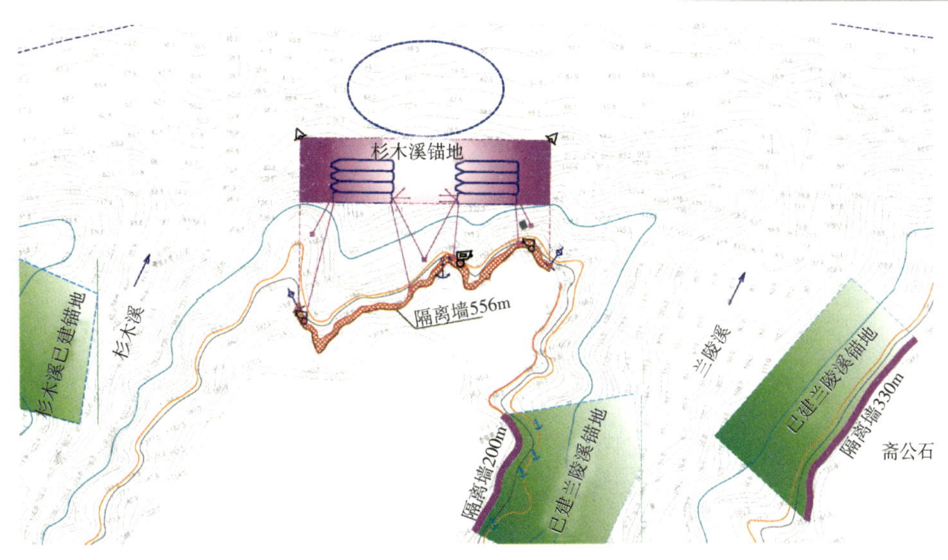

图 15-10　杉木溪锚地船舶锚位

（6）端方溪锚地

端方溪位于川江里程 58km 长江左岸，145m 水位时溪口宽度为 224m，回水延伸距离溪口约 1 992m 溪口附近有一居民出行、过江的简易客货码头，河湾内居住居民较多，均在 175m 水位线上方，种有油菜等经济作物。

端方溪自然岸坡较陡，坡度为 35° ~ 42°，场地出露地层为片岩，裂隙发育，水动力及风化作用较强烈，有边坡失稳的可能，建设岸上设施存在一定风险。同时，由于三峡大坝成库蓄水以后，端方溪溪口处于淤积状态，底质为淤泥，水域开阔。综合考虑，端方溪锚地适宜采取抛锚锚泊。

根据《宜昌港总体规划》，端方溪右岸溪口内上游 1 000 ~ 1 300m 规划为港口岸线。通过分析端方溪的水域条件，从溪口至溪口内上游 1 000m 的水域范围布设为端方溪锚地（图 15-11）。本着不开挖的原则，低水位时，锚位沿 140m 等高线附近布置，共可抛锚停泊 6 艘 5000 吨级干散货船。高水位时，锚位布置在 170m 等高线附近布置，以减少抛锚锚链长度。

（7）百岁溪锚地

百岁溪位于川江里程约 54km 长江左岸，145m 水位时回水湾溪口宽度 507m。随着水面逐步向河湾内延伸，分别在距离溪口 524m、976m、1 825m、2 100m、3 009m 及其他地方形成 8 个以上弯道。距离溪口 1 600m 左岸和 2 000m 右岸分别建有简易客货渡口码头，有区间客船和农用船等小型船舶靠泊。河湾内 175m 水线上居民点较多，山坡上有公路通过，河汊内网箱养鱼设施较多。据实地考察，145m 延伸位置直线距离 3 500m，175m 水沫线延伸位置较 145m 的增加较少。该条河湾是三峡大坝以上各处河湾中弯道最多的一个，也是水面延伸距离最长的一个。

百岁溪自然岸坡较陡，坡度为 32° ~ 50°，场地出露地层为花岗岩，裂隙发育，岩体被切割得支离破碎，在自身重力作用下沿山坡发生崩塌，多有小的垮塌体存在。同时，由于三峡大坝成库蓄水以后百岁溪溪口处于淤积状态，底质为淤泥，水域开阔。综合考虑，百岁锚地适宜采取抛锚锚泊。

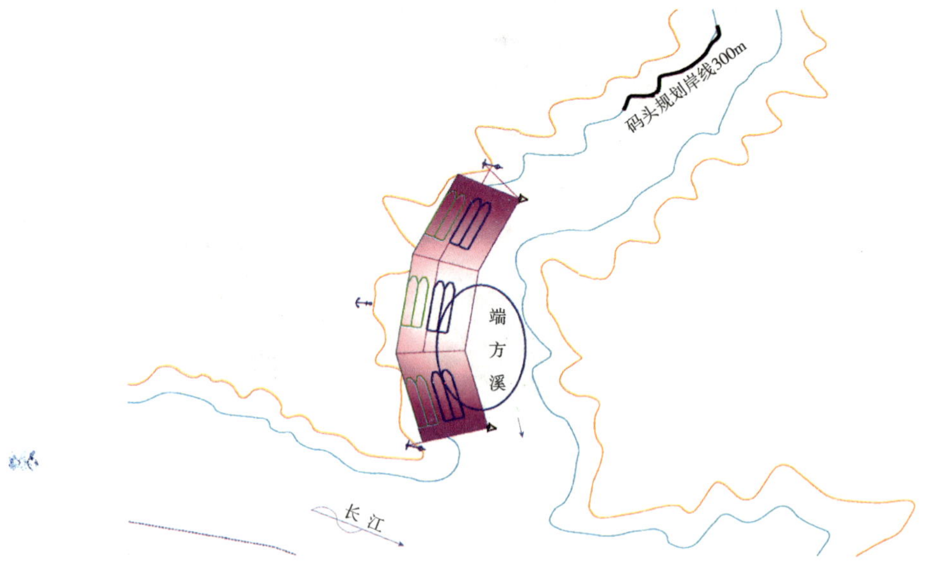

图 15-11　端方溪锚地船舶锚位

根据《宜昌港总体规划》，百岁溪右岸溪口至溪口内上游 500m，自然岸线长 500m，规划为港口岸线，故在百岁溪左岸溪口至溪口内上游 650m 的水域范围布设为抛锚停泊的区域（图 15-12）。本着不开挖的原则，低水位时，锚位沿 140m 等高线附近布置，共可抛锚停泊 6 艘 5000 吨级干散货船。高水位时，锚位布置在 170m 等高线附近布置，以减少抛锚锚链长度。

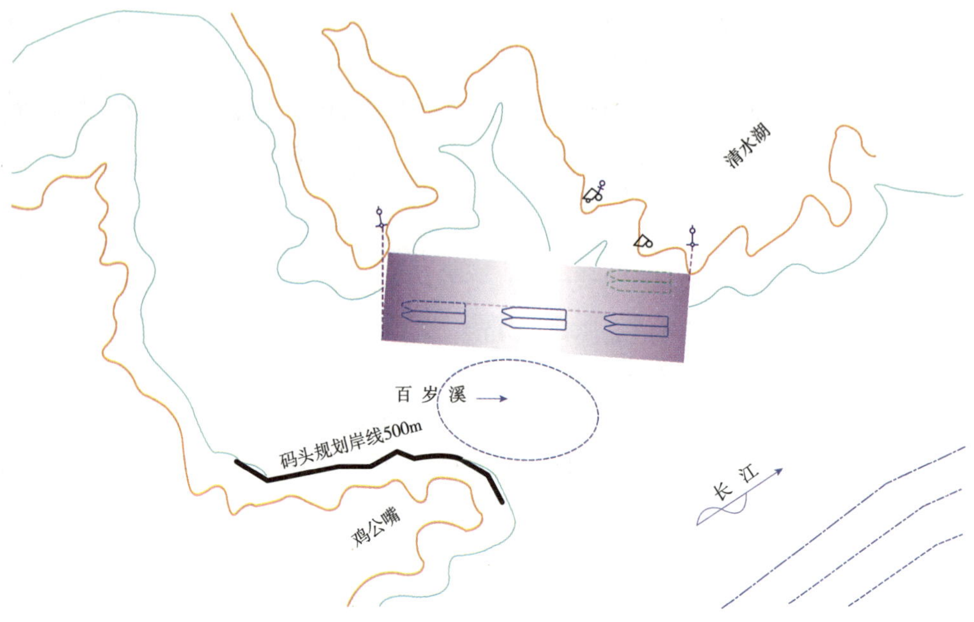

图 15-12　百岁溪锚地船舶锚位

（8）老太平溪锚地

老太平溪位于川江里程约 53km 长江左岸，河湾入口附近左侧当地居民建有一小型修船厂，距离溪口约 1 300m，河湾上空悬建有 4 道过江电缆。距离溪口直线距离约 2 130m，建有一处简易客货渡口码头。145m 水位时，溪口宽度 646m，水沫线位置大概在距离溪口直线距离 2 514m；175m 水位水沫线位置向河湾内延伸约 2 800m。调查显示，145m 和 175m 水位运行期，该回水湾内的水面较宽，容量较大。175m 水位线以上建有公路，居民出行一般乘车，目前乘船较少。

老太平溪地势相对较为平缓，地面坡度多为 15° ~ 30°，侧岸局部为侵蚀性风化花岗岩岸壁，其他岸坡为花岗岩岩壁，岩体较为致密稳固，岸坡稳定性好，水域底质为石质。综合考虑，老太平溪锚地适宜采用丁靠系泊。

根据《宜昌港总体规划》，老太平溪左岸姚家坝至小溪口段，自然岸线长 3 300m，规划为预留港口岸线。因此，老太平溪锚地在右岸溪口至溪口内上游 1 400m 的岸段水域布置为普通货船停泊区。老太平溪锚地平面布置详见图 15-13。

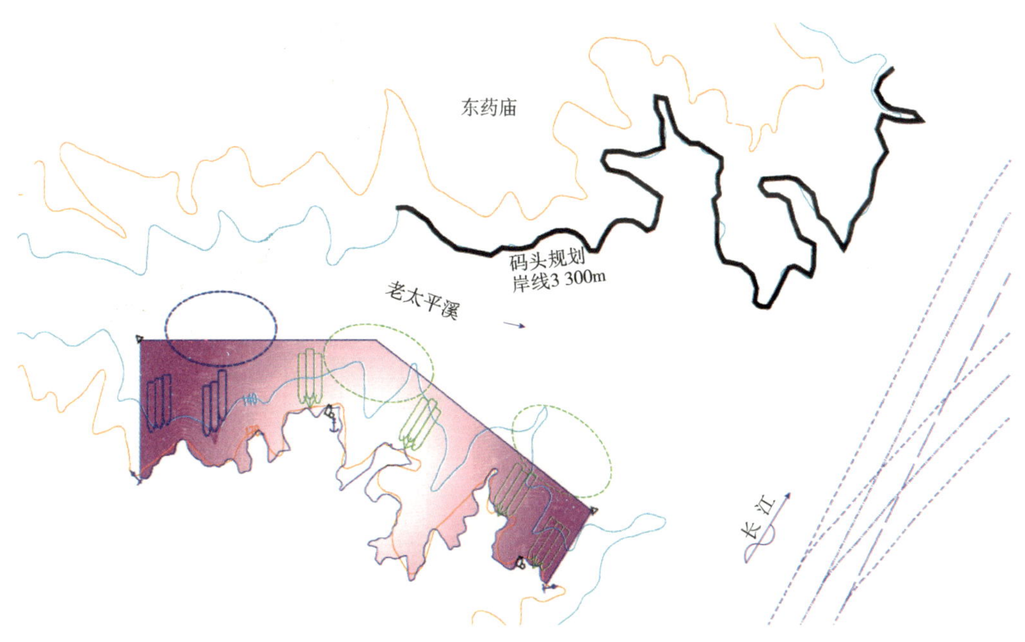

图 15-13　老太平溪锚地船舶锚位

考虑到本处锚地水域较为开阔，为了避免高水位运行时低高程的系缆桩成为水下障碍物，本次设计低水位系缆桩靠里侧，高水位的系缆桩靠溪口处。系缆桩因地制宜分散布置，尽量布置在自然岸坡为 15° ~ 30° 的顺直岸段，结合不同的水位分三级设置 6 个系缆桩，每个系缆桩可停靠 3 艘船舶，每级水位可供 6 艘 5000 吨级干散货船丁靠系泊。

（9）靖江溪锚地

靖江溪位于川江里程约 51.8km 长江左岸，距离三峡船闸上游航道最近，145m 水位下溪口宽度为 1 183m 左右，进入溪口约 955m，已建一处滚装船码头。靖江溪平面形态在距溪口约 1 530m 和 1 700m 处呈两个转弯。实地调查，145m 水位延伸至溪口上游约 2 452m，175m 水位线延伸至 3 300m。回水湾内两侧山坡坡度较缓，种植油菜、茶树等经济作物。

靖江溪地势相对较为平缓，地面坡度多为 15° ～ 30°，侧岸为花岗岩岸壁，总体稳定性较好，水域底质为石质，综合考虑，靖江溪锚地适宜采用丁靠系泊。

根据《宜昌港总体规划》，靖江溪左岸溪口至溪口内上游 1 600m，自然岸线长 1 600m，规划为港口岸线。因此，靖江溪锚地在右岸溪口至溪口内上游 1 100m 的岸段水域布置为普通货船的停泊区。

靖江溪锚地系缆桩分 3 级布置，其高程分别为 148m、168m、174m，靖江溪锚地平面布置详见图 15-14。

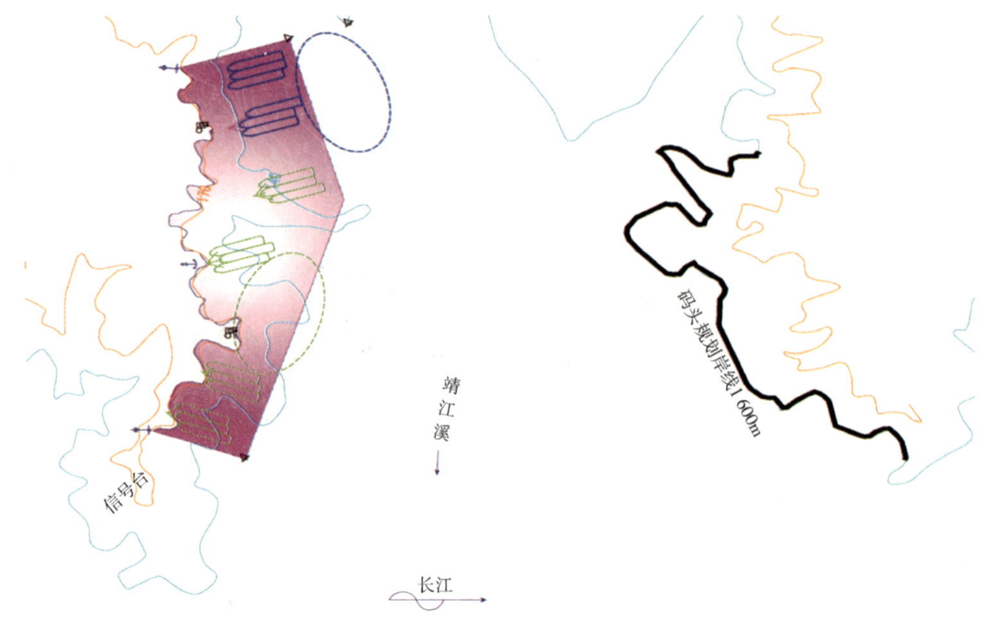

图 15-14　靖江溪锚地船舶锚位

由于锚地水域较为开阔，为了避免高水位运行时低高程的系缆桩成为水下障碍物，低水位系缆桩靠里侧，高水位的系缆桩靠溪口处。系缆桩因地制宜分散布置，尽量布置在自然岸坡为 15° ～ 30° 的顺直岸段。结合不同的水位分 3 级设置 6 个系缆桩，每个系缆桩可停靠 3 艘船舶，每级水位可供 6 艘 5000 吨级干散货船丁靠系泊。

（10）银杏沱锚地

银杏沱位于川江里程约 53km 的右岸。岸线长度约为 315.2m，呈微凹形状，坡度较陡。其上游为尖棚岭滚装船码头，下游为长江宜昌航道局工作船码头。陆上有省道 S334 经过，沿线居民点密集。平时有少量普通货船和滚装船靠泊待闸。

本段岸线布置了 1 座浮码头和 2 组丁靠锚位，下游与宜昌航道局工作船码头相邻。

①水域布置。

浮码头布置在岸线上游端，其下游布置 2 组丁靠锚位。对于普通泊位，当 5000 吨级干散货船靠泊在浮码头时，泊位间富裕长度取值为 d_0（16 ～ 25m）。而银杏沱锚地浮码头与丁靠锚位的位置关系不同于一般泊位，考虑到浮码头为顺岸靠泊，丁靠锚位为垂直岸线靠泊，两者之间船舶前沿线呈 90° 夹角，故参考《河港工程总体设计规范》中关于两个泊位前沿线成折线布置的情况。

浮码头采用趸船布置形式，可通过踏步斜坡道满足人员及物资上下岸。除了满足锚地管理功能外，趸船外侧还可并排靠泊 3 艘 5000 吨级干散货船，提供 3 个锚位，浮码头泊位富裕长度为 30m。

丁靠锚位考虑从 145 ～ 175m 水位，依据地形条件，分别在 148m、168m、174m 高程附近分 3 级设置系缆桩，形成 1 组系缆桩，可满足 3 艘船舶在不同水位下并排丁靠系在系缆桩上。银杏沱锚地共设置 2 组系缆桩，提供 6 个锚位，满足 6 艘 5000 吨级干散货船同时丁靠系泊。每组丁靠锚位之间净距为 5m，与下游宜昌航道局工作船码头相距 25m。

②陆域布置。

银杏沱后方陆域用地面积约 5 030m^2，场地狭窄，地势起伏大。受后方省道 S334 改线及场地自身需大量回填的影响，陆域纵深在 25 ～ 34m 之间，与省道 S334 净距为 10m。

陆域场地自上游至下游依次为管理用房区，场地设计高程 190m；堆场区（含回车场），场地设计高程 181m；临时堆场区，场地设计高程 178m。管理用房区与堆场区之间通过坡度为 10% 的坡道相接，堆场区与临时堆场区之间通过 1 ∶ 2 的台阶衔接。上游管理用房区根据建筑面积和规划要求，就近布置 10 个小汽车车位；下游堆场区主要用于锚、锚链、钢丝绳、浮标配件等物资的堆放和维修；小型配件和物资采用人力搬运，对较重的锚、锚链等采用汽车运输至库区内的其他基地装卸船。

由于陆域主干道为单行道，堆场区还设置 18m × 18m 的回车场地，满足货车和大型消防车掉头需要。临时堆场区可满足锚地物资的临时堆放。后方陆域辅助设施，如箱式变电站、消防水池等则利用场地边角布置，详见图 15-15。

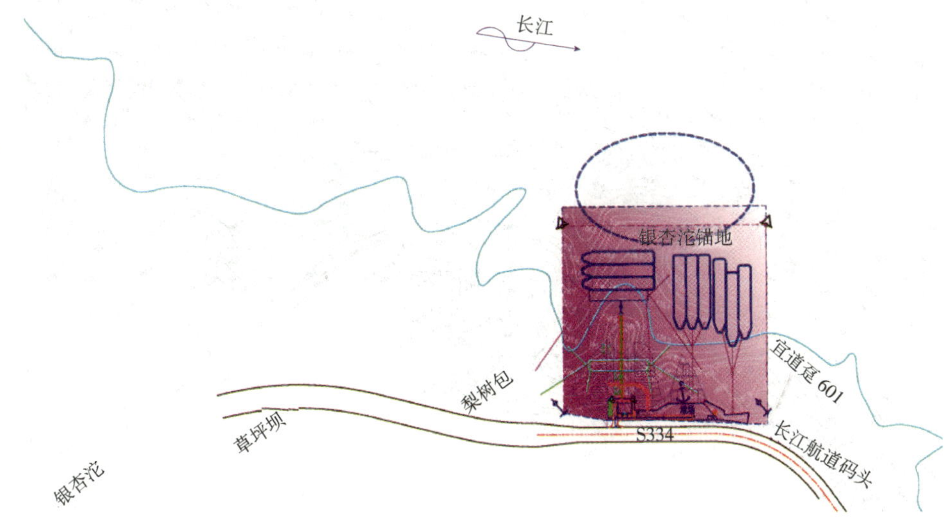

图 15-15　银杏沱锚地船舶锚位

16 直立式靠系泊设施

16.1 概述

三峡坝上至庙河江段目前设有直立式靠系泊设施共两处，分别为主锚地和兰陵溪右岸锚地。

主锚地位于长江三峡库区右岸的曲溪至沙湾长达 3km 近岸水域范围内，距上游忠县约 358km，距下游三峡坝址约 9km，距下游葛洲坝坝址约 49km，航道里程距宜昌港约 54km。主锚地由 1 号沙湾锚位区、2 号仙人桥锚位区 2 组共 10 个墩式靠船结构组成，占用岸线约 850m。在 155m 水位以下时可同时停泊单船 16 ～ 44 艘，在 155m 水位以上时可同时停泊 2 个驳船队和 10 ～ 30 艘单船。主锚地（2 号锚位区）直立式靠系泊设施见图 16–1。

图 16–1　主锚地（2 号锚位区）直立式靠系泊设施

兰陵溪右岸锚地位于三峡大坝上游航道里程 57.5km 处的兰陵溪口右岸，主要供油品船只待闸靠泊，由 4 个独立靠船墩组成，锚位面积 300m × 70m，占用岸线长度 300m，设计锚泊能力为 1 个 4 × 3000 吨级船队。兰陵溪右岸锚地直立式靠系泊设施见图 16–2。

图 16-2 兰陵溪右岸锚地直立式靠系泊设施

16.2 结构及地质条件

16.2.1 主锚地

(1) 地形地貌

主锚地原址地貌单元为长江三峡侵蚀中低山丘陵峡谷地貌，两岸多为丘陵，地形起伏，地势较开阔，呈对称形峡谷。直立式靠系泊设施建设区域位于三峡大坝上游长江右岸仙人桥一带临江山体斜坡上，山体被其发育的冲沟及其两侧的树枝状小冲沟切割成南北向（近垂直于长江）沟梁相间地形，坡面总体向北倾。水上岸坡总体坡度不大，地势相对较为平缓，其中主锚地 1 号锚区地面高程一般在 140.20 ~ 181.80m 之间，地面坡度为 16° ~ 30°（局部陡坎处大于 40°）；主锚地 2 号锚区地面高程一般在 140.10 ~ 186.70m 之间，地面坡度为 15° ~ 32°（局部陡坎处大于 40°）。岸坡受风化、冲沟侵蚀影响程度不同，自然形成的岸线弯曲，部分叽头呈犄角状伸入江中，凹部地势相对低平。

区域内地下水主要为基岩裂隙水，无泉眼和湿地，地下水量贫乏。勘察期间，钻孔中未揭示地下水，地下水埋深较大。

(2) 地质构造

主锚地位于新华夏系第二隆起带上，西有四川盆地，东有江汉平原，北北东向的新华夏构造在坝区北部被强大的纬向构造——秦岭东西向构造带所限制，淮阳山字形的西翼直插本区。

主锚地位于黄陵背斜核部结晶岩地块南端，属鄂西褶皱山地，区域内最大的构造为黄陵背斜。黄陵背斜轴向北东 17°，南北轴向长 120km，东西宽 80km，两翼岩层对称，西陡东缓，为不对称短轴背斜，背斜轴位于茅坪至天柱山一线。

据三峡库区段的区域地质资料表明，该区域地质构造总体稳定，大型滑坡、崩塌等不良地质现象不发育。

（3）地层岩性

依据地质勘查报告，主锚地区域表层地层主要为第四系全新统残、坡积砾砂质黏性土，其下为前震旦系花岗岩侵入体。详述如下。

①主锚地 1 号锚区。

A. 砾砂质黏性土（Q_4^{el+dl}）。

褐～褐黄色、稍湿，一般呈可塑～硬塑状态；主要为花岗岩风化残积物，富含粗、砾质颗粒，黏性不强，抗冲刷性较差。该层在主锚地 1 号锚区分布较少，钻孔揭示厚度为 1.90 ～ 7.50m，表层 0.20 ～ 0.40m 一般为种植土。其平均标准贯入试验击数 N=15 击。

B. 全风化花岗岩（Z）。

褐黄色，原岩结构、构造已被破坏，大部分风化成砂土状，局部为碎石状，镐可挖动，主要分布于主锚地 1 号锚区表层及上部，钻孔揭示该层一般厚 1.50 ～ 11.95m，最厚 15.65m。其平均标准贯入试验击数 N=38（31 ～ 50）击。

C. 强风化花岗岩（Z）。

褐黄色夹灰白色，原岩结构、构造部分被破坏，岩体已风化成粗砾砂状及碎块状，大部分矿物色泽已风化变暗，其中的薄片状石英脉风化相对较弱，在自然露头断面清晰可见。该强风化层位于主锚地 1 号锚区花岗岩强风化带上段，仍具有一定的胶结强度，但钻探一般不易采取到成形岩芯（所取岩芯大部分呈粗砾砂状，少数呈碎块状），钻探揭示该层一般厚 1.50 ～ 13.55m，最厚 14.50m。其标准贯入试验 N 值一般在 51 ～ 100 击。

D. 强风化花岗岩（Z）。

褐黄色夹灰白色，原岩结构、构造部分被破坏，岩体已风化成碎块状及粗砾砂状，易风化矿物色泽已明显风化变暗，原有粗粒结晶、黑云母定向排列结构仍清晰可辨；其中夹有薄层状中等风化石英脉，局部含有球状花岗岩风化残留体。该强风化层位于勘区花岗岩强风化带下部，具有较好的胶结强度，但钻探仍易破碎成颗粒物，不易采取到柱状岩芯（所取岩芯多呈粗砾砂状及碎块状，少数为短柱状），钻探揭示该层一般厚 1.63 ～ 20.30m，最厚 22.80m。其标准贯入试验 N 值一般在 100 击以上。

E. 中风化花岗岩（Z）。

青灰色、灰白色，粗粒结构，致密、块状构造，岩体节理裂隙较为发育，主要发育三组：一组为 160°∠85°，节理密度 3 ～ 4 条 /m；一组为 258°∠80°，节理密度 3 条 /m；一组为 75°∠45°，节理密度 2 ～ 3 条 /m。所取岩芯主要呈短柱状及碎块状，柱状少，断面较新鲜，少部分易风化成矿物（如黑云母等）有变色痕迹，风化程度随深度增加明显减弱，分布于主锚地 1 号锚区中下部，钻探揭示该层厚 5.40 ～ 28.60m，局部岩体风化程度较浅，为微风化状态。其极限单轴抗压强度值：饱和状态均值为 54.3（14.0 ～ 88.7）MPa，风干状态均值为 88.6（48.9 ～ 129.0）MPa，软化系数为 0.60。

②主锚地 2 号锚区。

A. 砾砂质黏性土（Q_4^{el+dl}）。

褐～褐黄色、稍湿，一般呈可塑～硬塑状态；主要为花岗岩风化残积物，富含粗、砾质颗粒，黏性不强，抗冲刷性较差，主要分布在主锚地2号锚区表层，钻孔揭示一般厚为1.00～3.50m，最厚5.00m，表层0.20～0.35m一般为种植土。其平均标准贯入试验击数N=22（18～26）击。

B.全风化花岗岩（Z）。

褐黄色，原岩结构、构造已被破坏，大部分风化成砂土状，局部为碎石状，镐可挖动，主要分布于主锚地2号锚区表层及上部，钻孔揭示该层一般厚1.00～6.20m，最厚11.95m。其平均标准贯入试验击数N=39（31～50）击。

C.强风化花岗岩（Z）。

褐黄色夹灰白色，原岩结构、构造部分被破坏，岩体已风化成粗砾砂状及碎块状，大部分矿物色泽已风化变暗，其中的薄片状石英脉风化相对较弱，在自然露头断面清晰可见。该强风化层位于主锚地2号锚区花岗岩强风化带上段，仍具有一定的胶结强度，钻探一般不易采取到成形岩芯（所取岩芯大部分呈粗砾砂状，少数呈碎块状），钻探揭示该层一般厚0.70～9.50m，最厚10.00m。其标准贯入试验N值一般在51～100击。

D.强风化花岗岩（Z）。

褐黄色夹灰白色，原岩结构、构造部分被破坏，岩体已风化成碎块状及粗砾砂状，易风化矿物色泽已明显风化变暗，原有粗粒结晶、黑云母定向排列结构仍清晰可辨；其中夹有薄层状中等风化石英脉，局部含有球状花岗岩风化残留体。该强风化层位于主锚地2号锚区花岗岩强风化带下部，具有较好的胶结强度，但钻探仍易破碎成颗粒物，不易采取到柱状岩芯（所取岩芯多呈粗砾砂状及碎块状，少数为短柱状），钻探揭示该层一般厚2.60～22.80m，最厚29.20m。其标准贯入试验N值一般在100击以上。

E.中风化花岗岩（Z）。

青灰色、灰白色，粗粒结构，致密、块状构造，岩体节理裂隙较为发育，主要发育四组：一组为178°∠71°，节理密度3～4条/m；一组为265°∠80°，节理密度3条/m。一组为78°∠50°，节理密度2～3条/m；一组为213°∠26°，节理密度4条/m。所取岩芯主要呈短柱状、碎块状及柱状，长柱状少，断面较新鲜，少部分易风化成矿物（如黑云母等）有变色痕迹，风化程度随深度增加明显减弱，分布于主锚地2号锚区中下部，钻探揭示该层厚3.50～23.70m，局部夹微风化岩体。其极限单轴抗压强度值：饱和状态均值为64.9（44.2～89.7）MPa，风干状态均值为100.8（78.3～123.0）MPa，软化系数为0.66。

F.微风化花岗岩（Z）。

青灰色、灰白色，粗粒结构，致密、块状构造，岩体节理裂隙不发育，所取岩芯主要呈长柱状，柱状及短柱状少，岩体完整性较好，岩质新鲜，敲击声清脆。分布于主锚地2号锚区下部，钻探揭示该层厚3.30～6.10m。其极限单轴抗压强度值（局部因花岗岩岩体中角闪石含量较多，极限单轴抗压强度值偏低）：饱和状态均值为76.5（68.5～98.9）MPa，风干状态均值为105.9（84.0～126.0）MPa，软化系数为0.66。

需要说明的是：主锚地1号锚区和主锚地2号锚区地层单元中强风化花岗岩分为两段，主要是依据实际标准贯入试验击数N值的变化区间进行划分的，即N值在51～100击的上段划为②强风化花岗岩，下部 N 值大于 100 击的划分为② -1 强风化花岗岩，同时还结合了钻探采取的风化岩芯样特征进行区分。

(4) 岩土层工程性质评价

主锚地 1 号锚区和主锚地 2 号锚区地层结构简单，表层①砾砂质黏性土分布有限，层厚较薄；① -1 全风化花岗岩分布于两锚地区表层及上部，层厚分布厚薄不均，强度较低；②强风化花岗岩分布于两主锚地区中上部，层厚分布稳定，但强度偏低，且上述三单元体一般分布在高程 +140.0m 以上，工程性质一般，不能作为两主锚地区水工结构的桩基持力层；② -1 强风化花岗岩主要分布于两主锚地区中部，层位较稳定，分布厚度较大，强度相对较高，但局部地段分布相对较薄，可根据建筑物荷载大小，选择其作为两主锚地区码头的桩基持力层，但应参考就近钻孔资料；③中风化花岗岩分布于两主锚地区中下部，层位稳定，分布厚度大，强度较高，工程性质良好，是两主锚地区码头桩基的良好持力层；④微风化花岗岩主要分布于主锚地 2 号锚区下部（主锚地 1 号锚区未揭示），层位稳定，分布厚度大，强度高，工程性质优良，但埋深较大，根据建筑物规模、荷载大小加以选用。

16.2.2　兰陵溪油品锚地

(1) 地质构造

兰陵溪油品锚地位于新华夏系第二隆起带上，西有四川盆地，东有江汉平原，北北东向的新华夏构造在坝区北部被强大的纬向构造——秦岭东西向构造带所限制，淮阳山字形的西翼直插本区。

该锚地位于黄陵背斜核部结晶岩地块南端，属鄂西褶皱山地，区内最大的构造为黄陵背斜，黄陵背斜轴向北东 17°，南北轴向长 120km，东西宽 80km，两翼岩层对称，西陡东缓，为不对称短轴背斜，背斜轴位于茅坪至天柱山一线。

据三峡库区段的区域地质资料表明，勘区区域地质构造总体稳定，大型滑坡、崩塌等不良地质现象不发育。

(2) 地层岩性

根据地质钻探和地质调绘揭示，兰陵溪油右岸直立式锚泊区勘区表层零星分布第四系全新统残积黏性土，其下为元古代花岗岩侵入体。详述如下。

①残积土（Q_4^{el}）。

褐～褐黄色、稍湿，一般呈可塑～硬塑状态；主要为花岗岩风化残积物，富含粗、砾质颗粒，黏性不强，抗冲刷性较差，零星分布于右岸锚泊区表层，钻孔揭示一般厚为 1.10 ～ 1.20m，表层 0.20 ～ 0.30m 一般为种植土。

②全风化花岗岩（γ_2）。

褐黄色，原岩结构、构造已被破坏，大部分风化成砂土状，局部为碎石状，镐可挖动，主要分布于斜坡表层及上部，钻孔揭示该层一般厚 2.40 ～ 8.85m，最厚 11.40m。其平均标准贯入试验击数 N=40（31 ～ 49）击。

③强风化花岗岩（γ_2）。

褐黄色夹灰白色，原岩结构、构造部分被破坏，岩体已风化成粗砾砂状及碎块状，大部分矿物色泽已风化变暗，其中的薄片状石英脉风化相对较弱，在自然露头断面清晰可见。该层位于右岸花岗岩强风化带上段，仍具有一定的胶结强度，钻探一般不易采取到成形岩芯（所取岩芯大部分呈粗砾砂状，少数呈碎块状），钻探揭示该层一般厚 1.20 ~ 11.65m，最厚 12.85m。其标准贯入试验 *N* 值一般在 51 ~ 100 击。

④强风化花岗岩（γ_2）。

褐黄色夹灰白色，原岩结构、构造部分被破坏，岩体已风化成碎块状及粗砾砂状，易风化矿物色泽已明显风化变暗，原有粗粒结晶、黑云母定向排列结构仍清晰可辨；其中夹有薄层状中风化石英脉和花岗岩岩块。该层位于右岸斜坡花岗岩强风化带下部，具有较好的胶结强度，但钻探仍易破碎成颗粒物，不易采取到柱状岩芯（所取岩芯多呈粗砾砂状及碎块状，少数为短柱状），钻探揭示该层一般厚 0.45 ~ 4.40m，最厚 4.60m。其标准贯入试验 *N* 值一般在 100 击以上。

⑤中风化花岗岩（γ_2）。

青灰色、灰白色，粗粒结构，致密、块状构造，岩体节理裂隙较为发育，主要发育四组：一组为 60° ∠ 81°，节理密度 3 ~ 4 条 /m；一组为 178° ∠ 80°，节理密度 2 ~ 3 条 /m；一组为 255° ∠ 60°，节理密度 4 条 /m；一组为 323° ∠ 56°，节理密度 3 条 /m。所取岩芯主要呈短柱状、碎块状及柱状，长柱状少，断面较新鲜，少部分易风化成矿物（如黑云母等）有变色痕迹，风化程度随深度增加明显减弱，分布于右岸锚泊区中下部，钻探揭示该层厚 6.30 ~ 23.40m，局部夹微风化岩体。其极限单轴抗压强度值：饱和状态均值为 118.5（110.0 ~ 127.0）MPa，风干状态均值为 137.0（125.0 ~ 149.0）MPa，软化系数为 0.86。

（3）岩土工程评价

兰陵溪右岸锚泊区勘区地层结构简单，表层①残积土分布有限，层厚分布薄，强度低；全风化花岗岩分布于右岸锚泊区表层及上部，层厚分布厚薄不均，强度较低；强风化花岗岩分布于右岸锚泊区中上部，层厚分布稳定，但强度偏低，上述三单元体工程性质一般，不能作为右岸锚泊区码头的桩基持力层；强风化花岗岩主要分布于右岸锚泊区中部，虽强度相对较高，但分布厚度不大，且局部地段分布薄，一般不考虑作为码头的桩基持力层。若根据建筑物荷载大小，选用该单元体下部作为码头的桩基持力层时，应参考就近钻孔资料；中风化花岗岩分布于右岸锚泊区中下部，层位稳定，分布厚度大，强度较高，工程性质良好，是码头桩基的良好持力层。

16.3 结构选型

16.3.1 主锚地

根据总平面布置并结合拟建锚地区的地形、地质等自然条件，本节对主锚地直立式靠船墩提出了两种结构方案。第一方案采用钢筋混凝土组合柱 + 固定式系船桩，基础采用钢筋混凝土嵌岩桩结构。第二方案采用嵌岩钢管桩（单桩）+ 靠船趸船结构。各方案的具体布置叙述如下：

第一方案：1 号、2 号锚位区由 5 个靠系船墩组成，靠系船墩中心距为 40m+45m+45m+40m，1 号锚位区内外侧均供船舶系靠，2 号锚位区内侧不考虑系靠船；每个靠系船墩由 4 根长宽为 3m × 2.8m 的钢筋混凝土立柱组成，施工水位以上设多级钢筋混凝土横撑；立柱下设钢筋混凝土承台，承台平面尺寸为 16.5m × 16.5m，承台基础采用 9 根 ϕ1 400mm 嵌岩钢筋混凝土桩，桩距为 6.75m；每个靠船墩横撑上分层设置多个固定式系船桩和橡胶护舷供船舶系靠泊用。

第二方案：1 号、2 号锚位区均由 2 个靠系船单元组成，每个靠系船单元由 2 个靠系船桩加一艘 75m × 12m × 2.5m 钢趸船组成，1 号锚位区内外侧均供船舶系靠，2 号锚位区内侧不考虑系靠船，通过钢浮桥与仙人桥水上政务中心相连，以方便船员上岸。靠系船桩采用单根 ϕ3 500mm、壁厚 δ40 嵌岩钢管桩。

两方案的结构特点详见表 16–1。

主锚地直立式靠船墩结构方案比较　　表 16–1

项目	第 一 方 案	第 二 方 案
优点	1. 结构安全、可靠，船舶靠泊方便 2. 主体结构维护量较小 3. 钻岩直径较小，不需大型水上沉桩设备，施工难度较小	1. 结构安全、可靠，船舶靠泊方便 2. 施工项目较为单一，现场施工工程量较小，施工时间稍短
缺点	1. 由于钻岩及现浇混凝土工作量大，施工周期相对长 2. 由于需干地施工，受水位影响较大 3. 使用期有少量的维护工作	1. 主体结构维护工作量较大 2. 需进行大直径的钻岩施工，施工难度较大 3. 钢趸船尺寸太大，易出现卡阻，运行可靠性较差

根据两个方案的特点，考虑今后的维护量、施工难度等因素，最终选择第一方案，详见图 16–3。

16.3.2　兰陵溪右岸直立式油品锚地

方案一：右岸直立式锚地由 4 个独立靠船墩组成，墩中心距为 40m+85m+40m。每个靠船墩由 4 个 ϕ2 800mm、C30 钢筋混凝土立柱组成，立柱顶高程为 178m，中心距为 7.0m，施工水位以上设多级钢筋混凝土横撑，立柱下设钢筋混凝土承台，基础承台顶面高程 140m，平面尺寸为 16.5m × 16.5m，厚度为 2.5m，基础采用 9 根 ϕ1 400mm 嵌岩钻孔灌注桩。每个靠船墩上套设一个靠系船钢浮箱，浮箱上设置 350kN、250kN 系船柱各 1 个，设置 TD–A1000H 低反力型橡胶护舷供船舶系靠泊。

方案二：右岸直立式锚地由 4 个独立靠船墩组成，墩中心距为 40m+85m+40m。每个靠系船墩由 4 根长宽为 3m × 2.8m 的钢筋混凝土立柱组成，立柱顶高程为 178.5m，施工水位以上设多级钢筋混凝土横撑；立柱下设钢筋混凝土承台，承台顶面高程 140m，承台平面尺寸为 16.5m × 16.5m，承台基础采用 9 根 ϕ1 400mm 嵌岩钢筋混凝土桩，桩距为 6.75m。每个靠船墩横撑上分层设置多个固定式系船桩和橡胶护舷，供船舶系靠泊用。

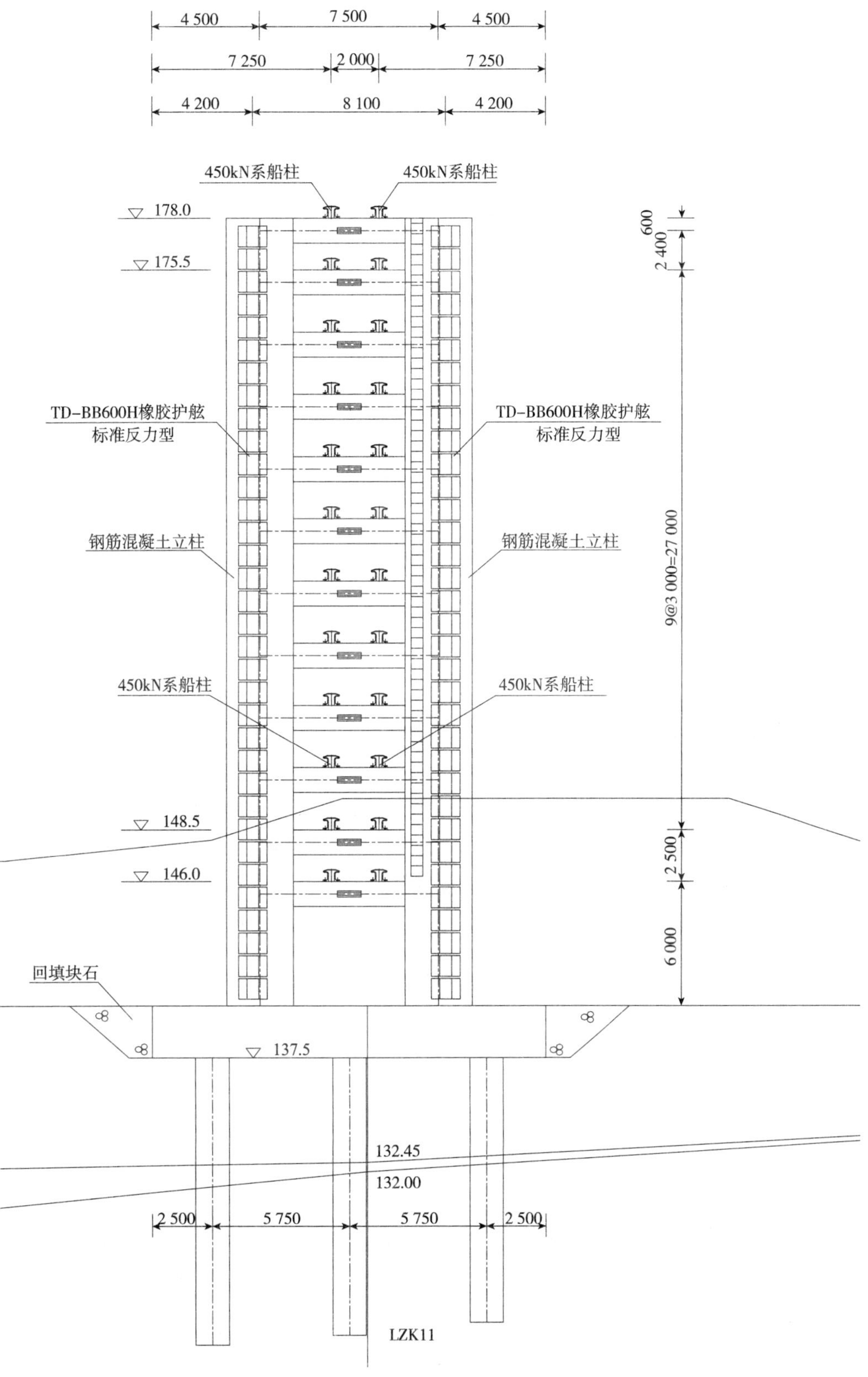

图 16−3　主锚地直立式靠船墩结构示意（尺寸单位：mm；高程单位：m）

两方案的结构特点详见表 16−2。

兰陵溪右岸锚地直立式靠船墩结构方案比较　　表 16−2

项目	第 一 方 案	第 二 方 案
优点	1. 结构安全、可靠 2. 船舶系泊较为方便 3. 现浇混凝土工程量较小，施工工期稍短 4. 工程投资较大	1. 结构安全、可靠 2. 使用期维护工作量稍小 3. 采用固定式靠泊设施，施工难度稍小
缺点	1. 采用浮式靠系泊设施，要求施工精度较高 2. 施工难度稍大 3. 使用期维护工作量稍大	1. 由于钻岩及现浇混凝土工作量大，施工周期相对长 2. 由于需干地施工，受水位影响较大 3. 使用期有少量的维护工作

根据两个方案的特点，经综合比选，推荐采用第二方案。

16.4　结构计算

16.4.1　主要参数

（1）安全等级

直立式靠船墩建筑物安全等级为一级。

（2）建筑物主要尺度

主锚地 1 号锚位区、2 号锚位区各由 5 个独立靠船墩组成，靠船墩中心距为 40m+45m+45m+40m。靠船墩立柱顶高程 178.5m，4 根立柱长宽为 3m × 2.8m，靠船墩基础承台顶面高程 140m，基础承台平面尺寸为 16.5m × 16.5m，基础采用 9 根 ϕ1 400mm 嵌岩钻孔灌注桩。1 号锚位区在 155m 水位以下，采用单侧靠船，在 155m 水位以上，采用两侧靠船；2 号锚位区在各水位均采用单侧靠船。

兰陵溪右岸直立式油品锚地：锚地由 4 个独立靠船墩组成，墩中心距为 40m+85m+40m，靠船墩设 4 个立柱，长宽为 3m × 2.8m，立柱顶高程 178.5m，基础承台顶面高程 140m，平面尺寸为 16.5m × 16.5m，基础采用 9 根 ϕ1 400mm 嵌岩钻孔灌注桩。

（3）设计水位及高程

设计高水位：175m（水库正常蓄水位）。

设计低水位：145m（175m 水位运行期防洪限制水位）。

设计河底高程：140.00m（兰陵溪右岸直立式锚地）。

（4）设计水流速度

因为三峡成库时间较短，2005 年 8 月进行了两次锚地水域的流速测量（最大流速 < 0.4m/s），但仍缺少本锚区水域的全面流速资料，为安全起见，本次设计水工建筑物计算按流速 1.0m/s 进行设计。

（5）设计风速

根据现有风速统计资料，最大风速为 20 ~ 30m/s，本次设计按最大风速的平均风速

26.0m/s（10 级风）进行结构计算。

16.4.2 主要外力计算

主要外力计算根据《港口工程荷载规范》（JTS 144-1—2010）进行计算。

（1）系缆力

①主锚地：按水流流速 V=1.0m/s 和风速 V=26.0m/s 组合，根据锚地最大靠泊的设计船型，主锚地外侧按 2 组 4 艘 5000DWT 的散货船进行计算，主锚地内侧按 1 艘 3000DWT 散货船进行计算。

作用于码头的系缆力标准值：

$$N=\frac{K}{n}\left(\frac{\sum F_{\mathrm{X}}}{\sin\alpha\cos\beta}+\frac{\sum F_{\mathrm{Y}}}{\cos\alpha\cos\beta}\right) \tag{16-1}$$

式中：N——系缆力标准值；

n——计算船舶同时受力的系船柱数；

K——系船柱受力不均匀系数，n>2，取 K=1.3；

α——系船缆的水平投影与码头前沿线所形成的夹角，α=30°；

β——系船缆与水平面的夹角；

ΣF_{X}、ΣF_{Y}——分别为可能同时出现的风和水流对船舶作用产生的横向分力总和及纵向分力总和。

作用于船舶上的计算风压力的横向分力 F_{xw}：

$$F_{xw}=73.6\times10^{-5}A_{xw}V_x^2\zeta \quad (\mathrm{kN}) \tag{16-2}$$

作用于船舶上的计算风压力的纵向分力 F_{yw}：

$$F_{yw}=49.0\times10^{-5}A_{yw}V_y^2\zeta \quad (\mathrm{kN}) \tag{16-3}$$

式中：A_{xw}、A_{yw}——分别为船体水面以上的横向和纵向受风面积，m²；

V_x、V_y——10 级风的计算风速，V=26m/s；

ζ——风压不均匀折减系数，随船舶水面以上最大轮廓尺寸而异，当轮廓尺寸在 50 ~ 250m 之间时，其相应值为 1.0 ~ 0.60，详见荷载规范。

作用于船体上的水流力：

$$F_{xsc}=C_{xsc}\frac{\rho}{2}V^2B' \tag{16-4}$$

$$F_{xmc}=C_{xmc}\frac{\rho}{2}V^2B' \tag{16-5}$$

式中：F_{xsc}——水流对船首横向分力；

F_{xmc}——水流对船尾横向分力；

C_{xsc}、C_{xmc}——分别为水流力船首和船尾横向分力系数；

ρ——水的密度，ρ = 1.0t/m³；

V——水流速度，V = 1m/s；

B'——船舶吃水线以下的横向投影面积，m²；

水流对船舶作用产生的水流力纵向分力 F_{yc}：

$$F_{yc}=C_{yc}\frac{\rho}{2}V^2S \tag{16-6}$$

式中：C_{yc}——水流力纵向分力系数；

S——船舶吃水线以下的表面积，m^2；

根据船舶所受的风荷载及水流力，对不同工况进行组合后，系缆力计算结果为：主锚地外侧选用 450kN（首尾）和 350kN 系船柱；主锚地内侧选用 250kN 系船柱。

②兰陵溪右岸直立式锚地：按水流流速 V=1.0m/s 和风速 V=26.0m/s 组合，根据该锚地靠泊的最大设计代表船型，按 1 组 4 艘 3000 吨级的油品船（船队）进行计算。

作用于靠船墩上的系缆力标准值为：

$$N=\frac{K}{n}\left(\frac{\sum F_X}{\sin\alpha\cos\beta}+\frac{\sum F_Y}{\cos\alpha\cos\beta}\right) \tag{16-7}$$

式中：N——系缆力标准值；

n——计算船舶同时受力的系船柱数；

K——系船柱受力不均匀系数，$n>2$，取 K=1.3；

α——系船缆的水平投影与码头前沿线所形成的夹角；

β——系船缆与水平面之夹角；

ΣF_X、ΣF_Y——分别为可能同时出现的风和水流对船舶作用产生的横向分力总和及纵向分力总和。

作用于船舶上的计算风压力的横向分力 F_{xw}：

$$F_{xw}=73.6\times10^{-5}A_{xw}V_x^{\ 2}\zeta \quad (\text{kN}) \tag{16-8}$$

作用于船舶上的计算风压力的纵向分力 F_{yw}：

$$F_{yw}=49.0\times10^{-5}A_{yw}V_y^{\ 2}\zeta \quad (\text{kN}) \tag{16-9}$$

式中：A_{xw}、A_{yw}——分别为船体水面以上的横向和纵向受风面积，m^2；

V_x、V_y——10 级风的计算风速，V=26m/s；

ζ——风压不均匀折减系数。

作用于船体上的水流力：

$$F_{xsc}=C_{xsc}\frac{\rho}{2}V^2B' \tag{16-10}$$

$$F_{xmc}=C_{xmc}\frac{\rho}{2}V^2B' \tag{16-11}$$

式中：F_{xsc}——水流对船首横向分力；

F_{xmc}——水流对船尾横向分力；

C_{xsc}、C_{xmc}——分别为水流力船首和船尾横向分力系数；

ρ——水的密度，ρ = 1.0t/m³；

V——水流速度，V = 1m/s；

B'——船舶吃水线以下的横向投影面积，m^2。

水流对船舶作用产生的水流力纵向分力 F_{yc}：

$$F_{yc}=C_{yc}\frac{\rho}{2}V^2S \tag{16-12}$$

式中：C_{yc}——水流力纵向分力系数；

S——船舶吃水线以下的表面积，m^2。

根据船舶所受的风荷载及水流力，计算系缆力为350kN。

（2）撞击力

①主锚地：按设计代表船型满载排水量及法向靠泊速度计算船舶有效撞击能量，结合选用橡胶护舷性能和布置计算。

船舶靠泊能量按下列公式计算：

$$E_0=\frac{\rho}{2}MV^2 \tag{16-13}$$

式中：E_0——船舶靠岸时的有效撞击能量，kJ；

ρ——有效动能系数，取0.8；

M——船舶质量，t；

V——船舶靠岸法向速度，m/s。

主锚地外侧按靠泊1组4×4000吨级的驳船队计算，法向靠泊速度取V=0.15m/s，选用TD−A1000标准反力型鼓型橡胶护舷（一鼓一板）；主锚地内侧按靠泊1艘3000吨级散货船计算，法向靠泊速度取V=0.2m/s计算，选用TD−A630标准反力型鼓型橡胶护舷。

②兰陵溪右岸直立式锚地：按最大设计代表船型满载排水量及法向靠泊速度计算船舶有效撞击能量，结合选用橡胶护舷性能和布置计算。

船舶靠泊能量按下列公式计算：

$$E_0=\frac{\rho}{2}MV^2 \tag{16-14}$$

式中：E_0——船舶靠岸时的有效撞击能量，kJ；

ρ——有效动能系数，取0.8；

M——船舶质量，t；

V——船舶靠岸法向速度，m/s。

按靠泊4×3000吨级的船队计算，法向靠泊速度取V=0.15m/s，第一方案选用TD−A1000低反力型鼓型橡胶护舷（一鼓一板），其船舶撞击力为355kN；第二方案选用TD−B400超级拱形橡胶护舷（竖向连续布置），其船舶撞击力为819kN。

16.4.3 荷载组合和主要计算结果

主要计算荷载有船舶系缆力、船舶撞击力、水流力、结构自重。

作用效应组合：持久状况下承载能力极限状态的持久组合；持久状况下正常使用极限状态的长期效应组合。

按《港口工程荷载规范》（JTS 144−1—2010）要求，对实际可能在水工结构上同时出现的作用，按承载能力极限状态和正常使用极限状态，并结合相应的设计状况进行组合。

按《港口工程嵌岩桩设计与施工规程》（JTJ 285—2000）及《高桩码头设计与施工规

范》(JTS 167-1—2010)相关规定进行计算。钢筋混凝土组合柱简化为平面排架进行计算，并按空间刚架结构进行复核，平面排架计算采用中交第二航务工程勘察设计院有限公司编制的 PMPJ 程序计算，空间刚架采用有限元分析软件 ANSYS 进行计算，主要构件的计算结果详见表 16-3。

锚地靠船墩主要构件计算结果　　表 16-3

主锚地靠船墩	方案一：采用钢筋混凝土嵌岩低桩承台和钢筋混凝土组合柱结构 立柱：M_x=10 644kN·m M_y=4 017kN·m N=8 095.5kN 基桩：M=1 976kN·m N=9 138kN 嵌岩钢筋混凝土钻孔桩最大承载力：N=12 020kN 刚架立柱顶面最大变位：1.7cm
	方案二：采用嵌岩钢管桩（单桩）结构 桩身最大弯矩设计值为 68 350kN·m（设计高水位），桩身最大弯矩承载能力为 75 790kN·m，桩顶最大变位 19cm
兰陵溪右岸靠船墩	方案一：采用钢筋混凝土嵌岩低桩承台、钢筋混凝土组合柱和钢浮箱结构 立柱：M_x=8 304.6kN·m M_y=3 415.3kN·m N=7 086.1kN 基桩：M=1 563.2kN·m N=7 214.6kN 钢筋混凝土嵌岩灌注桩最大承载力：N=9 019kN 刚架立柱顶面最大变位：1.6cm
	方案二：采用钢筋混凝土嵌岩低桩承台和钢筋混凝土组合柱结构 立柱：M_x=3 485.8kN·m M_y=1 617.7kN·m N=3 188.2kN 基桩：M=1 845.5kN·m N=8 328.8kN 钢筋混凝土嵌岩灌注桩最大承载力：N=10 830kN

16.5　岸坡防护

最大边坡高度超过了 60m，属典型的高陡边坡结构，且锚地靠江心一侧坡度较陡，坡面稳定性差。为此，重点研究了岸坡稳定性，采用了合适的施工方案和技术措施，大大缩短了施工工期，保证了结构安全。

16.5.1　主锚地边坡防护

根据锚地区域内的工程地质条件，主锚地采用边坡分级开挖，每级边坡高 10m，从边坡底部往上，坡率分别为 1：0.75、1：1、1： 1.25、1：1.5，每两级边坡之间设置 2m 宽、以 4% 的坡度向外倾斜的平台。经过设计边坡开挖坡率后的稳定性计算，挖方边坡稳定性良好，只需要坡面进行喷混凝土覆盖处理防护，经处理后的边坡最小滑动安全系数为1.392。

2号锚泊区靠船墩结构位于山脊部位，开挖深度达46m，如果采取“由高及低、由外及内”的常规逐层开挖工艺，必须全部完成近20万m^3土石方工程以后方可进行结构基础施工。通过研究，工程中最终采取了“沿靠船墩轴线方向上下游两端同步向中间开挖，率先形成作业面，再由高到低、由岸侧向江侧挖除港池其他部位”的施工工艺，提前近一个月时间开始了墩柱结构施工。主锚地2号锚泊区边坡施工，见图16-4。

图16-4　主锚地2号锚泊区边坡施工中

利用施工期间开挖的含石量较大的开山石碾压回填，较好地保证了江心侧岸坡稳定，同时也降低了坡面保护难度。

16.5.2　兰陵溪右岸锚地边坡防护

兰陵溪右岸锚地位于三峡坝上兰陵溪口，水上、水下地形相对较陡。地面坡度为22°～35°（局部陡坎处大于42°），近岸水下地面坡度为23°～36°（局部陡坎处大于42°）。侧岸为风化花岗岩岸壁，勘区岸线弯曲，区域构造稳定，构造性滑坡、崩塌等不良地质条件不发育，自然边坡稳定性较好。

由于工程建设后库区蓄水，水位的抬升会对原有水位线上的岸坡进一步侵蚀，组成岸坡物质（左岸锚泊区主要为全～强风化闪长岩，右岸锚泊区主要为全～强风化花岗岩）抗冲刷能力差，岸坡在江水冲刷及淘蚀作用下，尤其是对浅表层覆盖层及强风化层浸泡冲刷，可能引起浅部松散层的滑动形成局部小规模滑坡，形成不稳定岸坡，故需进行岸坡稳定验算，同时需注意对最高水位线以下岸坡进行适当防护处理。在进行岸坡稳定验算时，采用如下推荐值。全风化花岗岩（闪长岩）：γ=18.2N/m^3（闪长岩 γ=16.0N/m^3），C=120 ~ 150kPa，ϕ=13 ~ 180mm；强风化花岗岩（闪长岩）：γ=22.8N/m^3（闪长岩 γ=20.1N/m^3），C=150 ~ 200kPa，ϕ=18 ~ 230mm（标准贯入试验击数小于 100 击取小值，标准贯入试验击数大于 100 击取大值）。根据岸坡稳定计算，兰陵溪油品锚地岸坡最小抗力分项系数为 1.41，为稳定岸坡。参考工区原有岸线自然坡度情况，最高水位线下强风化岩岸壁永久性边坡采用 1：0.75 ~ 1：1 的坡率或经计算分析进行设计施工，对右岸局部岸坡较陡，并处于水位升降区的全～强风化岩（右岸为全～强风化花岗岩）岸壁进行喷混凝土覆盖处理。

兰陵溪锚地边坡高度超过了 60m，属高边坡，按照常规施工方案，需采取“从上自下分级逐层开挖”，施工中采取“一次开挖成形、延缓喷锚支护、加强边坡观测”的施工工艺，大大加快了施工进度，为墩柱主体结构的施工赢得了时间。

17 系缆桩设施

17.1 概述

系缆桩是一种直接采用桩基作为船舶系缆靠泊的锚泊设施，它主要由基桩、连接于桩顶的柱帽和柱帽上安装的固定式系船柱共同组成。随着三峡工程的施工进展，三峡大坝至庙河河段相继建成了庙河危险品锚地、杉木溪化学品锚地、兰陵溪油品锚地、沙湾锚地、仙人桥锚地等航运待闸锚地，后续还将建设端方溪、百岁溪、老太平溪、靖江溪、沙湾、银杏沱普通货船锚地和杉木溪危险品船锚地。系缆桩是上述锚地中采用丁靠锚泊和趸船锚泊的主要系泊设施，它主要通过在锚区岸坡不同特征水位分级设置系缆桩供船舶系泊。三峡库区蓄水后，由于水深、水流、岸线、地质、气象等自然条件变化，以及船舶大型化、数量日益增长等航运趋势变化，为满足船舶通航需要，三峡坝区锚地工程系缆桩建设在规模、标准和锚泊方式也相应变化。根据三峡库区水域、岸坡特点，系缆桩建设面临的问题主要有以下几个方面：

（1）库区水位变幅大

三峡建成蓄水后，由于枢纽防洪、航运、发电的需要，三峡库区水位将在 145 ～ 175m 之间变幅运行。为了满足三峡大坝 175m 水位运行期坝上库区水域各类船舶待闸锚泊的需要，适应水位变幅达 30m 的深水锚地，在地形、地质条件复杂，施工工期极度紧张，服务船舶种类多且数量日益增加的条件下，建设该类锚地设施，在我国尚属首次，无成功案例可鉴，必须通过对自然条件、服务船型、锚地运行特点等进行深入分析，对系泊设施进行合理的布置、选型和结构计算，从而满足库区较大水位变幅条件下各类船舶的安全锚泊需要。另外，由于库区水位上涨、消落变化对岸坡稳定性影响和波浪、水流对岸坡掏刷作用均较大，必须对岸坡进行稳定分析和采取必要的岸坡防护措施。

（2）船舶种类多，大型化趋势明显

三峡水库 175m 蓄水以来，库区河段通航环境和通航条件与以往相比发生了较大的变化。在过闸货运量方面，2003 年以来三峡大坝过闸货运量一直呈现平稳增长态势，年均递增在 18% 左右；在船舶种类方面，随着特种货物的增多和运输成组化的发展，船舶专业化发展明显，集装箱船、滚装船、危险品船等专业船舶运力增长趋势明显，过闸船舶 3000 吨级、5000 吨级以上船舶比例明显提高，过闸船舶大型化日益显现，船舶大型化趋势十分明显。

对于丁靠锚泊方式，船舶主要依靠系船舶首缆于系缆桩，或由船上伸出勾杆捞起系缆桩的缆绳系于船上，系缆桩主要承受船舶系缆力。由于今后船舶大型化趋势，船舶所承受的风、水流、波浪、重力和浮力等外力作用增大，以及单个系缆桩需系靠多艘船舶导致受力不均匀性，系缆力数值较大，对锚地系缆桩结构水平承载力要求提高。系缆桩本身属于桩基的一种，根据三峡库区地质条件，主要采用钻孔或人工挖孔灌注桩，在进行桩基结构计划时，由于其选择以不同风化程度基岩作为桩基持力层，且桩端置入基岩一定深度，竖向承载力较易满足要求，但桩基水平承载力是其结构计算的关键。

（3）大雾大风恶劣天气多

三峡库区河道年径流丰富，主要来源于降水，通过各支流汇集于长江，多年平均径流量 13 900m^3/s，水域水流平均流速为 0.02 ～ 0.06m/s。2009 年 9 月三峡大坝上游蓄水至 175m，之后坝前水位按 145 ～ 175m 运行，三峡枢纽坝区的通航环境发生了较大的变化，河段河面宽度大幅增加，河面上湿度进一步增大，大风、大雾、阴霾等恶劣天气增多。据 2005—2010 年三峡船闸因恶劣天气停航统计资料，三峡河段因大风、大雾导致停航时间逐年增加，停航时间年均增加 183h，造成船舶单次停航时间最长近 37h、最短 35min。受上述恶劣天气影响，船舶无法通航，只能在锚地待闸，对锚地容量的需求随之增加，锚地不仅要在规模上与之相适应，而且在锚泊设施布置上也需满足各种类型船舶锚泊、进出及调度的需要。

（4）岸坡地形地质条件较差

三峡大坝上游长江峡谷两岸山坡陡峭，岩体裂隙发育，风化强烈，且受水库水位升降造岸及船行波掏蚀等内外动力作用，存在破碎岩体的崩塌、滑坡、坡面冲刷、孤石等不良地质情况。在地形地貌方面，锚地所处河岸属山区地形，沟壑相间，起伏变化大，坡面整体坡度在 16° ～ 30° 之间，随着水位升降，其岸线位置将发生较大变化，难以满足船舶安全、方便靠泊需要。在地质条件方面，根据前期地质勘查资料，工程区域地质条件复杂，下卧基岩的风化程度不一，岩面起伏变化较大，且岩石的透水性较强，局部区域系缆桩施工风险较大。因此，系缆桩在选址、选型、结构布置及结构计算等方面，除需考虑水平承载力、抗拔力、撞击力等满足要求外，同时应综合考虑岸坡地形条件、围岩对桩基的嵌固作用、桩基对局部边坡稳定的影响作用以及岸坡整体稳定影响作用。

本章将从系缆桩工程建设相关结构及地质条件、结构选型、结构计算、岸坡防护等方面介绍老太平溪、靖江溪、沙湾、杉木溪、银杏沱 5 个锚地 78 个分级系缆桩的建设情况。

17.2　结构及地质条件

17.2.1　区域地质构造

本区域地质构造同 16.2.1 主锚地地质构造。区域新构造活动总的主要特征为：鄂西山地呈大面积间歇性隆升并不断扩展，相邻东部江汉盆地相对下降，且不断退缩，二者之间呈连续过渡，第四纪特别是中更新世以来，随着鄂西山地的不断隆升，整体向东倾斜式上升，组成统一正向构造单元，无明显断折或差异变化现象。现今构造运动仍以整体块状运动为主，变化平缓，差异活动微弱并趋于稳定。

17.2.2 地形、地貌

老太平溪、靖江溪锚地位于长江左岸，均位于垂直长江的河溪之内；杉木溪、沙湾、银杏沱位于长江右岸，无明显的河溪，与长江航道处于平行位置。水库蓄水位145 ~ 175m之间两岸多为裸露的风化岩，冲沟及山凹洼地多有坡积土，无植被；175m高程水库淹没线以上植被发育，树木丛生。

勘区地貌单元为长江三峡侵蚀中低山丘陵峡谷地貌，两岸多为丘陵剥蚀地貌，地形起伏大，地势较开阔，呈对称形峡谷，局部山坡陡峭，受水库水位升降造岸及船行波掏蚀等内外动力作用影响较大。

17.2.3 地层岩性

根据区域地质资料及工程区域钻探剖面图显示，老太平溪、靖江溪、沙湾、杉木溪、银杏沱5个锚地地层层面坡度大于10%，场地土为不均匀地基土，主要为第四系坡积土、冲积成因淤泥及前震旦系岩浆岩花岗岩（γ）、变质岩片岩（AnZ），场地岩土体自上而下主要特征分述如下。

（1）第四系全新统（Q_4）

②淤泥（Q_4^{al}）：该土层系三峡大坝修建后，水流变缓冲积形成。黄褐色，流塑状，土质极软，黏性强。该层仅在部分水域钻孔中揭示。

（2）前震旦系岩浆岩花岗岩（γ）

花岗岩为闪云斜长花岗岩。依风化程度可分为③ −1 全风化花岗岩、③ −2a 强风化花岗岩(沙砾状)、③ −2b 强风化花岗岩(碎块状)、③ −2c 中风化花岗岩(球形风化体)和③ −3 中风化花岗岩层。本层在沙湾锚地、靖江溪锚地、老太平溪锚地出露。

③ −1 全风化花岗岩（γ）：褐黄色，原岩结构已被破坏，矿物除石英颗粒外均风化成砂土状。颗粒间联结力微弱，可干钻，用铁镐可挖。该层分布于斜坡表面及上部。其平均标准贯入试验击数N=41（31 ~ 50）击。

③ −2a 强风化花岗岩（沙砾状）（γ）：褐黄色夹灰白色，原岩结构部分破坏，大部分矿物风化变异，岩芯呈沙砾状及少许碎块状，碎块一般手掰可碎；局部夹差异风化的石英条带岩脉及球状风化体。其平均标准贯入试验击数N=102（51 ~ 200）击。

③ −2b 强风化花岗岩（碎块状）（γ）：褐黄色夹灰白色或肉红色，原岩结构可见，部分矿物色泽变暗，岩芯多呈块状及粗砾状，见少量柱状，较坚硬手掰不断，铁镐难挖，开挖需爆破；该层主要分布于③ −3 层之上以及由于差异风化穿插于③ −1a 层之中。局部夹差异风化石英条带岩脉及球状风化体。

③ −2c 中风化花岗岩（γ）：灰白色，褐黄色，中粗粒或中细粒结构，块状构造，裂隙

较发育，裂隙面见铁质渲染，岩质较新鲜坚硬，岩芯多呈短柱状。该层成球状分布于③ −2a 或③ −3b 单元层中；因矿物成分不同差异风化造成，为花岗岩球状风化体。石英岩脉主要矿物成分为石英，风化程度较低，工程力学性质与风化球类似。为了设计使用方便，在剖面图中也以③ −2c 表示。

③ −3 中风化花岗岩（γ）层：青灰色，灰白色，中粗粒或中细粒结构，块状构造，主要矿物为石英、斜长石，次要矿物为角闪石、黑云母等，岩体裂隙较发育，裂隙面多见铁质渲染，岩芯呈柱状及块状，少许长柱状，断面较为新鲜，锤击不易碎。

（3）前震旦系变质岩片岩（AnZ）

变质片岩为前震旦系经区域变质作用及局部动力变质，接触变质以及钾、钠质溶液的普遍混合岩化作用而成。灰绿～深绿色及灰白色相间，变晶结构，片状构造，矿物为角闪石、黑云母、石英、斜长石等，角闪石常变成黑云母。依风化程度可分为④ −1 全风化片岩、④ −2a 强风化片岩（砂土状）、④ −2b 强风化片岩（碎块状）层和④ −3 中风化片岩层。本层在杉木溪锚地（片理产状为 10° ∠ 35°）出露。

④ −1 全风化片岩（AnZ）：黄褐色，原岩结构已被破坏，岩芯呈砂土状。该层分布于斜坡表面及上部。其平均标准贯入试验击数 N=45（36 ～ 50）击。

④ −2a 强风化片岩（AnZ）：褐黄色、暗褐色，原岩结构基本破坏，大部分矿物风化变异，岩芯呈砂土状及少许碎块状，碎块一般手掰可碎。片理产状为 120° ～ 140° ∠ 30° ～ 45°。

④ −2b 强风化片岩（AnZ）：褐色，原岩结构可见，矿物风化变异，强度降低，岩体裂隙发育，裂隙面多见铁质渲染，岩芯多呈块状及砂土状，见少量柱状，岩块部分手掰可断，铁镐难挖，开挖需爆破。该层主要分布于④ −3 层之上以及由于差异风化穿插于④ −2a 层之中。

④ −3 中风化片岩（AnZ）层：灰绿色、灰白色，细粒变晶结构，片状构造，岩体裂隙较发育，裂隙面多见铁质渲染，岩芯呈短柱状及块状，岩质坚硬，锤击不易碎。

（4）特殊性岩土

勘区特殊性岩土主要为坡积土、软土和风化岩三大类，其中坡积土层分布于勘区山凹及低洼地带，系花岗岩风化后颗粒沿山坡滚落堆积形成，结构松散，土质不均，零星分布有块石不均，承载力低，均匀性差，稳定性较差。软土分布于勘区局部水域近岸地段，系新近（近 20 年来）水力冲积而成，层厚薄，具有含水率高、孔隙比大、压缩性高、渗透性低、抗剪强度低，灵敏度高、触变性及流变性强的特征，工程性能极差。风化岩主要以闪长花岗岩为主，局部分布片岩，节理裂隙发育，风化强烈，对边坡稳定极为不利，工程性质较差。

17.2.4　地基土（岩）的物理力学性质指标及分析

对③ −2b 强风化花岗岩（碎块状）进行点荷载试验，其统计结果详见表 17−1；对③ −3 中风化花岗岩（γ）层进行岩石单轴极限抗压强度（饱和、干燥）试验，其统计结果详见表 17−2。

③ -2b 点荷载强度统计表　　表 17-1

层号	土层名称	状态	试验次数（次）	基本值（MPa）			标准差 σ	变异系数 δ	统计修正系数 γ_s	标准值 ϕ_k
				最大值	最小值	μ				
③ -2b	强风化花岗岩	饱和	10	5.8	1.1	3.84	1.78	0.46	0.73	2.8

③ -3 岩石单轴抗压强度统计表　　表 17-2

层号	土层名称	状态	试验次数（次）	基本值（MPa）			标准差 σ	变异系数 δ	统计修正系数 γ_s	标准值 ϕ_k
				最大值	最小值	ϕ_m				
③ -3	中风化花岗岩	饱和	31	161.4	34.1	89.1	38.9	0.44	0.86	77
		干燥	14	132	57	91	26.6	0.29	0.86	78

17.2.5 岩土工程评价

（1）岸坡稳定性评价

①老太平溪锚地岸坡稳定性评价。

老太平溪锚地位于长江左岸、老太平溪右岸；水上岸坡总体坡度不大，地势相对较为平缓，地面坡度多为 15°～30°；近岸水下岸坡较缓，一般为 15°～25°；侧岸为侵蚀性风化花岗岩岸壁。勘区岸线弯曲，锚地上游半段岸壁多为残坡积松散体，发育多处小型浅表层土质滑坡，岸坡稳定性差；下游半段岸坡为花岗岩岩壁，岩体较为致密稳固，岸坡稳定性好。

②靖江溪锚地岸坡稳定性评价。

靖江溪锚地位于长江左岸、靖江溪右岸；水上岸坡总体坡度不大，地势相对较为平缓，地面坡度多为 15°～30°；近岸水下岸坡较缓，一般为 15°～25°。侧岸为花岗岩岸壁，总体稳定性较好。勘察过程调查发现发育有一处小型土质滑坡。由于坡面较高，汇水面积大，雨水对坡体浸润坡面冲刷，以及库区蓄水、降水会对现有水位线的岸坡进一步侵蚀；而组成岸坡的主要物质为全～强风化花岗岩，抗冲刷能力差。可能引起浅部松散层的滑动形成局部小规模滑坡，形成不稳定岸坡，故需进行岸坡稳定验算，同时需注意对最高水位线以下的岸坡做适当防护处理。

③沙湾锚地岸坡稳定性评价。

沙湾锚地位于长江右岸斜坡地带，水上岸坡相对较为平缓，坡度为 20°～30°；近岸水下岸坡较缓；侧岸为侵蚀性风化花岗岩，岩壁较为致密坚固。勘区岸线曲折，区域构造稳定，构造性滑坡、崩塌等不良地质条件不发育，目前自然边坡稳定性较好。但需注意局部山间凹地发育有较厚的松散堆积体，水位抬升、下降及雨水冲刷易造成小规模垮塌。

④杉木溪锚地岸坡稳定性评价。

杉木溪地位于长江右岸陡坡地带，水上岸坡较大，地势陡峭，坡度为 35°～45°，局部陡坎处大于 60°；近岸水下岸坡 30°～45°。本场地出露地层为片岩，但受原岩因素、区域变质作用及动力变质作用裂隙发育，岩体被切割得支离破碎；岸坡表层崩石散落。上游矶头风化强烈，部分山体表层为松散的风化堆积体，易形成雨水径流通道。另外长江水位常年变化幅度较大，部分细颗粒已被带走，水动力及风化作用较强烈，易形成浅部松散风化体滑坡。因此，本锚地自然边坡稳定性较差。

⑤银杏沱锚地岸坡稳定性评价。

银杏沱锚地位于长江右岸斜坡地带，水上岸坡相对较为平缓，坡度为 20° ～ 30°；近岸水下岸坡较缓；侧岸为侵蚀性风化花岗岩。勘区岸线曲折，区域构造稳定，构造性滑坡、崩塌等不良地质条件不发育，目前自然边坡稳定性较好。因此锚地拟建管理用房，需对山体开挖整平；虽刷坡不高，但组成边坡物质主要为抗冲刷能力弱的全风化花岗岩及沙砾状花岗岩，且随着库区蓄水、水位抬升、下降会对现水位线上的岸坡进一步侵蚀，尤其是浅表层覆盖层及全风化浸泡冲刷，可能引起浅部松散层的滑动，形成局部小规模滑坡，影响建筑物安全，故需注意对最高水位线以下的岸坡进行稳定性验算，并采取护坡保护。

(2) 岩土层工程性质评价

②淤泥（Q_4^{al}）：仅在 145m 高程以下水域发育，土质软，层厚薄，高压缩性，力学性质差，工程性能差；③ -1 全风化花岗岩（γ）：分布于勘区表层，厚薄不均，总体层厚较薄，且遇水易软化，强度较低；③ -2a 强风化花岗岩（沙砾状）（γ）：力学性能好，地基承载力特征值较高，适宜作为锚地系缆桩的基础持力层；③ -2b 强风化花岗岩（碎块状）（γ）：力学性能好，地基承载力特征值高，适宜作为锚地系缆桩的基础持力层；③ -2c 中风化花岗岩（球状风化体）（γ）：力学性能好，地基承载力特征值高，适宜作为锚地的基础持力层；③ -3 中风化花岗岩（γ）：力学性能好，地基承载力特征值高，是良好的锚地系缆桩基础持力层，但埋藏较深；④ -1 全风化片岩（AnZ）：分布于勘区表层，厚薄不均，总体层厚较薄，且遇水易软化，强度较低；④ -2a 强风化片岩（砂土状）（AnZ）：力学性能好，地基承载力特征值较高，可以作为锚地系缆桩的基础持力层，但其遇水易软化；④ -2b 强风化片岩（碎块状）（AnZ）：力学性能好，地基承载力特征值高，适宜作为锚地良好的基础持力层；④ -3 中风化片岩（γ）：力学性能好，地基承载力特征值高，是良好的锚地系缆桩基础持力层。

综上所述，根据建筑物规模、荷载大小，可考虑选择强风化或中风化岩③ -2a、③ -2b、③ -3、④ -2a、④ -2b、④ -3 层作为锚地系缆桩持力层，但在实际施工过程中需注意以下两个方面的问题：

①由于库区水位抬升、下降动态变化，而岸坡物质易浸水软化，应注意库岸再造作用对岸坡稳定性影响问题。加强岸坡稳定性验算，边坡开挖后应及时封闭。

②勘区③ -2a 强风化花岗（沙砾状）岩层中局部夹有中风化花岗岩球状风化体、石英岩脉及碎块状强风化，会给施工沉桩带来一定困难，应予以关注。

17.3　结构选型

桩基目前在建筑、水利、港口、码头等建设领域得以普遍应用。系缆桩作为一种直接采用桩基作为船舶系缆靠泊的锚泊设施，主要由基桩、连接于桩顶的柱帽和柱帽上安装的固定式系船柱共同组成。随着长江航运的快速发展，船舶大型化趋势对桩基础的要求也越来越高，桩基所承载的船舶、风浪、水流冲力等也随之提高，选择合适的桩基类型就成为桩基工程设计的重要前提。三峡锚地系缆桩建设工程主要从桩基形式选择、单桩和群桩选择、竖直桩与斜桩选择以及单桩停靠船舶数量等方面进行了比选。

17.3.1 选择桩基类型

选择桩基前首先需要了解工程地质情况，进行荷载分析。三峡锚地工程在设计之前，通过地质勘查获取了库区各锚地岸坡地质构造、地层岩性及岩土工程评价等地质成果资料，为桩基类型选择的主要依据。在进行荷载分析时，对系缆桩的受力进行全面分析，具体分析的指标有：船舶荷载，主要考虑系缆力、拉拔力、撞击力等，并以此为依据进行桩基选择。

根据系缆桩的受力特性，其主要以水平向受力为主，竖向受力较小。桩基设计时，先根据系缆桩荷载大小选择桩端的持力层，然后再根据中间地质结构的特性、本地施工设备及能力、场地四周环境条件等方面来选择合理的桩基类型。桩基选型以“因地制宜、技术经济合理”为原则，根据不同桩型的适用条件和施工工艺特点，系缆桩形式主要从钢管桩、预应力桩、钻孔灌注桩三种类型中进行选择。根据三峡坝区锚地工程地质勘查成果资料，各类型桩优缺点见表 17–3。

系缆桩采用不同桩基类型比选 表 17–3

项目	钢 管 桩	预应力混凝土桩	钻（挖）孔灌注桩
优点	适用水下或复杂地质条件下的软弱土层，人工挖孔较为安全。在靠近水面处施工能形成干式施工，受水位影响较小	适应各种软弱地质条件及荷载情况，具有承载力大，稳定性好，沉降值小等特点，并能采用机械化施工，大大加快了施工进度	适用于地质条件复杂，覆盖层薄桩基工程，可以穿越各种土层和嵌入基岩，垂直承载能力高，施工设备简单轻便
缺点	考虑岸坡地形地貌和地质条件，需大型沉桩设备，其沉桩不容易操作，施工难度较大，成本高	预应力混凝土桩制作复杂，要有专门预制场，沉桩施工难度比钢管桩较大，易发生沉桩断桩现象	在有地下水情况下（或采用泥浆护壁）混凝土是在水中灌注的，混凝土质量较难控制

因此，综合考虑三峡坝区岸坡地质条件、施工难度以及围岩对桩基的有效嵌固作用及桩基对局部边坡稳定的影响作用等因素，系缆桩采用大直径钻（挖）孔灌注桩。

17.3.2 单桩与群桩的选择

单桩基础即采用一根桩（通常为大直径桩）以承受和传递上部结构（通常为柱）荷载的独立基础，群桩基础则是由基桩和连接于桩顶的承台共同组成。

在结构受力方面，水平承载桩的工作性能是桩土相互作用的问题：即利用桩周土的抗力来承担水平荷载，桩在水平荷载作用下发生变位，促使桩周土发生相应的变形而产生抗力，这一抗力阻止了桩变形的进一步发展。因此，无论采用单桩还是群桩，主要取决于桩承载能力和桩顶位移是否满足设计条件。

在工程投资方面，影响群桩水平承载力的主要有桩径、桩数、桩距、桩布置形式、土质等因素，由于群桩中桩与桩之间的相互影响，在一定条件下，在土中会产生应力重叠现象，引起群桩水平承载力的群桩效应，采用群桩往往需要进行更多的开挖或钻孔工程量。因此，在满足桩基结构受力的前提下，系缆桩优先选用单桩。

17.3.3　斜桩与竖直桩的选择

桩基根据角度不同分为斜桩和竖直桩。我国早在 20 世纪 60 年代初，大直径钻孔桩的应用就已日趋普遍，研究发展了水平承载桩的作用机理，分析计算了多种方法，并积累了水平静载试验桩的大量数据。经过大量实践表明，竖直桩能通过抗剪和抗弯来承担相当大的水平荷载；它已不单是一个轴向受压杆件；用竖直单桩或群桩而不需要斜桩来承担水平荷载。竖向荷载和力矩的共同作用下的桩基工程日益增多，一根单桩所能承受的水平荷载可以达到数十吨以上。另外，由于施工工艺原因，钻孔灌注桩一般采用竖直桩，而斜桩多见于预制桩，受地质条件影响较大，施工难度相对较大，成本较高。因此，三峡锚地系缆桩采用竖直桩。

17.3.4　单桩系靠单船与多艘船舶的选择

按照系缆桩结构布置，丁靠或趸船锚泊按水位分级在锚区岸坡上设置系缆桩，供船舶系泊。系缆桩下部为钻（挖）孔灌注桩，上部设钢筋混凝土桩帽，桩帽上设置系船柱，供船舶系泊。对于单个系缆桩系靠单船还是多艘船舶，在满足靠泊安全距离的前提下，主要取决于锚地所处地形及地质条件、所需锚位面积、系缆桩承载力等因素。工程设计时，以单个系缆桩系靠多船或单船两种方式进行了比选，前者以每三艘船舶为一组，每组设置 1 个主系缆桩，组之间留有安全距离，后者每艘船舶设置 1 个系缆桩，单船之间留有安全距离。

通过比选分析，满足锚泊船舶数量相同时，单桩系靠三艘船舶与系靠单船所需锚位面积差不多，但是后者所需的桩数是前者的三倍。由于桩数增多，受锚地地形地质条件限制，系缆桩布置难度较大。在系缆桩水平承载力方面，根据相关大量试验研究成果：桩的水平极限承载力和桩径之间并不是简单的线性关系，而是具有复杂的非线性相关性。当桩径较小时，桩径对水平极限承载力的影响相对较小；当桩径较大时，单桩的水平极限承载力对桩径的变化速率增大，即随着桩径的加大，水平极限承载力增长较快。因此，三峡坝区系缆桩设计时选用一个主系缆桩系靠三艘船舶的方式，且采用加大桩径来提高其水平承载力。另外，桩顶部设置喇叭口、柱帽以及周围混凝土护坡，在一定程度上改善了其水平受力性能。

17.4　结构计算

在系缆桩结构计算时，由于其选择基岩作为桩端持力层，只要桩端置入基岩一定深度，竖向承载力就较易满足要求，需要重点计算桩基水平承载力能否满足设计要求。

17.4.1 系缆力

（1）5000吨级干散货船丁靠泊位

按水流流速 V=1.0m/s 和风速 V=22.0m/s 组合，根据该锚地靠泊的最大设计代表船型，按5000吨级干散货船三船丁靠进行计算。

作用于系缆桩上的系缆力标准值为：

$$N=\frac{\sum F_{\mathrm{Y}}}{\cos\alpha\cos\beta} \tag{17-1}$$

式中：N——系缆力标准值；

α——系船缆的水平投影与锚地前沿线所形成的夹角，$\alpha = 45°$；

β——系船缆与水平面之夹角，$\beta = 25°$；

$\sum F_{\mathrm{Y}}$——可能同时出现的风和水流对船舶作用产生的纵向分力总和。

作用于船舶上的计算风压力的纵向分力 F_{yw}：

$$F_{yw}=49.0\times10^{-5}A_{yw}V_y^{\ 2}\zeta \quad (\mathrm{kN}) \tag{17-2}$$

式中：A_{yw}——船体水面以上的纵向受风面积，m^2；

V_y——计算风速，V=22m/s；

ζ——风压不均匀折减系数。

水流对船舶作用产生的水流力纵向分力 F_{yc}：

$$F_{yc}=C_{yc}\frac{\rho}{2}V^2S \tag{17-3}$$

式中：ρ——水的密度，$\rho = 1.0\mathrm{t/m^3}$；

V——水流速度，$V = 1.0\mathrm{m/s}$；

C_{yc}——水流力纵向分力系数；

S——船舶吃水线以下的表面积，m^2。

根据船舶所受的风荷载及水流力，计算系缆力为349.32kN，设计采用350kN系缆力。

（2）5000吨级干散货船趸船泊位

按水流流速 V=1.0m/s 和风速 V=22.0m/s 组合，根据锚地靠泊的最大设计代表船型，按5000吨级干散货船三船顺靠进行计算。

作用于系缆桩上的系缆力标准值为：

$$N=\frac{K}{n}\left(\frac{\sum F_{\mathrm{X}}}{\sin\alpha\cos\beta}+\frac{\sum F_{\mathrm{Y}}}{\cos\alpha\cos\beta}\right) \tag{17-4}$$

式中：N——系缆力标准值；

n——计算船舶同时受力的系船柱数；

K——系船柱受力不均匀系数，n=3，取 K=1.3；

α——系船缆的水平投影与码头前沿线所形成的夹角，$\alpha = 45°$；

β——系船缆与水平面之夹角，$\beta = 25°$；

ΣF_X、ΣF_Y——分别为可能同时出现的风和水流对船舶作用产生的横向分力总和及纵向分力总和。

作用于船舶上的计算风压力的横向分力 F_{xw}：

$$F_{xw} = 73.6 \times 10^{-5} A_{xw} V_x^{\ 2} \zeta \qquad (\text{kN}) \tag{17-5}$$

作用于船舶上的计算风压力的纵向分力 F_{yw}：

$$F_{yw} = 49.0 \times 10^{-5} A_{yw} V_y^{\ 2} \zeta \qquad (\text{kN}) \tag{17-6}$$

式中：A_{xw}、A_{yw}——分别为船体水面以上的横向和纵向受风面积，m^2；

V_x、V_y——计算风速，V=22m/s；

ζ——风压不均匀折减系数。

作用于船体上的水流力：

$$F_{xsc} = C_{xsc} \frac{\rho}{2} V^2 B' \qquad (\text{kN}) \tag{17-7}$$

$$F_{xmc} = C_{xmc} \frac{\rho}{2} V^2 B' \qquad (\text{kN}) \tag{17-8}$$

式中：F_{xsc}——水流对船首横向分力；

F_{xmc}——水流对船尾横向分力：

C_{xsc}、C_{xmc}——分别为水流力船首和船尾横向分力系数；

ρ——水的密度，$\rho = 1.0 t/m^3$；

V——水流速度，$V = 1.0 m/s$；

B'——船舶吃水线以下的横向投影面积，m^2。

水流对船舶作用产生的水流力纵向分力 F_{yc}：

$$F_{yc} = C_{yc} \frac{\rho}{2} V^2 S \tag{17-9}$$

式中：C_{yc}——水流力纵向分力系数；

S——船舶吃水线以下的表面积，m^2。

根据船舶所受的风荷载及水流力，计算系缆力为 399.45kN，设计采用 450kN 系缆力。

(3) 3000 吨级危险品船趸船泊位

计算公式和方法与上述相同，根据船舶所受的风荷载及水流力，计算系缆力为 321.19kN，设计采用 350kN 系缆力。

除船舶系缆力外，系缆桩主要承受外力有船舶撞击力、水流力、结构自重、挤靠力等。按港口相关荷载规范要求，对实际可能在系缆桩上同时出现的作用，按承载能力极限状态和正常使用极限状态，结合相应的设计状况进行组合。

17.4.2　内力计算

桩基内力计算根据《港口工程桩基规范》(JTS 167−4—2012) 中"水平力作用下桩的计算"部分进行计算，计算时采用 m 值法。有关桩基岩土设计参数推荐值详见表 17−4。

岩土设计参数推荐值　　表 17-4

单元土体名称及编号	钻孔桩		承载力设计值 f_d (kPa)
	桩侧极限摩阻力标准值 q_f (kPa)	桩端极限阻力标准值 q_R (kPa)	
②淤泥（Q_4^{al}）	—	—	—
③-1 全风化花岗岩	120	—	300
③-2a 强风化花岗岩（沙砾状）	160	2 000	600
③-2b 强风化花岗岩（碎块状）	200	2 800	1 000
③-3 中风化花岗岩	—	8 000	2 000
④-1 全风化片岩	100	—	260
④-2a 强风化片岩（砂土状）	120	1 600	500
④-2b 强风化片岩（碎块状）	150	2 000	800
④-3 中风化片岩	—	6 000	1 800

17.4.3 计算结果

主要构件的承载能力极限状态持久组合和正常使用极限状态的计算结果详见表 17-5。

桩基计算结果　　表 17-5

构件	桩基类型（灌注桩）	计算项目	计算结果		备注
			承载能力极限状态	正常使用极限状态	
5000 吨级干散货丁靠泊位系缆桩	ϕ1 200mm	最大桩力设计值	356.62kN	289.19kN	适用于：老太平溪、靖江溪、银杏沱、沙湾锚地
		最大桩力对应的弯矩	2 540kN · m	1 084kN · m	
		最大桩身弯矩设计值	2 739kN · m	1 412kN · m	
		最弯矩对应的桩力	188.06kN	191.48kN	
	ϕ1 600mm	最大桩力设计值	443.46kN	338.85kN	适用于：银杏沱锚地
		最大桩力对应的弯矩	3 033kN · m	1 673kN · m	
		最大桩身弯矩设计值	4 134kN · m	2 183kN · m	
		最弯矩对应的桩力	226.74kN	237.76kN	
3000 吨级危险品趸船泊位系缆桩	ϕ1 200mm	最大桩力设计值	298.00kN	225.30kN	适用于：杉木溪危险品锚地
		最大桩力对应的弯矩	1 851kN · m	790.64kN · m	
		最大桩身弯矩设计值	2 078kN · m	1 112kN · m	
		最弯矩对应的桩力	189.00kN	192.31kN	
	ϕ1 600mm	最大桩力设计值	214.79kN	186.10kN	
		最大桩力对应的弯矩	6 231kN · m	2 656kN · m	
		最大桩身弯矩设计值	6 292kN · m	3 091kN · m	
		最弯矩对应的桩力	196.92kN	204.43kN	
5000 吨级干散货趸船泊位系缆桩	ϕ1 200mm	最大桩力设计值	356.63kN	292.62kN	适用于：银杏沱锚地
		最大桩力对应的弯矩	2 540kN · m	1 084kN · m	
		最大桩身弯矩设计值	2 739kN · m	1 412kN · m	
		最弯矩对应的桩力	225.67kN	191.48kN	
	ϕ1 600mm	最大桩力设计值	388.67kN	333.59kN	
		最大桩力对应的弯矩	5 258kN · m	2 300kN · m	
		最大桩身弯矩设计值	5 582kN · m	2 614kN · m	
		最弯矩对应的桩力	220.25kN	232.58kN	

17.5　岸坡防护

三峡库区各锚地岸坡工程地质情况不一，工程建设中岸坡整体稳定主要针对不同的地质条件进行适当的调整避让，如端方溪锚地岸坡稳定差，多处存在局部边坡失稳现象，建设岸上设施存在一定风险，因此将该水域作为应急锚地，采用抛锚锚泊方式。杉木溪、老太平溪、靖江溪场地稳定，虽局部存在小型滑塌体，但对水工结构物影响有限。可通过合理的调整避让措施，以满足锚地区域场地整体稳定。在此前提下，虽从总体上可保证该区域岸坡的整体稳定。但是，根据三峡坝区船舶已建锚地设施使用情况和系缆桩自身特点，受库区水位涨落、船舶碰撞等因素影响，岸坡基础容易发生局部掏刷、土体颗粒部分流失和坡岸防护结构体下陷、断裂、破损等现象，导致系缆桩基础裸露甚至主体结构倾斜，船舶无法有效系固，锚泊安全受到威胁，必须对系缆桩周围岸坡采取一定的防护措施。

因此，三峡锚地工程系缆桩建设主要考虑库区水位抬升、下降动态变化因素，岸坡物质易浸水软化，库岸再造作用会对岸坡稳定性产生影响，加强了岸坡稳定性验算，同时在施工中对开挖后的边坡及时封闭，并结合喷锚混凝土或钢筋混凝土岸坡防护措施，取得了良好的工程效果。

17.5.1　岸坡稳定性验算

（1）岸坡稳定性验算指标

有关岸坡稳定性验算指标推荐值见表 17–6。

边坡稳定性验算指标推荐值　　　　表 17–6

单元土体名称及编号	天然重度 γ (kN/ m³)	抗 剪 强 度	
		C（kPa）	Φ（度）
②淤泥（Q_4^{al}）	15.3	8	5
③ –1 全风化花岗岩	18.6	30	40
③ –2a 强风化花岗岩（沙砾状）	22.0	80	27
③ –2b 强风化花岗岩（碎块状）	23.0	60	35
④ –1 全风化片岩	18.5	35	35
④ –2a 强风化片岩（砂土状）	21.8	90	25
④ –2b 强风化片岩（碎块状）	22.8	70	30

（2）计算结果

边坡稳定性分析按照相关规范的规定，根据库区岸坡呈块体结构和层状结构的岩质边坡，可采用 Sarma 法、不平衡推力传递法等进行抗滑稳定计算，同时考虑岸坡有锚杆、有外部荷载等情况，最终采用 Sarma 法进行岸坡稳定性分析。

根据锚地区工程地质勘查报告推荐的各土层物理力学指标和《港口工程地基规范》（JTS 147–4—2012）中相关规定，岸坡稳定计算时采用岩土计算软件，采用复合滑动面法（扩展 Sarma 法）对各锚地岸坡进行整体稳定计算，经计算均满足规范要求，具体计算结果见表 17–7。

锚地岸坡稳定计算结果　表 17–7

序号	位　置	岸坡稳定安全系数	是否满足规范要求	备　注
1	老太平溪锚地	2.568	是	根据《港口工程地基规范》（JTS 147–4—2012）中相关规定，整体稳定计算抗力分项系数应不小于 1.2
2	靖江溪锚地	1.771	是	
3	沙湾锚地	1.978	是	
4	杉木溪危险品锚地	1.641	是	
5	银杏沱锚地	1.400	是	

17.5.2　防护措施

三峡库区锚地系缆桩采用沿岸坡在不同水位分级设置，根据锚地不同部位的地质条件分区设计的原则，主要有浆砌石护坡和钢筋混凝土格构式锚杆护坡两种方式。对于整体稳定较好、表面覆盖层或强风化层厚度较小、满足设计安全系数要求的岸坡，采用浆砌石护坡，它的优点在于可以减少工程投资，该类护坡在前期建设的锚地工程中使用较多。但从浆砌石护坡使用效果来看，由于库区水位变化、船舶靠泊过程中的碰撞等因素作用，导致岸坡局部掏刷严重，土体颗粒部分流失，浆砌石护面下陷，难以达到理想的防护效果。因此，三峡后续锚地建设主要以钢筋混凝土格构式锚杆护坡方式为主，该方式采用现浇钢筋混凝土格构梁和钢筋混凝土板的方式，并在下部设置锚杆来提高格构梁和面板的稳定性，该方式固坡效果更好，能有效防止待泊时船舶对岸坡的碰撞而引起的岸坡损毁和抵御水流对岸坡的掏刷破坏，其具体做法如下：

在系缆桩桩基左右侧各 5m，高程分别自 174 ~ 168m、168 ~ 148m、148 ~ 145m（分别对应顶高程为 174m、168m、148m 的系缆桩）之间的坡面范围内设置钢筋混凝土格构式锚杆护坡，格构梁截面尺寸为宽 0.50m × 深 1.00m，格构梁之间设置厚 0.4m 的钢筋混凝土护坡，护坡下部及格构梁下部设置间距为 2.5m 的锚杆，锚杆嵌固长度不小于 6.00m，呈矩形布置，为方便系缆作业，护面上系缆桩旁边设置 1.2m 宽梯步。

18 锚地监控管理系统

18.1 锚地监控管理系统主要内容

18.1.1 概述

三峡大坝上游锚地是三峡船闸及升船机下行待闸船舶的专用锚地，其主要工作流程包括船舶进入报告、锚位指泊、锚位确认与船舶信息统计、锚地水域和锚泊秩序监控、船舶发航调度等，是一个系统工程，是三峡通航管理工作的重要内容之一，也是充分发挥三峡工程通航效益的重要组成部分。

为此，利用已建网络及信息系统资源，将锚地监控作为三峡通航管理的有机组成部分进行统一规划、补充完善、全面建设，使锚地管理与三峡通航管理总体水平一致。按计划在 2015 年实施的坝上锚地完善工程中，将实施锚地监控系统的建设，开发应用锚地业务管理系统，将信息网络延伸覆盖到锚地外围站点，从而提升锚地集中指泊、安全监管、信息服务能力，推动三峡通航锚地管理由传统向现代服务的转型，实现三峡通航管理业务无缝衔接和流转，是实现三峡通航现代化的重要内容。锚地监控管理系统包括视频监控系统、VHF 系统、计算机网络系统及锚地业务管理系统四大系统。

三峡通航已有视频监控系统主要实现对坝区河段航行船舶、航道、锚地、船闸、码头和渡口等重点水域的视频监控。锚地视频监控系统是在原有视频监控系统基础上，建设外围锚地监控点，扩大监控管理范围，实现通航管理视频信息的有效共享，实现锚地船舶待泊状态的全天候监控。

VHF 系统是目前水上调度通信系统中较为有效的手段，也是国际海事组织规定的船岸无线通信系统。长江三峡通航管理局（以下简称三峡局）作为一个集海事、调度、航道、船闸运行、通信信息等多项业务为一体的综合管理机构，其 VHF 通信系统所设置的频道和配置的设备也较多。把 13 频道设置为锚地专用频道，实现在控制中心通过操作台对三峡河段船舶锚泊进行指泊调度。

锚地计算机网络系统主要包括锚地管理监控中心、锚地外围站点及其工作趸船设备间等内网和外网建设。内网主要用于锚地业务管理系统的信息调度、视频监控以及 OA 办公等，外网主要用于办公人员对 Internet 的访问。

锚地业务管理系统是在全面分析锚地管理工作流程，充分利用现有信息网络、各应用系统等建设成果的基础上，将通信信息网络延伸覆盖到锚地外围站点，根据不同的功能需求开发相应的子系统，实现监控管理系统与现有通航管理业务应用系统的有效衔接，实现与待闸船舶及锚泊趸船信息交互及通信、远程可视监控、待闸申报自动受理及分类指泊、分区指泊、进出锚地时间自动记录、数据自动统计分析、在锚船舶及泊位占用情况浏览等信息化技术；实现锚地信息化网络全覆盖、锚地水域可视监控前端采集设备全覆盖等，以增强锚地管理和服务能力，总体提高船闸通航管理与公众服务水平。

18.1.2 锚地监控中心及站点设置

为提高锚地业务管理效率，实现对辖区多个分散锚地的统一管理、统一调度和统一指挥，在银杏沱锚地建设锚地监控中心，对锚地站点的所有监控进行集中监控管理。此外，还布置了 17 处锚地外网站点，外围站点具有收集信息、现地信息监控及信息传输等功能。

监控中心视频信号通过接入级交换机与八河口控制中心相连，锚地监管部门可通过八河口监控中心对账户管理权限的授权实现对锚地相关监控点视频资源的访问与控制，锚地监控站点与八河口监控中心之间的视频信息传输主要采取 IP 网络方式进行。

VHF 系统控制台也设在锚地监控中心，系统中的收发信机都连接到本控制台，操作员可以方便地操作任意电台。值守人员通过调度台在 CH13 上守听、应答或呼叫，通过控制台操作面板，可选择使用任意基站的任何 VHF 收发机与船舶通话，也可根据需要设置不同的操作面板控制不同的 VHF 收发机。还可对受控的每部收发信机的内置信道频率进行键控切换，最多可以切换 8 个信道频率。控制台还配有扬声器，可以同时进行两路电话的人工转接。

锚地监控中心实行四班三运转模式，24h 轮流值班，通过 GPS、CCTV 等监控系统实时掌握锚地现场的锚泊情况，集中受理船舶锚泊申报、及时处理，遇有应急情况能够及时与通航指挥中心和局内相关部门沟通协调，从而实现安全、畅通、优质、高效的通航目标。

锚地监控中心主要设备包括 4 个操作台、监控计算机、视频控制（录像）机、综合控制台、服务器等。锚地外网站点主要设备包括环境监控设备、UPS 电源等。

18.2 视频监控系统

18.2.1 视频监控系统架构

锚地监控系统由 1 个监控中心和 32 个外场视频监控站点组成。锚地监控中心设在银杏沱锚地现场管理用房三楼的监控室，监控点主要设在锚地现场。前端网络摄像机的视频信号通过光缆以 PTN 传输方式传至八河口控制中心，同时在已建监控系统基础上增设一套存储服务器，并配置相应的磁盘阵列及硬盘，专用于锚地监控系统存储。

锚地监控中心主要由接入级交换机、视频管理终端、DLP 大屏以及相关软硬件组成，具有视频监视、视频控制及系统设置功能。能实时监视各监控点的图像信息、音视频实况浏览、点播回放、轮循切换、报警显示等，支持对前端云台镜头的全功能远程控制；可进行视频参数，如传输帧率、图像分辨率、码流速率，图像编码方式和图像质量级别设置；可对监控图像画面的亮度、颜色、对比度、色调等进行调节；可 24h 不间断记录和存储视频信号，能实现对监控点 30d 以内记录文件的回放；具有灵活的多级用户管理、系统配置管理、系统状态监控、备份和恢复、日志管理等管理功能。

锚地监控中心 DLP 大屏能显示 CCTV 视频系统信息画面、锚地业务管理系统信息画面等，DLP 大屏通过拼接控制器对多屏图像进行拼接，画面可整屏显示，也可分屏显示，不受物理拼缝的限制，图像任意漫游、移动，图像可任意开窗口、放大、缩小。锚地监控系统网络构架见图 18−1。

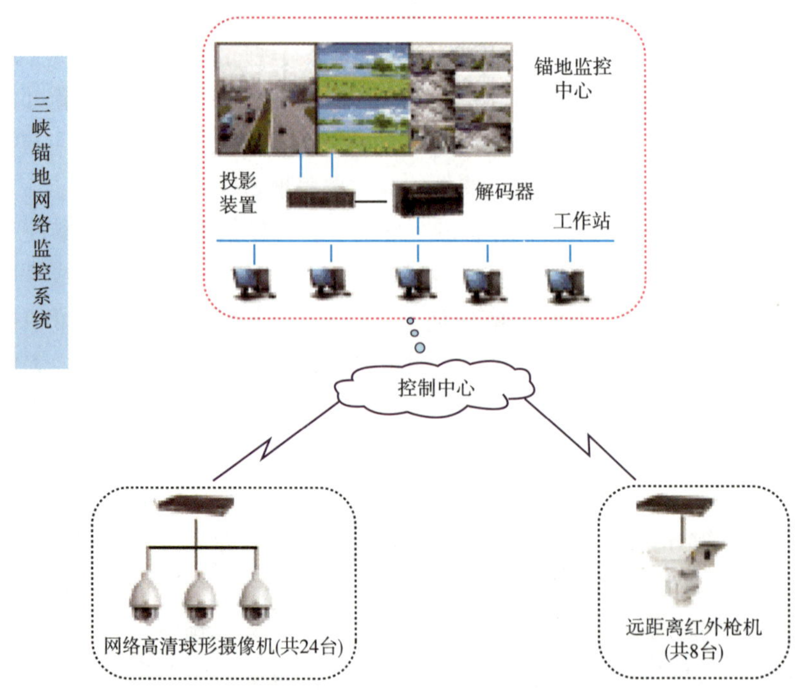

图 18−1　锚地监控系统网络构架

18.2.2　主要监控设备技术参数

在靖江溪、端方溪、庙河、平善坝四处共设 8 台远距离红外枪机（即高清激光摄像机），其余 24 个监控点采用 200 万像素网络红外高清球形摄像机（球机）；在八河口控制中心设一套存储服务器及磁盘阵列（含 24 块 3T 存储专用企业级硬盘）；在锚地监控中心设接入级交换机、视频管理终端、60in 2×3 DLP 投影单元。

（1）200 万像素网络红外高清球机

①主要特性。

采用高效红外阵列，低功耗，照射距离达 150m 以上；内置热处理装置，可降低球机内腔温度，防止球机内罩起雾；采用高性能传感器，图像清晰，最大分辨率可达 1920×1080 以上 ；支持智能运动跟踪功能，在任何速度下图像无抖动；支持标准的 API 开发接口；支持三维智能定位功能，配合客户端软件 /IE 可实现点击跟踪和放大；支持系统双备份功能，确保数据断电不丢失；支持防雷、防浪涌、防突波，防护等级 IP66；支持定时任务预置点 / 花样扫描 / 巡航扫描 / 自动扫描 / 垂直扫描 / 随机扫描 / 帧扫描 / 全景扫描 / 球机重启 / 球机校验 / 辅助输出等功能。

②机芯功能。

30 倍光学变倍，16 倍数字变倍；支持自动光圈、自动聚焦、自动白平衡、背光补偿；支持超低照度，0.05lx/F1.6（彩色），0.005lx/F1.6（黑白），0lx with IR；支持透雾功能；支持强光抑制功能。

③网络功能。

支持以太网控制，同时支持模拟输出；可通过 IE 浏览器和客户端软件观看图像并实现控制；支持 SDHC 卡和标准的 SD 卡存储；支持 NAS 存储录像，录像可断网续传，最高可支持 8 个 NAS 盘；支持三级用户权限管理，支持授权的用户和密码；支持 1 路音频输入和 1 路音频输出。

④云台功能。

水平方向 360° 连续旋转，垂直方向 −2° ~ 90°；具有预置点视频冻结功能；支持 8 条巡航扫描；支持 4 条花样扫描，每条路径记录时间大于 10min。

（2）远距离红外枪机（即高清激光摄像机）

①主要特性。

采用 H.264 High Profile 编码，最高分辨率可达 600 万像素（3 072×2 048），并在此分辨率下可输出 30f/s 实时图像；支持数字宽动态，支持 3D 数字降噪功能；支持最大 64G 本地存储；ICR 红外滤片式自动切换，实现真正的日夜监控；支持日夜两套参数独立配置；支持本地模拟输出，方便安装调节；支持三码流同时输出，每路码流均支持录像，双路高清码流可独立设置不同的高清分辨率；可支持 20 路同时访问，支持手机监控；支持透雾，强光抑制，电子防抖；支持用户登录锁定机制。

②接口特性。

具有 1 对 3.5mm 音频输入（Mic in/Line in）/ 输出外部接口，1 个内置麦克风；1 个 RJ45 10M/100M/1000M 自适应以太网口；1 个 RS−485 接口，1 个 RS−232 接口。

③大屏幕电视墙。

为了满足监管系统中心高清晰度、连续工作的要求，大屏幕电视墙采用 DLP 无缝拼接技术。配置 60in 显示单元，配置数量为 3×2，共 6 块。

投影方式：DLP。

显示单元尺寸：60in。

兼容 NTSC、PAL 和 SECAM 视频制式。

输入 / 输出视频接口：RGBHV/RGBS/HDTV/S−video/Video/VGA/DVID。

④监控工作站。

工作站选用高性能计算机，要求分辨率高、显示点阵小、聚焦准确度高，配有容量大、显示速度快、颜色丰富的增强型 VGA 显示卡。

CPU：优于四核 2.0GHz。

内存：≥ 2GB。

硬盘：≥ 300GB。

显示器：21in。

图形加速卡：64MB DDR。

⑤稳压电源。

输入电压：160 ~ 260V。

输出电压：24V。

频率：50×（1±5%）Hz。

应变时间：< 1s（±20V 时）。

稳压精度：< ±1%。

功率：500W。

18.3 VHF 系统

18.3.1 VHF 系统组成

各个基站、锚地 VHF 的控制中心设锚地监控中心，与各站点之间通过 2M 数据传输电路相互连接，构成统一完备的 VHF 系统，配合锚地视频监控系统进行锚地的综合业务管理。VHF 系统与三峡通航管理局已有 VHF 系统实现资源共享，框架统一，其系统见图 18-2。

主系统由天馈设备、收发信机、控制台、监测及编程终端等子系统组成。

锚地监控中心由控制台统一处理基站各类通信业务，各信道机通过标准 4 线音频线路与调度台相连，语音信号、控制信号都以 4 线音频线路为路由。控制台通过标准音控方式（Tone）控制信道机工作，为单座席设计。通过控制台直接控制语音通信并可人工进行电话转接。控制台以用户线方式接入电话网，可同时实现两路船台与电话网内用户间的有／无线转接。

锚地监控中心收发信机配有监测及编程接口，RS232 串口方式通信，可输出信道机状态数据，同时可接收编程指令。在电脑上安装专用的监测及编程软件，即成为监测编程终端，一方面完成对信道机运行状态信息的接收和处理，实现对运行状态的监测；另一方面可完成对信道机的编程操作，例如改变收发频率、发射参数等。

（1）天馈子系统

各个 VHF 基站均配置一套天线，天线采用垂直或水平分层方式架设。每根发射天线分别通过馈线直接连接到对应收发信机的射频输出端口；接收天线通过馈线连接一个接收分路器，经过分路器分配的接收信号分别送至站点的每个收发信机的射频输入端口。每个站点的天线均配有避雷器，并对设备进行防雷保护。天线全部采用可调式 4 振子式天线，

4副振子在空间的夹角改变时，其辐射特性和增益也随之改变。天线可选用抗风能力以及抗蚀能力的产品，以应对三峡辖区户外的恶劣条件。

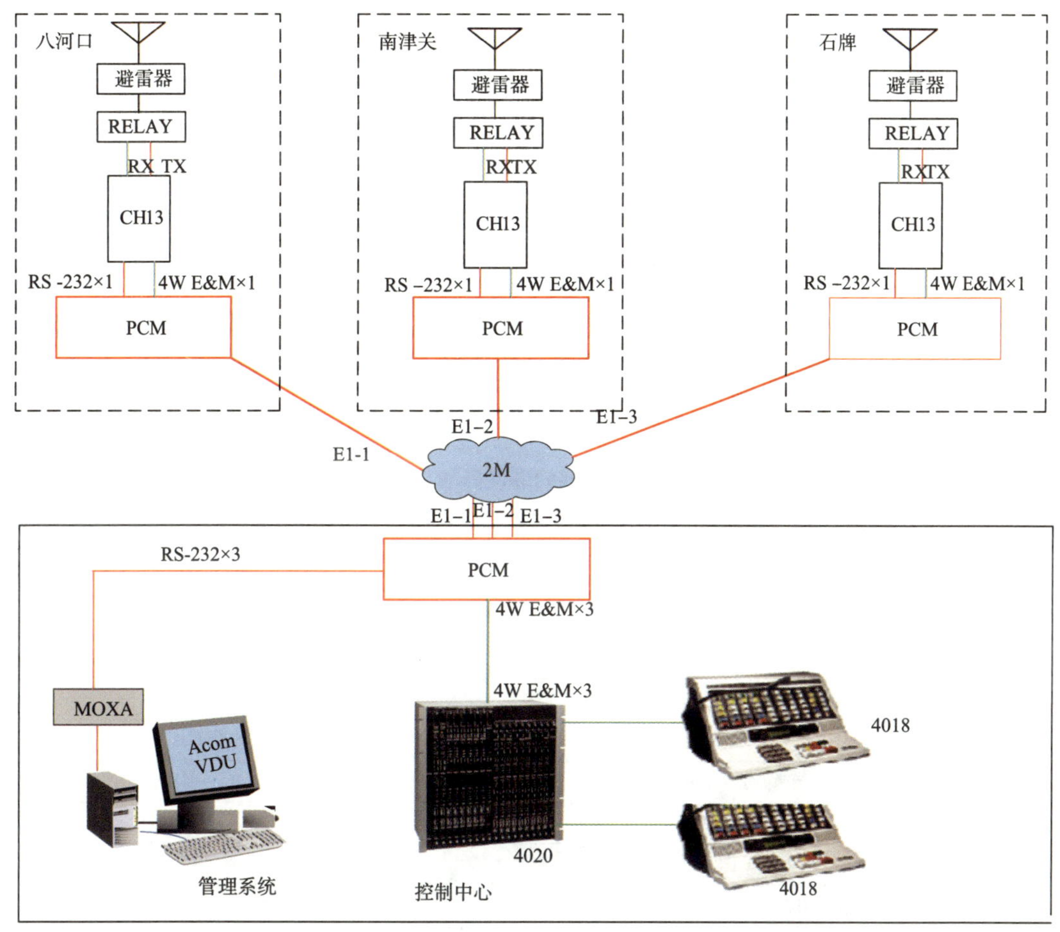

图 18-2　VHF 系统

（2）收发信机子系统

VHF 通信基站配备 1 个 50W（可调）收发信机，采用接收和发射天线双工器，每台收发信机使用 1 根收发共用天线。各发射机功率连续可调。收发信机由锚地监控中心遥控工作，通过 4 线音频并以 EIA 标准音控方式实现本地控制。

收发信机机内最多可以预置 32 个信道频率，可以通过特别定义的 Tone 在调度台上有选择地进行键控切换。

（3）控制台子系统

控制台位于锚地监控中心，系统中的收发信机都连接到本控制台，操作员可以方便地操作任意电台。值守人员通过调度台在 CH13 上守听、应答或呼叫，通过控制台的操作面板，可选择使用任意基站的任何 VHF 收发机与船舶通话，也可根据需要设置不同的操作面板控制不同的 VHF 收发机。可以对受控的每部收发信机的内置信道频率进行键控切换，最多可以切换 8 个信道频率。

控制台配有扬声器，可以同时进行两路电话的人工转接。配备桌面式麦克风、脚踏 PTT 等配件供选用。控制台产品均采用模块化设计。

(4) 广播系统

广播系统包含计算机管理终端、广播软件及语音合成系统。

18.3.2　VHF 系统接口联网标准及主要设备配置

(1) 接口联网标准

依据《国际无线电规则》附录 S18 的规定，本 VHF 系统选用 150MHz 的 CH13 频道，系统功能上要求实现无线调度通信、支持 PBX 接入、支持 PSTN 接入、支持有线接警、支持公众广播、支持无线通信监听。拥有弹性的操作员荧屏显示，为操作员使用范围广泛的资源提供方便，操作员可控制发射和接收系统中所有的无线及有线资源。接口、联网标准见表 18-1。

VHF 接口联网标准　　表 18-1

序号	性　能	技 术 指 标
1	线路接口	E1、FXO、FXS 4W+E/M、2W+E/M
2	录音接口	E1、2 线
3	插入损耗	0.1dB
4	音频输入输出阻抗	600Ω（平衡）
5	音频输入输出电平	-20 ~ +10dBm
6	音频 -PCM 变换	音频输入：300 ~ 3400Hz，PCM 输出：64kb/s
7	PTT-PCM 变换	PTT 输入；PCM 输出：64kb/s
8	音频和 PTT 接口数	单环系统最大音频（含 PTT）输入量：28
9	音频响应（300 ~ 3 000Hz）	≤ 3dB
10	音频失真系数	≤ 3%
11	控制接口标准	RS-232，以太网

(2) 主要设备性能指标（表 18-2）

VHF 系统主要设备性能指标　　表 18-2

序号	设备或项目名称	规　格
一、基站		
1	收发信机	功率：50W
2	天线	—
3	天线安装架	—
4	机柜	19in
5	安装辅材	—

续上表

序号	设备或项目名称	规　　格
二、转接及控制台设备		
1	中央控制系统（软件、硬件、冗余）	—
2	操作台	901 ~ 9351
3	稳压电源	802 ~ 0092
4	桌面式麦克风	950 ~ 0329
5	耳机连接盒脚踏开关	950 ~ 9327
6	管理系统（含计算机和软件）	—
三、传输设备		
PCM 传输设备 （中心 / 远端 / 电源 / 安装辅材）		—
四、广播系统		
广播系统（含计算机和软件语音合成系统）		—
五、系统集成和安装调试费		
系统集成和安装调试运保费		—

18.3.3 设备性能参数

（1）收发信机设备性能指标（表 18–3）

收发信机主要设备性能指标　　表 18–3

性　　能	指　　标	性　　能	指　　标
频率范围	148 ~ 174MHz	音频失真系数	≤ 2%
电流消耗	接收< 500mA，发射< 10A，50W	监控性能	可遥控、可遥测、可监视（RS—232）
工作温度	−30℃ ~ 60℃	机箱辐射功率	≤ 2%
标准 LED 指示	电源、发射、接收、亚音、辅助、告警	工作周期	30min 连续工作，指标不变化
扬声器输出	1W	射频响应时间	4ms，具有连续 VCO 选择
信道间隔	25KHz，宽带 /12.5KHz，窄带，可编程	收信机	
信道预置	255 个，软件编程	灵敏度	≤ 0.32μV（SINAD=12dB）
发信机		邻频道选择性	>85dB
发射类型	F3E，G2B（在 DSC 标准 MODEM 控制方式下）	杂散响应	>90dB
频率容限	2.5ppm	互调抑制	>80dB
输出功率	1 ~ 50W（可调）	防阻塞	>110dB
射频输出阻抗	50Ω，N 型	去加重	−6dB（1，−3dB）/ 倍频程
容许调制频偏	±5kHz，宽带 / ±2.5kHz，窄带	S/N 比率	>50dB，宽带
占用带宽	≤ 16kHz，宽带 /8kHz，窄带	射频输入阻抗	50Ω，BNC 座
调制指数	2±10%	静噪关闭时间	≤ 100ms

续上表

性　能	指　标	性　能	指　标
预加重	6dB/ 倍频程，（+1，−3dB）	启动响应时间	≤ 20ms
音频响应	−1/+3dB	音频失真系数	＜ 2%
发射 S/N 比率	>50dB，宽带 / 45dB，窄带	音频输出功率	≥ 0.5W
杂散发射	好于 −100dB		

（2）PCM 传输设备

采用 19in　6U 高机框 / 插卡式设计，提供 16 个板卡槽位，其中 1 ~ 2 槽供电源板使用，3 ~ 16 槽供通用业务板使用，用户可根据需求选配：交叉板、光传输板、E1 保护板、综合业务板、语音业务板、音频业务板、数字业务板等。

各块业务板自带链路接口，可选配电口或光口，一块业务板对应一个用户端所需业务，扩容及维护都非常方便。各业务板互相独立工作，故障互不影响，安全性更高，可兼容话音、音频、数字等多种业务接口。

组网灵活，可用于点对点、点对多点、链状、树状、星形等组网拓扑结构。

（3）VHF 交换控制器主要参数及性能指标（表 18−4）

VHF 交换控制器主要参数及性能指标　　表 18−4

序号	参数名称	指　标	备　注
系统基本参数			
1	交换容量	256 × 256	—
2	有 / 无线信道容量	32	—
3	通信方式	半双工、双工、会议	—
4	终端通信协议	MAP27	—
电气接口			
1	无线接口	模拟（平衡 / 非平衡） 控制信号（PTT/COR/PAF） （DB9）	—
2	内线接口	SLIC（RJ11）	—
3	外线接口	CO（RJ11）	—
4	调度软件语音接口	SLIC（RJ11）	—
5	调度软件控制接口	TCP/IP（RJ45）或 RS−232（DB9）	—
6	系统维护接口	TCP/IP（RJ45）或 RS−232（DB9）	—
7	录音接口	E1（L9−75）	—
8	数字中继接口	E1（L9−75）	1 号信令
物理参数			
1	物理参数	19in 标准机架，3U 高度	—
2	电源输入	220V AC；12V DC	—
运行环境			
1	工作温度	−10 ~ 50℃	—
2	储存温度	−20 ~ 60℃	—
3	相对湿度	20% ~ 90%	—
4	大气压力	86 ~ 106kPa	—

18.4 计算机网络系统

18.4.1 计算机网络系统架构

（1）综合传输（PTN）系统组成（图 18-3）

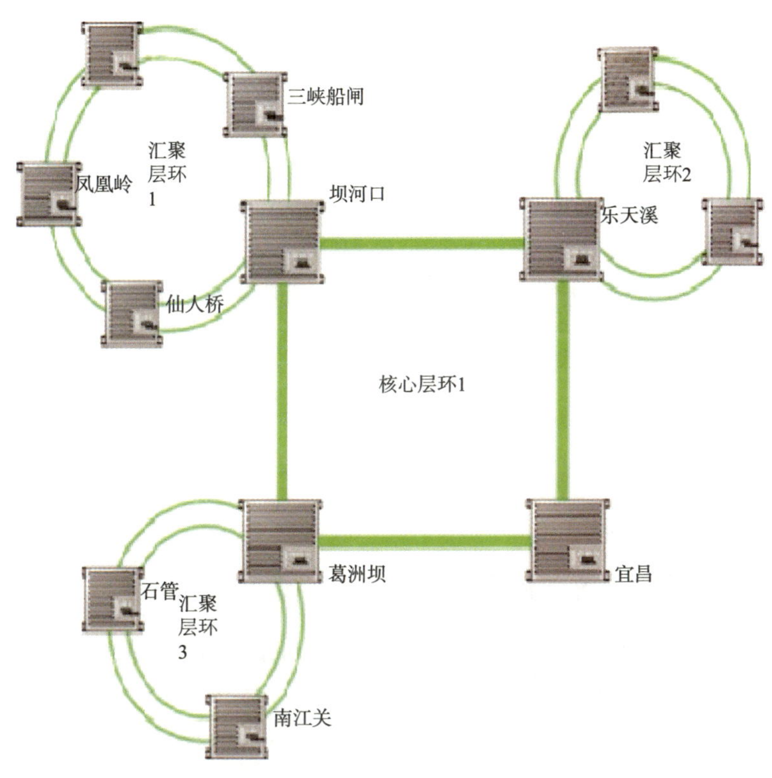

图 18-3 PTN 系统组成

（2）主要设备配置

为实现各现场站点待闸船舶信息采集、识别、处理、传输，指泊、监管，数据、信息处理与交换等功能，实现锚地指泊监管信息化、自动化。各站点配计算机终端 3 台（内网终端、外网终端、监控终端各 1 台），交换机两台（内外网各 1 台）。

设备间内外网交换机主要参数：应用层级三层，传输速率 10/100/1 000Mb/s，交换方式存储—转发，背板带宽大于 100Gb/s，包转发率不小于 51Mb/s；端口大于 16 个，端口描述 24 个 10/100/1 000M 自适应端口，4 个千兆 SFP 光口，控制端口 1 个 USB 接口；网络标准支持 IEEE 802.3、IEEE802.3u、IEEE802.3z、IEEE 802.3x、IEEE 802.3ad、IEEE 802.1p、IEEE 802.1x、IEEE 802.3ab、IEEE 802.1Q、IEEE 802.1d、IEEE 802.1w、IEEE 802.1s，VLAN 支持 4K 个 802.1Q VLAN，支持 Protocol Based VLAN，支持 Private VLAN。

18.4.2　线路敷设

（1）室外光缆敷设

光缆是锚地监控中语音、数据和视频业务的主要传输方式，三峡两岸为山地或陡坡的地形环境，光缆敷设主要采用新建高杆架设方式，采用绑扎方式进行固定，吊线程式采用 7/2.2，支撑间距为 8 ~ 10m。架空杆路的光缆每隔 3 ~ 5 档杆做“U”形伸缩弯，特殊地方挂光缆警示标志牌。吊线与电力线交叉处增加三叉保护管保护。

统一采用 16 芯光缆，敷设方式采用新建 H 杆，架空杆选用 8m 木杆，杆间距 50m，本传输方案全程无跨江敷设。

（2）室内综合布线

室内布线主要针对银杏沱锚地监控中心，室内综合布线系统不仅设语音电话系统，有的还需设计算机网络系统，以满足办公的需要，管理站房的语音及计算机网络系统布线采用综合布线方式。

综合用房内有人员办公的房间设有语音信息插口面板和网络信息插口面板，各插口面板安装应与其附近的 220V AC 交流电电源插座保持 20cm 的距离，且插口面板底边沿线距地板水平面 30cm。

18.5　锚地业务管理系统

18.5.1　锚地业务管理系统总体框架

本系统由锚地业务管理子系统、锚地动态信息发布子系统、系统管理子系统、数据采集和外部数据接口子系统以及锚地业务系统数据库和数据分析等组成。

锚地动态监控系统主要负责锚地数据前端采集和管理，为锚地业务管理平台和三峡通航管理局公众服务提供数据支撑；锚地业务管理系统主要辅助锚地锚泊业务开展，为各类船舶待闸停靠锚地管理提供支撑；三峡通航管理局外网门户网站改造主要是综合锚地信息，通过网站、航道信息定制为过往船舶、社会公众提供服务。系统总体架构详见图 18-4。

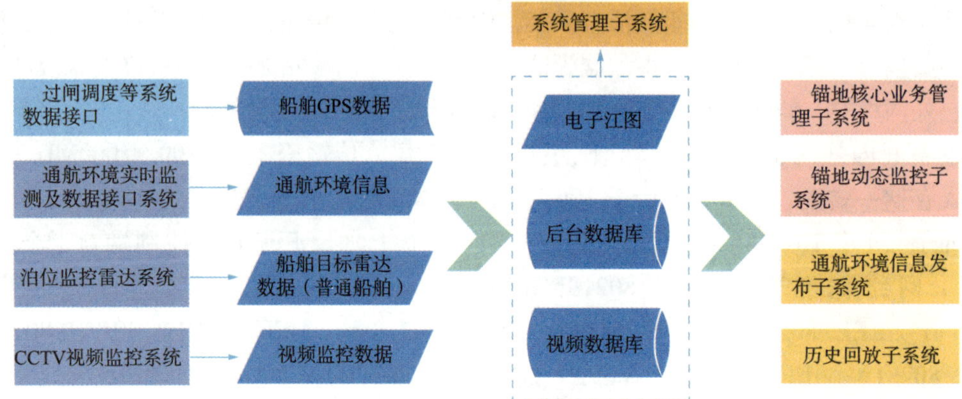

图 18-4　系统总体结构

18.5.2　锚地业务管理子系统

锚地业务管理系统是锚地监控管理系统的核心子系统，主要实现船舶过闸前锚地停靠待闸中的进入报告、停泊指定、离开锚地等业务管理。功能包括 GPS 危险品运输船待闸锚泊管理、GPS 普通运输船待闸锚泊管理、临时危险品运输船待闸锚泊管理、临时普通运输船待闸锚泊管理、VHF 通信管理 5 个功能模块。每个模块中区分上水和下水两个不同功能。

本系统主要部分是锚地信息图表展示、走锚监控、锚地视频监控、在锚船舶及泊位占用情况浏览等。主要功能包括锚地船位及锚泊状态监控、船舶走锚状态监控、锚地视频监控、视频图像分析等，锚地业务管理子系统功能框架见图 18-5。

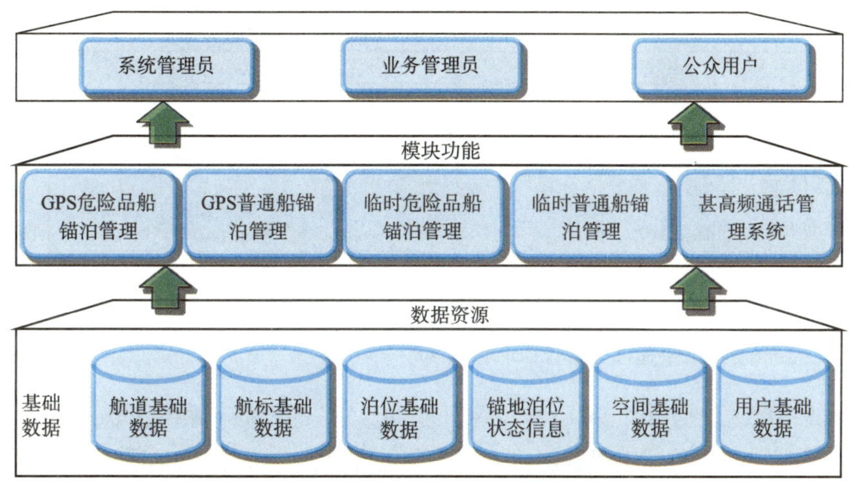

图 18-5　锚地业务管理子系统功能框架

18.5.3　锚地动态信息发布子系统

锚地动态信息发布包括航道信息、船闸信息、水文信息、气象信息，锚地信息等，发布方式包括手机短信、网站、GPS 终端等。锚地动态信息发布子系统框架见图 18-6。

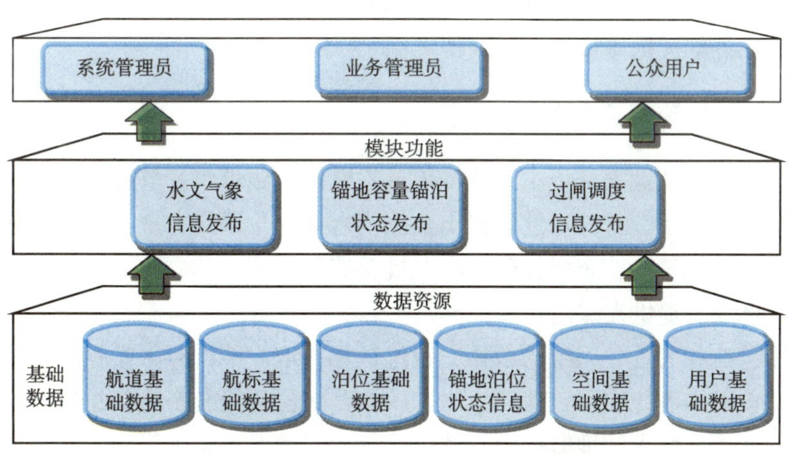

图 18-6　锚地动态信息发布子系统框架

18.5.4　系统管理子系统

系统管理主要实现基础信息的配置管理，包括锚地基础信息维护、用户管理、日志管理等功能模块，锚地系统管理子系统框架见图 18−7。

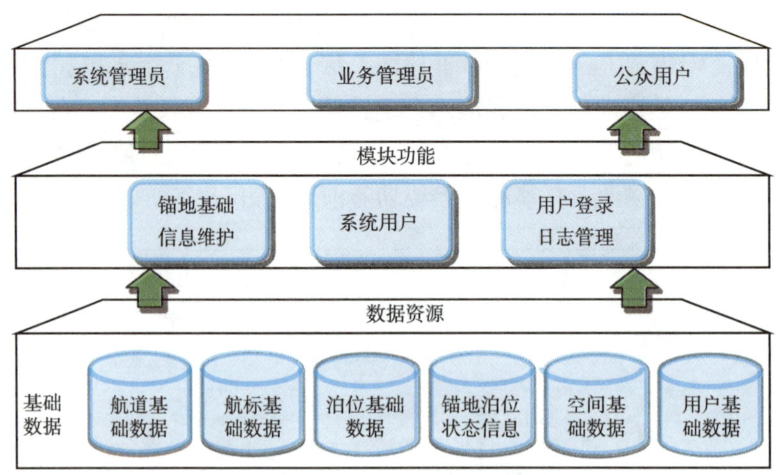

图 18−7　锚地系统管理子系统框架

18.5.5　数据采集和外部数据接口子系统

数据采集主要通过摄像机、GPRS 系统、雷达、AIS 等设备与系统获取。数据采集主要有船位、锚泊状态、锚地泊位状态等。船位信息获取主要通过 GPS 系统、AIS、雷达、人工输入等。

本系统作为三峡通航管理局通航信息化系统的一部分，需要与过闸调度系统、安检系统、数字航标系统等交换信息。系统与其他子系统互联，向下能与低层的数据采集设备通信，向上能与管理层通信。

系统具有良好的开放性，提供外部设备的协议驱动接口。当监控系统出现新的监控设备时，通过适当定义数据接口，使系统能实现与该设备正常通信，提取有效数据并对其进行相关监测和控制。能够接收 GPRS 系统传来的船舶位置等数据，并将其传送给监控系统，锚地数据采集和外部数据接口子系统框架见图 18−8。

18.5.6　锚地业务管理系统数据分析

锚地业务管理系统数据分析主要从锚地动态监测、锚地维护管理、锚泊信息服务等应用系统的数据需求入手，有针对性地提出数据内容需求、采集方案、数据集成方案，并以此为基础，设计结构统一、布局合理、标准规范的数据库，建立统一的数据支撑平台，为应用系统和数据共享提供支撑。

充分利用已有相关业务系统的数据，通过数据抽取、清洗存入数据库，同时对部分数据进行优化完善。本系统实现包含两大内容，一是对已建系统历史数据进行整合，将与锚地管理有关的数据库纳入锚地监控中心统一管理，二是针对锚地管理特殊需求，开发航道维护、空间地理和锚地基础数据库。

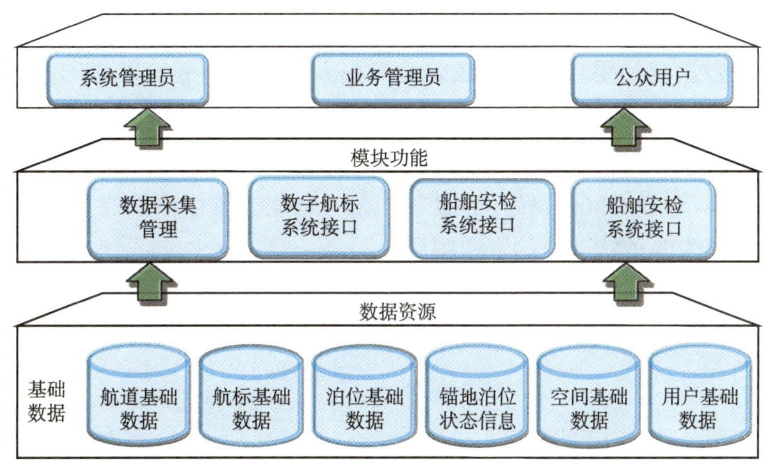

图 18-8　锚地数据采集和外部数据接口子系统框架

(1) 已建系统历史数据整合

目前，锚地监控管理系统数据库的分布及管理模式如下：

三峡通航管理局通航管理数据库采用二级结构。通信信息中心为总数据中心，存储管理全局所有业务核心数据，锚地监控中心及通航管理其他业务单位为二级数据中心，存储管理相应业务管理所有数据。总数据中心与各二级数据中心均采用相同的数据库总体结构。二级单位数据中心一方面负责对本业务管理范围内的数据库进行维护，支撑本单位应用系统的运行，另一方面与数据中心进行数据交换。

锚地监控管理系统数据库包括锚地基础数据库、动态检测数据库、综合管理数据库等，原有系统包括锚地业务管理必需的航标静态信息、航道属性信息、锚地锚泊船静态信息、航道尺度维护记录、锚地维护人员信息等数据将依托锚地监控管理系统已建的部分数据库。其他各类数据库相关子库中的相关数据内容将由所建系统统一维护，对应的原有应用系统将由数据库管理员更改设定，使其对该库相关内容只具备只读权限。

整合技术方案如下：

①建设数据转换接口，将历史数据转换成数据标准格式。

②已建系统历史数据变化的提取采用触发器方式，实现数据变化后的同步更新。

③通过人工方式对转换后的历史数据进行完善，使得完善后的数据能够满足系统需求。

(2) 航道维护资源数据录入

根据应用系统建设需求，建设及录入的数据如下：

①根据航道维护生产管理系统的需求，需对航道维护生产所涉及的人员、物资、器材、设备等航道维护资源及航道维护尺度（包括纸质、电子文档等格式的数据）等数据进行整理，并录入到所建系统数据库中。

②对航道维护尺度数据（包括纸质、电子文档等格式的数据）进行整理，并录入到所建系统数据库中。

(3) 空间地理基础数据整合

为减少数据的重复建设，充分利用相关系统的业务数据，整合来自电子航道图系统的数据，要求数据传输有效可靠，不同数据库之间能灵活交换。

利用建设的数据交换平台，从长江航道局接入所需的空间地理基础数据，通过抽取、清洗存入基础数据库中。

（4）锚地基础数据库完善

①针对锚地锚泊船舶情况、锚地容量等信息，采集全景图像及位置信息，添加文字介绍后整理入库，作为电子航道图的专题图层数据。

②对航标、水位站点增加图像信息，作为电子航道图的专题图层数据。

参考文献

[1] 高雄. 葛洲坝船闸运行管理20年经验回顾[J]. 中国三峡建设，2002(3):30-31.

[2] 陶景良. 长江三峡水利枢纽初步设计报告(枢纽工程)[R]. 国务院三峡工程建设委员会,1993.

[3] 计玉健. 葛洲坝船闸停航大修工期研究[J]. 中国水运，2013(5):19-21.

[4] 长江航务管理局. 三峡(初期运行期)——葛洲坝水利枢纽通航调度规程[Z].2006-8-23.

[5] 交通运输部、财政部等. 推进长江干线船型标准化实施方案[Z].2009-7-29.

[6] 蒋忠荣，王险峰. 内河船闸自动控制系统研究与应用[J]. 水运科学研究所学报，2004(4):28-33.

[7] 陈雷,朱金龙,任杰. 新坝船闸计算机监控系统设计浅谈[J]. 大坝与安全,2007(01):3-6.

[8] 陈雷,朱金龙,任杰. 新坝船闸自动控制系统[J]. 水运工程，2008(11):148-151.

[9] 李柯,黄席樾,刘俊,等. 桥梁防撞系统中的红外船舶目标检测算法[J]. 红外技术，2008，30(6):311-315.

[10] A W SMITH, M K TEAL, P VOLES. The Statistical Characterization of the Sea for the Segmentation of Maritime Images[C].Conference on video/image processing and multimedia communications，2003：489-494.

[11] 张静. 基于图像的船舶目标检测[D]. 南京：南京理工大学，2007.

[12] 中华人民共和国行业标准. JTJ 308—2003 船闸闸阀门设计规范[S]. 北京：北京大学出版社，2003.

[13] 中华人民共和国行业标准. SL 74—2013 水利水电工程钢闸门设计规范[S]. 北京：中国水利水电出版社，2013.

[14] 中华人民共和国行业标准. DL/T 5251—2010 水工混凝土建筑物缺陷检测和评估技术规程[S]. 北京：中国电力出版社，2010.

[15] 中华人民共和国行业标准. SL 230—98 混凝土坝养护修理规程[S]. 北京：中国水利水电出版社，1998.

[16] 邵国维. 水工地下隧洞衬砌混凝土渗水裂缝处理[J]. 中国三峡建设，2006(7):3-4.

[17] 金锡万，应竟文. 备件库存ABC分类法研究[J]. 华东冶金学院学报，1997(1):60-64.

[18] 金锡万，应竞文 . 备件库存时限研究 [J]. 华东冶金学院学报，1997（1）：65–70.

[19] 金锡万,方承武,包菊芳,等 . 备件库存结构分析研究 [J]. 华东冶金学院学报,1997（1）: 49–54.

[20] 李家宝 , 王毅兵 . 供应链环境下设备维修备件的无库存管理 [J]. 沈阳工业大学学报，2002，24（03）：252–254.

[21] 何文娟 , 宋一乐 , 汤长书 , 等 . 三峡船闸人字门背拉杆预应力施工工艺研究 [J]. 人民长江 ,2004,35(1):20–22.

[22] 钮新强 , 童迪 , 宋维邦 . 三峡工程双线五级船闸设计 [J]. 中国工程科学，2011(7): 70–72.

[23] 熊绍钧，魏文炜，史兵，等 . 三峡永久船闸人字门和阀门启闭机液压控制系统研究与设计 [J]. 水力发电 , 2008(12): 30–32.

[24] 交通部 . 水路危险货物运输规则 [Z].1996–11–04.

[25] 中华人民共和国国家标准 .GB 6944—2012　危险货物分类和品名编号 [S]. 北京：中国标准出版社, 2012.

[26]《桩基工程手册》编委会 . 桩基工程手册 [M]. 北京：中国建筑出版社，1995.

[27] 张强勇,刘大文,蔡德文 .Sarma 法在加锚岩高边坡安全稳定性评价分析中的应用 [J]. 岩石力学与工程学报，2005，24（18）：3368–3372.

索 引

X

Y

Z